U0735190

江苏档案精品选编纂委员会

江苏省明清以来档案精品选

省馆卷

江苏人民出版社

《江苏省明清以来档案精品选》
编 委 会

主 任　　谢　波

副主任　　项瑞荃　贲道红　顾祖根　张姬雯

　　　　　赵　深　齐丽华　欧阳旭明

委 员　　束建民　盛晓奇　张　亚　叶荣强

　　　　　李传奇　肖　芃　苏远明　卢伟军

　　　　　朱耀龙　宗前平　徐晓明　宗金林

　　　　　王　欣　查桂山　申俊才　史建亭

总 目

第1卷　　省馆卷

第2卷　　南京卷

第3卷　　无锡卷

第4卷　　徐州卷

第5卷　　常州卷

第6卷　　苏州卷

第7卷　　南通卷

第8卷　　连云港卷

第9卷　　淮安卷

第10卷　　盐城卷

第11卷　　扬州卷

第12卷　　镇江卷

第13卷　　泰州卷

第14卷　　宿迁卷

序

谢 波

    档案馆作为永久保管档案的基地，是人类文化传承的重要载体和思想文化创新的重要源泉。

    编纂《江苏省明清以来档案精品选》，是全省档案系统共同开展的一项档案文化建设重点工程，是我省档案部门履行"为党管档、为国守史、为民服务"使命要求，围绕中心、服务大局的一项重要举措，根本目的是整合全省档案精品资源，集中公布江苏档案资源建设的丰硕成果，展示江苏历史、人文的丰厚底蕴，服务社会主义文化大发展大繁荣。

    江苏物华天宝，人杰地灵，养育了一代又一代勤劳智慧、心灵手巧的人民，创造出了辉煌灿烂的物质文明和精神文明。自明清以来，江苏的综合实力在中国的省级政区中就一直居于前列。新中国成立后特别是改革开放以来，江苏各项事业高速发展，在经济、政治、社会、文化等各方面均处于全国领先位置，积累了雄厚的经济文化实力。这一领先的进程，真实地定格于档案中，保存于全省各级各类档案馆里。

    这些档案，浩如烟海。丰富翔实的档案史料，客观记载了江苏各项事业发展演化的脉络，反映了历史发展变化的内在规律，是我们今天多角度深入了解和研究明清以来江苏政治、经济、军事、文化以及社会情况的第一手珍贵资料。特别是中国共产党成立以来形成和保存下来的大量珍贵档案，再现了江苏人民在党的领导下开展革命斗争、社会主义建设和改革开放，全面建设小康社会、建设美丽江苏的光辉历程，这是国家珍贵的文化财富、民族的宝贵遗产，是我们今天开展党史研究的宝贵资源和党史教育的重要素材。

    前事不忘，后事之师。记载着历史真实面貌的档案资料，是续写江苏更加辉煌灿烂历史新篇章的重要参考和借鉴。编纂档案文献资料，留存社会发展的足迹，服务今天的经济社会各项事业，是我国档案界、史学界的优秀传统，是中华文明生生不息、不断进步的重要源泉。也正是这一优秀传统，使得中华文明能够随着历史的发展、社会的进步而不断充实新的内容。通过档案工作者有选择地编纂加工，使海量的档案资源更加有序化，为党和政府重大决策提供参考，为人民群众接触档案、了解档案、利用档案提供便利，是档案工作者的职责所在。正是基于这一要求，全省档案部门集中力量，对各级档案馆中的档案进行梳理，编辑出版了《江苏省明清以来档案精品选》。通过本书的编纂出版，整合全省档案精品资源，发挥规模效应，使江苏历史、人文的丰厚底蕴得到集中展示，使档案存史、资政、育人功能得到更好的发挥，同时为我们大力开展爱党、爱国、爱家乡教育提供丰富的第一手教材。这是我省档案部门围绕中心、服务大局的一项重要工作创新，也是档案部门贯彻落实党的十八大精神、服务文化强省建设的具体举措。同时，《江苏省明清以来档案精品选》的编纂出版，定能为学术界开发利用档案创造便利的条件。通过对明清以来历史档案的开发利用，探寻我省近代以来各项事业发展演化的脉络，把握历史发展变化的内在规律，为当代经济社会各项事业发展服务，为建设美丽江苏书写更加辉煌灿烂的新篇章。

2013年7月

《江苏省明清以来档案精品选·省馆卷》

编 委 会

主　任　　谢　波

副主任　　项瑞荃　贲道红　顾祖根　张姬雯　赵　深
　　　　　齐丽华　欧阳旭明

委　员　　罗玲玲　孙大江　于晓庆　邹　华　姚　军
　　　　　杨益群　林越陵　钱俊千　张少敏　薛春刚
　　　　　马跃福　卜承志

主　编　　顾祖根

编　辑　　薛春刚　方毓宁　刘鸿浩　苏海霞　朱芳芳
　　　　　卢　珊

前言

　　江苏向来以历史悠久，经济发达，文化昌盛而著称，但江苏真正成为一个省级建置其实只有300多年。清康熙年间，始分江南省（明南直隶布政使司）为江苏省和安徽省，并取江宁、苏州两府的首字而得名"江苏"。所以作家叶兆言曾不无诙谐地说："江苏很年轻"。但就是这300多年，却是特别值得大书特书的一段。资本主义萌芽、《南京条约》的签订、太平天国运动、南京临时政府的成立、侵华日军南京大屠杀、新四军军部的重建、淮海战役、渡江战役……对现代中国影响深远的诸多历史事件，数不尽的风流人物，道不完的波澜壮阔，在江苏这片土地上留下了深刻的印记。《江苏省明清以来档案精品选·省馆卷》（以下简称《省馆卷》）所收录的内容，就是保存于江苏省档案馆内的与这些历史事件密切相关的真实记录。

　　历史是纷繁复杂的，除去那些重大的历史事件，还有一些细枝末节，同样值得回味和研究。本卷想要呈现给读者的，是一个立体的、多元的、比较全面和客观的历史印记。借助档案图片和档案原文，尽量还原、再现历史。尽管历史的拼图永远也无法完全恢复，但档案的价值就在于此，即便它有些隐约、模糊甚至残缺不全。有些档案，因为齐全完整而珍贵，而有些档案，却因为数量稀少、特色鲜明或年代久远而珍贵。以价值为基础，以公布档案为目的，突出档案精品的典型性、代表性，就是我们确定本书条目的基本原则。

　　根据我国档案的分级管理体制，江苏省档案馆主要保管省政府及其各部门档案。现有各种档案115万余卷（册），是省内馆藏量最多的档案馆。从百万卷馆藏中遴选出43件档案精品，其过程恰如在沙滩上捡拾美丽的贝壳，其间经历了一个相当繁重的寻找、鉴别和筛选过程。不过，这也是个令人愉悦的发现之旅。

　　明清和民国档案年代久远，具有很高的存史和研究价值。明正德元年诰命和翁同龢的题跋是馆藏最早的档案。前者是明代封赏制度的产物。后者则介绍了该诰命所载人物家世及诰命面世后曲折的保管经历。翁同龢不仅是两代帝师，支持维新变法，而且以书法名世，倍受后人推崇。诰命和跋前后呼应，历史的脉络十分清晰，具有重要的保存价值。江苏邮务管理局档案，从一个侧面反映了民国建立初期南京乃至全国局势的风云变幻，孙中山、黄兴、于右任、程德全、庄蕴宽、张熏、韩国钧、马良等政要纷纷登场，一时热闹异常，说明邮政这一当时唯一的信息传递途径，于国家、社会是多么重要！韩国钧朋僚函札收录韩国钧与康有为、梁启超、张謇、冯国璋、黄炎培等700余人3600余件来往信函，对当时苏、浙、皖、沪乃至全国的政治、经济、军事、文化均有记述，对府院之争、苏北治水、江浙战争也有较多的涉及，是研究韩国钧生平和近代江苏的第一手资料，具有极高的历史价值。江苏高等法院审判汪伪汉奸档案集中了陈公博、周佛海、褚民谊、陈璧君等大小汉奸两千余人的审判材料，见证了汉奸卖国求荣的可耻行径，也再次印证了日本帝国主义的侵华罪行，具有很强的历史借鉴意义。

革命历史档案是开展爱国主义教育的生动素材。土地革命战争时期中共江苏省委档案反映了土地革命战争时期中共江苏省委光荣、曲折、艰难的奋斗历程，涉及不少中共党史上的重要人物和重大事件，是进行党史研究和教育的重要宝库。苏皖边区政府存在时间尽管不算很长，但它以民主建设取得的辉煌成就和为争取和平、反对内战所作的种种努力及其重大成果，成为耸立在苏皖解放区的一座不朽丰碑，不仅对当时全中国的民主建设产生了重要的影响，而且为新中国的诞生和国民经济的恢复、发展提供了有益的经验。《苏中七战七捷的概述》详细地介绍了战斗经过，客观、中肯地总结了作战经验，是军史上一件十分重要的文献。渡江战役支前档案对于研究支前工作的组织、发动，支前宣传的策略、手段，支前的具体过程及其成果，特别是回顾苏北人民在渡江战役中奋勇支前的壮举，具有十分重要的作用。

中华人民共和国成立后档案具有突出的现实参考意义，资政价值明显。新中国成立后的江苏前30年，是一段充满困难和曲折，同时也充满希望和成就的历史，光荣和梦想交织，经验和教训并存，令人难以忘怀。江苏省人民政府成立档案完整记载了江苏省建制恢复这一江苏历史上的重大事件，标志着江苏开始进入社会主义改造和建设的新时期。江苏省第一届人民代表大会第一次会议档案再现了新中国成立后江苏人民民主建设的重要一步，也是研究江苏建省初期的政权建设的重要史料。南京长江大桥设计施工文件则是江苏经济建设成就的代表和反映。

资料是档案的重要补充，年代久远的资料，其价值堪比档案，是编史修志的重要参考。《南通测绘之成绩》为研究南通城市发展史提供了可靠依据。《江苏实业视察报告书》是研究民国江苏早期经济社会状况必不可少的一部重要文献。《江苏省政府公报》完整记载了国民党江苏省政府23年间的工作概况。中共中央华中局《真理》是研究中共中央华中局以及抗战时期党和军队建设的重要文献。新四军第三师《先锋杂志》对研究新四军和江苏抗战具有珍贵的参考价值。新四军第四师《拂晓报》再现了其被誉为"人民的喉舌"、"战斗的武器"的艰难而又成功的办刊历程。

《省馆卷》的编纂，是江苏省档案局大力实施档案文化精品建设工程和档案工作社会影响力工程的一项重要工作，也是宽领域、深层次地开发利用档案，把"死档案"变为"活资源"、"死资料"变成"活信息"，使档案真正为文化建设注入源头活水的一次有益尝试。希望为社会各界了解并利用江苏省档案馆的馆藏，作一个良好的铺垫。

编　者

2013年7月

凡例

一、本书共收档案精品条目43条。所选条目分为档案和资料两大类。档案分为明清及民国档案、革命历史档案和中华人民共和国成立后（本书以下简称"建国后"）档案三类。每类档案条目按其中形成时间最早档案的时间先后顺序排列。资料未作进一步分类，按最早形成时间顺序排列。

二、每个条目的展示及介绍方式包括：条目名称、保管单位、内容及评价、档案图片和档案全文。

三、内容评价及图片说明，除明清以前采用先写朝代纪年，后括注公元纪年外，其他一律采用公元纪年。

四、本书所公布的档案全文，均原文照录，一般不作删节；为方便阅读，进行了分段、标点；受篇幅所限或内容涉及敏感问题时，均作删节处理，以…………标明；遇有因档案缺漏残破难以辨认字迹者，以"□"表示，一个"□"表示一个字。错别字后加"〔 〕"并在其内改正。增补字用< >表示。

五、本书中的数字标注，按照国家《关于出版物上数字用法的试行规定》执行；字体统一使用简化字。

六、本书对历史上的机构、职官名称均沿用当时的规范称谓。

目 录
Contents

明清档案
Archives of Ming & Qing Dynasties

明正德元年诰命和清末翁同龢的跋 ·····················003

The royal edict in the first year of Zhengde period in Ming dynasty and the postscript by Weng Tonghe in late Qing dynasty

清雍正元年杜卖房屋地基文契及印票 ·····················006

The contracts of selling homestead and the property tax receipt in the first year of Yongzheng period in Qing dynasty

民国档案
Archives of the Republic of China

江苏邮务管理局档案 ·····················011

Jiangsu Postal Administration Bureau archive

两淮盐政总理张謇为依律惩治盐务犯罪咨江苏都督函 ·····················024

The consultation letter of Zhang Jian, Head of Lianghuai Salt Administration, to Jiangsu Military Governor on cracking down on salt crimes

民国江苏教育档案 ·····················027

Education archive of Jiangsu in the Republic of China

韩国钧朋僚函札 ·····················034

Han Guojun's correspondence with friends and colleagues

南京国民政府时期江苏省政府会议记录 ·····················042

The Meeting Minutes of Jiangsu Provincial Government in the period of The Nanjing National Government

江苏省农民银行档案 ·····················050

Archive of Jiangsu Farmers' Bank

导淮工程档案 ·· 062
Archive of Huaihe River Project

首都电厂档案 ·· 077
Archive of Capital Power Plant

"七君子事件"档案 ·· 086
Archive of the "Seven Gentlemen" Incident

江苏高等法院审判汪伪汉奸档案 ························· 093
Archive of the trial of traitors in Wang Jingwei's false regime by Jiangsu High Court

日本战犯酒井隆判决书 ···································· 102
The written judgment on Takashi Sakai, the Japanese War Criminal

"新生活运动"档案 ·· 109
"The New Life Movement" archive

革命历史档案
Archives of the Revolutionary History

土地革命战争时期中共江苏省委档案 ··················· 119
Earlier Archive of the CPC Jiangsu Provincial Committee during the Land Revolution

共青团江苏省委早期档案 ·································· 129
Earlier Archive of the Communist Youth League of China (CYLC) Jiangsu Provincial
Committee

江渭清文电摘录本 ·· 136
Jiang Weiqing's notebook

胡服、陈毅给苏中区党委和一师各负责同志的信 ······· 143
Letter of Hu Fu and Chen Yi to the comrades in charge of Suzhong district Party
Committee and the 1st Division

江南新四军北移告别民众书 ······························· 147
The Jiangnan New Fourth Army's Farewell Message to the Masses on the Occasion
of its Northward Transfer

苏皖边区政府档案 ·· 150
Jiangsu-Anhui Border Area Government Archive

粟裕《苏中七战七捷的概述》····························· 160
An Overview on the Victories in All Seven Battles in Central Jiangsu by Su Yu

苏北红黑点运动档案 ·· 165
Archive of the Red-and-Black-Mark Movement in North Jiangsu

华中工委、华东局等电稿档案 ·············· 173
Telegrams of the CPC Central China Working Committee and the CPC East China
Bureau

国民党沿江驻军分布情况图 ·············· 182
The map of Kuomingtang's garrison and defence works along the Yangtze River

渡江战役支前档案 ·············· 184
Supporting-the-front Archive in Crossing-the-Yangtze River Campaign

中华人民共和国成立后档案
Archives after the Founding of PRC

吴贻芳个人档案 ·············· 197
Wu Yifang's Profile

袁晓园个人档案 ·············· 205
Yuan Xiaoyuan's Profile

江苏省人民政府成立档案 ·············· 215
Archive of the founding of Jiangsu People's Government

江苏省第一届人民代表大会第一次会议档案 ·············· 226
Archive of the 1st meeting of the 1st Provincial People's Congress in Jiangsu

南京长江大桥设计施工档案 ·············· 232
Designing and construction archive of Nanjing Yangtze River Bridge

李先念就苏州财贸部门派性斗争致周恩来总理亲笔信 ·············· 243
Li Xiannian's Letter to Premier Zhou Enlai on the factional struggle in Suzhou
financial and trade departments

资料
Reference Material

明嘉靖《昆山县志》 ·············· 247
Annals of Kunshan County in Jiajing period, Ming dynasty

清嘉庆《莫愁湖志》 ·············· 251
Records of Mochouhu Lake in Jiaqing period, Qing dynasty

民国溧阳《朱氏宗谱》 ·············· 256
Genealogy of Zhu in Liyang during the Republic of China

民国《南通测绘之成绩》 ·············· 258
Surveying and Mapping Achievements in Nantong during the Republic of China

民国《江苏实业视察报告书》 ························· 264
The Inspection Report on Jiangsu's Industries during the Republic of China

民国江苏省政府公报 ································· 272
Communique of Jiangsu Provincial Government during the Republic of China

华中局理论刊物《真理》 ····························· 284
The Truth, a theory journal by the CPC Central China Bureau

新四军第一师《抗敌》杂志 ··························· 291
Against the Enemy by the 1st Division of the New Fourth Army

新四军第三师《先锋杂志》 ··························· 300
The Pioneer by the 3rd Division of the New Fourth Army

新四军第四师《拂晓报》 ····························· 311
The Dawn by the 4th Division of the New Fourth Army

《新华日报》（华中版）创刊号 ······················· 319
The Inaugural Issue of *Xinhua Daily* (Central China edition)

华中二分区《人民画报》 ····························· 323
People's Pictorial by the 2nd district of Central China

后　记 ·· 328
Postscript

明清档案

曩侍
先祖文恭公於鴒峰兩舍一日
公取此卷令　　讀之且誡之曰農夫
猶知愛護其先世手澤爾輩
可勿念哉　　孫敬懍不敢忘今
公見背十　五年矣遺澤綿國變
四方杌隉　馬　鑒　　之不克
保　每展遺書法　流滿此以省

老遂酬恬退之心以對義方
素切於家庭致令子養成
予國器養隆五鼎壽踰六
旬爰推錫類之仁誕示褒
嘉之命雖緣子貴實視舊
階茲特封爲中大夫職如
故遂增門閭之光益享榮
楡之樂
制曰母氏劬勞義實篤于教
育朝廷寵數禮特重于褒
崇肆緣報本之心摩舉弛
封之典亦惟有德始稱厥
名尒封宜人陳氏乃工部
屯田清吏司主事周炯之
母詩禮名家衣冠良配性
惟貞靜行特端莊勤徽戒
以相夫至揚官業躬謀督
以成子峻擬賢科養燧夫
階已膚錫命茲緣子貴載
示襃恩眷國典之有加見
母儀之能備茲特封爲淑
人諒天道之足徵服休光
于未艾

正德元年四月十八日

明正德元年诰命和清末翁同龢的跋

保管单位：江苏省档案馆

内容及评价：

明正德元年（1506），明武宗加封江苏常熟人、工部主事周炯之父周木为"中大夫"、周炯之母为"淑人"，特颁绢质诰命。诰命全长260厘米，宽30厘米，织锦，前有双龙，双龙中有篆文"奉天诰命"四字，后为云天图案，正文墨笔正楷，钤盖"制诰之宝"篆体阳文朱印。清光绪二十四年（1898），清末政治家，同治、光绪两代帝师、军机大臣翁同龢被慈禧削籍归里，在周木后人处得此诰命，请工匠修裱加装木盒，并另外题跋介绍周家父子为官、墓葬及诰命面世情形。该跋写于宣纸上，续于诰命之后，长1.8米，宽0.315米，楷书。

明代诰命是江苏省档案馆馆藏中最早的档案，详述了周木的为官经历、褒封官职，既佐证了历史，也为我们了解明代诰命制作情况留存了珍贵的资料，具有重要的历史价值和文物价值。

明正德元年（1506）明武宗加封江苏常熟人、工部主事周炯之父周木为"中大夫"、周炯之母为"淑人"的绢质诰命。

全文：

奉天承运，皇帝制曰：

父以教忠为贤，心惟报国；子以养志为孝，务在亢宗。矧予世官之良，克绍家传之业。肆推恩典，实倍常伦。尔致仕浙江布政使司右参政周木，乃工部屯田清吏司主事炯之父，蜚声甲第，佐长行人。比显陟于铨曹，遂闻名于朝野。擢参藩省，允穆师言。体国爱民，方伟旬宣之绩；投闲归老，遂酬恬退之心。矧义方素切于家庭，致令子蚤成乎国器。养隆五鼎，寿踰六旬。爰推锡类之仁，诞示褒嘉之命。虽缘子贵，实视旧阶。兹特封为中大夫职如故，远增门阀之光，益享桑榆之乐。

制曰：

母氏劬劳，义实兼乎教育；朝廷宠数，礼特重于褒崇。肆缘报本之心，肇举贲封之典。亦惟有德，始称厥名。尔封宜人陈氏乃工部屯田清吏司主事周炯之母，诗礼名家，衣冠良配，性惟贞静，行特端庄。勤敬戒以相夫，丕扬宦业；躬课督以成子，峻摭贤科。蚤媲夫阶，巳膺锡命；兹缘子贵，载示褒恩。春国典之有加，见母仪之能备。兹特封为淑人，谅天道之足征，服休光于未艾。

正德元年四月十八日

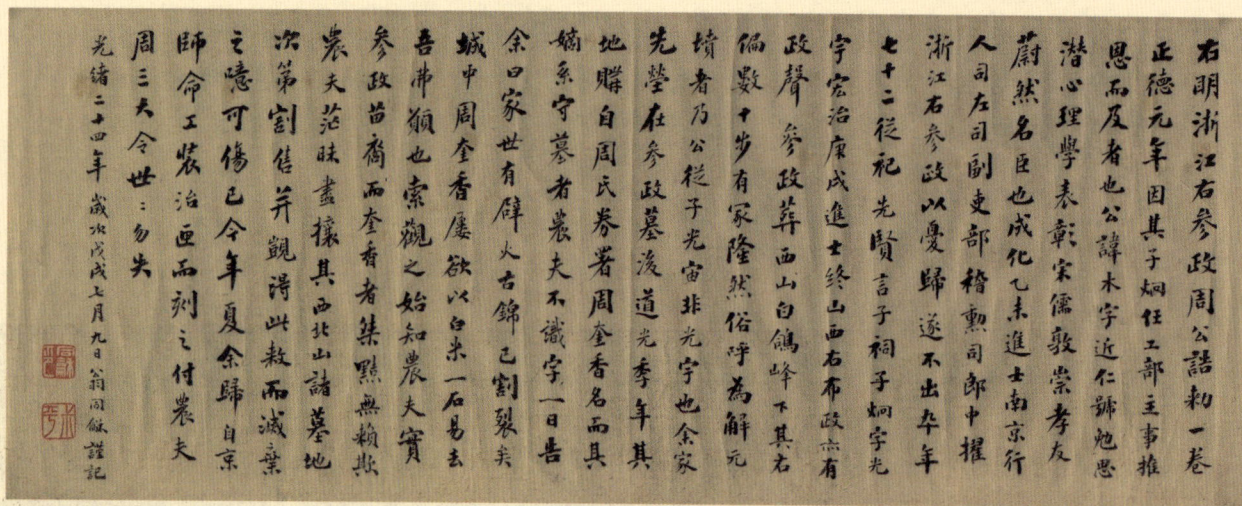

翁同龢的跋

全文：

右明浙江右参政周公诰敕一卷，正德元年因其子炯任工部主事推恩而及者也。公讳木，字近仁，号勉思。潜心理学，表彰宋儒，敦崇孝友，蔚然名臣也。成化乙未进士，南京行人司左司副，吏部稽勋司郎中，擢浙江右参政，以忧归，遂不出。卒年七十二，从祀先贤言子祠。子炯，字光宇，宏治庚戌进士，终山西右布政，亦有政声。参政葬西山白鸽峰下，其右偏数十步，有冢隆然，俗呼为解元坟者，乃公从子光宙，非光宇也。余家先茔在参政墓后，道光季年，其地购自周氏，券署周奎香名。而其嫡系守墓者农夫不识字，一日告余曰："家世有辟火古锦，已割裂矣。城中周奎香屡欲以白米一石易去，吾弗愿也。"索观之，始知农夫实参政苗裔。而奎香者，桀黠无赖，欺农夫茫昧，尽攘其西北山诸墓地，次第割售，并觊得此敕而灭弃之。噫，可伤已！今年夏，余归自京师，命工装治，匣而刻之，付农夫周三大，令世世勿失。

光绪二十四年岁次戊戌七月九日翁同龢谨记（钤阴文篆刻朱印"同龢印"，阳文篆刻朱印"叔平"）

翁斌孙追忆叔祖翁同龢昔日教诲而于其跋后作补的后记

全文：

曩侍先叔祖文恭公于鹄峰丙舍。一日公取此卷令读之，且诫之曰："农夫犹知爱护其先世手泽，尔辈可勿念哉！"斌孙敬志不敢忘。今公见背十有五年矣。遭际国变，四方杌陧，惴惴焉惧凿楹之不克保，每展遗书，泫然流涕。比以省墓至鹄峰，周三大之子根根出卷相示，霉损脱落，盒亦不完。盖辛亥风鹤之警，曾瘗土中数十日也。爰取付善工重装而归之。根根能服先畴，必能保守此卷，但不可轻以示人耳。

戊午十月五日翁斌孙谨记

清雍正元年杜卖房屋地基文契及印票

保管单位：江苏省档案馆

内容及评价：

　　中国旧时不动产买卖、典当的契约，未向官府纳税加盖官印的称"白契"，经官府加盖官印并纳税的称"红契"。买卖双方立契后，向官府交纳的税为"契税"。官府发的纳税凭证粘于契的尾部，叫"契尾"，为官府认可的合法权属凭证。完整的契由民间订立的契约和官府发的契尾组成。契尾几经沿革，名称、内容多有变化。清康熙五十九年（1720）出现"印票"，言明契尾"俟尾颁到发给"。

　　雍正元年（1723）十二月，江宁府林氏兄弟二人将位于城南三山街、遭受火灾而仅剩空基地及危墙的门面二号二进杜卖于王姓买主，并立下文契。该文契载明了地基四至、交易价格以及林氏兄弟证明该基地并无任何权属纠纷的声明。凭亲中友、左、右邻甚至邻友、上业主、保正、官牙、地方一应俱全并全部划押作证。与该文契同时保存的还有一张同年十二月江宁府都税司颁发的"印票"。首段文字为皇帝批准的成例制度，其次是官民违反制度应受的惩处，文尾填写买卖双方姓名、田房坐落、数目、价税银两、发证机构、授证业主等，并于其上钤盖官印。该杜卖房屋地基文契及印票是清中期房地产交易的产物，为研究清代房地产交易、管理制度和契证文书的演变提供了第一手佐证。

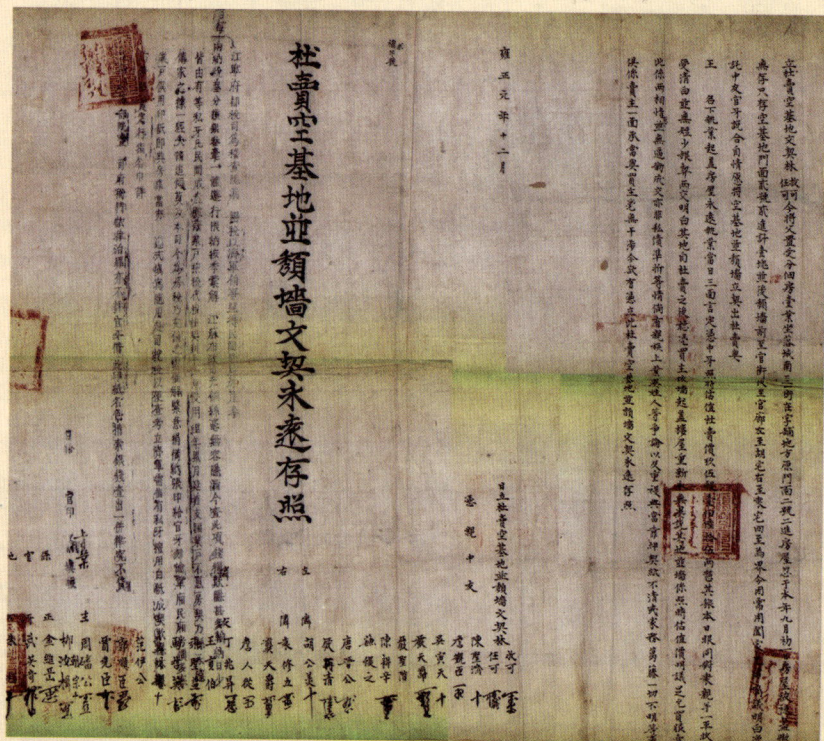

清雍正元年杜卖房屋地基文契

全文：

　　立杜卖空基地文契。林牧可、任可今将父置受分佃房壹业：坐落城南三山街在字铺地方，原门面二号二进房屋，忽于本年九月初一日房屋被禄尽毁无存，只存空基地。门面贰号贰进计壹块并后颓墙至官街，后至官廊，左至胡宅，右至袁宅，四至为界。今因需用，阖家兄弟嫡议明白浼托中友官牙说合，自情愿将空基地并颓墙立契出卖于王名下执业，起盖房屋永远执业，当日三面言定，凭中牙照时估价值杜卖价玖伍银壹佰陆拾伍两整，其银本日眼同对众亲手一平收受清白，并无短少，银契两交明白，其地自杜卖之后听凭买主依墙起盖楼屋重新，永无异说，其地并墙係照时估值，价明议足，允买服卖，此係两相情愿，并无逼勒成交，亦非私债准折等情，倘有亲族上业异姓人等争论，以及重复典当靠押契纸不清，或家务葛藤，一切不明等事，俱係卖主一面承当，与买主毫无干涉，今欲有凭，立此杜卖空基地并颓墙文契永远存照。

　　雍正元年十二月　日立杜卖空基地并颓墙文契

	林牧可　林任可
凭亲中友：	陈圣济
	詹觐臣
	吴寅天
	严天爵
	严圣阶
	陈耕辛
	苏复之
	唐晋公
	严再清
左邻：	胡公美
右邻：	袁修五
	龚天爵
	詹人从
邻友：	丁兆升
	王贡伯
	张圣益
	马哲英
	蓝明耀
	范伊公
	郭顺臣
	贾尧臣
上业主：	周磻公　周朝宗　柳汝楫
保正：	金维岳
官牙：	武英奇
地方：	朱　祥

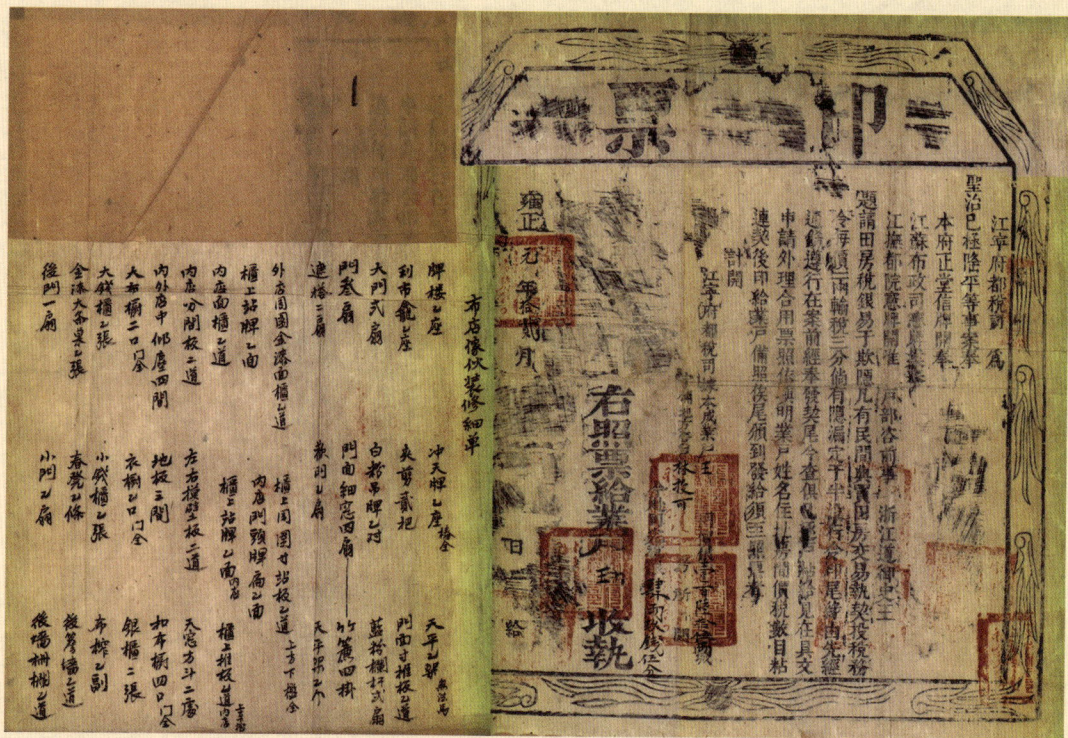

清雍正元年江宁府都税司颁发的印票

全文：

江宁府都税司为圣治已极隆平等事。

案奉本府正堂信牌开，奉江苏布政司宪牌，案奉江抚都院宪牌开，准户部咨：前事。浙江道御史王题请田房税银易于欺隐，凡有民间典买田房交易执契投税，务令每价一两输税三分，倘有隐漏定干半没，行令印尾缘由，先经通饬遵行在案。

前经奉发契尾，今查俱已逐户粘给，见在具文申请外，理合用票照依填明业户姓名、住址、房间、价税数目粘连契后，印给业户备照，俟尾颁到发给。

须至照票者。

计开：

江宁府都税司据本城业户王，用价银壹佰陆拾伍两买字铺地方卖户林牧可 房 所间，今赴司完税银肆两玖钱伍分

右照票给业户王收执

雍正元年拾贰月 日给

民国档案

江苏邮务管理局档案

保管单位： 江苏省档案馆

内容及评价：

光绪四年（1878），清政府在北京、天津、烟台、牛庄、上海开办五处邮局，江苏省邮政事业由此开始。但是在1922年以前，江苏许多地区的邮政事业均由外国人把持。江苏邮务管理局于1913年11月在南京成立，隶属于交通部邮政总局。1931年至1935年，江苏、安徽两邮区合并为苏皖邮区，办事机构设于南京。1935年7月1日，苏皖邮区因局所多，事务繁，又分为江苏、安徽两邮区，分别设立邮政管理局。南京沦陷后，江苏邮务管理局迁至上海。1938年3月迁返南京，管辖无锡、苏州（吴县）、镇江、徐州（铜山）4个一等局和其他二、三等局。1945年9月10日，国民政府交通部"京沪区交通接收委员会"接收江苏邮政管理局。1949年4月23日，南京解放。4月30日，中国人民解放军接管江苏邮政管理局。

馆藏江苏邮务管理局档案共1044卷，起止时间为1911年至1949年，主要有邮政管理文件、日常邮务、员工薪资津贴报表、有关人事管理文件等，内容十分丰富，特别是民国初年和抗战胜利后的档案，更为完整、系统，对于研究考察民国江苏邮政管理体制的发展演变具有重要的学术价值。

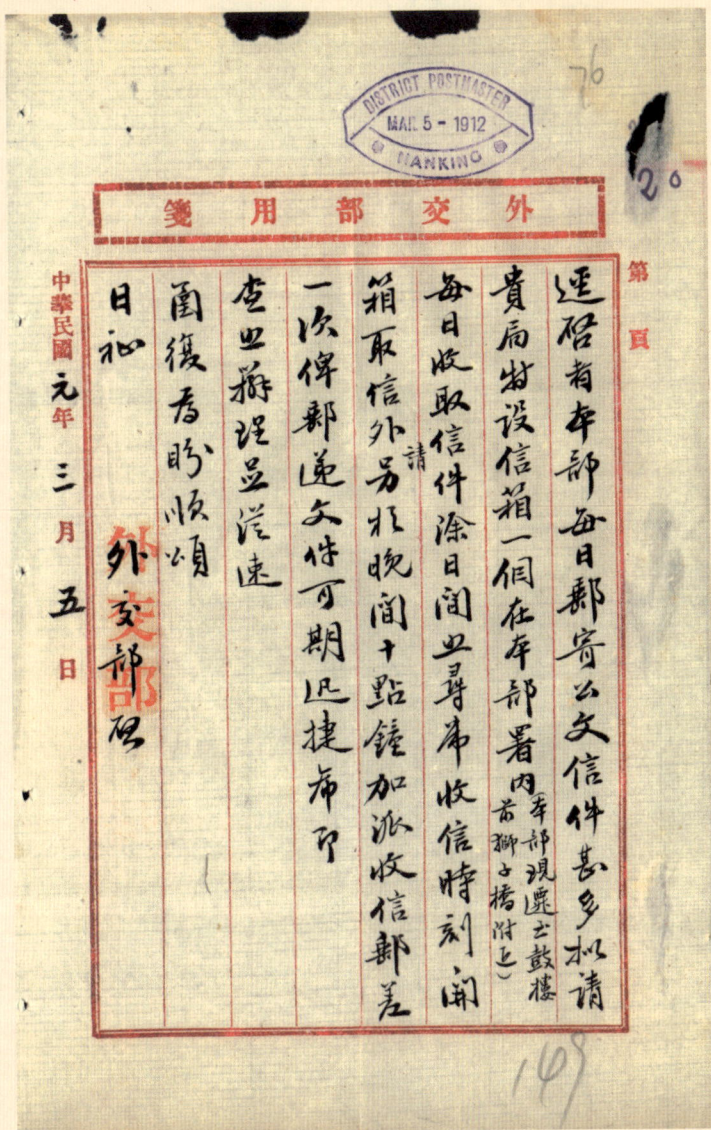

1912年3月5日，外交部为设立邮箱加快文件取递致南京邮政局函。

33

致陸軍部總長黃公函一件

敬啟者奉

北京郵政總辦　諭開以嗣後凡關於軍政公文函件鈐有司令官印信

者郵局應即照收轉寄並予免費如寄件人所指寄之處並無各郵局或

電報局並可特派專差前往投送等因奉此除轉飭本管各郵局一體遵

照辦理外相應函致

貴總長請煩查照施行為此肅此奉達順頌

日祉

名另具　中華民國元年三月十九日

1912年3月19日，南京邮政局为军政公文函件投递致陆军部总长黄兴函。

1912年3月，交通部部长于右任为减轻邮电费致南京邮政局令。

全文：

中华民国交通部令

案奉

　　大总统令开，据上海日报公会呈称军兴以后种种困难情形，请减轻邮电费以维报界等情前来。查报纸代表舆论，监督社会，厥功甚巨，此次民国开创，南北统一，尤赖报界同心协力竭诚赞助。兹据呈称军兴以后困难情形均属是况，若不设法维持，势将相继歇业，合将原呈发交该部仰即酌核办理可也，等因。同时又据日报公会禀请减轻邮电费到部，当经本部议妥，拟嗣后凡关于报界之电费悉照现时通行价目减轻四分之一，邮费减轻二分之一。呈复大总统在案。兹奉大总统批，开所拟酌减报界邮电费办法，尚属妥协，应即照准，仰即令行所属知照。至请电袁大总统转饬北京邮局帛黎遵办一节，已电告袁大总统矣，仰即知照，此批，等因。嗣后凡遇各报馆曾经挂号由局认可之新闻纸，所有寄费自阳历四月一日起悉照现时通行价目减去二分之一，为此令知该邮政总办，仰即知照所属各邮局一体遵行，并将遵办情形报部查核。此令

　　南京邮政局邮务总办知照

于右任

中华民国元年三月廿六日

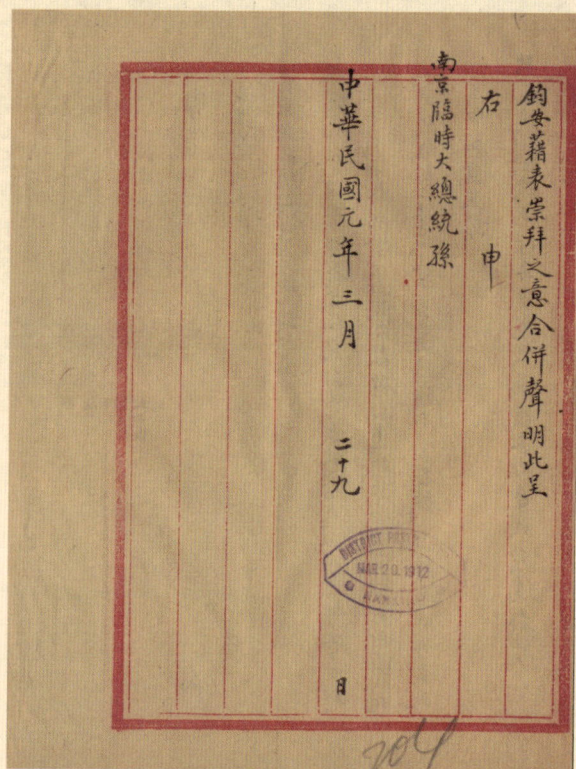

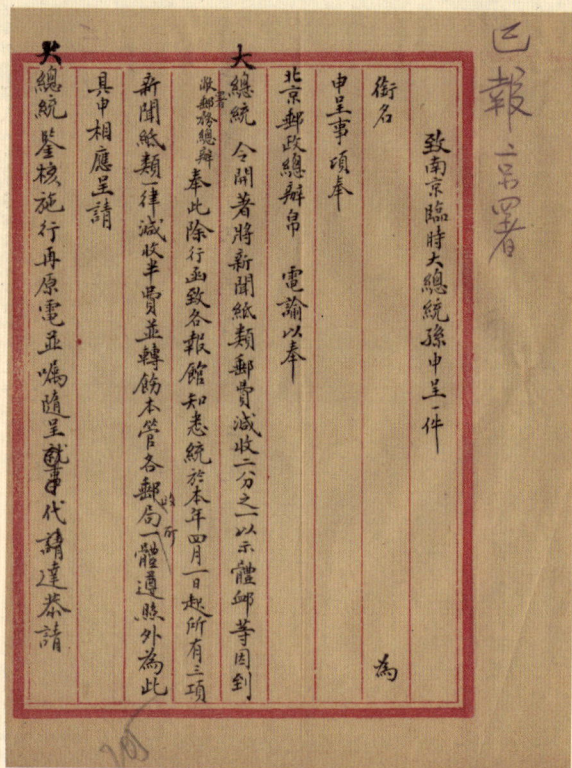

1912年3月29日，南京邮政局致南京临时大总统孙中山呈文。

全文：

致南京临时大总统孙申呈一件

衔名　　为

　　申呈事顷奉北京邮政总办帛　电谕，以奉大总统令开著将新闻纸类邮费减收二分之一，以示体恤，等因。到敝署邮务总办，奉此，除行函致各报馆知悉，统于本年四月一日起，所有三项新闻纸类一律减收半费，并转饬本管各邮政局所一体遵照外，为此具申相应函请大总统鉴核施行。再，原电并嘱随呈代达，恭请钧安，藉表崇拜之意，合并声明。此呈。

　　右申

　　南京临时大总统孙

中华民国元年三月二十九日（南京邮政局印鉴）

南京留守府啓事用牋

迳启者交通局案呈據邵伯鎮公民沈大可等
禀揭該鎮郵政供事齊雲擅拆信件竊空公
欵并縷陳劣迹多端請予整頓等情查所禀各
節無論有無其事總之與郵政名譽有關自非
澈查不足以服人心而維郵政除批示外相應粘
抄原禀函請
貴郵政司迅飭鎮江郵務長就近查明辦理
並煩

南京留守府啓事用牋

見復施行順頌
日祉
計粘抄原禀一紙
黄興頓 〔印〕
四月廿五日

黄兴为请查处邵伯镇邮政供事齐云擅拆信件等事致邮政司函

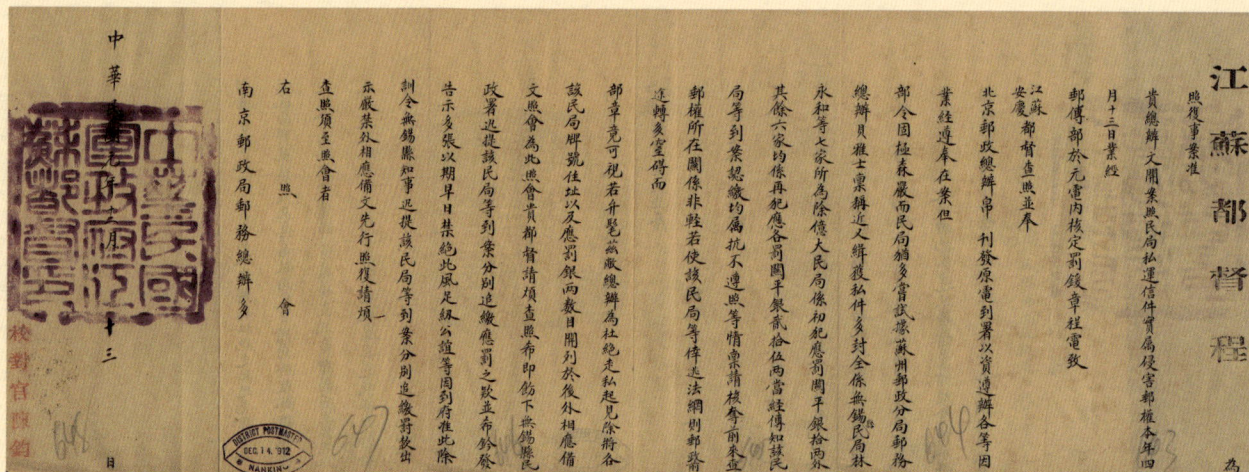

1912年，江苏都督程德全①致南京邮政局邮务总办的照会。

全文：

江苏都督程为照复事。案准贵总办文开：案照民局私运信件，实属侵害邮权。本年四月十三日业经邮传部于元电内核定罚锾章程，电致江苏、安庆都督查照并奉北京邮政总办帛刊发原电到署，以资遵办，各等因，业经遵奉在案，但部令固极森严，而民局犹多尝试。据苏州邮政分局邮务总办贝雅士禀称，近又缉获私件多封，全系无锡民局林永和等七家所为，除亿大民局系初犯应罚关平银十两外，其余六家均系再犯，应各罚关平银二十五两。当经传知该民局等到案认缴，均属抗不遵照等情，禀请核夺。前来查邮权所在关系非轻，若使该民局等倖逃法网，则邮政前途转多窒碍。而部章竟可视若弁毛，兹敝总办为杜绝走私起见，除将各该民局牌号住址以及应罚银两数目开列于后外，相应备文照会。为此照会贵都督请烦查照，希即饬下无锡县民政署迅提该民局等到案，分别追缴应罚之款，并希钤发告示多张，以期早日禁绝此风，足纫公谊，等因。到府准此。除训令无锡县知事迅提该民局等到案，分别追缴罚款，出示严禁外，相应备文先行照复。请烦查照须至照会者。

右照会

南京邮政局邮务总办多

中华民国元年十二月十三日（中华民国军政府江苏都督印）

---

① 程德全（1860~1930），四川云阳（今属重庆）人，字雪楼。1909年（宣统元年）任江苏巡抚。辛亥革命爆发后，程德全在苏州宣布江苏独立，自任都督。1912年南京临时政府成立，任内务总长。袁世凯接任总统后，任江苏都督。后脱离政坛，以礼佛为事。

江蘇郵區各郵局代收郵包稅簡章

江蘇郵區各郵局代收郵包稅簡章

第一條　江蘇全省郵包稅除由江蘇兼上海財政委員會派員設立專局及分局外其餘未經設局地方得委託郵政局或代辦所暫行代收

第二條　設立郵包稅局地方凡系局代收郵包稅地方均由郵包稅專局開一埠名清單送郵務管理局

第三條　每月除按征收稅款總數扣百分之十為郵局公費外再扣百分之二一作為滙費餘款按月滙交江蘇郵包稅專局

第四條　郵局對於稅包稅款及其他物件遇有鐵路划或意外損失為郵局力所不及者均照郵章不負賠償責任如郵政人員對於收入稅款如何侵吞虧短情弊亦不得由郵政公款內賠償但郵局對於負責人必竭力追索以期能以補償者十至負責人能補若干郵局卽以所補之數遞交不負賠抵原虧數目之責

第五條　關於征收郵包稅一切應用之滙單表冊各印刷品均由江蘇全省郵包稅專局製備發交江蘇郵務管理局轉分所屬各郵局

第六條　關於郵包稅來往公文均由郵務管理局與江蘇全省郵包稅專局直接交涉各地方郵包稅局不得與各縣郵局或郵務代辦所通用公文但遇必要時得當面會商之

第七條　其在揚由關淮安關兩區域內在暨兩關未將征收包稅划交郵包稅專局以前暫緩設立郵包稅分局郵局亦不代征郵包稅

第八條　本簡章目呈請江蘇兼上海財政委員會核准之日實行遇有未盡事宜得商同郵務管理局隨時修正之

江苏邮区各邮局代收邮包税简章

1925年7月16日，东南大学关于蒋维乔代理校长一事致江苏省邮务管理局知照函。

国立东南大学公函

迳启者案奉 江苏省长函聘蒋维乔为国立东南大学代理校长等因蒋代理校长业于本月十一日到校任事特此奉达祗希查照为荷此致

江苏邮务管理局

邮政总局通谕（1924年～1935年，183～384号）

逕啟者近聞武漢方面不時有反宣傳
品散寄各地學校等處似此淆惑人心
亟應嚴加檢查以遏亂源茲派徐家棠
李彥為郵電檢查員除飭令會同各
機關特派員分赴郵電各局認真檢查
如有反宣傳品及形迹可疑之函電一
律扣留查明呈請澈究外相應函達
查照接洽辦理為荷此致

年 月 日

南京郵務局

江蘇省政府啟

十六年七月二日

1927年7月2日，江苏省政府为请注意查禁武汉方面寄往各地学校反宣传品事致南京邮务局函。

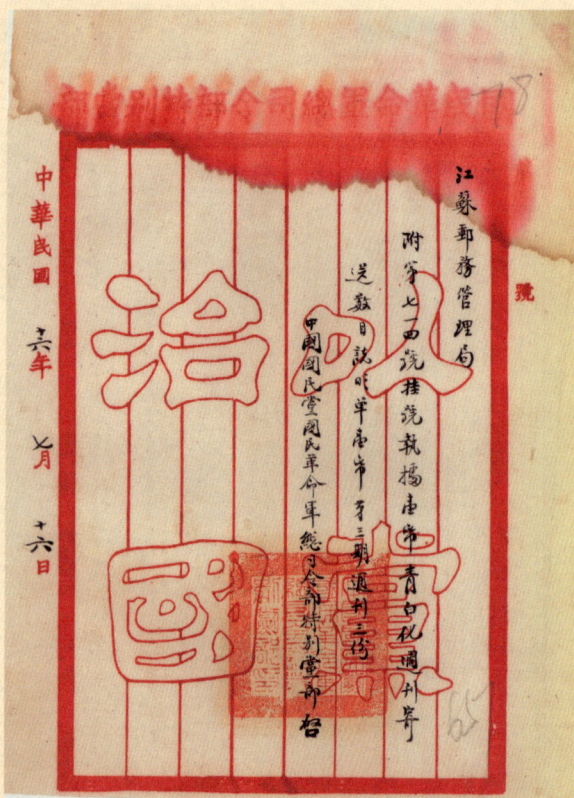

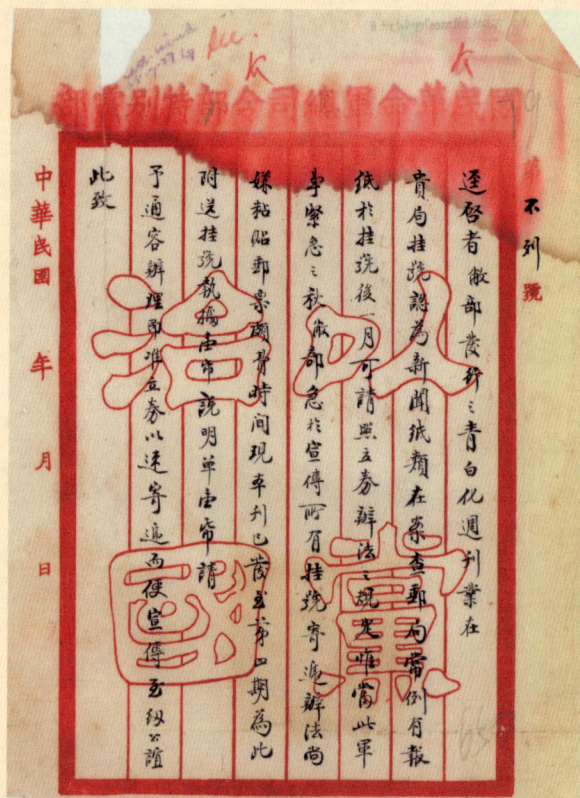

1927年7月16日，国民革命军总司令部特别党部为《青白化周刊》加快寄递请准立券事致江苏邮务管理局函。

Draft Note to staff:

It has been more than eight months since I was appointed Direc...
Posts for Kiangsu, temporarily. During this period, you have done...
work to the utmost of your ability and have rendered me great assist...
This has accounted for the big increase in postal revenue in this di...
which is much appreciated. Again, I have much pleasure to record th...
feeling be...
myself and...
staff duri...
tenure of o...
As I have...
over charg...
district, I...
express my...
thanks for...
assistance...
co-operatio...
the meantim...
you will c...
be loyal to...
Service.

余自莅长本区以来，忽三越八阅月，立此期间，诸全人和衷共济，勤奋将事，以本区收入，较前到增，酒慷……田彼此相爱……劳瘁，立为余感，向彼此相爱，贡献琐屑，私衷快慰，至可亨幸。诸佳交替，判袂在迩，聊志数言，藉申诃恨，尚望对於此务，继续努力，邮政光逢，有幸焉。此致

诸位同人

李齐

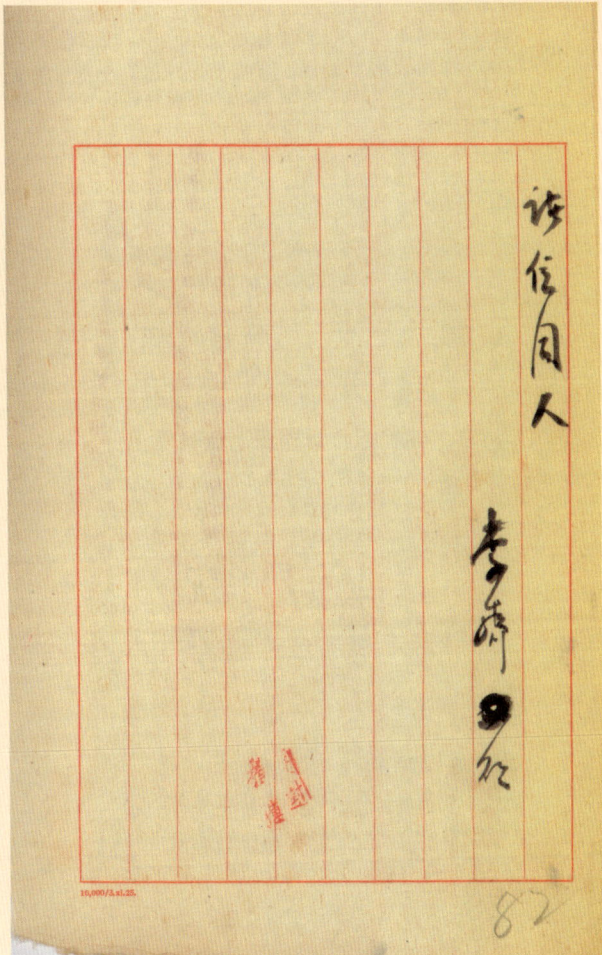

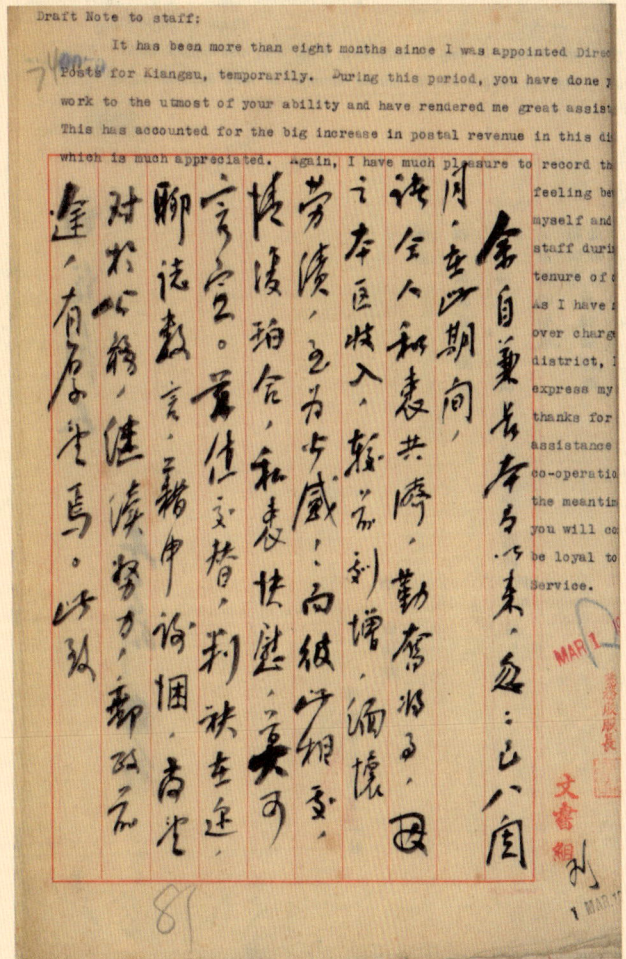

江苏邮政局长李齐离任之际致邮局同仁书

1932年10月4日，苏皖邮政管理局为查验登记证致《党军日刊》函。

1934年7月20日，苏皖邮政管理局邮务长屠家骅为注射疫苗致各支局函。

1934年10月12日，小学读物研究社为请邮寄有关代售章则致苏皖邮政管理局函。

照執票郵售代

蘇皖郵務管理局　為

發給代售郵票處執照事茲為寄件人便於購用郵
票起見特揀南京市縣長樂街鎮　　街泰來
字號店東王鑑泉代郵局出售郵票以便商民其售
價悉照本管理局所規定無異合給執照以昭信用
須至執照者

中華民國二十四年五月十日

郵務長　屠家驥

副字第貳十號

1935年5月，苏皖邮务管理局代售邮票执照。

两淮盐政总理张謇为依律惩治盐务犯罪咨江苏都督函

保管单位： 江苏省档案馆

内容及评价：

　　清末民初，盐业经济因生产方式和经营管理的落后愈加萧条，食盐产量下降，盐商急剧衰落，盐枭私贩日渐嚣张，严重影响国家税收，危及国计民生。中国传统盐业生产经营已经到了非改革不可的境地。张謇在研究总结历代盐业弊端的基础上，形成了自己的盐业经济思想。光绪二十七年（1901），他撰写了著名的《变法评议》，上书清政府，要求全面进行变法，第一次公开阐明了"设厂聚煎、就场征税"的主张。同年，他还撰写了《变通通九场盐法议略》，比较具体地提出了将设厂制盐、就场征税作为变通旧盐业制度的办法。宣统二年（1910），他结合自己对盐业的研究认识，向资政院提交了《预备资政院建议通改各省盐法草案》，比较系统地提出了改革盐业的七大纲领。民国元年（1912），在两淮盐政总理任上，他向袁世凯政府提交了《改革全国盐法意见书》和《改革全国盐政计划书》，阐述了自己对盐业现状的认识，论述了"民制、官收、商运"的改革设想，对改革计划及进程作了具体安排。张謇为改进中国传统盐业生产与经营管理，历尽艰辛，作出了巨大的贡献。

　　该档案反映了民国初年私盐泛滥、盐业经营管理秩序混乱的状况以及时为两淮盐政总理的张謇秉笔直书维护盐务的勇气和决心，是张謇长期从事盐业经营和管理、深谙盐务法律、力主盐法改革与施行的力证，对于研究近代两淮盐业发展史和张謇的盐业经济思想具有重要的参考价值。

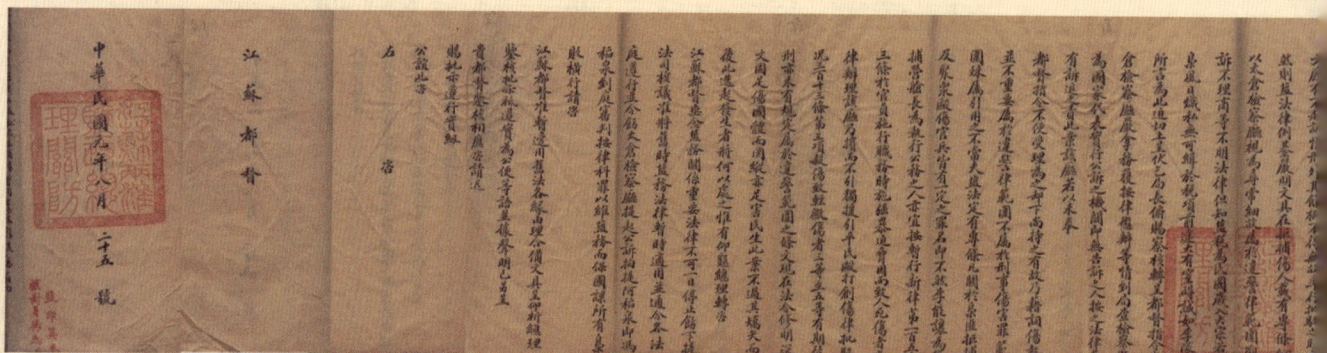

两淮盐政总理张謇致江苏都督的函

全文:

江苏两淮盐政总理张为咨请事

据办理松盐兼苏属运销局呈称，前奉江苏都督指令本局呈请盐务罪犯应送何项官厅审理由，奉令查关于盐务上之犯罪自应设立专条，惟制定法律其权限属于立法机关，据呈各节仰候咨请中央政府提出议案交由参议院公决可也，等因。奉此，恭读之余伏思司法立法权限不相混合，本为立宪国之元素，然刑罚为共同生活必要之条件，若效力一日停止，则社会秩序必致立时扰乱，故袁大总统三月十号令现在民国法律未经议定颁布，所有施行之法律及新刑律除与民国国体抵触各条应失效力外，余均暂时援用，等因，诚以此也。盐法为保全国课维持治安之一种特别法，当此国基甫定，人民失业，大帮小贩倍蓰于前，若必待政府之提议议院之通过，即至短之时期亦须数月，其手续始能完备，而此数月中，盐务犯罪由何法律处断，由何项机关受理此一极疑难问题，惟思都督为一省行政最高机关，有解释法令之权，正拟复请指示藉定方针间。适据太镇引商吉开源等呈称窃商等接准太仓辑私队官李鸿春函称，该队官据十一号舱长李能让报称，该舱长于八月四号上午八时在六渡桥镇辑获私贩一名，私盐约重六七十斤，正拟开船回队报告一切，讵有该镇著名流氓开设茶馆之阿稻泉即冯道泉袒护，私贩公然拒捕，鸠集多人横相抗阻，其时值乡民集市之时，南北两岸聚而相观及随声附和者不下四五百人，以致船亦不能移动，乃阿稻泉胆敢率众到船，声称如不速将辑获之私贩及盐斤交还，即将枪船起岸焚烧，该舱长欲开枪击放，深恐误伤旁观，众寡不敌，危险万分，拟暂释回私贩，和平息事，讵阿稻泉恃其附和人众，竟将私盐强行夺去，并将该舱长强拖起岸，逞蛮攒殴，致受重伤，船载而回，即由队官饬令该舱长自投太仓检察厅起诉，前去当由检察厅验伤属实，令补诉状，允即照办。事隔三日，忽得检察厅批示云：诉悉，昨日验得伤势并不重要，属于违警律范围，不属于刑律伤害罪范围，仰该舱长迳向民政署警务科告诉可也，此

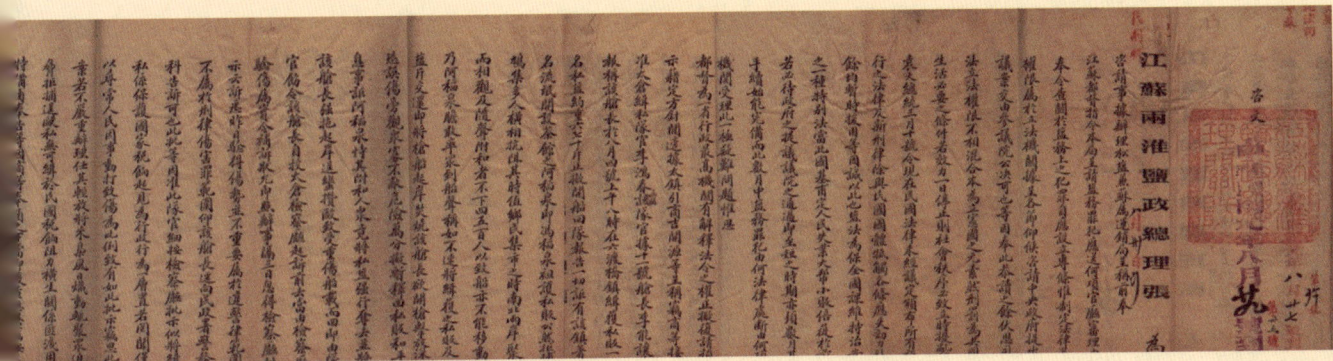

批。等因，准此。队官细按检察厅批示，似将辑私系保护国家税饷起见，为行政行为一层置若罔闻，仅以寻常人民因事动打致伤为比例致有如此批示。窃思此案若不严重办理，任其轻放，将来枭风日炽，动辄聚众迫胁拒捕逞殴，私无可缉，于民国税饷阻力横生，关系匪浅。用特备函奉告，等因。商等奉函之下当即复查无异，窃按民国新造临时政府成立阳历三月十号总统命令，凡与民国不相抵触者，一切法律悉仍其旧。辛亥九月十九日都督亦有盐务悉照旧章办理之命令。本年八月六号第廿五期江苏公报载都督通令各级检察厅，遇有人民投诉事件，除照律文应有不起诉情形外，余概不得无故率行批驳之明文。然则盐法律例其严，明文具在，拒捕伤人载有专条，何以太仓检察厅视为寻常细故，属于违警律范围却诉不理。商等不明法律，但知盐税为民国岁入大宗，若任枭风日炽私无可缉，于税项前途大有窒碍。诚如李队官所言，为此迫切上呈，伏乞局长俯赐察核，转呈都督指令太仓检察厅严拿务获，按律惩办等情，到局查检察厅为国家代表，实行公诉之机关，即无告诉之人，按之法律尚有诉追之责，此案该厅若以未奉都督指令不便受理，为之却下，尚持之有故，乃藉词伤势并不重要，属于违警律范围，不属于刑事伤害罪范围，殊属引用之不当。夫盐法定有专条，凡关于枭匪拒捕及聚众殴伤官兵，皆有一定之罪名，即不然李能让为盐捕营舱长，为执行公务之人，亦宜按暂行新律第一百五十三条"于官员施行职务时施强暴迫胁因而致人死伤者"之律办理。该厅乃摈而不引，独援引平民殴打创伤律批驳，况三百十三条第三项杀伤致轻微伤者，三等至五等有期徒刑，亦未有规定属于违警范围之条文，现在法令修明，深文固足伤国体，而罔纵亦足害民生，此案不过其矫矢而，后此迭起发生者，将以何处之，惟有仰恳总理转咨江苏都督，垂念盐务关系重要，法律不可一日停止，饬下提法司核议准将旧时盐务法律暂时适用，并通令各法庭遵行，并令饬太仓检察厅提起公诉，拘提阿稻泉即冯稻泉到庭审判，按律科罪，以维盐务而保国课，所有枭贩横行，请咨江苏都督准暂适用旧法，各条缘由理合备文具呈，仰总理鉴核批示祗遵，实为公便，等语，并据声明已另呈贵都督鉴核，相应咨请讯赐批示遵行，实纫公谊。此咨。

右咨

江苏都督

中华民国元年八月二十五号（江苏两淮盐政总理关防）

民国江苏教育档案

保管单位： 江苏省档案馆

内容及评价：

民国江苏教育是江苏教育史上承前启后的重要阶段。受"五四运动"影响，民国时期江苏教育界出现许多新思想、新情况、新气象，尽管社会动荡，江苏各级各类教育事业在曲折中还是取得了显著的进展。南京国民政府成立初年，由于江苏地区战乱较少，社会较为稳定，再加上政府扶持，教育事业发展较快，各类公立私立学校剧增。日伪统治时期，江苏教育被打上了很深的奴化教育的烙印，"和平反共、清乡、新国民运动"等教育使教师、学生的思想受到很大的控制，学生爱国救亡运动受到很大的压制。抗战胜利后，省政府着力恢复教育事业，制定了教育复员计划，江苏教育得到了一定的恢复和发展。

馆藏民国江苏教育档案共2200余卷，起止时间为1911年至1949年，主要涉及高等及师范教育、中等教育（公、私立）、初等教育、民众教育、职业教育以及教育行政管理等方面，是系统、全面考察研究民国江苏教育的第一手资料。

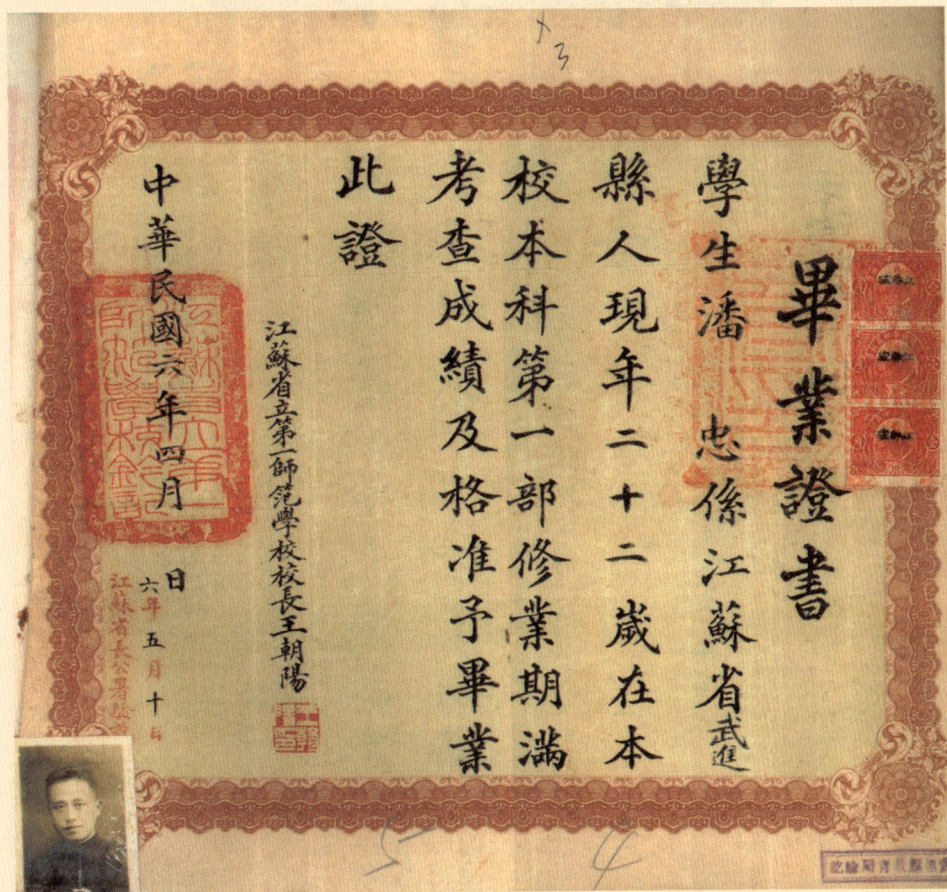

1917年4月，江苏省立第一师范学校毕业证书。

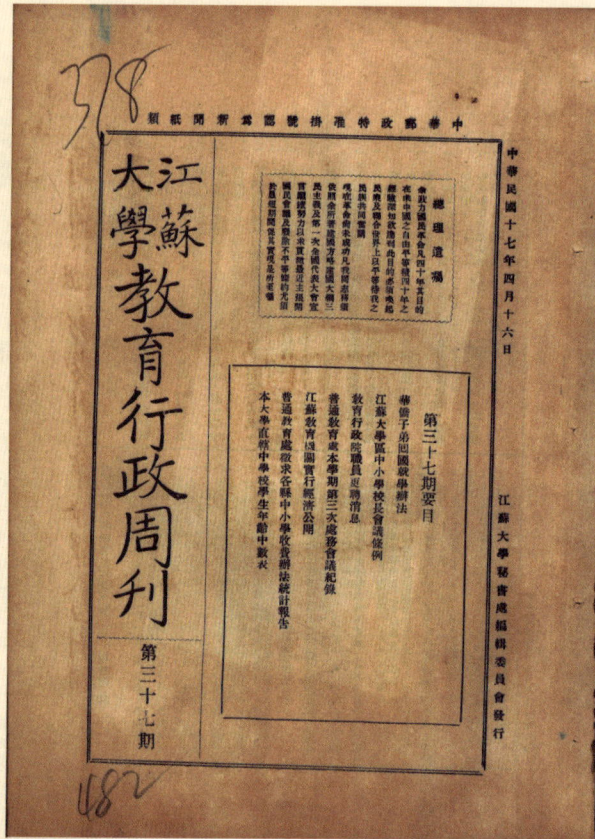

1928年4月，《江苏大学教育行政周刊》第三十七期。

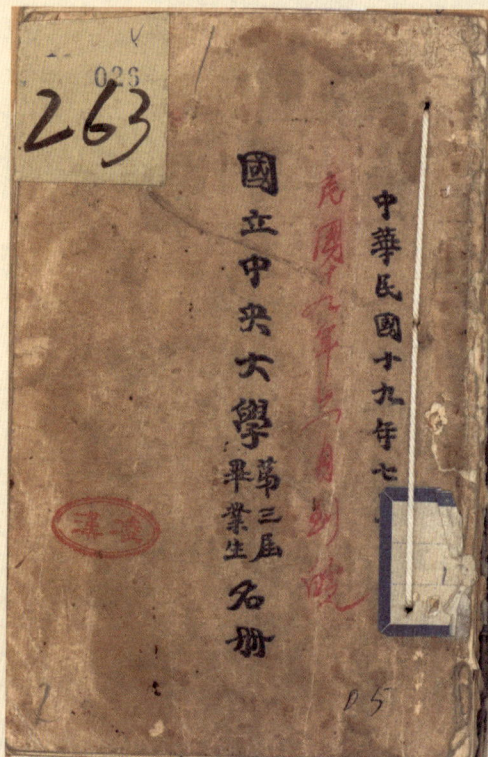

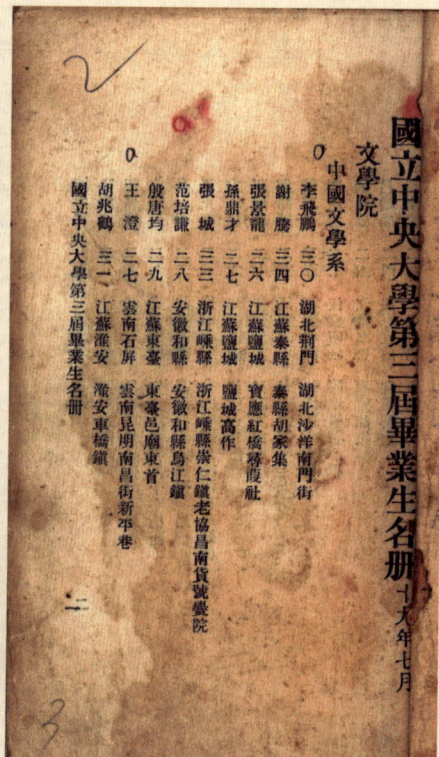

1930年7月，《国立中央大学第三届毕业生名册》。

江苏省教育厅《江苏教育》第一卷第十期

江苏省《小学教师》半月刊。1933年9月省教育厅创办，
并规定该刊为小学教师的必读刊物。

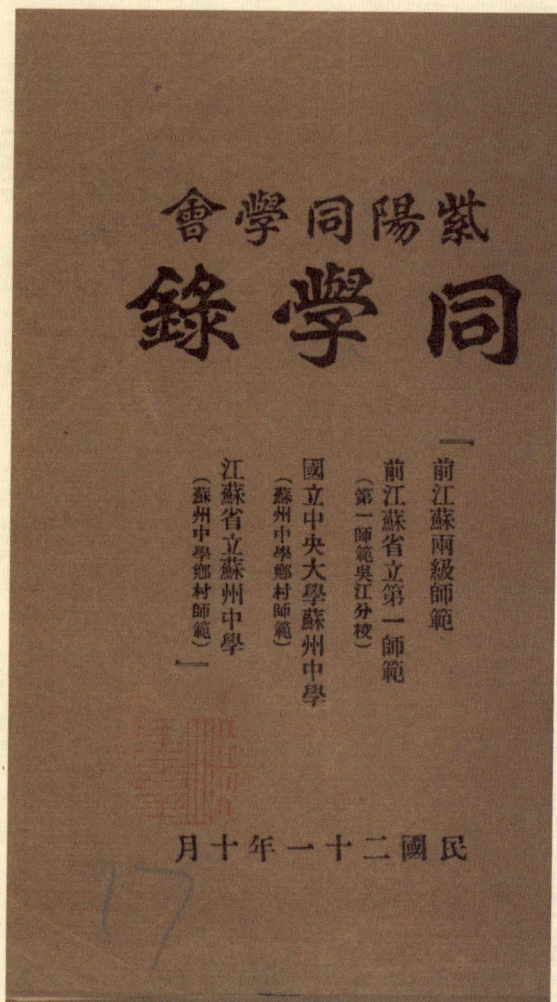

1932年10月，紫阳同学会同学录。

全文：

紫阳① 同学会章程

民国二十一年七月二十九日大会修正

第一条　本会定名为紫阳同学会。

第二条　本会以联络情谊、促进互助精神、共谋教育之发展为宗旨。

第三条　凡前江苏两级师范、前第一师范与苏州中学下列校友均为本会会员。

甲　毕业同学、前任教职员及现任教职员

乙　在校修业满一学期自请退学，经甲项会员二人之介绍审查合格得为本会会员。

第四条　本会设执行委员十五人，组织执行委员会执行会务，其分配如左：

主席委员一人，综理本会一切进行事务；

文书委员三人，掌管通信文件及会议纪录；

经济委员二人，掌管经济出纳及各项簿据；

调查委员三人，掌管会员登记及调查会员状况；

编辑委员三人，掌管宣传编辑及出版事项；

事务委员三人，掌管庶务及交际事项；

执行委员会规程另定之。

第五条　本会设候补执行委员七人，遇执行委员缺额时依次递补。

第六条　本会执行委员于每年常年大会由会员投票选举之，任期一年，连举得连任。

第七条　本会常年大会每年一次于假期内举行，由执行委员会定期召集之，遇有必要经会员二十人以上提议，得由执行委员会召集临时大会。

第八条　本会会员每年会费一元，由经济委员会征收之。

第九条　本会为谋会务进行之便利，经大会通过，得设立各种委员会。

第十条　凡会员热心本会事业或捐助本会基金百元以上者，经大会通过致赠纪念物品。

第十一条　本会会所设于苏州三元坊苏州中学总部。在各市县之会员有十人以上应组织分会，其章程由各分会自订之，但不得与本会章程抵触，并须将组织情形报告本会。

第十二条　本章程经常年大会通过施行，如有不合处得于常年大会讨论修改之。

---

①　"紫阳"是宋代理学大师朱熹的号，历史上，以"紫阳"命名的书院很多，分布在徽州、苏州、杭州、漳州、汉口等地。人们以此命名书院大多是为了纪念他和尊崇理学。清代，苏州紫阳书院闻名天下，为当时全国著名的学府之一。

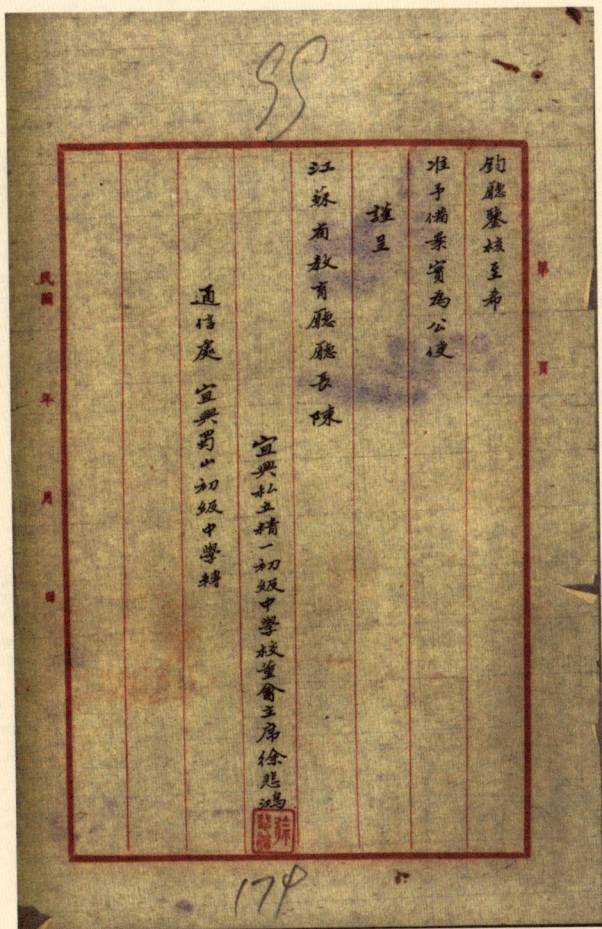

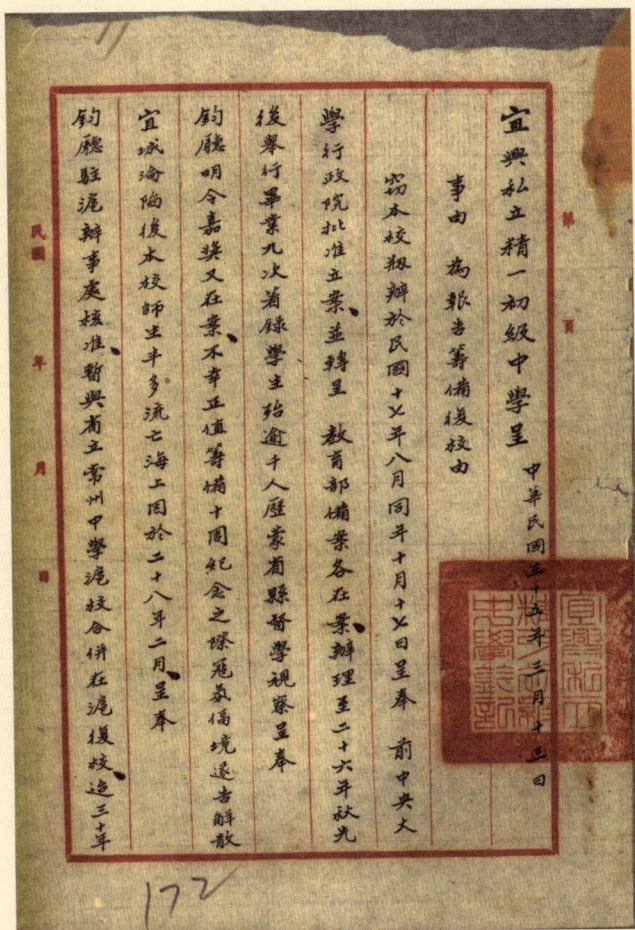

宜兴私立精一初级中学校董会主席徐悲鸿为筹备复校给江苏省教育厅长的报告

全文：

宜兴私立精一中学呈

民国三十五年三月十三日

事由　为报告筹备复校由

　　窃本校创办于民国十七年八月，同年十月十七日呈奉　前中央大学行政院批准立案，并转呈教育部备案，各在案。办理至二十六年秋先后举行毕业九次，著录学生殆逾千人，历蒙省县督学视察呈奉钧厅明令嘉奖，又在案，不幸正值筹备十周年纪念之际，寇氛逼境，遂告解散。宜城沦陷后本校师生多半流亡海上，因于二十八年二月，呈奉钧厅驻沪办事处核准，暂与省立常州中学沪校合并，在沪复校，迨三十年十二月八日，日寇进占上海租界，经奉令准改组常生学社，藉资掩护维持，至三十一年七月，环境日见恶劣，不得已宣告结束，同人之回里者复于西乡自由区之烟山觅定临时校舍，招集生徒补习，试验生产教育，于三十二年春呈奉　江南行署令准，于是年秋季正式复校，不意至期而宜兴全境沦陷，不得已又于中途停顿。此为本校经过之梗概及国难期中颠沛之实情。兹幸抗战胜利，天日重光，地方建设教育实为先务，同人等决当遵照本省复员大纲中督促公私立学校复员规定，筹备复校，期于三十五年度秋季开学，俾于重建乡邦有所贡献。理合呈请钧厅鉴核，至希准予备案，实为公便。

谨呈

江苏省教育厅厅长陈[1]

宜兴私立精一初级中学校董会主席徐悲鸿（钤印）

通信处　宜兴蜀山初级中学转

1946年8月，江苏省立徐州师范学校师范部一届毕业生毕业成绩一览表。

———————————————

[1] 时任江苏省教育厅厅长为陈石珍。

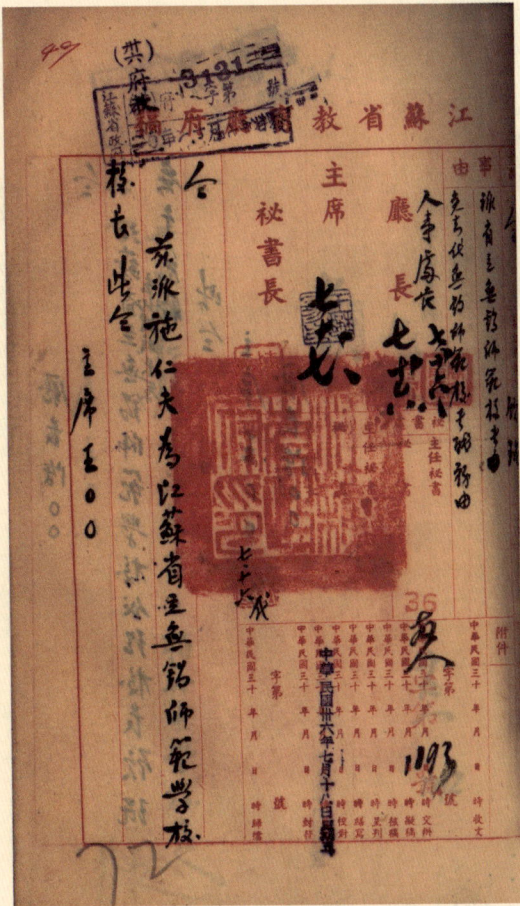

1947年7月，江苏省教育厅派施仁夫为省立无锡师范校长令。

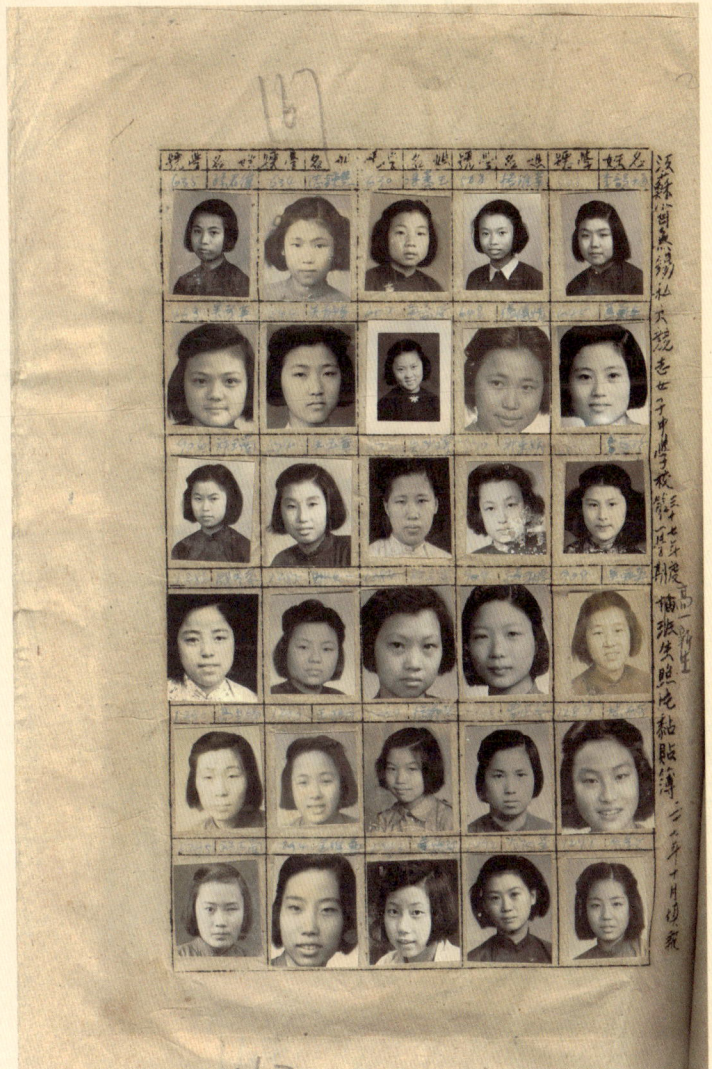

1948年，无锡私立竞志女子中学高一新生照片粘贴簿。

韩国钧朋僚函札

保管单位：江苏省档案馆

内容及评价：

　　韩国钧，江苏泰县海安镇（今江苏海安）人，民国政要，著名爱国民主人士。辛亥革命后曾历任江苏省民政长、安徽省民政长、安徽巡按使、江苏省省长、江苏督军等职。去职返乡后，致力于盐垦及运河水利工程。抗战爆发后，任抗日民主政权苏北参政会名誉议长。海安沦陷后拒任伪职，终因积愤成疾去世。时任新四军代军长陈毅誉之为"民族抗战之楷模"。韩国钧朋僚函札是韩国钧在履官和乡居期间与社会名流、同僚友好康有为、张謇、冯国璋、叶楚伧、黄炎培、马相伯、史量才等700余人3600余件来往信函，起止时间从1915到1937年，馆藏共57册，系韩国钧本人整理，韩国钧后人于1987年捐赠给江苏省档案馆收藏。韩国钧朋僚函札对当时苏浙皖沪乃至全国的政治、经济、军事、文化均有记述，尤其是对府院之争、苏北治水、江浙战争有较多的涉及，是研究韩国钧生平和近代江苏的第一手资料，具有重要的历史价值和很高的书法欣赏价值。

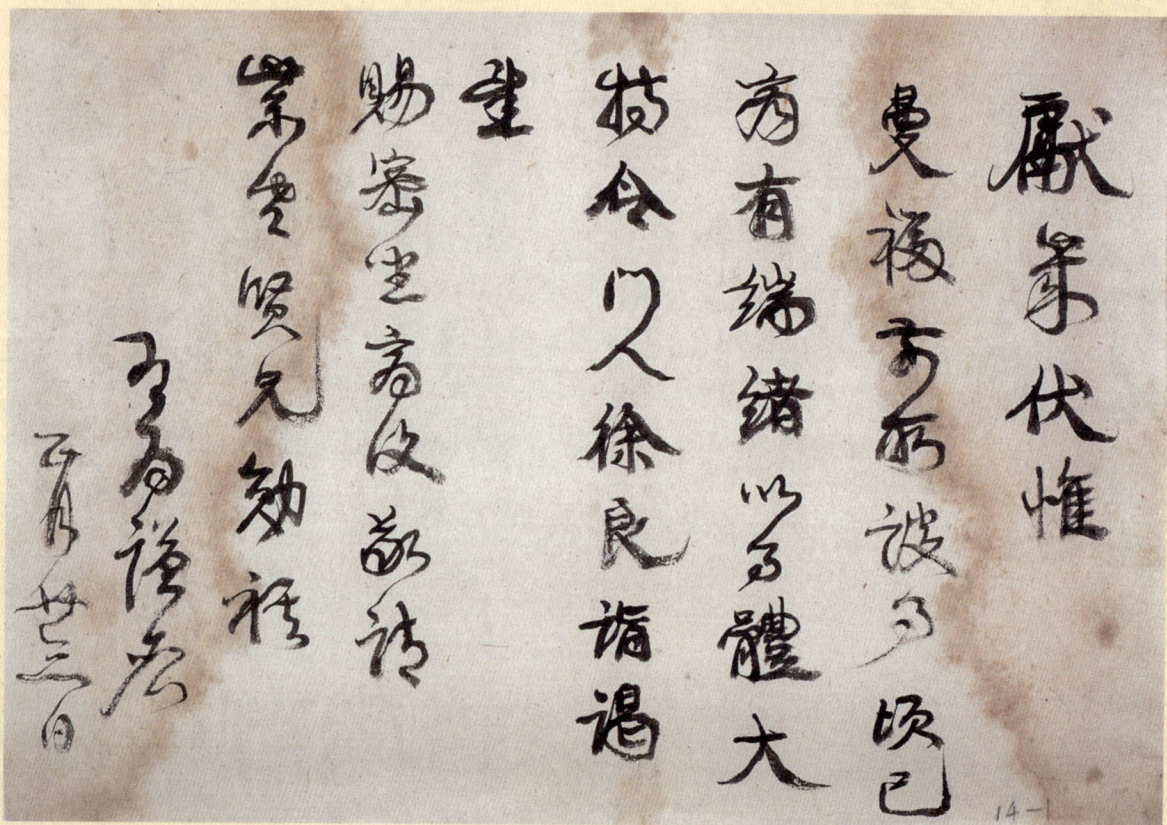

康有为致韩国钧函

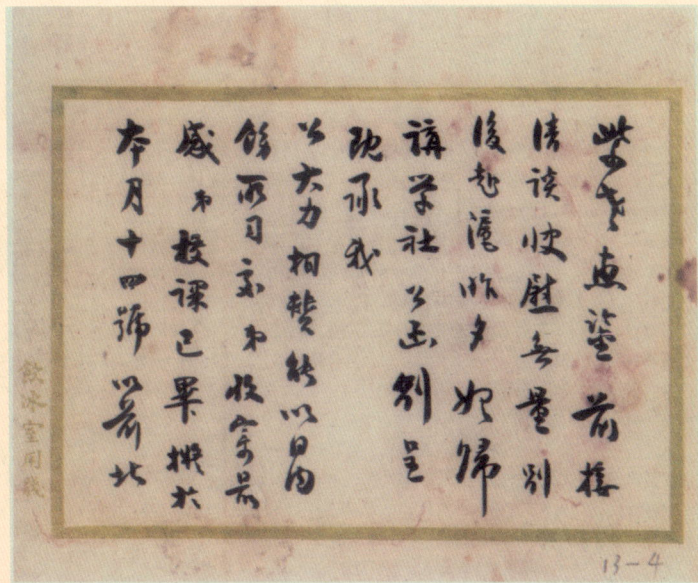

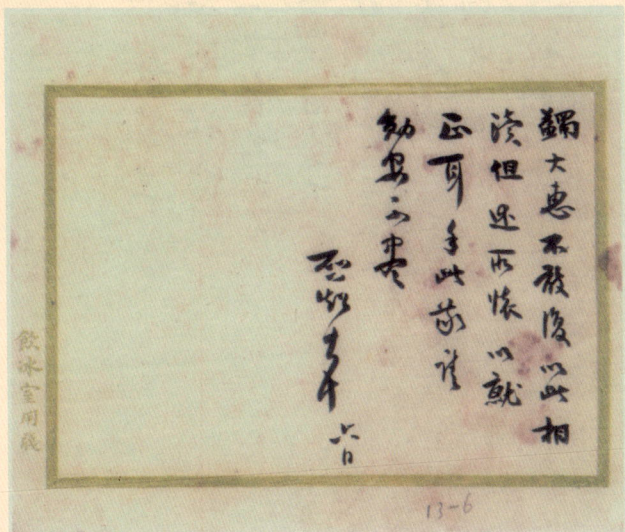

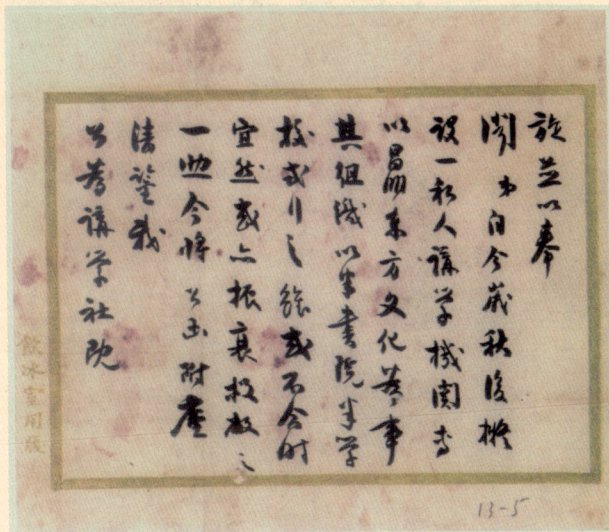

梁启超致韩国钧函

全文：

紫老惠鉴：

前接清谈，快慰无量。别后赴沪，昨夕始归。讲学社公函别呈。既承我公大力相赞，能以日内饬所司交弟收寄最感。弟授课已毕，拟于本月十四号以前北旋，并以奉闻。

弟自今岁秋后，拟设一私人讲学机关，专以昌明东方文化为事。其组织以半书院半学校式行之，虽或不合时宜，然或亦振衰救敝之一助，今将公函附尘清鉴。我公为讲学社既蒙大惠，不敢复以此相渎，但述所怀，以就正耳。手此，敬请勋安，不尽。

启超顿首　六日

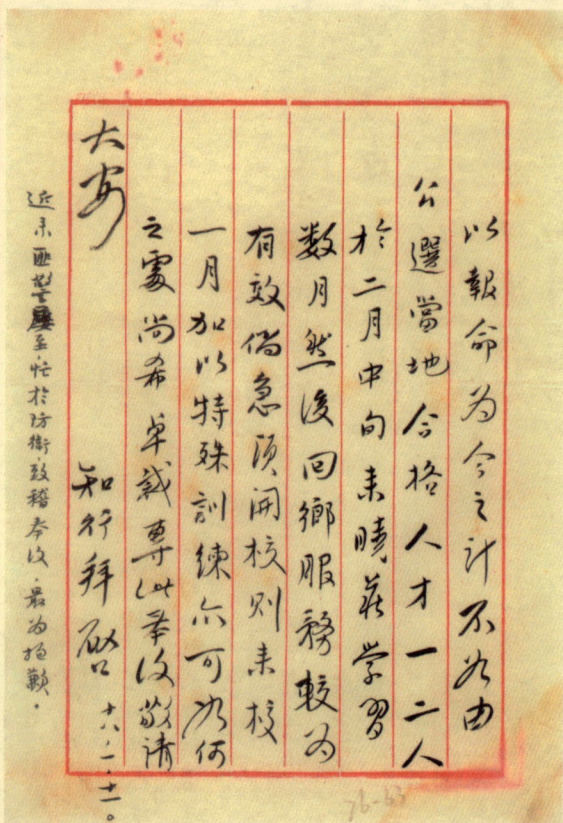

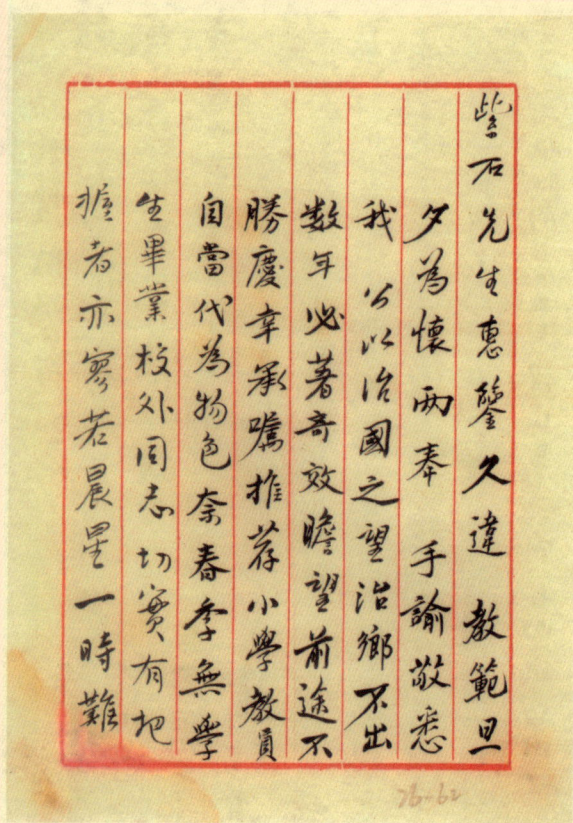

陶行知致韩国钧函

全文：

紫石先生惠鉴：

久违教范，旦夕为怀。两奉手谕，敬悉我公以治国之望治乡，不出数年必著奇效。瞻望前途，不胜庆幸。

承嘱推荐小学教员，自当代为物色，奈春季无学生毕业，校外同志切实有把握者亦寥若晨星，一时难以报命。为今之计，不如由公选当地合格人才一二人，于二月中旬来晓庄学习数月，然后回乡服务，较为有效。倘急须开校，则来校一月加以特殊训练亦可。如何之处，尚希卓裁。专此奉复。敬请大安。

知行拜启　十八、一、十一

近来匪警屡至，忙于防卫，致稽奉复，最为抱歉。

黄炎培致韩国钧函

全文：

止老尊鉴：

近想清恙霍然，敬念敬念。

卷烟税最近有何变化？前示《字林报》译文，此即译自《申报》，以史之作，故未便复载。十三年度予算千六百万之限度，实觉不易支配。教育费照前减法，恐不便再减。此事原须待财政会议解决，惟事前须有预备耳。章太炎致吾公书，未识曾否作答？我苏于宪法上如能略定基础，于省政前途必有裨益，盍于复书请其拟议进行手续，藉以唤起舆论。此事愿公慎酌之。

水电事最近纠纷，上海稍有识者皆知其胡闹。卷烟税事，舆论日趋一致观，上海总商会电可见，此皆不成问题。今所当注意者，只财政一问题耳，好在各方对于财政当局责成整顿者日多，而反对整顿者绝少，则断然厉行，此时实一好机会。果尔，前途尚非无望也。敬复。不尽一一。祗颂政安。

炎培上 三月十七日

葆之述及近况，极为难。闻公久为设法，甚感。前忘面陈，敬附启。

炎

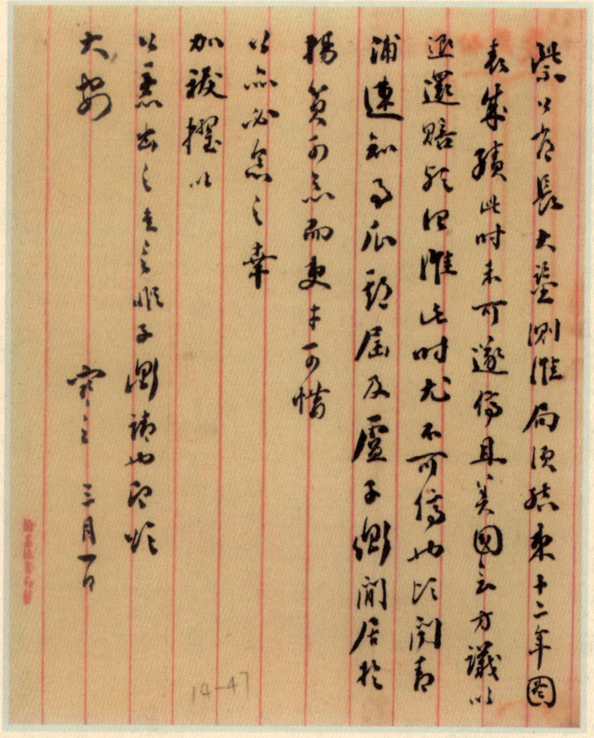

张謇致韩国钧函

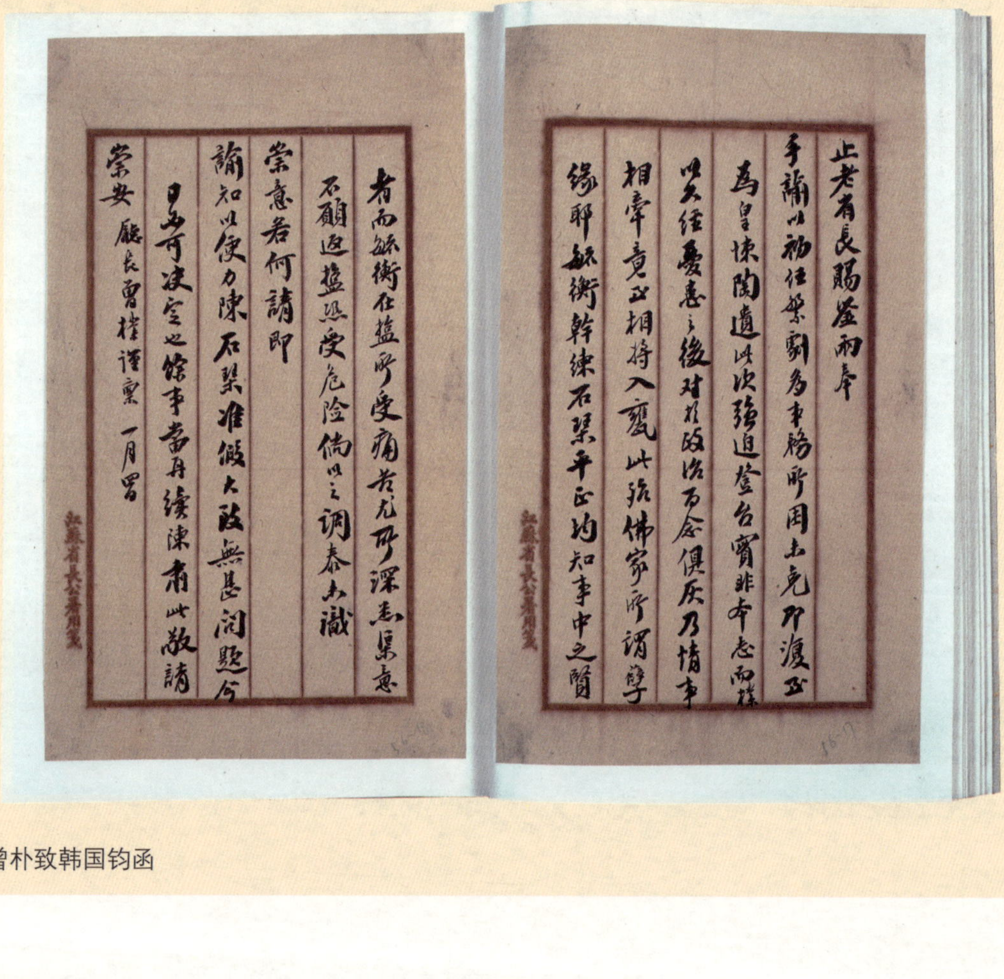

曾朴致韩国钧函

赵尔巽致韩国钧函

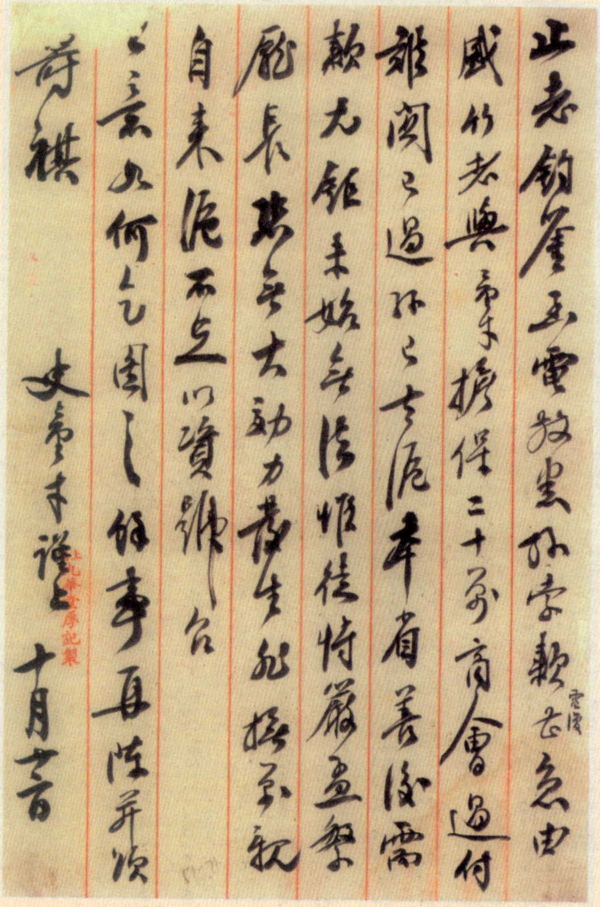

史量才致韩国钧函

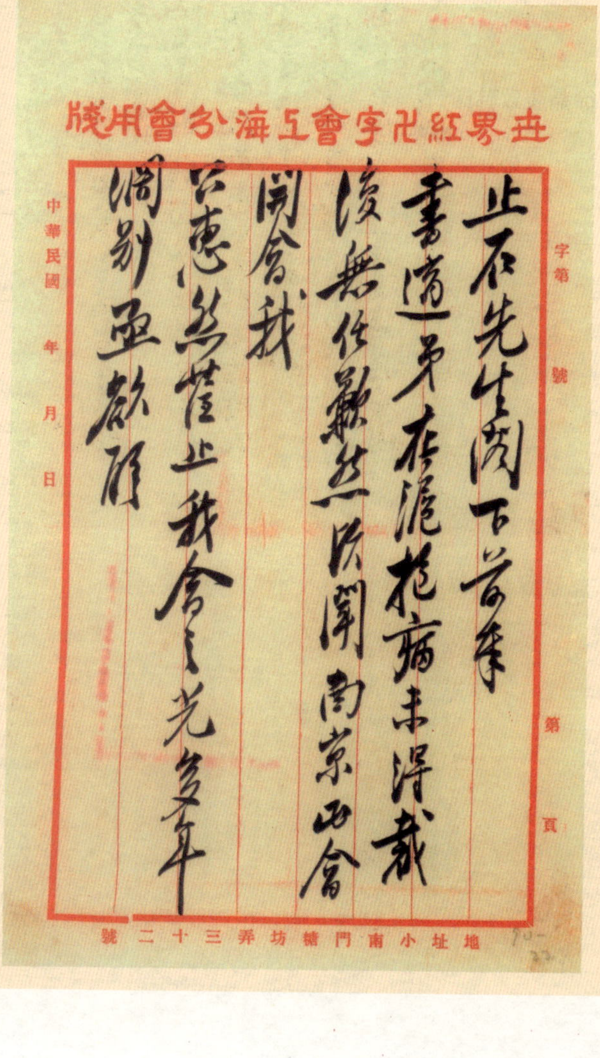

熊希龄致韩国钧函

止公首長大鹽前日惠惠趙
謁未得暢談然飽飫
邵國之廚接近
公之塵且感且幸辭別就
王公之
道翌午到滬信言張氏昆玉昨
反寧美江北水道阻繫基
重孫公幕府苦安知者聯帥
凱旋伊邇

公能秉省有所陳說當可禆
補一切沿途与季倔詳言之
尚不以鄙說為謬第所患者
無此財力耳滬寧一帶謊言
漸息經此一役或冀少安寧
亦蘇浙之幸也素謝敬叩
道安霜寒唯
順時珍重 鼎康謹上 十一月五日

徐鼎康致韩国钧函

朋僚函札第十三冊目次
趙次珊二
梁任公三
方惟一六
馮夢華八
于志昂七
莊思緘一
章太炎一
熊東三一
趙次珊二 問詩一
曹廣楨一

董綬經二
李仲宣一
方惟一二 十附名單一黃伯雨致方函一
于志昂二
張壽庵二
馮夢華八
王芍莊七
郭調伯一
張仲仁三
張筱松三

朋僚函札第十三册目次

南京国民政府时期江苏省政府会议记录

保管单位： 江苏省档案馆

内容及评价：

1927年3月23日，国民党中央政治会议决定建立江苏省政务委员会。1927年4月1日，蒋介石以国民革命军总司令名义，另行建立江苏省临时政务委员会。1927年4月26日，南京国民政府下令改组江苏省政务委员会，设委员16人，其中钮永建等五人为常务委员，是为第一届省政府。1927年5月2日，江苏省政府在南京正式成立。1929年2月17日，江苏省政府由南京迁往镇江。1937年12月，江苏沦陷，江苏省政府成为流亡政府，曾迁至江都、淮阴、兴化、溧阳以及安徽太和、李寨等地。1945年10月迁回镇江。1949年4月，人民解放军渡江，江苏省政府溃散，于1950年5月撤至台湾并消亡。

馆藏江苏省政府会议记录共计1260余期（次），完整地反映了国民党江苏省政府存续过程中各项重大决策部署的酝酿、推出、演变及其实施情况，是研究国民政府时期江苏省政府和民国江苏地区经济社会发展变迁的重要原始资料，具有很高的研究价值。

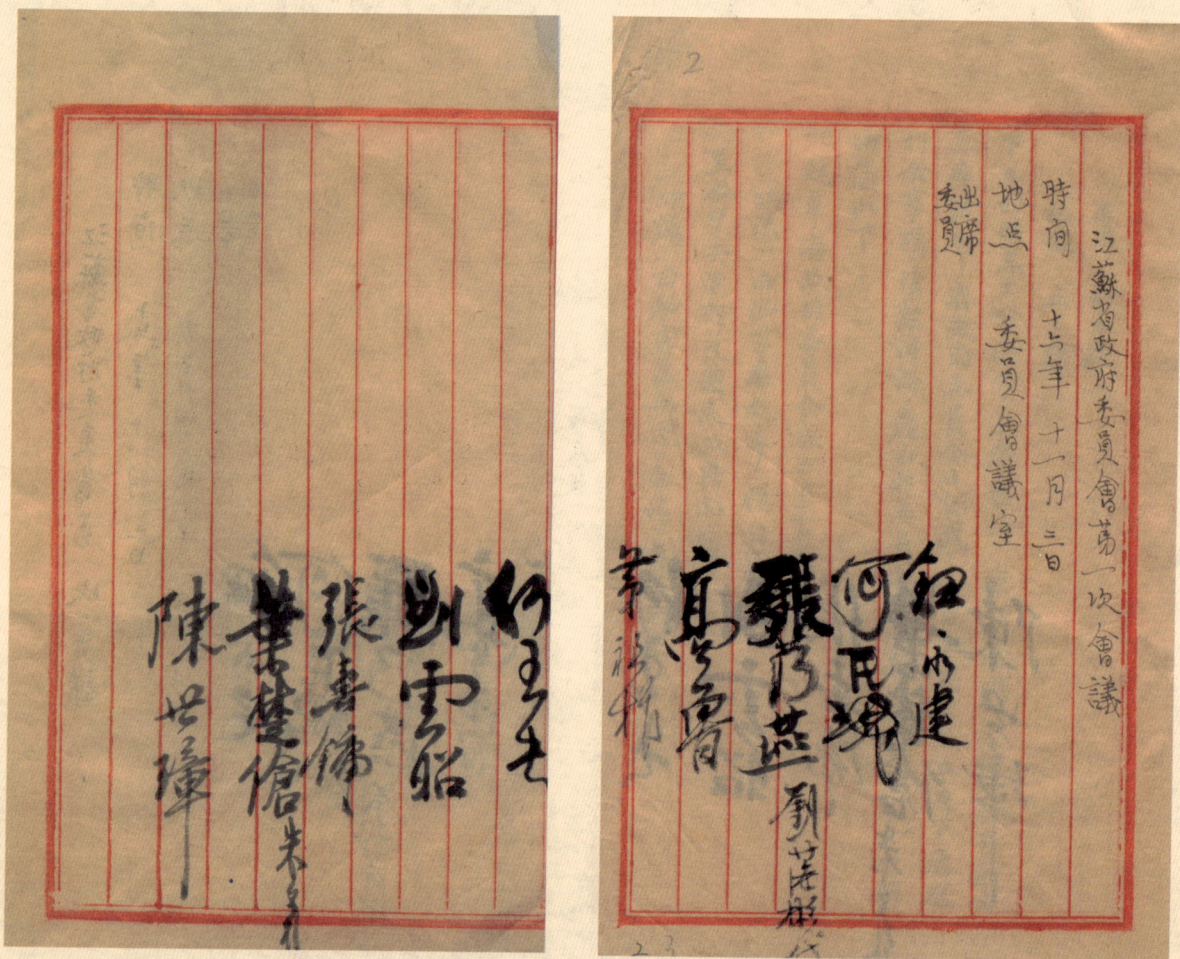

1927年11月3日，江苏省政府委员会第一次会议记录。

全文:

江苏省政府委员会第一次会议

时间　十六年十一月三日

地点　委员会议室

出席委员（签字）

钮永建　何民魂　张乃燕（刘藻彬代）　高鲁　茅祖权　何玉书　刘云昭　张寿镛　叶楚伧　陈世璋

主席　钮永建

纪录　丘誉

下午四时三十分开会。主席恭读总理遗嘱，全体肃立。旋由主席报告：省政府委员今日就职，委员会宣告成立，目下应进行各事项，请众讨论。随由各委员提出问题，详加研究，并得决议如下：

一、起草省政府委员会成立宣言问题。

（决议）由秘书处起草，提会审核。

二、呈报中央党部及国民政府问题。

（决议）由秘书处办理，全体委员列名。

三、补行就职典礼问题。

（决议）定于十一月十一日上午九时举行。

四、例会时间问题。

（决议）定每星期二五两日下午二时半准时举行。

五、何委员玉书临时动议：拟请指定司法所原址之一部分为农工所筹备地点，请公决。

（决议）通过。

六、主席临时动议：全省水陆公安管理处前请借拨开办费二千元，经议决先借拨一千元，惟开办伊始，在在需款，现已用去一千三百四十余元，而筹备尚未就绪，拟请再借拨二千元，以应急需，俟筹备完竣，再行实支实销，是否可行，请公决。

（决议）行财政所照拨。

议至此，已五时四十分，主席宣告散会。

钮永建（签字）

陆秋锐 何玉书 刘雪昭

出席委员

地点 常委员會議室

時間 十六年十一月四日

江苏省政府委員會第二次會議

陳少璋 張耒锦 但示遠 何民范 張乃燕 高昌普

1927年11月4日，江苏省政府委员会第二次会议记录。

全文：

江苏省政府委员会第二次会议记录

时间　十六年十一月四日

地点　委员会议室

出席委员（签字）

陈和铣　何玉书　刘云昭　陈世璋　张寿镛　钮永建　何民魂　张乃燕（刘藻彬代）

高　鲁　茅祖泉

主席　钮永建

纪录　丘誉

下午三时五十分开会，主席恭读总理遗嘱，全体肃立。

报告事项

一、报告第一次会议决议案。

二、何委员玉书报告：句容各界代表迭次来府请愿并递呈文，挽留该县彭县长情形。

三、福州十一军军长陈铭枢等通电讨伐唐生智。

四、暂行江苏高等法院院长职务张君度呈报高等法院于十一月一日组织成立，祈鉴核。

五、暂行江宁地方法院院长职权陈肇燊呈报江苏江宁地方审判所遵令改为江苏江宁地方法院等情形。

六、南通宋县长电报冬日十七军一部分在东南门一带抢掠等情形。

七、民政所代电呈报武进顾县长发起各县联席会议，在锡开会，逾越范围，已申诫与会县长以示惩警。

讨论事项

一、句容各界代表请愿挽留该县彭县长案。

（决议）交民政所核办。

二、南通十七军一部分在东南一带抢掠案。

（决议）呈请国民政府及函军委会从严查办，并电复宋县长续将详情具报。

三、茅委员兼民政所长祖权提议：请修改江苏民政所组织条例第三条案。

（说明）第三条原文为"本所设秘书主任一人，秘书三人，承所长之命，办理机要事务"，拟请修改为"本所设秘书四人，承所长之命，办理机要事务"。

（决议）民政所组织条例第三条修正为"本所设秘书四人，承所长之命，办理机要事务"。

四、茅委员兼民政所所长祖权提议：拟请荐任谭翼珪、杨勉斋、杨秉铨、钮祺为民政所秘书，祈公决案。

（决议）通过。

五、张委员兼财政所长寿镛提出"审查典业沿用木榜规条应否废止报告书"，并拟具当典营业规则，祈公决案。

（决议）江苏省当典营业规则修正通过，第八及十四两条保留。

六、江苏省党部临时执行委员会函知议决接收省清党委员会余款，推郭秘书长领取，请照付案。

（决议）照付。

七、宜兴县县长暨公安局长电呈共匪暴动情形，恳调邻县驻军星夜来宜镇摄，以安地方案。

八、无锡俞县长电呈宜兴变出非常，锡地戒严安靖，请军委会转饬熊师长即日回防案。

以上两案，合并讨论。

（决议）电复：军委会已派兵往剿。

下午七时散会。

（签名）钮永建（茅祖权代）

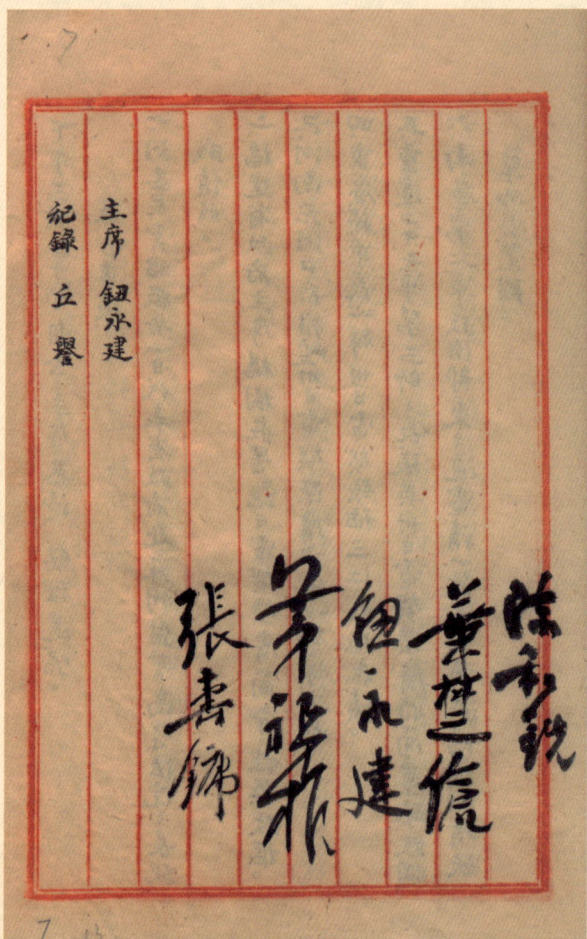

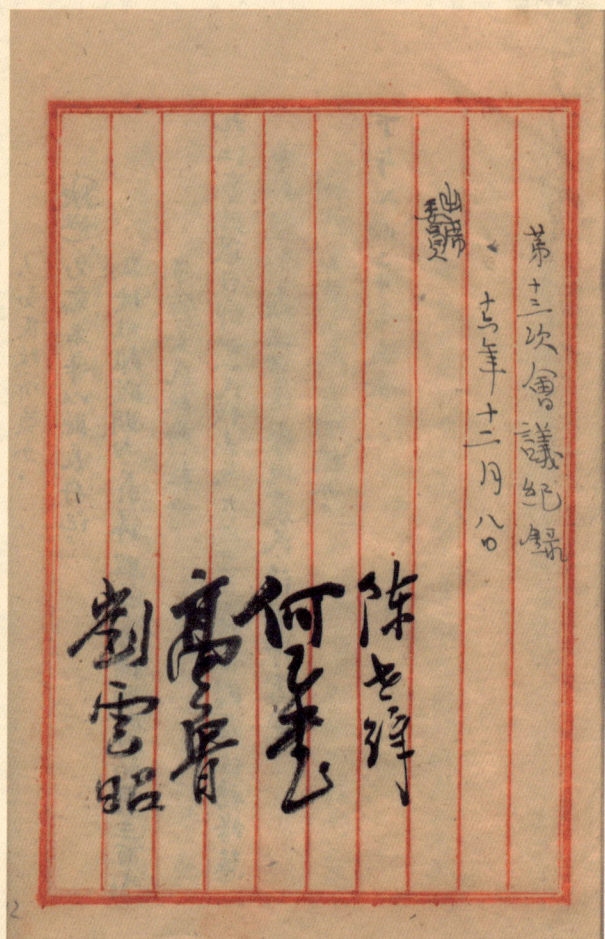

1927年12月8日，江苏省政府委员会第十三次会议记录。

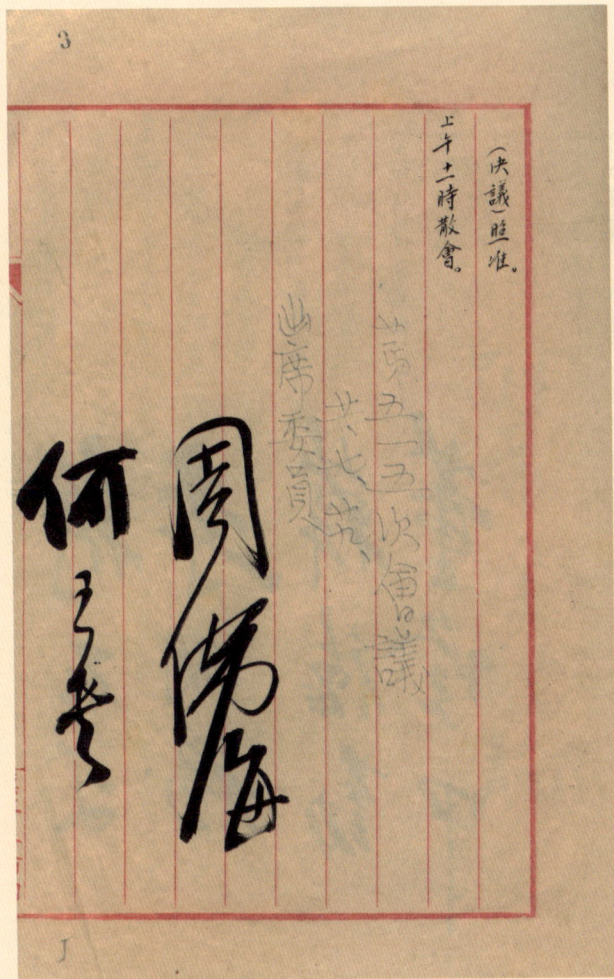

1932年7月29日，江苏省政府委员会第五一五次会议记录。

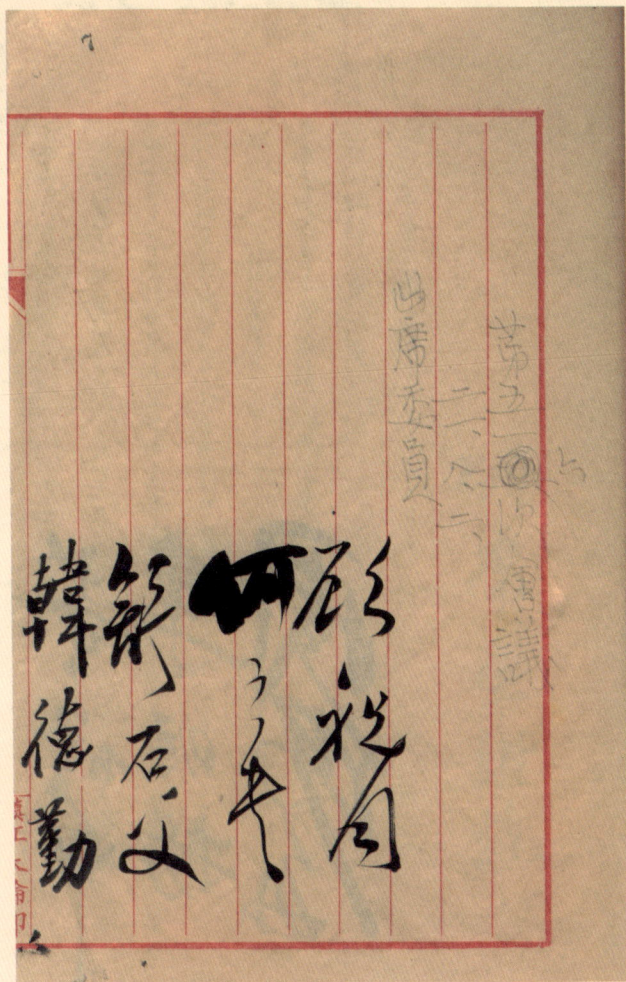

1932年8月2日，江苏省政府委员会第五一六次会议记录。

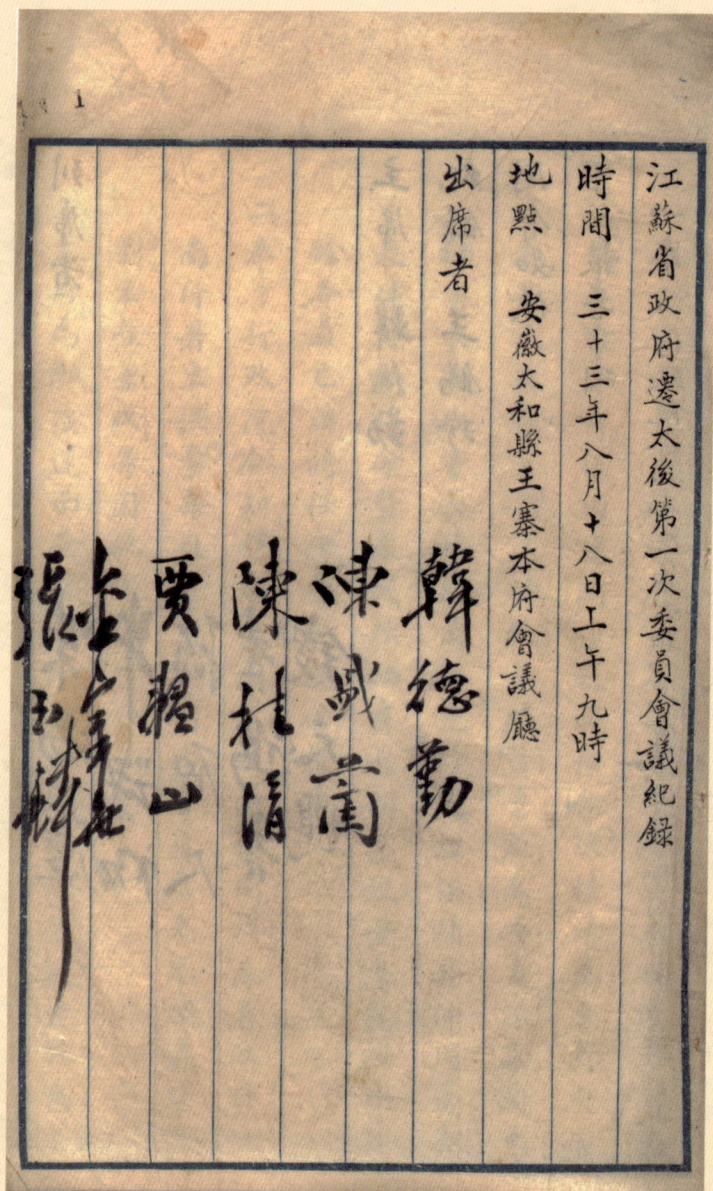

1944年8月18日，省政府迁太①后第一次委员会会议纪录。

全文：

江苏省政府迁太后第一次委员会议纪［记］录

时间　三十三年八月十八日上午九时

地点　安徽太和县王寨本府会议厅

出席者

韩德勤　陈盛兰　陈桂清　贾韫山　金宗华　张玉麟　陈惕庐　牛践初　孙启人　陆鸿吉　钱天鹏

---

① 抗战期间，江苏省政府曾迁往安徽太和县。

主席

韩德勤

纪录

王锡珍

开会如仪

甲、报告事项

一、奉行政院令知本院第六五一次会议决议苏省府委员兼民政厅长王公璵呈请辞职应免本兼各职。委员王艮仲王仲廉李寿雍另有任用，应均予免职。任命陈桂清为苏省府委员兼民政厅长，葛建时张玉麟萧禀原为委员，陈盛兰为秘书长。除秘书长陈盛兰饬先行代理俟补具任用审查表件再请任命暨原代理秘书长胡嘉诚毋庸代理外，其余各员已转请任命等因提会报告。

二、奉行政院令知转奉国民政府令开江苏省政府江南行署主任李寿雍另有任用。李寿雍应免本职，遗缺派刘秉哲兼代，等因，提会报告。

三、本府为加强运西各县行政效率起见，经派姚镜涵为本省第五行政督察区运西办事处主任，所有运河西岸江浦六合仪征江都高邮五县均由该主任负责指挥督导。直接省府提会报告。

乙、讨论事项

一、主席交议。据江南行署主任刘秉哲电，以句容县长陈俊崧恳请辞职应予照准，遗缺拟派本署参议王松泉代理，可否？请核示等情提请公决案。

决议：通过。

二、主席交议。阜宁县长鲁同轩调省另有任用，遗缺派朱福成代理，提请公决案。

决议：通过。

三、主席交议。淮安县县长黄相忱业于调省另有任用，遗缺派牛作善代理，提请公决案。

决议：通过。

四、主席交议。准安徽黄灾振［赈］济委员会代电，为皖北黄灾奇重，待振［赈］迫切，附寄募捐，启请赐予捐助等由。经参照鲁省成例，捐助五万元，此项捐款应在何款项下动支，提请公决案。

决议　准在救济费项下动支五万元。

五、主席交议。奉顾长官电饬，本省担任苏浙皖边区特训班经费四万元，又据江南行署主任刘秉哲电，以该班经费不敷，请增拨二万元，并拨发该署送训学员回程旅费二千一百元，业经先后电饬贾厅长垫拨此项特训班经费及学员回程旅费，共计六万二千一百元。即在本年度战时特别预备金项下动支归垫，提请公决案。

决议：通过。

上午一时半散会。

江苏省农民银行档案

保管单位：江苏省档案馆

内容及评价：

20世纪初以来,江苏省农业出现了持续的商业化走势。一战结束后，近代工商业在这一地区大量出现,加速了江苏省农村经济的商业化步伐，进而刺激了该地区农村金融的制度革新和资金需求。南京国民政府成立之初，江苏农村受历年军阀混战、盗匪横行以及天灾的影响，乡村经济渐趋恶化,农村金融秩序出现紊乱和滞后。原先的钱庄、典当、合会等农村金融机构开始走向衰落。为顺应方兴未艾的农村合作事业,江苏省农民银行在政府的大力支持下开始登上农村金融的舞台，由此掀开江苏农村金融的新篇章。1927年10月29日，江苏省农民银行筹备处于南京斗鸡闸2号成立。次年4月13日成立监委会，7月16日正式开业。最初资本50万元，主要职能是"调剂农村金融，发展农业生产"。1930年4月30日，总行迁入镇江商会旧址广肇公所继续营业。次年9月，又迁至镇江中山路中山桥旁。抗战爆发后，江苏省农民银行总行迁渝，并在重庆设分行。抗战胜利后，江苏省农民银行重新恢复机构，办理业务。随着人民解放军相继解放苏北、南京、苏南地区，江苏省农民银行及其分支行处先后被各地的中国人民解放军军事管制委员会和人民政府接管。

江苏省农民银行是近代中国农村金融现代化的肇始，相比较而言，江苏省农民银行是抗战前经营最好的、成绩最为显著、对农村贡献最大的农业银行，尽管它还有种种缺陷，实力也不甚雄厚，对当时江苏农村经济的振兴作用有限，但它是当时真正意义上的农民银行，其许多管理办法和运行机制也都为后来的农民（业）银行（如中国农民银行）所借鉴。馆藏江苏省农民银行档案，主要内容有银行筹建、人事任免、业务发展、组织规程等，相当系统完整，是研究江苏省农民银行乃至民国地方金融事业极为难得的原始资料。

1928年7月16日，江苏省农民银行开幕典礼摄影。

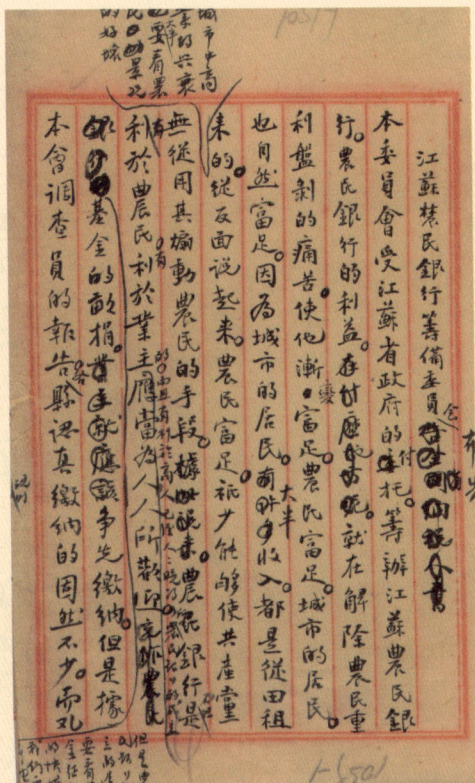

1928年1月20日，江苏农民银行筹备委员会布告。

江苏省农民银行创办人叶楚伧①

---

① 在1927年6月9日江苏省第十四次政务会议上，建设厅厅长叶楚伧、财政厅厅长张寿镛提议，将孙传芳征收未完的两角亩捐，作为江苏省农民银行基金继续征收。后该办法经中央政治会议核准同意施行，江苏省农民银行得以正式筹办。

全文：

江苏省农民银行章程

第一章　　总则

第一条　　江苏省政府为扶助农民经济之发展，以低利资金贷与农民，设立江苏省农民银行，谘请财政部核准注册。

第二条　　江苏省农民银行为省立银行，其资本总额暂定为二百二十万元，以专案指定征收各县之农行基金充之。

前项农行基金全数解缴农民银行不得移作别用。

第三条　　江苏省农民银行对于农村合作事业有提倡扶助之责。

第四条　　江苏省农民银行营业期限定为三十年，期满时得由监理委员会呈请省政府转谘财政部核准延长之。

第二章　　组织

第五条　　江苏省农民银行设监理委员会，以委员九人组织之。其三人由省政府委员兼任，余六人由省政府聘任之，并谘报财政部备案。

监理委员会委员由省政府指定一人为主席。

第六条　　监理委员会之职务如左：

（一）保管基金

（二）监督业务

第七条　　监理委员会委员为义务职。

第八条　　监理委员会之职务以会议行之。每月至少开常务会议一次，遇必要时得开临时会议，均由主席召集之。

前项会议实业厅应派员列席。

第九条　　监理委员会设秘书一人，事务员若干人，由委员会委任，其办事细则另定之。

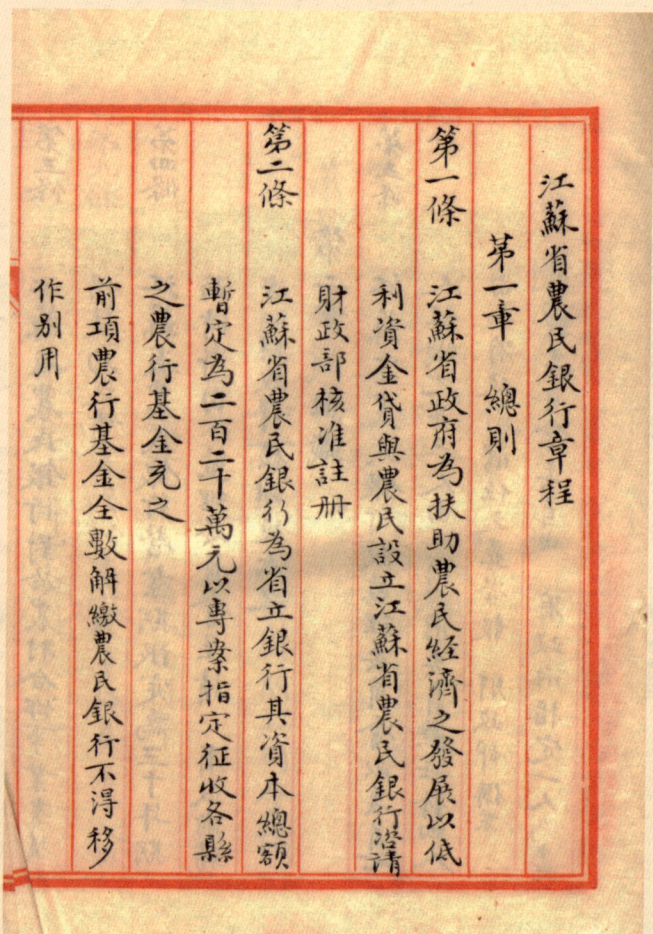

江苏省农民银行章程

全文：

江苏农民银行筹备结束呈江苏省政府函

呈为江苏农民银行筹备已届结束之期，请另行任命监理委员以便交代，仰祈鉴核示遵事。窃江苏农民银行筹备期限至二月底截止，一切应行筹备事宜，均就职会权力之所及者分别办理完竣，兹将筹备经过事实编制报告书、基金调查、编制基金一览表及一览总表，竣后银行进行步骤编制进行计画书缮呈誊阅。至银行条例、总分行章程、合作社法规均各先后呈送，应请迅予分别修正颁布，以资后来信守。现在江苏农民银行组织大纲已经钧府议决颁布，即请任命监理委员以便交代而策进行，至职会经费开支清册，侯监理委员会接收后另行函报财政厅。所有职会结束缘由理合呈请钧府鉴核示遵，实为德便，谨呈

江苏省政府

附呈

筹备江苏农民银行报告书一份

江苏农民银行基金一览表一份

江苏农民银行基金一览总表一份

江苏省农民银行进行计画书一份

委员　马寅初　皮宗石　康有壬　蔡无忌　过探先（印）　陈淮钟（印）　陈其鹿（印）

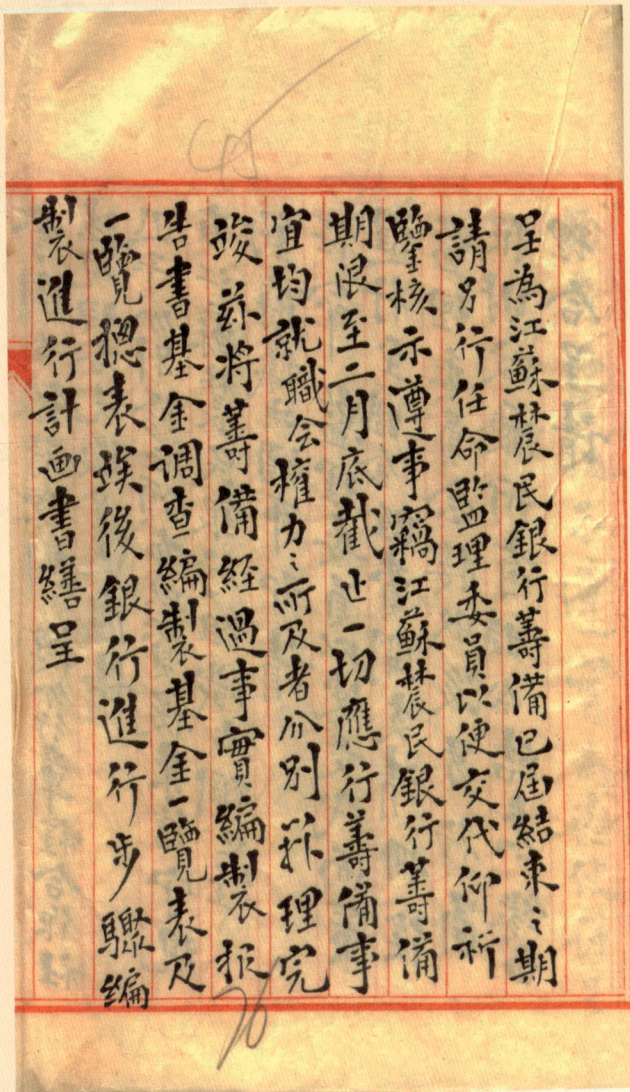

江苏省农民银行监理委员为农民银行筹备结束呈江苏省政府请另行任命监理委员函

呈為呈報就職日期事竊奉

鈞府委任狀二紙內開茲委任過探先為江蘇省農民

銀行總行經理王志莘為江蘇省農民銀行總行副經

理各等因 探先志莘遵於四月十六日分別就職俟行

址定妥遷入後再行正式宣誓另文陳報外理合先行呈

報仰祈

鑒核備查謹呈

江蘇省政府

江蘇省農民銀行總行經理過探先

江蘇省農民銀行總行副經理王志莘

1928年4月16日，江苏省农民银行呈江苏省政府为呈报就职日期事函。

1929年5月，江苏省农民银行
第一次业务会议汇编。

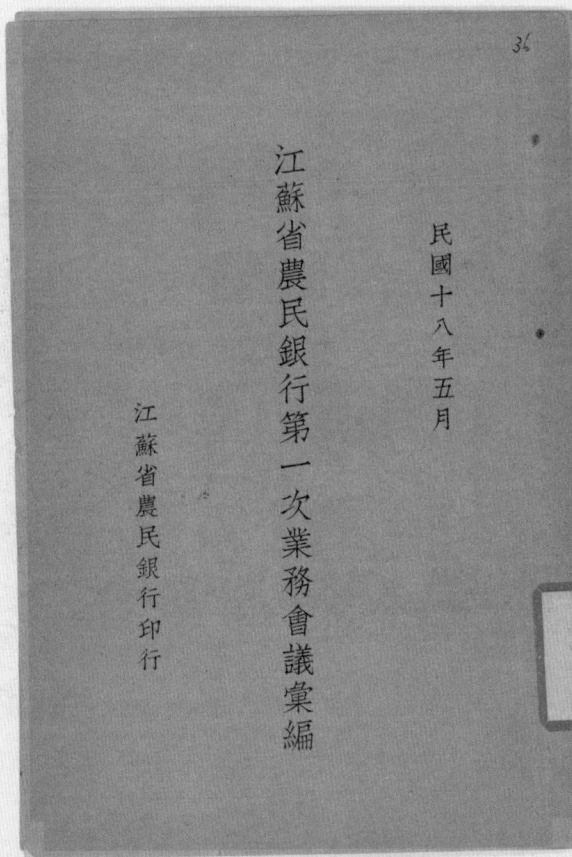

民國十八年五月

江蘇省農民銀行第一次業務會議彙編

江蘇省農民銀行印行

1929年5月8日，江苏省农民银行第一次业务会议摄影。

1930年3月31日，江苏省农民银行第二次业务会议摄影。

日六十月七年七十三 影 攝 會 念

1948年7月16日，江苏省农民银行二十周年纪念会摄影。

江苏农民银行战时业务概况报告

江苏省农民银行二十周年纪念刊封面

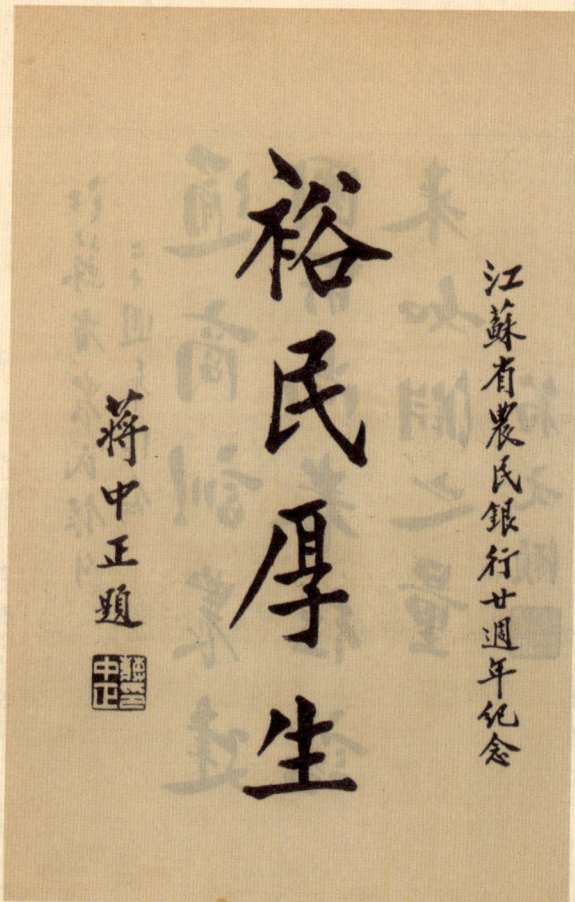

蒋介石为江苏省农民银行成立二十周年题词

张群为江苏省农民银行二十周年题词

董辙为江苏省农民银行二十周年纪念刊作代序——继往开来

江蘇省農民銀行二十週年紀念刊

·1·

繼往開來 代序

董 輯

我國立國以來，以重本抑末為治，兵徵於農，財取於土，政教措施，一以便勸農為首要。迄至抗日戰前，全國人口以農為業者，佔百分之八十以上，號稱以農立國，由來有自。然而近百年來，以清末之政失其綱，迭致外侮，國際資本勢力，如水之潰防，奔湧而至，農業社會，遍被其殃，益以水旱兵災，迄無休止，都市畸受，誘惑日深，懷遷牟利，厚於藉田收租，擷販營生，易於力作耕耘，於是資金集中於商賈，勞力奔趨於都市，農業生產，日形減退，農民生活，日益困苦。就全國言，則食糧不敷，首要之圖，則在如何使資金下鄉，勞力歸農。棉毛不足，各種農產工業原料，多不能自給，戰前已然，於今更甚。救濟復興之道多端，蓋必使有可耕之田，可布之種，可施之肥，勞力歸農，始為可能。但資金下鄉，道將何由？曰：惟農業金融機關是賴。

二十年前，救濟農村復興農業之呼聲，方撥動國人之心弦，江蘇省農民銀行於時與國人相見，我國之有農業金融機關，由金融力量從事救濟農村復興與農業工作者，斯為權始。二十年中，蒙戰亂之禍者，幾及其半，由創業而奠基，而發展，而中經戰亂致損播遷，而勝利復員重奠基礎恢復業務，前後領導者與主持者籌劃經營之苦心孤詣，工作同人努力奮鬥之艱辛勤勞，戰亂中殉職同人之壯烈犧牲，與夫省內外人士維護之熱忱，使本行今日仍能有為農村服務之機會，實足令人感奮。吾人檢討過去工作影響所及與其所獲成就：因本行之創立及業務之發展，加強國人對於農業

1946年10月16日，江苏省农民银行上海分行复业周年纪念全体同人合影。

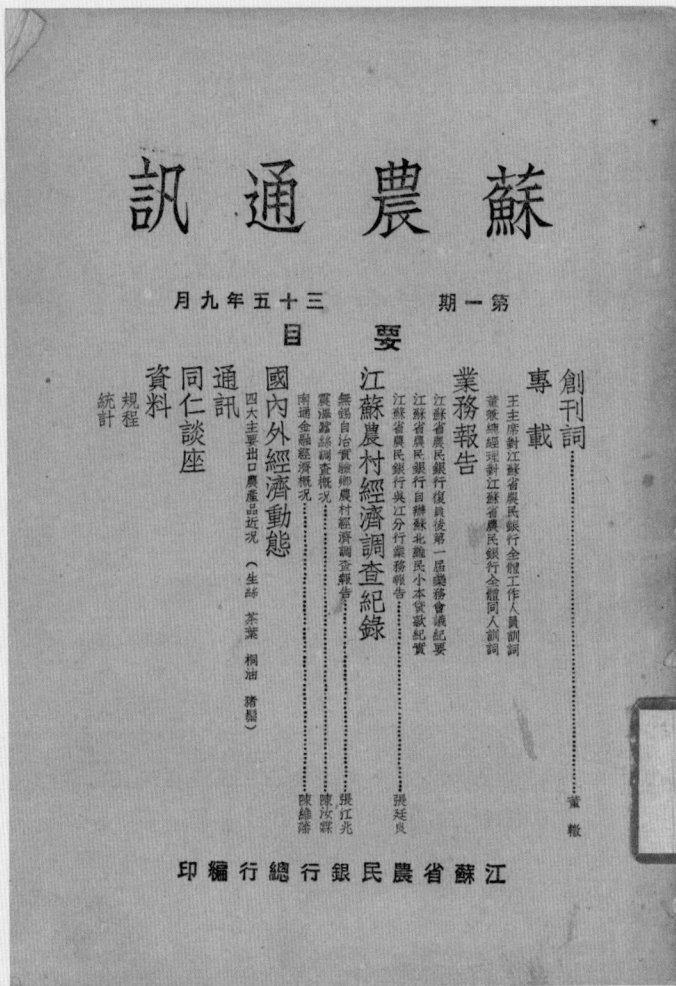

訊通農蘇

三十五年九月 第一期

要目

創刊詞
專載
　王主席對江蘇省農民銀行全體工作人員訓詞
　董蔡總經理對江蘇省農民銀行全體同人訓詞
業務報告
　江蘇省農民銀行復員後第一屆總務會議紀要
　江蘇省農民銀行蘇北贛民小本貸款紀實
　江蘇省農民銀行與江分行業務報告
江蘇農村經濟調查紀錄
　南通金融經濟概況
　震澤繭絲綢調查概況
　無錫自治農村經濟調查概況
國內外經濟動態
　四大主要出口農產品近況（生絲　茶業　桐油　豬鬃）
通訊
同仁談座
資料
　規程
　統計

江蘇省農民銀行總行編印

1946年9月，《苏农通讯》第一期。

全文：

创刊词

董辙

　　江苏省农民银行，资金出之农民，利益亦属之农民，纯粹为一农民所有而为农民服务之银行。抗战以前，经省政府当局及乡父老之惨淡经营，全省民众之热烈维护，其裨益于本省农民者，至钜且深，非惟在我国金融史上著一新页，抑且为从事农村复兴工作者导其先河。抗战期间，省境沦陷，总行一再播迁，分支行处，被毁被劫，业务停顿，元气大伤，基础倾危。胜利来临，复员工作，经纬万端，辙受命兼理行务，惝怀于过去之辉煌历史，复觉农村复兴，为建国工作之根本，而际祸乱之余，活泼农村金融，调节农村经济，尤为复兴农村之先决条件，配合军政，稳定地方金融，更属当务之急。爰急图重建基础，开展业务，继续服务，为民造福。数月以来，赖党政当局之指导，省内外人士之匡助，暨我全体同人群力合作，稍获成果，渐复旧观。惟金融业务，首重融通，为群服务，尤贵联系，技术须日求进步，化繁就简，方法须时加改善，由疏而密，勤朴之服务风气，应加维持与光大，谦和之工作态度，尤宜永保而勿变。是在本行工作同人，互切互励，彼此观摩之机，为不可少。农行虽具有其独特之目的与性质，而金融事业，为整个之一环，同业动态，息息相关，沟通之具，实不可缺。经济社会，瞬息变化，业务方向，不可稍歧，调查统计资料之搜集与广为供给，不容稍忽。本行既为服务农民之银行，农民资金投放之所向，农民资金需要之缓急，前者应使农民随时获得明了之机会，后者须从事农业金融工作者有立即感应之可能，是则有助于双方参考之资料，又讵能已于传布。询之同人，群谋金同，因有"苏农通讯"之刊行。不定期限，以求免于限制，而应实际之需要。兹际创刊，用志数语，述其旨趣，深望我同人淬励以赴，始终其事，并盼社会贤达，时赐匡导，俾本刊有助于本行业务之发展，而克完成普遍服务农民复兴农村之使命。

导淮工程档案

保管单位：江苏省档案馆

内容及评价：

1928年，国民政府建设委员会设立整理导淮图案委员会。1928年1月，南京国民政府特设导淮委员会，蒋介石亲自兼任委员长。1929年7月1日，导淮委员会在南京正式成立，直属国民政府，掌理导淮一切事务。1937年12月，导淮委员会奉命西移。1945年9月导淮委员会恢复，着手复建淮河流域因战争破坏的水利工程。1947年，导淮委员会改为淮河水利工程总局，属水利部管辖。1948年10月，淮河水利工程总局随南京政府南迁，导淮工程至此寿终正寝。

在抗战前南京国民政府主导的一系列导淮水利工程中，只有苏北的导淮入海水道得以初步完成。该工程由时任导淮委员会代理委员长和江苏省政府主席的陈果夫直接主办。导淮入海水道，起自洪泽湖，出张福河至杨庄，经废黄河至套子口入海，全长约200公里。工程耗时约三年，完工后被命名为"中山河"，是民国水利史上屈指可数的大工程，对减轻淮河水患、改善苏北水利条件起到了较大作用。

馆藏该档案起止时间为1929年至1948年，共计430余件，涵盖了导淮工程计划、章则、组织、施工、设计、经费等方面，包含大量图表和数据，其中最系统完整的是导淮入海工程部分档案。导淮工程档案是研究导淮工程和民国水利事业史的重要文献，对今天的水利事业也有重要的借鉴价值。

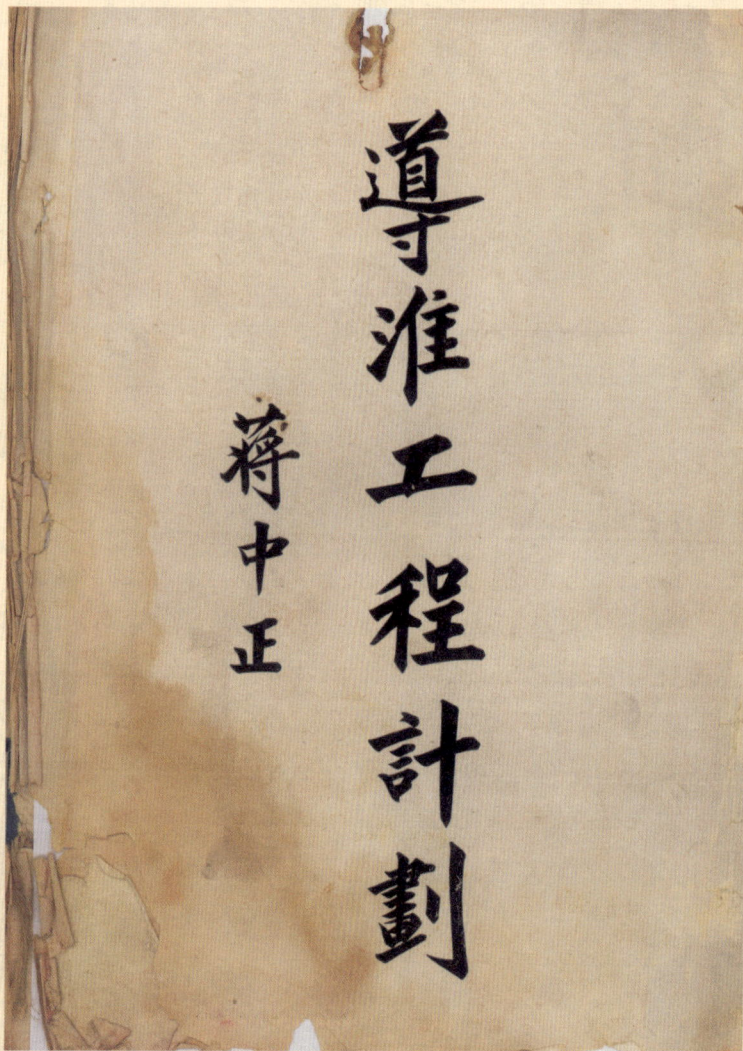

导淮工程计划

全文：

导淮工程计划序

　　导淮之举，关系苏鲁豫皖四省，亦影响苏鲁豫皖四省之民生。自二中全会决议，依已往十八年之调查成绩，实施浚治，期以五年成功后，国府即特设委员会，并制定原则，颁发训令，期于依限完成。中央眷怀淮祸拯济民生，甚盛事也。惟是发轫伊始，一切施工程序计议不厌求详，虽前贤之遗规尚在，而时过境迁，实有重勘覆［复］测之必要，用是选任专门员司组成两测量队，由总工程师督率分途进行，遍历淮河运河沂沭汶泗及黄河各处，为实地之查勘，殚一年之力，始拟定技术报告第一期，并附以各种图表，用资佐证。以兹事体大，非集思广益无以期精详。复由会召集导淮计划讨论会议，集合淮河流域各省政府代表与导淮有关之中央水利机关代表、华洋义赈会代表及对于水利素有研究之专家暨本会委员与工程师，会萃一堂，博咨周议，以为最后之决定。今者此项工程计划已经本会核议，认为可行，并已呈请国府备案，工款有着，立可施行。盖淮河久为灾祲，议治已历年，所总以巨款无由立，至为实施之难关，论者更狃于言之匪艰、行之维艰之陈说，而不达知难行易之旨，未敢轻于一试。今幸计划完成，是难知者已求得其知，易行者当力践其行。吾人唯有本总理实业计划之宏规，念淮民不食水利而受水灾之困苦，务于最短期内筹拨巨款，积极从事，以完成此伟大之建设。兹以斯篇付梓，特弁数语，用资共勉，邦人君子以览观焉。

　　中华民国二十年一月蒋中正

導淮工程計劃序

　　導淮之舉關係蘇魯皖豫四省亦影響蘇魯皖豫四省之民生自二中全會決議依已往十八年之調查成績實施濬治期以五年成功後國府即特設委員會並制定原則頒發訓令期於依限完成中央眷懷淮禍拯濟民生甚盛事也惟是發軔伊始一切施工程序計議不厭求詳雖前賢之遺規尚在而時過境遷實有重勘覆測之必要用是選任專門員司組成兩測量隊由總工程師督率分途進行遍歷淮河運河沂沭汶泗及黃河各處爲實地之查勘殫一年之力始擬定技術報告第一期並附以各種圖表用資佐證以兹事體大非集思廣益無以期精詳復由會召集導淮計劃討論會議集合淮河流域各省政府代表與導淮有關之中央水利機

淮沂泗沭排洪工程总图

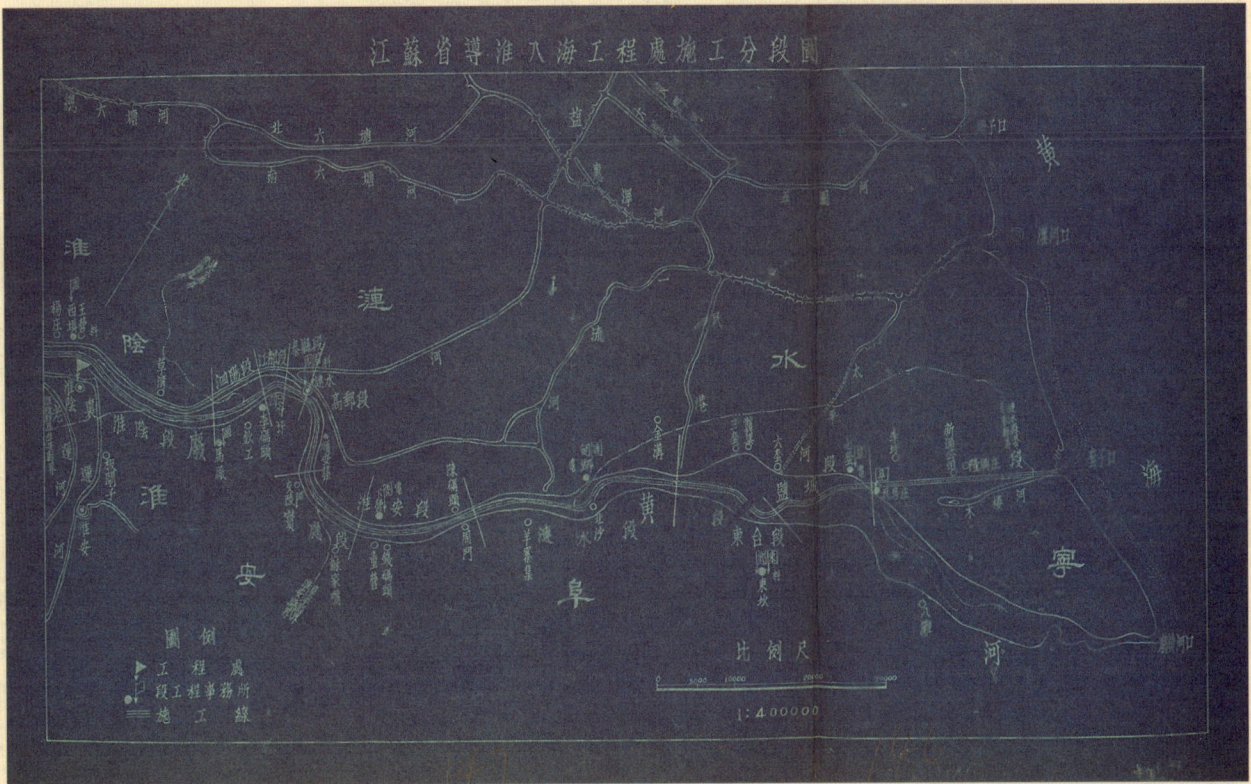

江苏省导淮入海工程处施工分段图

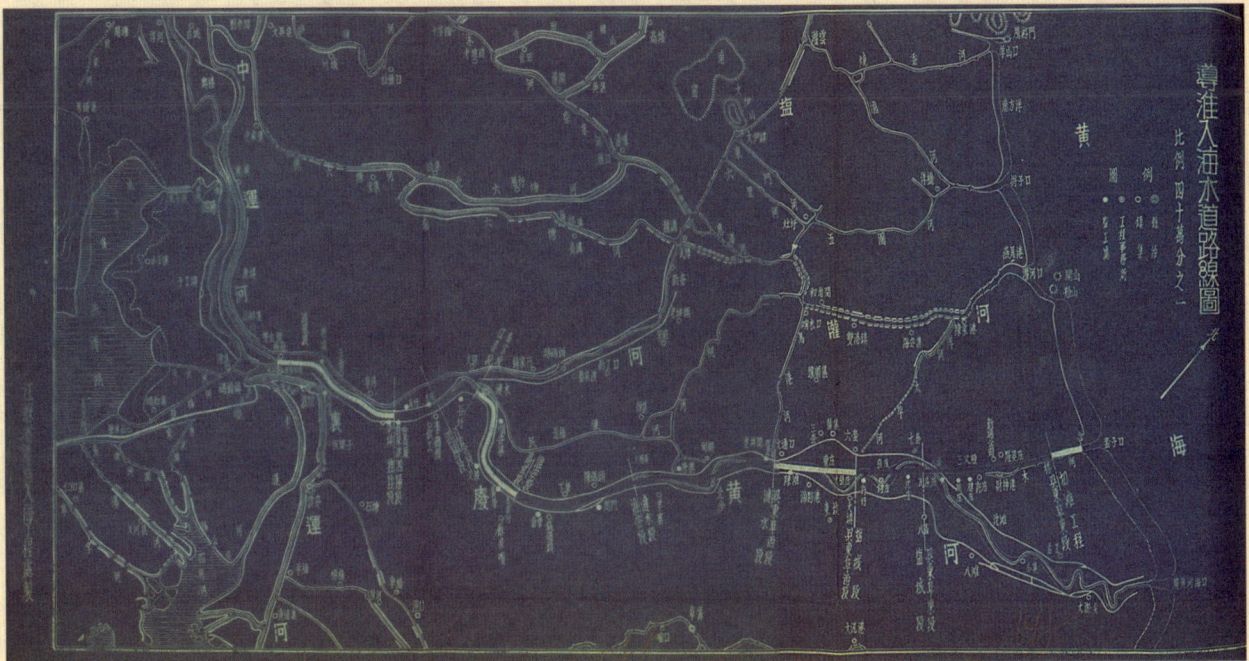

导淮入海水道路线图

江苏省政府为征工开辟导淮入海工程告淮域民众书

全文：

江苏省政府为征工开辟导淮入海工程告淮域民众书

陈果夫

本省江北苦水患久矣。盖淮运沂沭诸水，纵横交错其间，下流壅塞，水无所归，每届夏烁盛涨，动辄泛滥溃溢，几至岁有怀襄之祸，公私损耗，不知凡几。果夫添主苏政，就任之始，即慭焉以此为忧，欲谋所以解救之道，先择其害宜先去而功可速就者为之，遂有首浚六塘河以减沂患之举，因绌于财力，采用征工政策征工浚河，吾苏虽已具成绩，然类多限于一区一邑，范围远不及六塘河之广，试办之初，固未常不惧大功之难竟也。卒赖民众之力役相从，士绅之同心协助，不半载而厥功告成，今岁沂沭同涨，遂免成灾，亦可谓以人定胜天定者矣。为贯彻初衷计，秋后当续办沂沭尾闾工程，以畅宣泄而竟全功。惟淮运沂沭，淮为最大，沂沭治而淮不治，终非彻底解救江北水患之道，则由吾苏自动导淮入海，实为今日急要之图。第淮之为患，跨越三省，导淮工程，原非一省之力所能独举，所以近数十年来，创议者众，而行之者寡，盖以工艰费钜［巨］，非有统治之机关，统筹之力量，无从措手。自中央有导淮委员会之后，导淮事宜，始有专责之机关，整个计划，遂以完成。夫中央既有此机关，负斯专责，吾苏独汲汲焉以导淮自任，吾民闻之，或不免多所疑虑，虽然此无庸疑而不必虑也，导淮计划，工程浩大，在中央为策百年永久之计，规划自须宏远，经费自须雄钜［巨］，必待谋定后动，分年举办，是以整个计划，虽已完成，而实施全工，尚感匪易，然则吾苏其安坐以待之乎？势未可以待也。吾苏地居下游，当长淮之冲，十年九灾，蒙害最烈，江北农村，久频破产，工商因而凋敝，经济日就枯竭，伏莽遍野，流亡载道，既切骨肤之痛，复滋危乱之阶，及今不图，后患何堪设想，虽欲安坐以待之，而势有所不同也。为死中求活计，不得不亟谋自救之策。果夫日夜焦思，以为彻底解救江北水患，非导淮入海不为功，而在导淮工程中央未全部实施以前，惟有吾苏局部自动先举，考虑再三，终于毅然请命中央，发行水利建设公债，即以其三分之一拨充导淮经费，将以最少之款，求最速之效，采用征工方法，实施导淮委员会初步计划，须出土六千余万公方，期以六百万公款，十六万人力，于两年内完成，以救目前之急，而解倒悬之厄。业经商请导淮委员会赶办施工测量竣事，并提经省政府委员会议决通过，聘任导淮委员会总工程师为顾问工程师，订定导淮入海工程处组织规程，委派处长、副处长、总工程师，克日组织成立，积极进行，本大无畏精神，为吾民谋福利，巨艰独任，直往无前，明知其事非易而其气不馁者，盖以巨害当前，非取断然之政策，不足以彻底解除。且导淮入海，原为地方人士数十年来所渴望，政从民欲，其势亦不得不早日实行，而鉴于六塘河之往绩，又深悉吾民之克明大义，可与有为也。吾淮域民众，为本身利害计，踊跃赴工，自在意中。省政府为体恤民艰计，仍规定由工程处按民侠所做土方，酌给伙食费，俾资生活，官督于上，民从于下，地方士绅宣传领导协助于其间，群策群力，通同合作，方足以济非常之业，而成不世之功。至应征民侠，凡淮域淮扬徐海各属，既皆有关，本应一体并征，惟以徐属距工太远，而海属之灌云、沭阳、宿迁等县，本年尚须征工赶办沂沭尾间工程，为顾全民力及便于征调起见，决定只就较近之泗阳、淮阴、淮安、涟水、阜宁、宝应、兴化、盐城、高邮、东台、泰县、江都等十二县征集。须知征工导淮，其目的在解除水患，兴辟利源，非可与古代兴无谓之土木、好大喜功、劳民伤财者同日而语。将来竣工之后，水患既去，水利斯兴，行见灌溉裕给，农田丰稔，交通便利，商业繁盛，变贫瘠之地，为富庶之区，与江南各县，并跻繁荣，以较民国二十年之大水为灾，漂没庐舍，啼饥号寒，其苦乐为何如耶！兹当大工之始，特宣诏告之言，惟吾民共听而勉从之，有厚望焉。

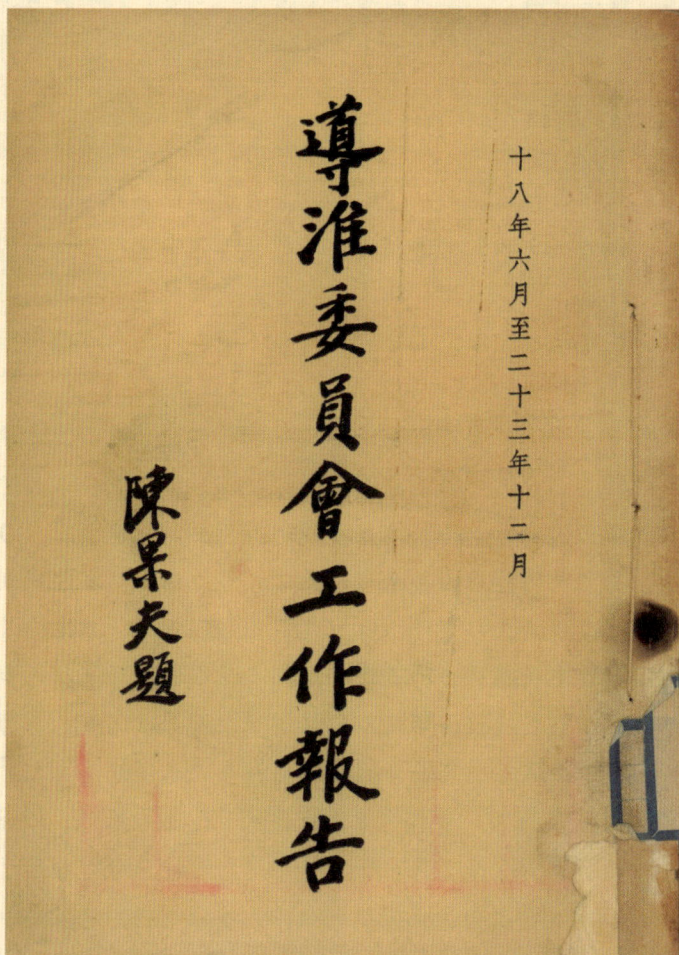

导淮委员会工作报告

全文（节选）：

导淮委员会工作报告

导言

导淮工程计划暨入海水道计划，自经国民政府核定后，本应立即实施，藉期减轻淮甸之灾祲。只以公款无着，稍事迁迟，至十九年五月，虽有一部分中英庚款可资拨用，但须借箸以筹，故费时两年，始将还本付息担保办法商定。二十二年一月起，先举办收效最宏之工程，从疏浚张福河开始实施，先是本会于十八年七月正式成立后，即已派员实地查勘，同时并派队测量入江入海各路，仍一面预为各种之计划。至二十一年十一月本会组织法修正公布，对于淮河流域所有滩荡湖田之公地，以及工程实施后之新涸地亩及收益之地，规定有暂由本会处理之实权后，工作更益紧张。兹距成立，虽逾五载，实事工程，却只年半。自问成绩至尠，所幸疏浚张福河工程已经完成，整理淮域土地初步计划，亦将举办告竣。邵伯淮阴刘涧蒋坝各船闸活动坝工程，暨各区公地之调查测丈登记，正在分途积极进行。导淮入海初步工程亦经商准江苏省政府征用民夫办理，已于本年十一月一日实行开工，用将十八年六月至二十三年十二月本会各工作经过，撮要叙列、汇编为《导淮委员会工作报告》，因付梓在即，特弁数言，就正当世。

导淮委员会工作报告　组织

第一篇　组织

第一章　本会

本会于民国十八年十一月七日，即已奉国民政府令，特派蒋中正、黄郛、吴敬恒、张人杰、赵戴文、吴忠信、麦焕章、李仪祉、陈其采、陈仪、陈辉德、王震、段锡朋、陈立夫为本会委员，并指定蒋中正、黄郛、陈其采、陈仪、陈辉德、段锡朋、陈立夫为常务委员，特任蒋中正为本会委员长，黄郛为本会副委员长。一月八日又奉国民政府令制定本会组织条例公布，六月十三日国府又特派庄崧甫为本会委员，十七日蒋委员长等即在京宣誓就职，七月一日始借监察院余屋正式组织成立。先后由国府任命委员杨永泰兼总务处处长，李仪祉兼工务处处长，陈其采兼财务处处长，初总务财务两处均设置于会内，工务处则设立于淮阴，另于会内设置总工程师办公室，以资接洽，后于十九年九月乃移回会办公，仅留水文股驻淮，就近办理该股所管事务，至二十一年二月亦令迁回本会，当本会甫经组织成立之第二日，即奉国民政府令发三中全会议决关于积极进行导淮治河工程一案到会，为积图业务发展计，嗣即呈请国府，将本会组织条例，予以修正。经于八月二日奉令修正公布通饬施行，并分别呈准以常务委员陈其采代理副委员长，以委员庄崧甫代理常务委员陈辉德职务，以利进行，七月二十九日又奉国民政府令特派杨永泰、沈百先、许世英、陈懋解、沈怡为委员，当以借用监察院余屋不敷办公之用，即于十月一日勘定复成桥东厂街前工业专校为会址，迁入办公。至二十年一月三十一日奉国府令制定本会组织法公布施行后，并于二月七日奉令依法改组，任免委员及各处长，并重行指定庄崧甫、陈其采、陈立夫、吴忠信、杨永泰为常务委员。委员长副委员长暨各委员均改特任为特派，组织条例系定设置总务工务财务三处，组织法则改定为秘书工程两处，并特派庄崧甫代理副委员长，任命沈百先兼秘书处处长，遵即同于三月九日在国府宣誓就职，仍由会聘任委员李仪祉兼工程处总工程师，聘任须恺继任工程处副总工程师，自后总工程师李仪祉因已回籍供职陕西省政府建设厅厅长陕西省水利局局长等职，先后迭电辞职，并陈明难负责任，遂由会令派副总工程师须恺于总工程师未到任以前兼代总工程师，负责主持工程处事务，嗣又先后奉令准委员兼常委吴忠信辞职，改以委员陈辉德继任常委，并特派南桂馨、王垚、陈泮岭、丁春膏为委员。同年九月二十八日，秘书处处长沈百先以已简任为江苏省政府委员兼建设厅厅长，辞职照准，奉令任命委员王垚兼秘书处处长，至二十一年七月二十六日，代理副委员长庄崧甫因病辞职照准后，又奉国民政府令，特派陈果夫为委员兼代理副委员长。八月一日，即奉令免去秘书处处长王垚兼职，又以委员沈百先兼任秘书处处长，并于九月十八日奉令特派何其巩为委员，旋以淮河流域所有公地及工程实施后之新涸地亩及收益之地，其清丈登记征用整理等事项，在导淮工作期内，本会应有权处理，经由中央政治会议决议通过增设地政处，并经国府提交立法院将本会组织法审议修正，于同年十月二十五日公布施行，除委员长副委员长仍定为特派外，所有委员均改定简派，另由委员长就委员中特聘陈辉德、陈其采、杨永泰、王震、许世英组织财务委员会，筹划并稽核关于本会财务事宜，内部组织则依法设置总务工程土地三处，任命沈百先为总务处处长，萧铮为土地处处长，工程处总工程师仍由会特聘委员李仪祉兼任。至二十二年五月八日本会组织法第十三条、第十五条又奉令修正公布，所有工程处聘任各技术人员均分别改定为简荐委任职官，其附属机关之设立，亦于第十五条中以明文规定。旋本会委员王祺以现任立法委员不能兼任其他官职，暨总务处处长沈百先以又奉简任为江苏省政府委员兼建设厅厅长各辞职去后，二十二年十月六日即奉国民政府令派何玉书为委员兼任总务处处长，综计自十八年七月一日本会成立之日起，迄今已五年有半，内部组织及改组之经过大略如此。

第二章　附属机关

依本会现行组织法第十五条规定，本会因执行主管事项，于必要时得呈准设立测勘队、工程队、工程管理局及土地整理处，故于二十一年三月即俟［尽］先设置入海水道工程局于下游陈家港地方，局设局长，负责实施开辟入海水道工程，并派员征收土地，继以海滨荒漠，潮汐时侵，款不易筹，工难招募，遂改进施工步骤。首先举办收效最宏之工程，以树导淮之先声，即于二十一年九月将入海水道工程局移置于淮阴，翌年疏浚张福河，划分全部工程为三区，每区各设区长一人，主管所辖工程。张福河疏浚完成后，在工程处指导之下则设立邵伯淮阴刘老涧各船闸工程局，在土地处指导之下则设立各区公地整理处。第一区整理灌云阜宁及苇荡左右营各区域内属于本会各公地，第二区整理淮阴淮安涟水泗阳宝应高邮江都各区域内属于本会之公地，更为便利处理计，各公地整理处下又酌设办事处，其旧徐州府八县之公地，拟俟经费稍裕，再行分区设处整理。先是于各船闸工程局未组织成立以前，即分派专员征收闸址及各引河所用之土地，就地分别设立邵伯淮阴刘老涧闸工临时征收土地办事处，现各该处已因事竣先后撤销，惟各船闸工程局各区公地整理处均仍照常设立，至测量队之组织，前曾先后成立皖淮测量队、濉河测量队、徽山湖测量队、淮河干线水准测量队、入海水道各比较线测量队、入海水道施工测量队。所有上述各测队，一经事竣，即行撤销，现尚成立之测量队，仅有土地测量队三角班地籍班各一班，现已设立之雨量站计共三十九处，水位站计共四十五处，流量站计共十二处，含沙量测量站计共八处。此各附属机关组织之大概情形也。

　　　…………

導淮委員會大事記

十八年一月

七日　國民政府特派蔣中正、黃郛、吳敬恒、張人傑、趙戴文、吳忠信、麥煥章、李儀祉、陳其采、陳儀、陳輝德、王震、段錫鵬、陳立夫、為本會委員，並指定蔣中正、黃郛、陳其采、陳儀、陳輝德、段錫鵬、陳立夫、為常務委員。特任蔣中正為本會委員長、黃郛為本會副委員長。

八日　國民政府制定本會組織條例公布施行。

十八年六月

十二日　國民政府特派莊菘甫為本會委員。

十七日　委員長蔣中正等在京宣誓就職。

二十日　在國府開第一次大會會議，議決「覓定會址」「決定總工財三處處長人選」「決定成立各處日期」「籌款方針」各重要案件。

十八年七月

一日　借監察院餘屋正式組織成立，開始辦公、

導淮委員會工作報告　大事記

九三

全文（节选）：
导淮委员会大事记

十八年一月

七日　国民政府特派蒋中正、黄郭、吴敬恒、张人杰、赵戴文、吴忠信、麦焕章、李仪祉、陈其采、陈仪、陈辉德、王震、段锡鹏、陈立夫为本会委员，并指定蒋中正、黄郭、陈其采、陈仪、陈辉德、段锡鹏、陈立夫为常务委员。特任蒋中正为本会委员长、黄郭为本会副委员长。

八日　国民政府制定本会组织条例公布施行。

十八年六月

十二日　国民政府特派庄菘甫为本会委员。

十七日　委员长蒋中正等在京宣誓就职。

二十日　在国府开第一次大会会议，议决"觅定会址"、"决定总工财三处处长人选"、"决定成立各处日期"、"筹款方针"各重要案件。

十八年七月

一日　借监察院余屋正式组织成立，开始办公。

二日　国府抄发三中全会议决关于积极进行导淮治河工程案。

七日　国民政府任命李仪祉兼本会工务处处长，陈其采兼本会财务处处长。

二十日　在国府开第二次大会会议，议决"修正本会组织条例"（呈经国府明令公布），"各处组织规程"（呈奉国府核准备案）及"聘德方修斯为本会顾问工程师"各重要案件。

二十二日　开第一次常会会议，议决"工务人员训练班简章"及"招考办法"各案件。

二十三日　常务委员陈辉德出洋尚未归国，呈报国府请以委员庄菘甫代理。

二十九日　国民政府特派杨永泰、沈百先、许世英、陈懋解、沈怡为本会委员。

　　　　国民政府任命杨永泰兼本会总务处处长。

十八年八月

二日　国民政府修正本会组织条例公布施行。

五日　开第二次常会会议，议决"商借前工专校址为本会会址"并"拟定聘方修斯条件"各案。

十六日　在国府开第三次大会会议，议决"大会常会会议规则"及"请拨工款"并"指拨庚款为导淮基金"各重要案件。

十九日　开第三次常会会议，议决"本会办事通则"及"修正工务处组织规则"各案。

二十日　工务处在淮阴县水北门省立第四工场旧址组织成立，开始办公。

二十一日　总工程师李仪祉、副总工程师须恺，率同工程师刘梦锡、许心武、汪胡桢等组织查勘队，由京出发，开始巡视归江归海各坝，及三河草坝里运废黄盐灌沂沭中运暨鲁境并淮河上游各河流，至

十二月二十九日查勘完毕渡洪泽湖返抵淮阴。

二十六日　开第四次常会会议，议决"各处经费应先拟具预算提请核定案"及"总务财务两处应各拟送工作计划大纲案"各案。

三十日　呈请国府指拨英庚款确定导淮基金。

十八年九月

二日　开第五次常会会议，议决"工务处六个月工作标准经费概算"各案。

七日　呈请国府令将三河坝管理职权交由本会接收全权处理。

十三日　开第一次常会临时会议，讨论本会十八年度岁出预算案。

十四日　开第二次常会临时会议，议决"本会十八年度岁出预算案"及各项规则。

十六日　派员组织第一测量队，开始工作。

二十一日　开第四次大会会议，议决"本会十八年度岁出预算案"、"测量队水文站训练班经费预算案"、"准备及实施工程经费预算案"、"呈请以委员陈其采代理副委员长"各重要案件。

二十三日　呈请国府准于副委员长黄郭未到任以前派委员陈其采代理。

二十八日　开第六次常会会议，议决"凡委员于开会时不能出席派员代表陈述意见应以列席人员论无表决权案"及各项规则。

十八年十月

一日　勘定复成桥东厂街前工业专校为会址，迁入办公。

工务人员训练班开学。

四日　咨苏皖鲁豫四省政府请转饬淮域各县禁止放领导淮区域内各河湖滩地。

九日　通令沿淮各县查明该管辖境内有无放领河湖滩地情事，并严禁放领及人民买卖滩地。

二十日　派员组织第二测量队，开始工作。

十八年十一月

六日　第一测量队测量完毕裁撤。

九日　派副工程师王凤曦赴皖接洽接收三河坝事务。

开第七次常会会议，议决并修正各项规则。

十四日　顾问工程师德国哈诺佛大学水功教授方修斯抵华。

二十三日　开第五次大会会议，议决"与苏皖鲁豫四省政府合作办法"及"拟定导淮初步工程开浚张福河整理三河坝及设闸里运河请拨款二百万元以便於十九年一月实行动工案"各重要案件。

二十八日　安徽省政府函复三河坝工局未便裁撤，已令秉承本会指挥办理。

十八年十二月

九日　呈请国府通令苏皖鲁豫各省建厅暨运河工程局处就近协助淮工测量调查，并令各运工局处受本会指挥，随时报告工作成绩。

呈请国府通令苏皖鲁豫各省政府，凡属淮系水利问题，应提交本会审定，如导淮工程事项属于地方者，应由本会与地方省府协议办理。

二十一日　开第六次大会会议，议决请委员长迳电驻英公使施肇基向英国会疏解请划拨中英庚款三分一为导淮的款案。

…………

導淮委員會組織系統表

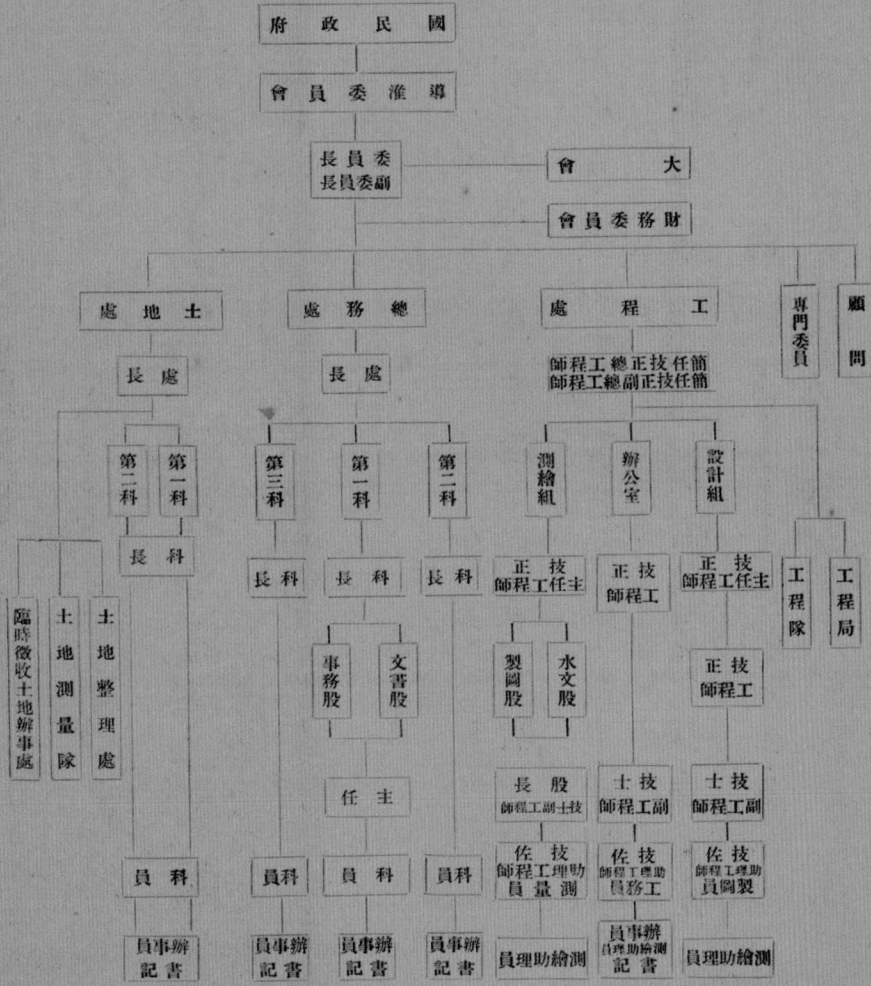

- 國民政府
- 導淮委員會
- 委員長 副委員長 — 大會
- 財務委員會

土地處（處長）
- 第二科 第一科（科長）
  - 臨時徵收土地辦事處 ／ 土地測量隊 ／ 土地整理處
  - 科員
  - 書記 辦事員

總務處（處長）
- 第三科 第一科 第二科（科長）
  - 事務股 文書股
  - 主任
  - 科員
  - 書記 辦事員

工程處
- 簡任技正 總工程師／簡任技副正 總工程師
- 測繪組 辦公室 設計組
  - 主任技正工程師 ／ 技正工程師 ／ 主任技正工程師
  - 製圖股 水文股 ／ 正技師工程師
  - 股長 副技正工程師 ／ 副技正工程師 ／ 副技正工程師
  - 測量技佐助理工程師 ／ 工務技佐助理工程師 ／ 製圖技佐助理工程師
  - 測繪助理員 ／ 書記辦事員 測繪助理員 ／ 測繪助理員

專門委員　顧問
工程隊　工程局

本表所列以已成立或在籌備中者為限

导淮委员会组织机构系统表

1936年3月，陈果夫致清江晁旅长电。

1937年1月，陈果夫致孙连仲①电。

① 1935年10月起，孙部调往苏北地区，总部驻淮阴，全军分驻宿迁、涟水、泰县、东台、如皋、南通等处，从事修筑国防工事以及导淮工程。

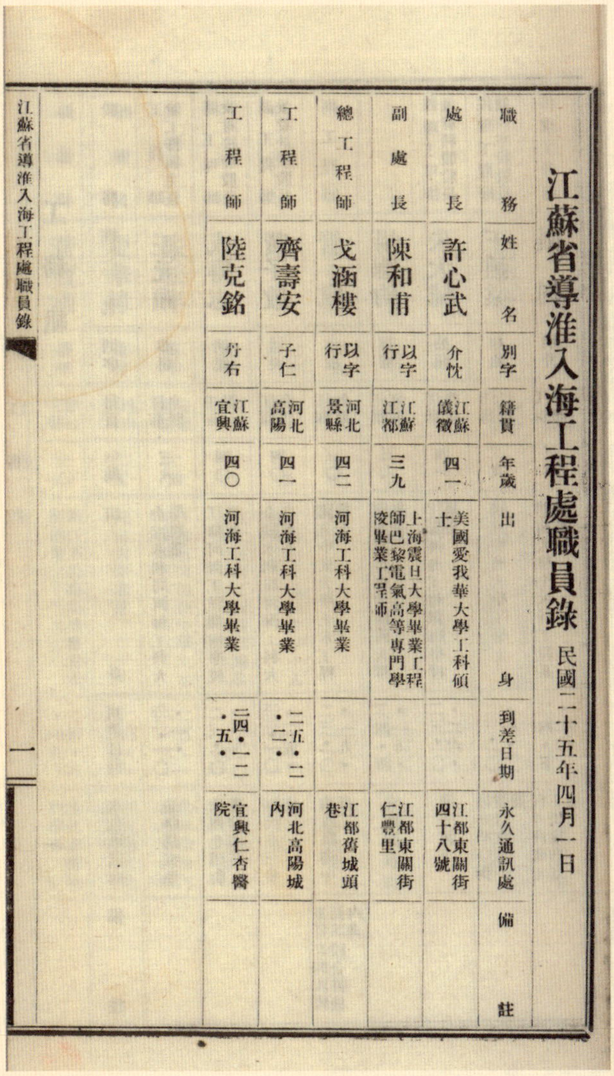

江蘇省導淮入海工程處職員錄

民國二十五年四月一日

職務	姓名	別字	籍貫	年歲	出身	到差日期	永久通訊處	備註
處長	許心武	介忱	江蘇儀徵	四一	美國愛我華大學工科碩士		江都東關街四十八號	
副處長	陳和甫	以字行	江蘇江都	三九	上海震旦大學畢業工程師巴黎電氣高等專門學校畢業工程師		江都東關街仁豐里	
總工程師	戈涵樓	以字行	河北景縣	四二	河海工科大學畢業		江都舊城頭巷	
工程師	齊壽安	子仁	河北高陽	四一	河海工科大學畢業	二五・二・二	河北高陽城內	
工程師	陸克銘	丹右	江蘇宜興	四〇	河海工科大學畢業	二四・一二・五	宜興仁杏醫院	

江蘇省導淮入海工程處職員錄　一

1936年4月，江苏省导淮入海工程处职员录。

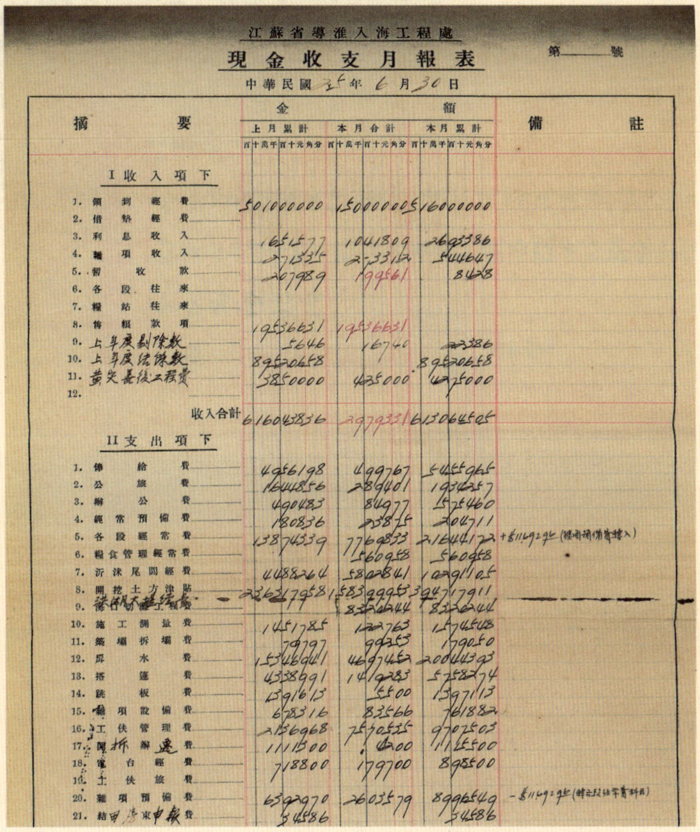

江蘇省導淮入海工程處

現金收支月報表

第＿＿＿號

中華民國25年6月30日

摘要	金額 上月累計	本月合計	本月累計	備註
I 收入項下				
1. 領到經費	501000000	15000000	516000000	
2. 借墊經費				
3. 利息收入	1651577	1041809	2693386	
4. 雜項收入	271535	273312	544847	
5. 暫收款	207989	199561	8428	
6. 各段往來				
7. 糧站往來				
8. 售糧款項	19536631	19536631		
9. 上年度剔除數	5646	16740	22386	
10. 上年度結餘數	89520658		89520658	
11. 黃尖善後工程費	3850000	435000	4285000	
12.				
收入合計	616043836	2979331	613064505	
II 支出項下				
1. 俸給費	4956198	499767	5455965	
2. 公旅費	1644856	289401	1934257	
3. 辦公費	490483	84977	575460	
4. 經常預備費	180836	23875	204711	
5. 各段經常費	13874339	7769833	21644172	+$116929.56（經常預備費轉入）
6. 糧食管理經常費		560958	560958	
7. 沂沭尾閭經費	4488264	5802841	10291105	
8. 開挖土方津貼	226317958	158399953	384717911	
9. 洪湖大堤護岸		8320244	8320244	
10. 施工測量費	1451785	122763	1574548	
11. 築壩拆壩費	79797	99253	179050	
12. 戽水費	15346941	4697452	20044393	
13. 搭篷費	4338991	1419283	5758274	
14. 跳板費	1391613	5500	1397113	
15. 雜項設備費	678316	83566	761882	
16. 工伕管理費	2136968	7570535	9707503	
17. 開拆辦遷費	1111500	14000	1125500	
18. 電台經費	718800	179700	898500	
19. 土伕旅費				
20. 雜項預備費	6392970	2603579	8996549	-$116929.56（轉各段經常費科目）
21. 結田[illegible]東申報費	34586		34586	

1936年6月，江苏省导淮入海工程处现金收支月报表。

全國經濟委員會

導淮入海水道楊莊活動壩
模型試驗報告書

中央水工試驗所編

模型試驗第一號

民國二十五年十月

导淮入海水道杨庄活动坝模型试验报告书

首都电厂档案

保管单位： 江苏省档案馆

内容及评价：

清宣统元年（1909），金陵电灯官厂建立，位于南京西华门。1912年，民国肇建，金陵电灯官厂更名为江苏省立南京电灯厂。1919年，南京电灯厂在下关建立分厂，定名为江苏省立南京电灯厂下关发电所。1928年4月，国民党中央政治会议决议将南京电灯厂的本厂与分厂合并，更名为建设委员会首都电厂。1937年5月，首都电厂改由扬子电气股份有限公司接收经营，转变为官商合办企业。建厂初期，电厂设总务、营业、会计、机务、电务及发电所等机构，又分设中山路办事处和下关发电所，负责全厂日常事务与输电事项。

馆藏首都电厂档案共计340余卷，起止时间为1935年至1949年，主要内容有用户用电申请、职工名录、考绩、用电统计报表和组织章程等，是研究民国江苏电力发展史的重要参考资料，对当前的电业管理也有一定的借鉴意义。

全文：

建设委员会首都电厂供给中央大学电力合同

立合同人：中央大学（下简称用户）

首都电厂（下简称电厂）

兹因用户试验室及抽水需用电力，向电厂购用电流，因用电情形特殊，双方协议订立合同如左：

（一）用户装置电动机马力总数不得超过七十五匹，其最大之电动机不得超过二十五匹马力。

（二）用户所装置之电动机专供实验室及自来水机器之用，不得拖动发电机供给电光电热。

（三）用户每日下午至十一时不得使用

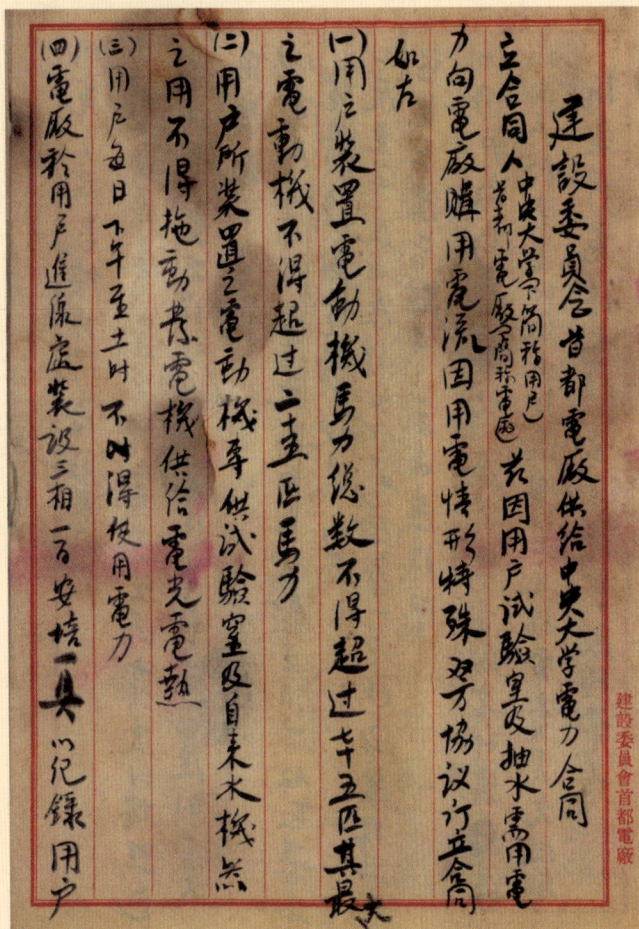

1932年4月，建设委员会首都电厂供给中央大学电力合同。

电力。

（四）电厂于用户进线处装设三箱一百安培一具以记录用户用电之度数，按月抄表收费。

（五）用户用电每月至少用二千度，不满二千度时按照包度计算，并不得并月扯算；用电超过包度则以实用度数计算。

（六）电厂因用户电力大半用作试验之用，不收取基本电费，流动电费规定如左：

一度至一千度每度洋七分；一千零一度至一万度每度洋五分；超出一万度者，超出之数每度洋四分。

（七）用户假期中请求诉表停电，电厂不计底度。

（八）用户于装表时缴存保证金三百元，接电费十八元，假期拆表停电后重新装表须重缴接电费。

（九）其他本合同未载明者，悉依照电厂现行章程办理。

（十）本合同以一年度为期，期满双方同意得继续订定。

（十一）本合同一式三份，双方各执一份，其余由电厂呈报建设委员会备案。

中央大学　刘光□

证人　严宽

首都电厂　鲍国宝

证人　朱明莹

中华民国二十一年四月一日

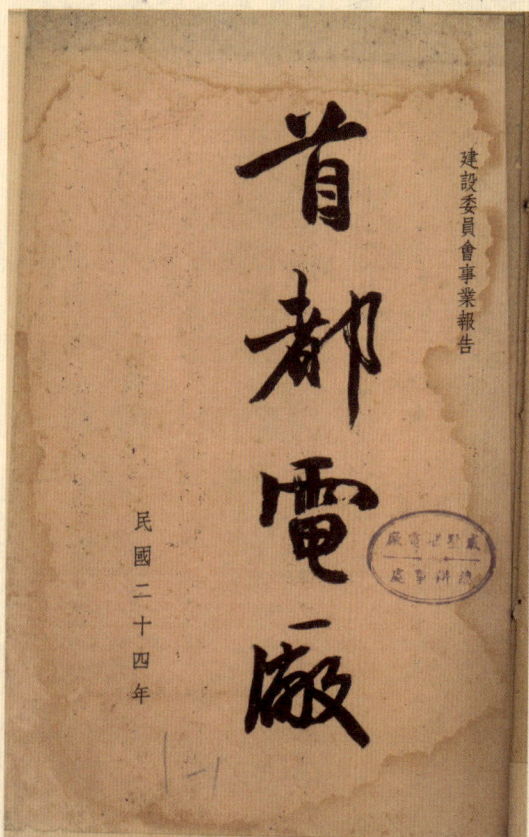

建设委员会事业报告——首都电厂

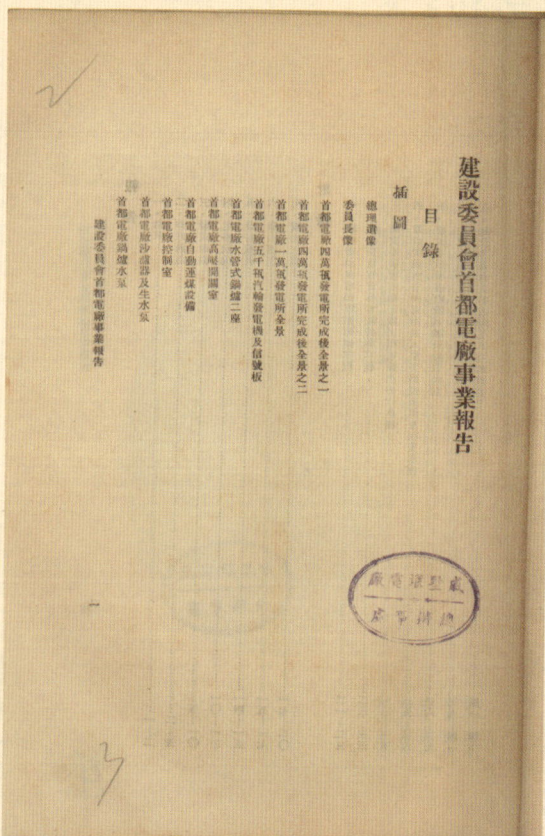

《建设委员会事业报告——首都电厂》目录

建设委员会委员长张静江肖像

首都电厂锅炉给水泵

首都电厂输电系统图

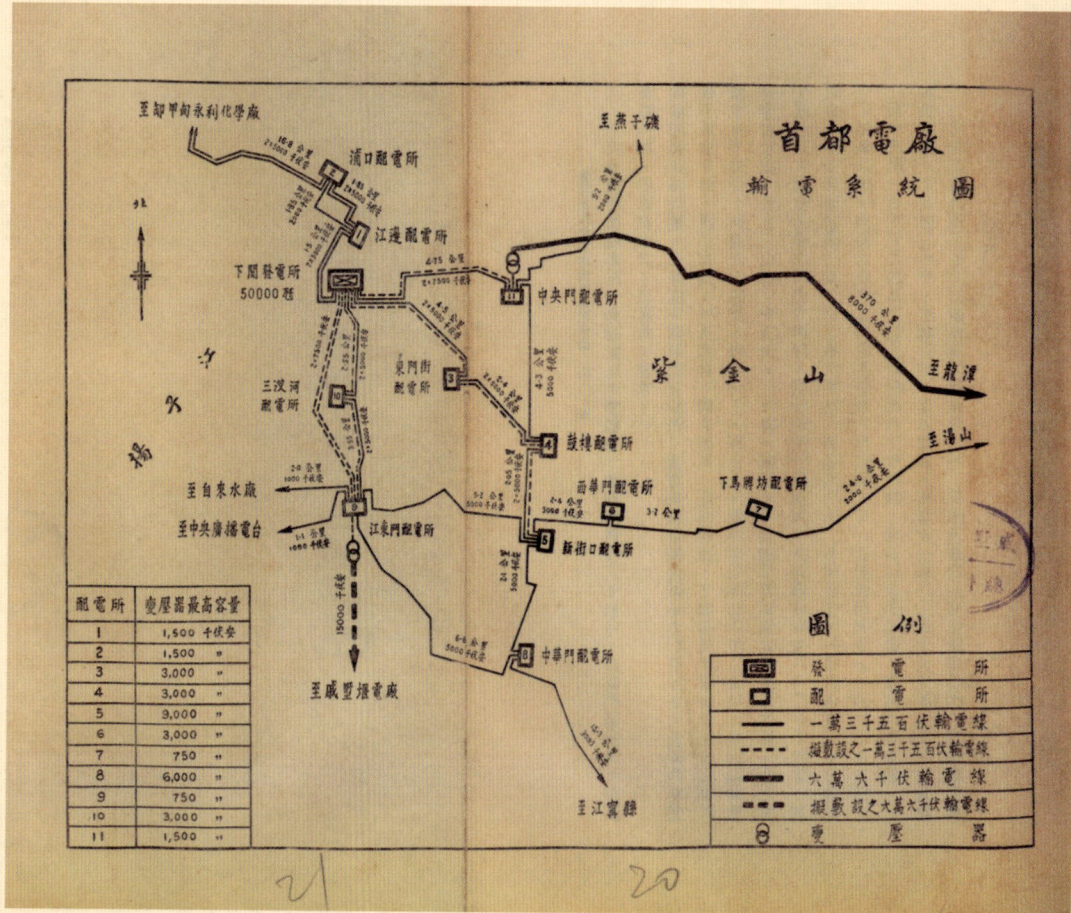

首都電廠十八年統計表

		一月	二月	三月	四月	五月	六月	七月	八月	九月	十月	十一月	十二月	年終統計	每月平均
固定資產	元	534,893	568,014	596,209	636,404	665,962	672,444	684,547	702,146	712,746	724,768	738,345	747,196	747,196	
發電每度煤耗	公斤	2.25	2.32	2.11	2.40	1.99	1.93	1.90	1.85	1.57	1.70	1.78	1.66	......	1.97
發電每度煤價	分	3.43	3.42	3.16	3.10	2.94	2.73	2.48	2.48	2.05	2.15	2.19	2.00	......	2.68
發電每度油耗	磅	0.87	0.76	0.76	0.78	0.70	0.89	0.95	1.02	0.78	0.76	0.73	0.72	......	0.81
發電每度油價	分	2.06	2.17	1.80	1.81	1.65	2.02	2.24	2.92	1.83	1.79	1.70	1.60	......	1.93
發電總度數	度	607,546	499,610	591,696	518,079	514,831	514,409	547,842	561,372	608,407	703,174	741,125	848,316	7,256,407	604,70?
廠內自用電度	度	28,830	26,060	30,920	25,700	30,630	43,440	43,440	48,260	44,580	45,680	37,410	44,425	436,845	36,40?
售出電度 電燈電熱	度	332,787	328,262	291,529	293,159	279,470	264,769	281,176	301,278	331,068	387,654	425,026	459,862	3,976,052	331,33?
售出電度 電力	度	0	0	0	0	0	0	0	0	0	2,625	2,897	5,522	46?	
路燈用電度數	度	31,000	33,000	43,000	48,000	54,000	71,000	85,779	78,080	76,500	81,431	688,790	57,39?		
一切損失度數	度	214,929	110,288	230,247	151,000	163,661	171,010	169,226	140,834	146,980	191,760	199,564	259,701	2,149,200	179,10?
損失佔發電百分數	%	35.4	22.2	38.9	29.1	31.8	33.4	31.0	25.0	24.2	27.3	25.9	30.6	29.6	29.6
發電機量	K.W.	2,250	2,250	3,000	3,000	3,000	3,000	3,000	3,000	3,000	3,000	3,000	......	2,87?	
最高負荷	K.W.	1,926	2,109	2,634	2,540	2,804	2,898	2,570	2,948	2,949	2,998	2,635	2,889	......	2,65?
負荷因數	%	42.5	35.2	30.3	28.3	24.6	24.6	28.6	25.6	28.6	31.5	39.2	39.4		31.5
輸電變壓器 只數	只	6	6	6	6	7	7	7	7	7	13	13	13	13	
輸電變壓器 容量	KVA.	1,500	1,500	1,500	1,500	2,700	2,700	2,700	2,700	2,700	2,700	2,820	2,820	2,820	
配電變壓器 只數	只	128	136	146	154	168	172	173	177	179	189	185	191	191	
配電變壓器 容量	KVA.	2,867	2,913	3,078	3,153	3,233	3,245	3,270	3,350	3,405	3,575	3,505	3,601	3,601	
電表數	只	3,429	2,449	3,786	4,164	4,485	4,722	5,293	5,832	6,331	6,342	6,471	6,699	6,699	
用戶數 電光電熱	戶	3,353	3,431	3,491	3,925	4,360	4,607	4,884	5,330	5,829	6,222	6,461	6,686	6,686	
用戶數 電力	戶	0	0	0	0	0	0	0	0	0	7	7	7	7	
用戶接用馬力數	H.P.	0	0	0	0	0	0	0	0	0	43.5	46.5	46.5	46.5	
修理費 線務	元	971	838	1,484	1,028	1,093	3,963	1,198	941	1,066	2,945	1,887	1,551	18,915	1,57?
修理費 電務	元	4,806	1,103	1,103	2,219	1,076	1,611	1,867	2,169	2,426	6,001	4,360	2,180	28,921	2,41?
新置用款 線務	元	3,994	9,037	2,482	4,253	3,617	596	869	3,909	1,012	1,172	2,946	4,030	37,917	3,16?
新置用款 電務	元	8,684	12,687	8,674	12,958	22,669	1,873	4,136	7,468	4,587	6,761	6,257	4,282	101,046	8,42?

首都电厂1929年统计表

全文：

加强处理窃电办法

三十六年一月八日

经济部部令公布

第一条　窃电之加强处理除依"电气事业人处理窃电规则"及"取缔军警政机关部队及所属人员强用电流规则"外，依本办法之规定。

第二条　为防止窃电起见，电气事业人应经常派员携带检查凭证在营业区域内认真检查取缔，窃电被检查者不得拒绝。

第三条　前项凭证应由电气事业人报请当地军政宪警机关备案，并将式样登报公告。

第四条　凡有下列行为之一者即为窃电应予取缔。

（一）未经电气事业人装置电表而在线路上擅自接线者。

（二）绕越电度表及其他计电器者，损坏或改动表外之线路者。

（三）损坏或改变电度表及其他计电器之构造或以其他方法使电度表及其他计电器失效或不准者。

（四）故意损坏电度表及其他计电器之外壳或其保护物者。

（五）损坏或伪造电气事业人所置封志或封印者。

（六）在电价较低之线路上私接电价较高之电器者。

（七）其他以窃电为目的之行为者。

第五条　当地军政宪警机关应随时应电气事业人之请求派员会同执行检查。

第六条　检查人员如有藉机敲诈等不法情事除由其主管机关将其斥革外，并依法严办。

第七条　电气事业人之员工串同窃用电流一经查获除将该员工斥革外并应送法院从严惩处。

第八条　党政军宪警各机关及学校用电均应照电气事业人所订规章办理，否则以强用电流论。

第九条　党政军宪警各机关及学校所装之电表及其他接电器材如有遗失损坏等

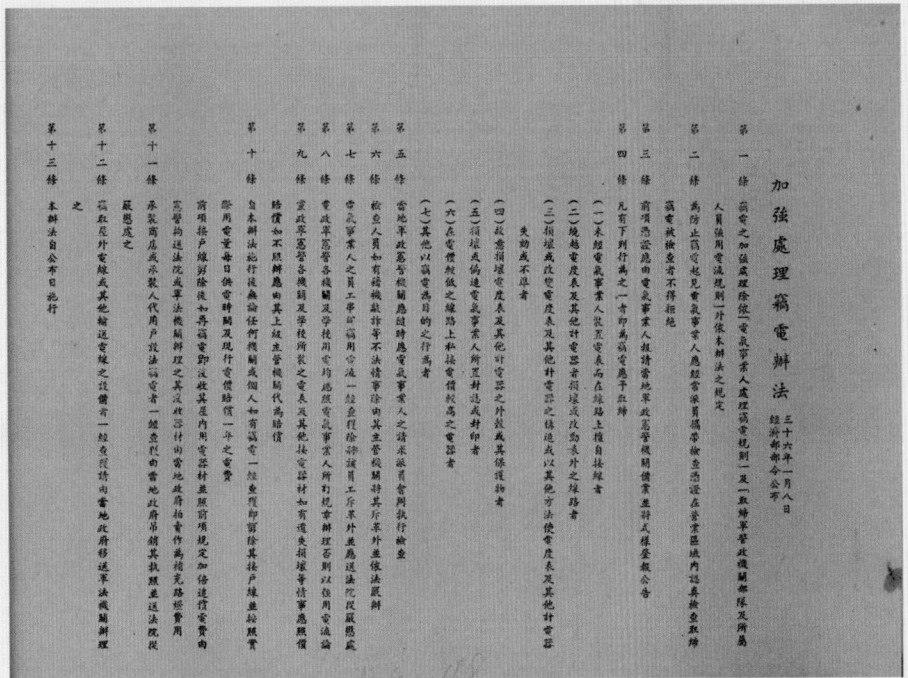

1947年1月8日，经济部令公布《加强处理窃电办法》。

情事应照价赔偿，如不照办应由其上级主管机关代为赔偿。

第十条　自本办法施行后，无论任何机关或个人如有窃电，一经查获，即剪除其接户线并按照实际用电量每日供电时间及现行电价赔偿一年之电费。

前项接户线剪除后如再窃电即没收其屋内用电器材并照前项规定加倍追偿电费，由宪警拘送法院或军法机关办理之，其没收器材由当地政府拍卖作为补充路灯费用。

第十一条　承装商店或承装人代用户设法窃电者一经查获，由当地政府吊销其执照并送法院从严惩处之。

第十二条　窃取屋外电线或其他输送电线之设备者一经查获请由当地政府移送军法机关办理之。

第十三条　本办法自公布日施行。

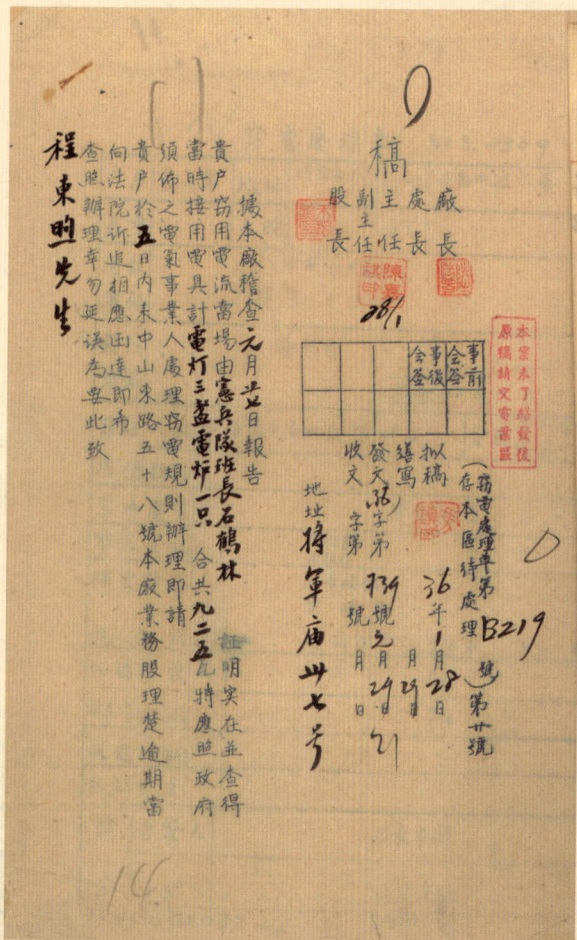

1947年1月，首都电厂窃电处理单。

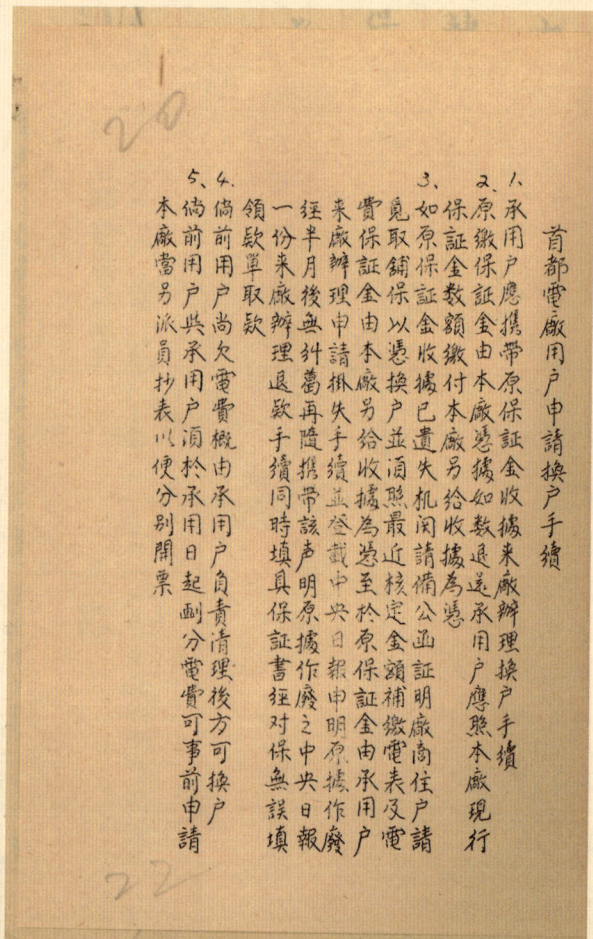

首都电厂用户申请换户手续

建设委员会首都电厂职员录

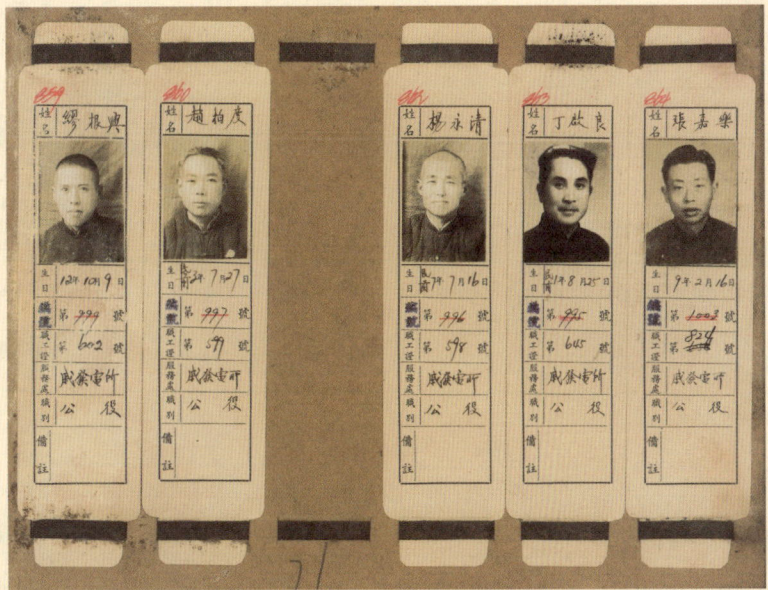

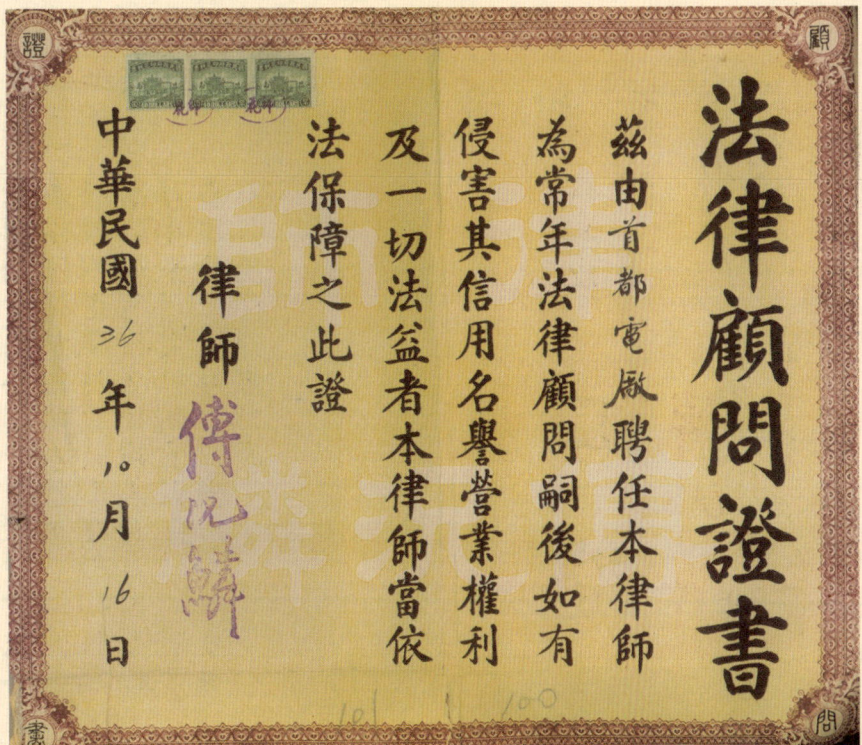

首都电厂职员卡片

1947年10月，首都电厂法律顾问证书。

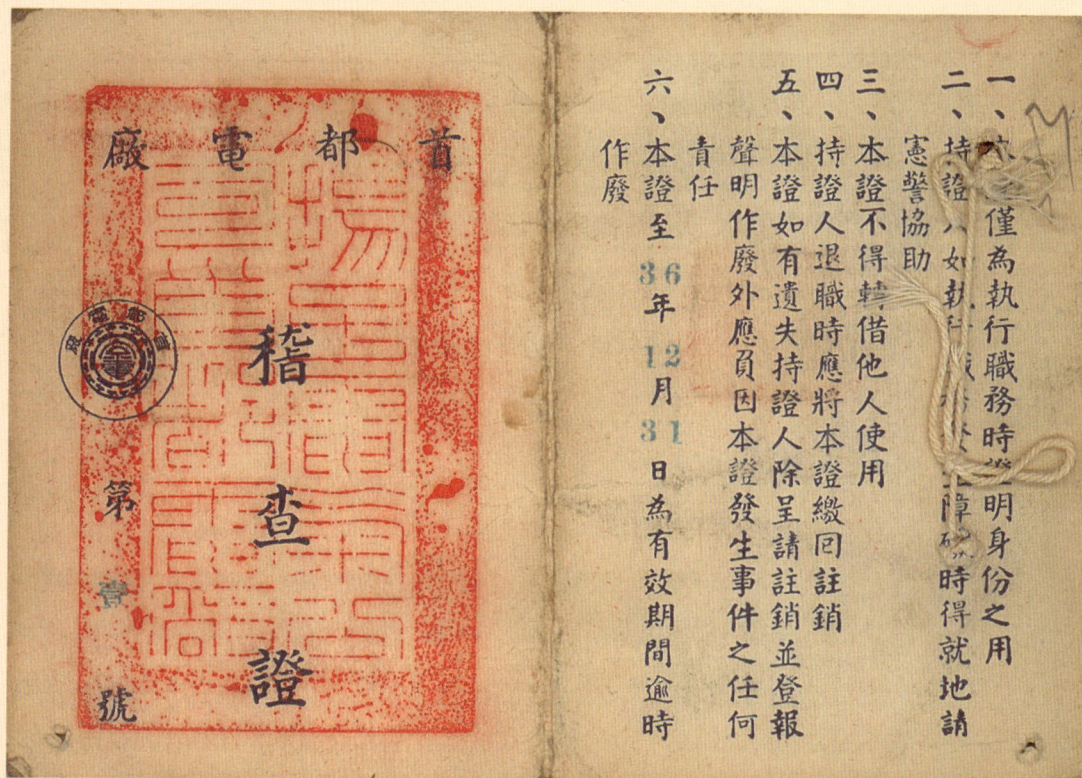

一、本證僅為執行職務時證明身份之用

二、持證人如執行職務時得就地請憲警協助

三、本證不得轉借他人使用

四、持證人退職時應將本證繳回註銷

五、本證如有遺失持證人除呈請註銷並登報聲明作廢外應員因本證發生事件之任何責任

六、本證至36年12月31日為有效期間逾時作廢

首都电厂稽查证第一号

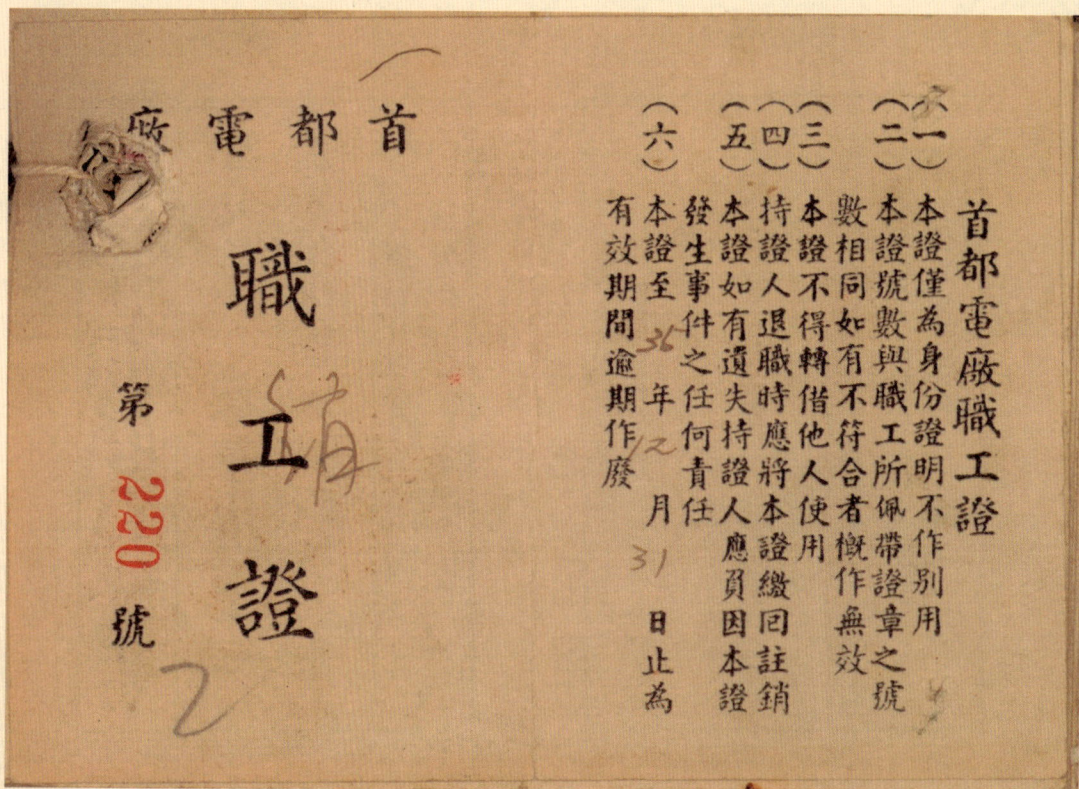

（一）本證僅為身份證明不作別用

（二）本證號數與職工所佩帶證章之號數相同如有不符合者概作無效

（三）本證不得轉借他人使用

（四）持證人退職時應將本證繳回註銷

（五）本證如有遺失持證人應員因本證發生事件之任何責任

（六）本證至36年之月31日止為有效期間逾期作廢

首都电厂职工证第220号

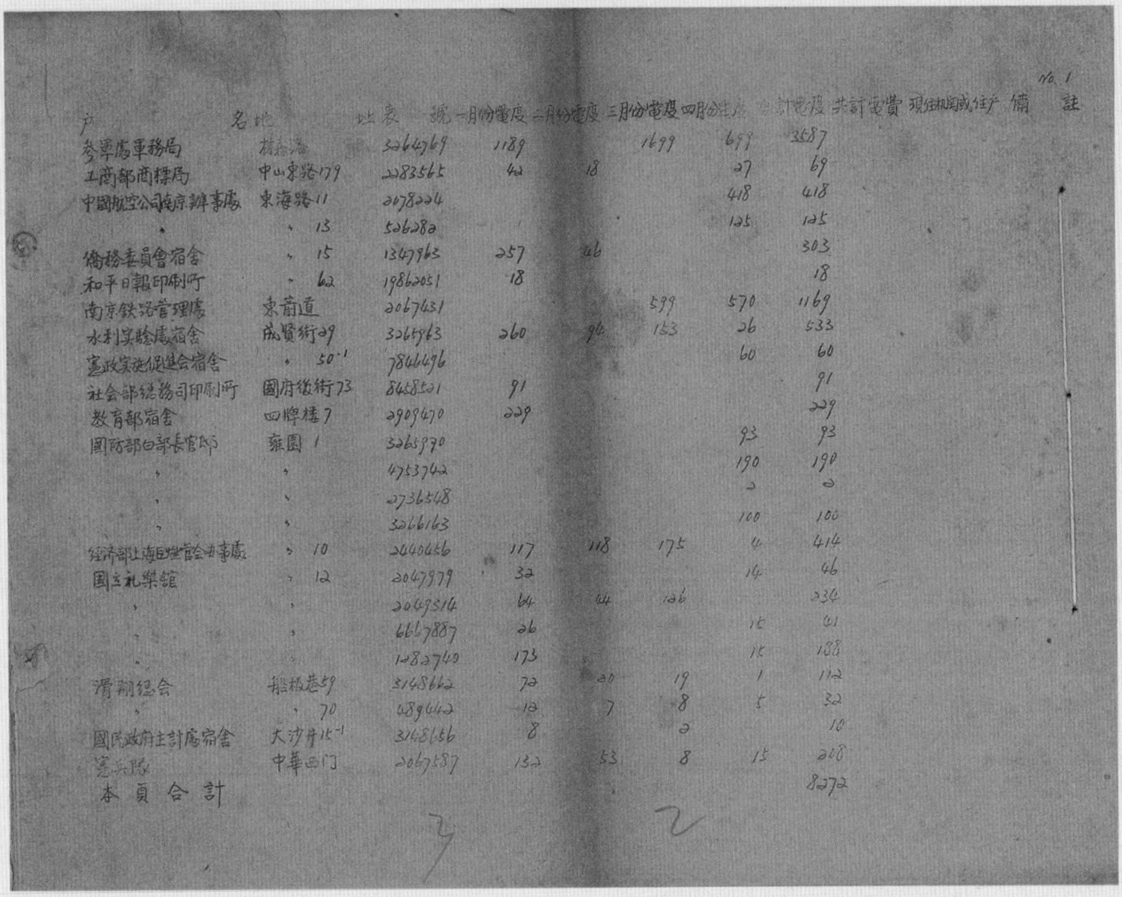

No. 1

户名	地址	表號	一月份電度	二月份電度	三月份電度	四月份電度	合計電度	共計電費	現住機關或住户	備註
参謀處軍務局	[illegible]	3264769	1189		1699	699	3587			
工商部商標局	中山東路179	2283565	42	18		27	69			
中國航空公司南京辦事處	東海路11	2078224				418	418			
〃	〃 13	526282				125	125			
僑務委員會宿舍	〃 15	1347963	257	46			303			
和平日報印刷所	〃 62	19862051	18				18			
南京鉄路管理處	東箭道	2067431			599	570	1169			
水利実驗處宿舍	成賢街29	3265963	260	94	153	26	533			
憲政実施促進会宿舍	〃 50-1	7846496				60	60			
社会部総務司印刷所	國府後街73	8458521	91				91			
教育部宿舍	四牌樓7	2909470	229				229			
國防部白部長官邸	雍園1	3265970				93	93			
〃	〃	4753742				190	190			
〃	〃	2736548				2	2			
〃	〃	3266163				100	100			
經济部上海區燃管会办事處	〃 10	2440456	117	118	175	4	414			
國立禮樂館	〃 12	2047979	32			14	46			
〃	〃	2049514	64	44	126		234			
〃	〃	6667887	26			15	41			
〃	〃	1282740	173			15	188			
滑翔總会	船板巷59	3148662	72	20	19	1	112			
〃	〃 70	489442	12	7	8	5	32			
國民政府主計處宿舍	大沙井15-1	3148656	8		2		10			
憲兵隊	中華西门	2067587	132	53	8	15	208			
本頁合計							8272			

电厂用电机关名称及地址

"七君子事件"档案

保管单位: 江苏省档案馆

内容及评价:

1936年5月31日,马相伯、宋庆龄、何香凝、沈钧儒等人在上海成立全国各界救国联合会,发表宣言,通过《抗日救国初步政治纲领》,向全国各党各派建议:立即停止军事冲突,释放政治犯,各党各派立即派遣正式代表进行谈判,制定共同救国纲领,建立一个统一的抗日政权等。是年11月23日,南京国民政府以"危害民国"罪逮捕了救国会领导人沈钧儒、章乃器、邹韬奋、李公朴、沙千里、史良、王造时等七人,并于次年4月3日向沈等提出起诉书,于6月11日和25日在江苏省高等法院两次开庭审讯,世称"七君子事件"。此事激起全国人民公愤,加之"七君子"的顽强斗争,国民党当局不得不于7月31日释放了七人。"七君子事件"尚未结案,抗战随即爆发,江苏高等法院实际已无法办理该案,需要移转他地继续进行。经过一番周折,最终于1939年1月由四川高等法院宣布撤回对"七君子"的起诉,案件至此结束。

馆藏"七君子事件"档案主要为江苏高等法院与四川高等法院、司法行政部刑事司围绕沈钧儒等案卷移转管辖权的来往公函,以及沈钧儒等危害民国一案起诉书、答辩状,详实地记录了"七君子事件"法院审判的全过程,是研究"七君子事件"以及民国时期司法行政制度的重要史料。

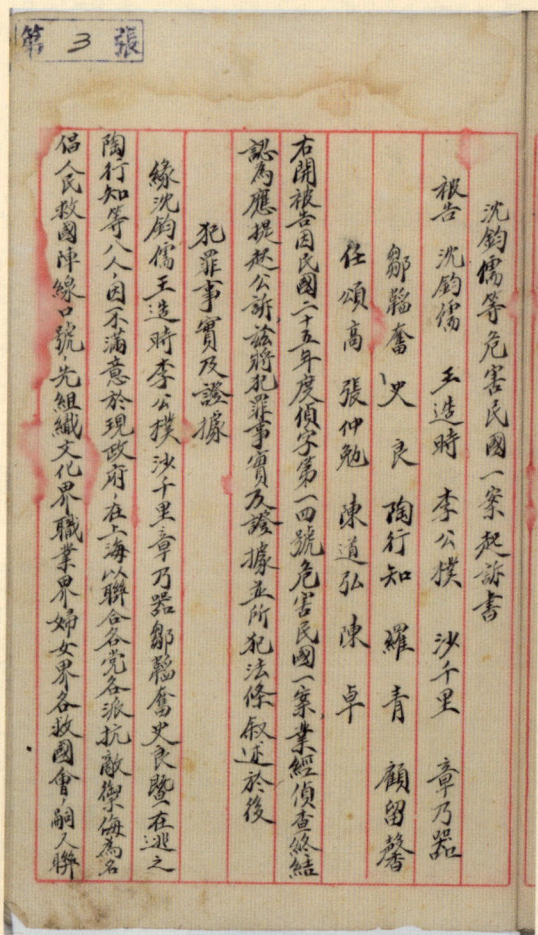

沈钧儒等危害民国一案起诉书

全文(节选):

沈钧儒等危害民国一案起诉书

被告 沈钧儒 王造时 李公朴 沙千里 章乃器 邹韬奋 史良 陶行知 罗青 顾留馨 任颂高 张仲勉 陈道弘 陈卓

右开被告因民国二十五年度侦字第一四号危害民国一案业经侦察终结,认为应提起公诉。兹将犯罪事实及证据并所犯法条叙述于后:

犯罪事实与证据

缘沈钧儒、王造时、李公朴、沙千里、章乃器、邹韬奋、史良暨在逃之陶行知等八人,因不满意于现政府，在上海以联合各党各派抗敌御侮为名，倡人民救国阵线口号，先组织文化界、职业界、妇女界各救国会，嗣又联合大学教授救国界、学生界救国会、工人救国会、国难教育社等团体，组织上海各界救国联合会，并发表刊物以资号召。未几，复扩大范围组织一全国各界救国联合会，于民国二十五年五月三十一日，假上海公共租界青年协会开成立大会，发表"全国各界救国联合会成立大会宣言"，"抗日救国初步政治纲领"。同年七月十五日，沈钧儒与章乃器、陶行知、邹韬奋四人又发表一小本刊物，标题为"团结御侮的几个基本条件与最低要求"，主张停止内战，释放政治犯，并与红军议和，建立一统一之抗敌政权。维时，逃窜在西北之共产党毛泽东，在报纸上见及沈钧儒等所发表之言论，遂亦具函回答，引为同调，沈钧儒等得此响应，自分所愿获偿，乃益图扩展，复遣罗青担任组织江苏各界救国联合会，从此动作日趋急进，并刊行救亡情报，对于中央施政方针多所抨击，用以削弱民众对于政府之信仰。适上海日商各纱厂发生工潮，沈钧儒等认为有机可乘，复藉此组织罢工后援会，募集款项，接济各工人，意在使其与救国会取一致行动。当经前上海市公安局派员会同上海公共租界暨法租界捕房，将沈钧儒、王造时、李公朴、沙千里、章乃器、邹韬奋、史良等七人拘获，除史良于取保后逃匿外，遂以沈钧儒等涉有"勾结共产党徒组织非法团体煽动罢工罢课扰乱地方秩序图谋颠覆政府"各嫌疑连同证件移送侦察到院，嗣同案被告史良亦于侦查中自行投案。同时罗青亦在江阴县被获，送由军事委员会军法处转送归案侦察。正办理间，复有顾留馨、任颂高、张仲勉、陈道弘、陈卓等五人，以上海各界救国联合会代表名义具呈，请求回复沈钧儒等自由，当以该顾留馨等均系上海职业界救国会会员，任颂高并兼任该会理事，不无共犯之嫌，因予一并侦查。兹经侦查明晰，认本案各被告共犯以危害民国为目的而组织团体，并宣传与三民主义不相容之主义属实。

…………

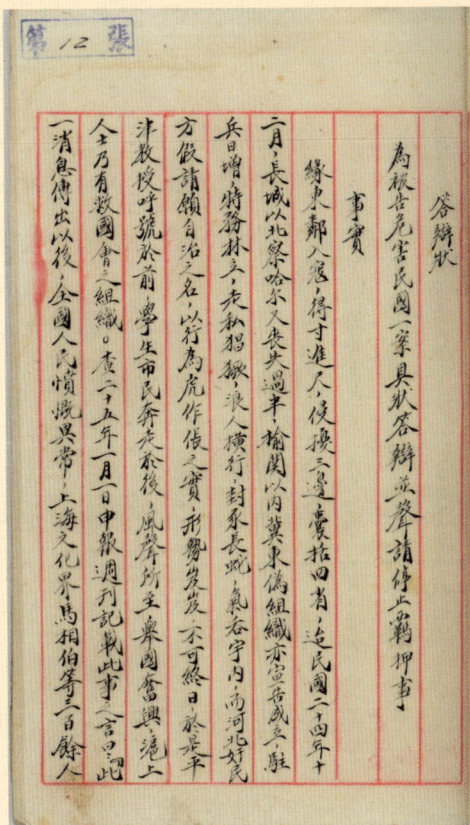

1937年6月7日，沈钧儒等危害民国一案答辩状。

1938年12月27日，最高法院关于沈钧儒等危害民国案的刑事裁定。

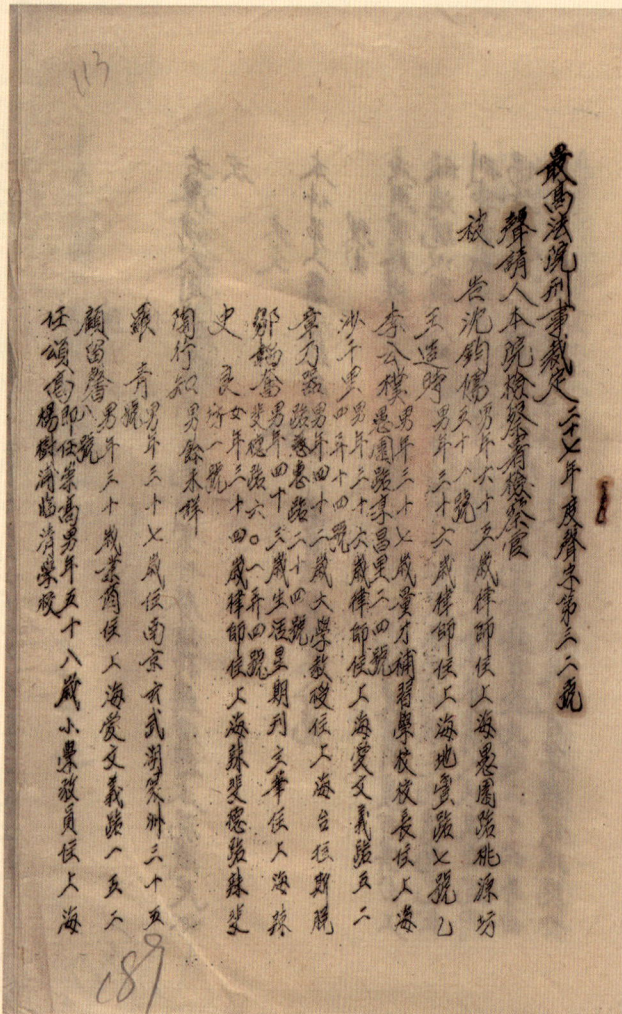

全文：

最高法院刑事裁定

二十七年度声字第三二号

声请人　本院检察署检察官

被　告　沈钧儒　男年六十五岁律师住上海愚园路桃源坊五十一号

　　　　王造时　男年三十六岁律师住上海地灵路七号乙

　　　　李公朴　男年三十七岁量才补习学校校长住上海愚园路享昌里二四号

　　　　沙千里　男年三十六岁律师住上海爱文义路五二四弄十四号

　　　　章乃器　男年四十二岁大学教授住上海台拉斯脱路慈惠路二十四号

　　　　邹韬奋　男年四十三岁生活星期刊主笔住上海辣斐德路六〇一弄四号

　　　　史　良　女年三十四岁律师住上海辣斐德路辣斐坊一号

　　　　陶行知　男余未详

　　　　罗　青　男年三十七岁住南京玄武湖寰洲三十五号

　　　　顾留馨　男年三十岁业商住上海爱文义路一五二号

　　　　任颂高　即任崇高男年五十八岁小学教员住上海杨树浦临清学校

　　　　张仲勉　男余未详

　　　　陈道弘　同上

　　　　陈　卓　同上

右声请人因被告等危害民国案件声请移转管辖本院裁定如左：

主文

本件第一审管辖移转于四川高等法院第一分院

理由

　　查有管辖权之法院因法律或事实不能行使审判权者，得由上级法院以裁定将该案件移转于与原法院同级之他法院，此在刑事诉讼法第十条第一款定有明文。本件声请人以被告沈钧儒等危害民国案经江苏高等法院检察官于民国二十六年四月三日诉，由同法院开始审理，尚未终结，适抗日军兴，该法院一再迁移，事实上已不能行使审判权，声请移转管辖，前来本院认其声请确与上开规定相符，特为裁定如主文。

中华民国二十七年十二月二十二日

最高法院刑事第一庭

审判长推事　杨天寿

推事　高　熙

推事　杨寿岑

推事　殷曰序

推事　林尚滨

右正本证明与原本无异

书记官　郑　熙

中华民国二十七年十二月二十七日

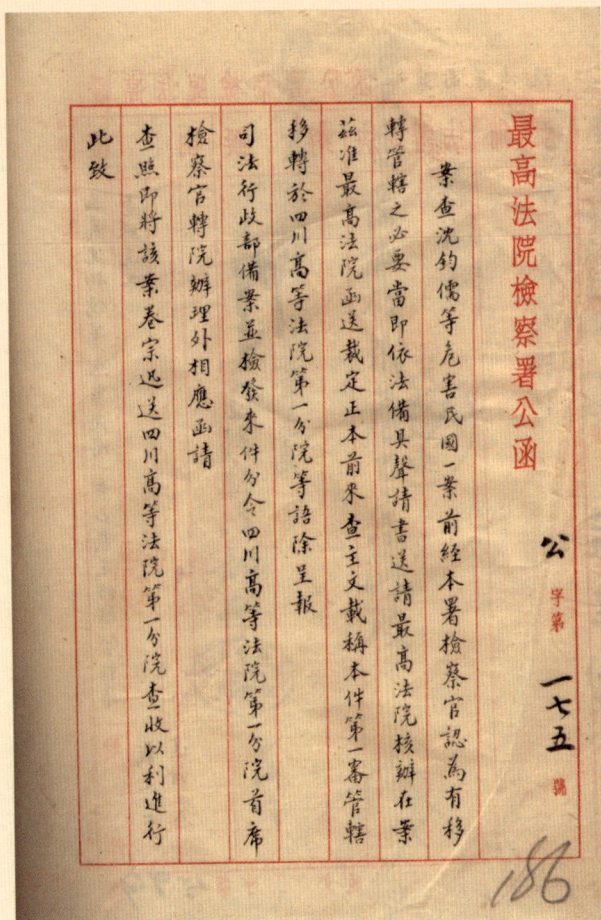

1938年12月31日，最高法院检察署为沈钧儒危害民国一案已裁定移转管辖致江苏高等法院函。

1939年1月3日，江苏高等法院为送沈钧儒等危害民国案卷宗致四川高等法院函。

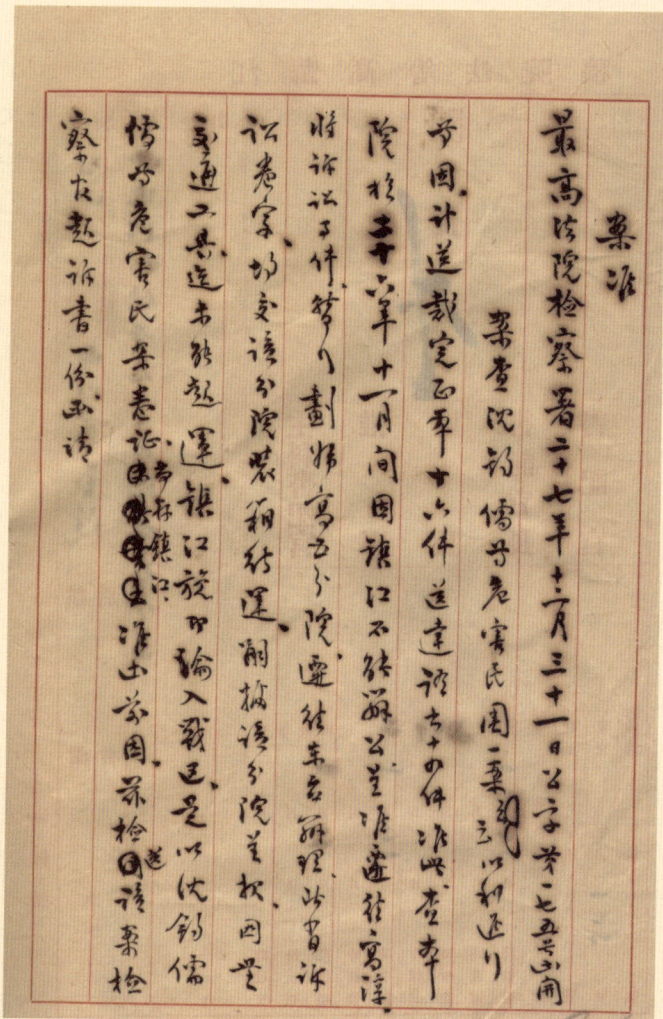

全文：

案准

最高法院检察署二十七年十二月三十一日公字第一七五号函开

案查沈钧儒等危害民国一案云云以利进行等因，计送裁定正本十六件，送达证书十四件，准此。查本院于二十六年十一月间因镇江不能办公，呈准迁往高淳，将诉讼事件暂行划归高五分院，迁往东台办理，所有诉讼卷宗，均交该分院装箱往运，嗣后接该分院呈报，因无交通工具，迄未能起运。镇江旋即沦入战区。是以沈钧儒等危害民卷证当存镇江，准函。等因，兹检送该案检察官起诉书一份，函请查照办理。再该被告等原来住址或已沦为战区，或远在上海租界，至在渝有无住址，本院驻渝办事处因未设有执行送达之员警，难于调查。兹将应送达之裁定正本十四件，送达证书十四件，一并送请贵院调查该被告等现在住址，代为送达，并将送达证书缴回最高法院，至纫公谊。

此致

四川高等法院第一分院

计送沈钧儒等危害民国案起诉书一份

裁定正本十四件

送达证书十四件

1939年1月7日，四川高等法院第一分院函请
江苏高等法院发还沈钧儒等案卷。

全文：

四川高等法院第一分院检察处公函

检字第349号

案奉

最高法院检察署训令平字第六九七二号

开：

"案查前奉司法行政部二十七年十二月二日训字第四四五五号训令内开：据沈钧儒等呈称为被诉违犯危害民国紧急治罪法第六条罪嫌一案，现在该法已经修正，依法声请准将本案撤销等情，到部。查该案现在原法院，事实上已不能进行审判，有无移转管辖必要，合行抄发原呈，并检同原案起诉书，令仰该检察长查核，依法办理具复，此令。等因，到署当即备具声请书，送请最高法院核办在案，兹准最高法院函送院裁定正本，前来。除呈报司法行政部备案并分函江苏高等法院送卷外，合行。等因，奉此，查该案原卷，经最高法院检察署分函贵院检送，计此函想已收到，兹值送审在即，希将该案全卷早为交送敝处以凭办理为荷。

此致

江苏高等法院

首席检察官孔庆余

中华民国二十八年一月七日

逕啓者查沈鈞儒等案內來往函電
卷查宗菲已查閱完畢相應將原
卷送還即希
查收見復爲荷此致
江蘇高等法院
江蘇高等法院檢察處

計附原卷壹宗

司法行政部刑事司啓　三月

1939年3月25日，司法行政部为沈钧儒等案卷已还请查照致江苏高院函。

江苏高等法院审判汪伪汉奸档案

保管单位：江苏省档案馆
内容及评价：

抗战时期，一些民族败类为了个人的利益，不惜出卖国家和民族利益，充当了日本法西斯侵华的工具和帮凶，成为中华民族的千古罪人，永远被钉在历史的耻辱柱上，成为人人讨而诛之的对象。抗战胜利后，举国上下强烈要求严惩汉奸。国民党政府遂于1945年11月、12月先后颁布了《处理汉奸条例》、《惩治汉奸条例》，许多汉奸陆续被捕并受到公审，得到了应有的惩罚。

馆藏江苏高等法院审判汪伪汉奸档案包括陈公博、周佛海、陈璧君、褚民谊以及其他各级各类大小汉奸审判档案共计3669卷，主要有起诉书、各种证据、侦讯笔录、刑事判决等，对揭露汉奸卖国求荣的可耻行径与日本帝国主义的侵华罪行，研究汪伪政权以及日、汪、蒋关系，考察民国司法制度等均具有重要价值。

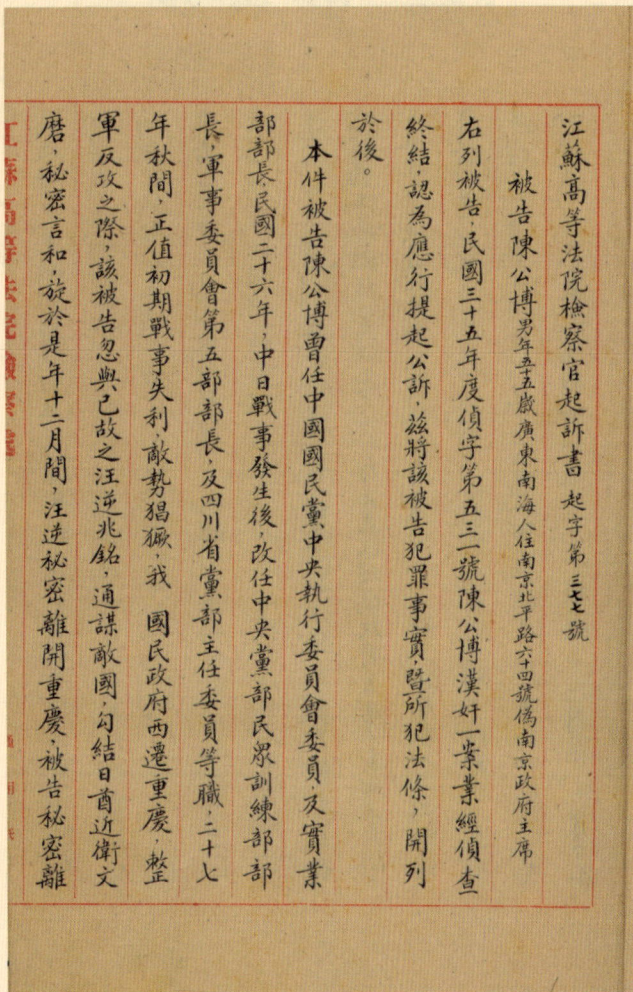

江苏高等法院陈公博案起诉书

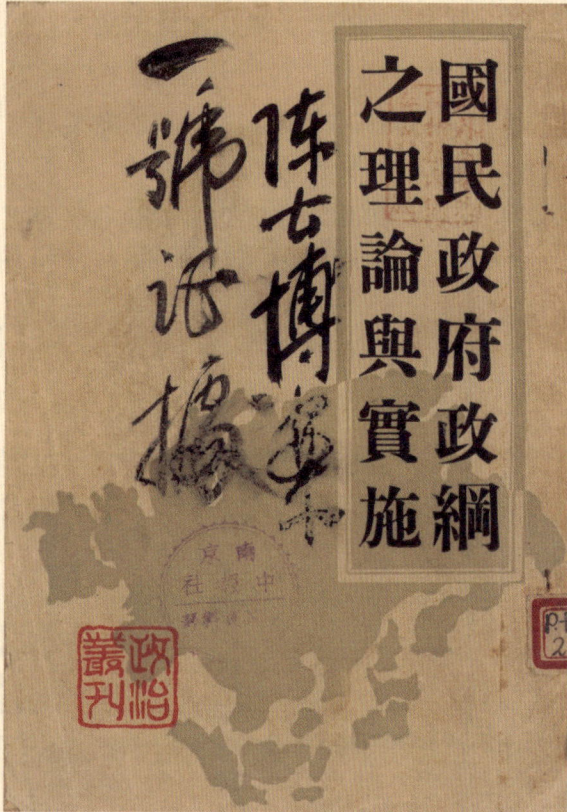

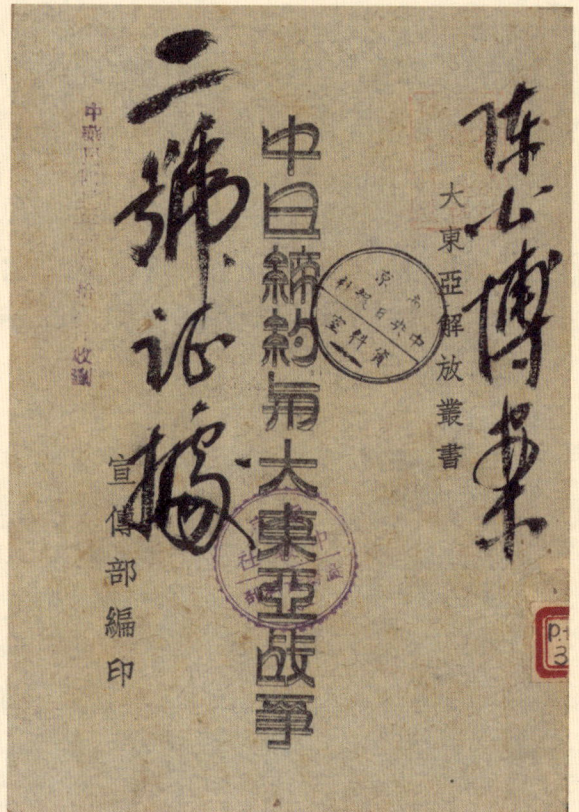

陈公博案一、二号证据

1946年3月28日，大公报旁听陈公博案申请函。

敬启者陈逆公博已定期公审 敬希鉴

特派记者一名来苏采访高乞

贵院赐查修聽証一纸不勝感祷此呈

江蘇高等法院

上海大公报館

三月廿八日

敬启者 敞社擬派記者二人出席

贵院於四月五日公開審訊陳逆公博

一案懇请

贵院寄发記者旁聽訖附紙俾

便準時入場採訪新聞毋任企盼

此上

江蘇高等法院

孫院長

謹啟

1946年3月28日，中国新闻摄影社旁听陈公博案申请函。

苏州江苏高等法院公鉴查汉奸犯陈公博陈璧君褚迭

民谊等三名奉令解送贵院依法讯办为荷此用

奸犯三名连同案卷送请查收法办见覆为荷军事委员曾调

查饬计局代局长戴笠中国陆军总司令部调查室主任李人

士代丑铣申京法印计附人犯陈公博陈璧君褚民谊等三名

案卷17宗

华民国卅五年三月二十六日上午十二点分发

周二十七

1946年2月16日，江苏高院就解送陈公博、陈璧君、褚民谊及卷宗致苏州高院函。

问 你到日本去过几次

答 随学去有三次第一次就是上次说的二十七年五月随汪去的是商业组的问题第二次是三十年春汪

去访问日本天皇我和林柏生周隆庠萧叔萱等以随员资格去的这次没有具体的问题像是

礼节的访问第三次是三十二年秋汪到东京出席大东亚会议我和褚民谊周隆庠林柏生等以随员

资格去的

问 大东亚会议讨论些什么问题

答 东亚各国如中国日本伪满洲国菲林滨泰国缅甸印度团结使东亚驱逐英美势力

问 你自己单独到日本去过几次

答 去过大约四次时间记不清楚两次是养病一次是看汪先生的病那时候汪在名古屋养病一次是看病

问 日本动员的情形

周佛海案侦讯笔录

八年來的回憶　陳公博

我這篇回憶是從二十七年離川寫起是一篇自白也可以
說是汪先生和平運動的簡單實錄本來在今日大統一
時候我對於保存國家和地方人民元氣的心事已盡對
於汪先生個人的心事已了是非功罪可以置而不述但
既然奉要為一篇簡述那麼對於汪先生的心境我是不
能不說的不說明汪先生的心境和平運動就無法說
明元的起源對於我的主張也不能不說的不說明我的
主張這幾年來的經過便無從說起對於這幾年來我的
工作和心情也不能不說的不知道這幾年來

陈公博《八年来的回忆》

簡單的自白　周佛海

民國二十七年我任宣傳部副部長當時汪先生是國民黨的副總裁所以和他
接近的機會多當時抗戰情形惡劣所以每次和他談話他都主張和平就和我
當時看見國際上對于道德的援助和精神同情以外沒有實際的
援助同時中國的國力當時也趕不及日本所以我自己對於抗戰也沒有信心
因此聽了汪先生的主張似乎有理所以常常往來當時由高宗五趙香港
上海探聽日本的情報高又到東京去一次後來
蔣主席知道了發了很大的氣把高在香港的情報經費立即停止了我一方
面因為
主席對高加以處分一方面因為部務很忙所以好幾個月沒有談和平的

周佛海《简单的自白》

江蘇高等法院刑事判決 三十五年度特字第三七五號

公訴 人本院檢察官。

被 告陳公博，男，年五十五歲，廣東南海人，住南京北平路六十四號。

指定辯護人高濟，吳縣公設辯護人。

右被告因漢奸案件，經本院檢察官起訴，本院判決如左：

主文

陳公博通謀敵國，圖謀反抗本國，處死刑，褫奪公權終身。全部財產，除的留家屬必須生活費外，沒收。

事實

陳公博原係中國國民黨黨員，為汪逆兆銘之心腹，造在中樞充任要職。民國二十六年，中日戰事發生，敵勢披猖，淞滬旋告不守，震懾首都。國民政府決定長期抗戰，西遷重慶，策劃反攻。詎汪逆兆銘竟遠反既定國策，廿受日脅近衛文麿之利用，秘密言和，陳公博追隨汪逆，參與謀議。於十七年底，應汪逆之名，自成都潛往越南河內，續商和平運動。由汪逆草擬主和豔電，交陳公博屋佛海等攜至香港發表，以響應近衛主張之和平三原則，冀圖淆惑聽聞，阻撓中央抗戰計劃。旋汪逆轉赴上海，與日寇商訂和平基礎方案，樹立偽政權。而陳公博即奔走於港滬之間，始終參與其事。迨磋商已獲委協，即於二十九年三月三十日，共同組織偽國民政府於南京。汪逆自任偽主席，陳公博則任偽立法院院長，並於同年五月，以偽善使名義，率領使節團赴日答禮，嗣又兼任偽上海市市長。於日寇卵翼之下，公然冒用職銜

江苏高等法院陈公博案刑事判决书

狀心編號 字第 377 8 號

△右方起壞狀亦第順上訴起訴如人由來第
注二具自係訴刑則即推二由人如訴告方餘
意欄字起壞上係自則壞左被顆

刑事聲請覆判狀

右方 姓名 性別 年齡 籍貫 住所 職業

聲請人 陳李勵莊（被告陳公博之妻）女 五十 廣東番禺 住南京繁海路二十五號（在押）

為不服江蘇高等法院對戎夫陳公博死刑之判決謹依特種刑事案件訴訟條例第十條及刑事訴訟法第三百三十七條聲請復判事案祇將不服之理由詳列於后

(一)本案之審判叙叙六小時遽為辯論終結閱於本案重要

1946年4月20日，陈李励庄声请覆判状。

陈璧君电稿

褚民谊致陈璧君信函

侦讯笔录

问：姓名年龄籍贯职业住址

答：褚民谊 六十三岁 吴兴民（南浔镇南栅楚芳桥西堍）

问：家况？

答：妻陈氏，即陈璧君之妹，子三、女二。

问：学历？

答：留学德国，得医学博士

问：无加汪先生工作，释时为何？

答：本人立东亲与抗战，廿六年十一月八日由中央工学院事指问道赴沪，先年七月曾行经玉溪

褚民谊侦讯笔录

江苏高等法院刑事

再审声请人褚陈舜贞

被告 褚民谊 男性年六十岁

右声请人因诬告汉奸案件不服中华民国三十五年四月二十二日本院之确定判决声请再审，本院裁定如左

主文

再审之声请驳回

理由

按因发见确实之新证据声请再审，依刑事诉讼法第四百十三条第一款……

江苏高等法院对褚陈舜贞覆判声请的刑事裁定书

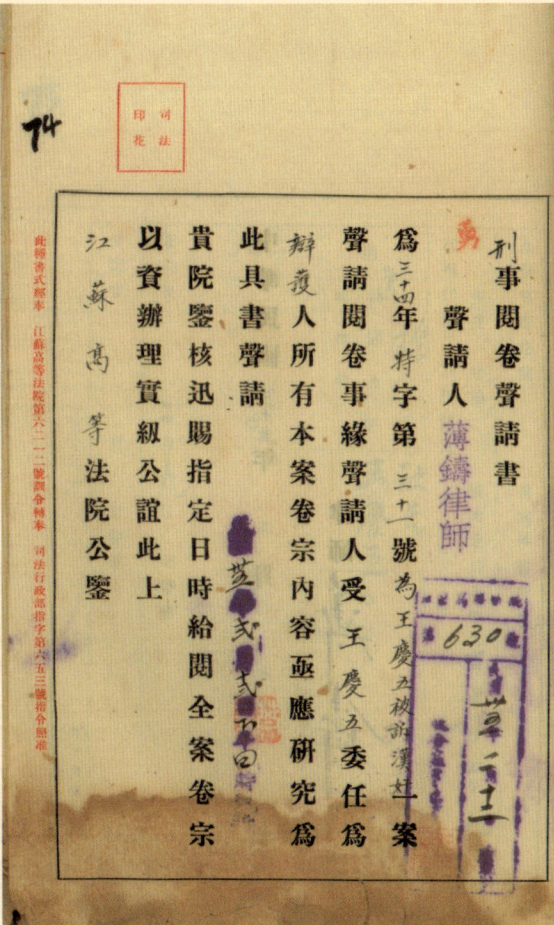

1946年2月，汉奸王庆五案刑事阅卷声请书。

刑事閱卷聲請書

聲請人 薄鑄律師

為三十四年特字第三十一號為王慶五被訴漢奸一案聲請閱卷事緣聲請人受王慶五委任爲辯護人所有本案卷宗內容亟應研究爲此具書聲請

貴院鑒核迅賜指定日時給閱全案卷宗以資辦理實級公誼此上

江蘇高等法院公鑒

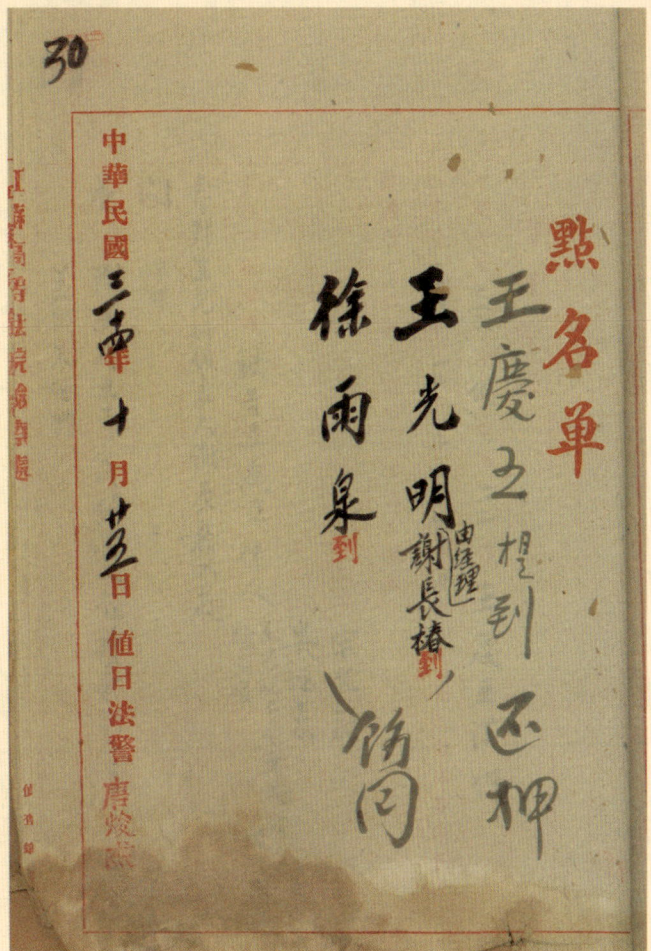

江苏高等法院点名单

點名單

王慶之提到 还押

王光明 由律理

謝長椿到

徐雨泉到

中華民國三五年十月廿三日 值日法警 唐焌藻

日本战犯酒井隆判决书

保管单位：江苏省档案馆

内容及评价：

　　酒井隆，侵华日军将领之一，南京军事法庭裁定战犯。曾任日本驻中国公使馆副武官，驻济南武官，参谋本部作战部中国课课长，驻天津日军参谋长，第23军司令官等职。战后被南京国民政府以战争罪行拘捕。1945年11月6日，南京国民政府成立了"战争罪犯处理委员会"。酒井隆是"战争罪犯处理委员会"成立后被公布的第四批第29名战争罪犯。1946年5月27日和29日，中国国民革命军陆军总司令部军事法庭即已开始依法对酒井隆提起公诉。5月30日，"战争罪犯处理委员会"下设的南京审判战犯军事法庭开庭审判乙级战犯酒井隆。面对检察官的指控，开始酒井隆拒不承认自己所犯的罪行，他把这些罪行都说成是部下所为，与他无关，他只是"实属督查不严"而已，想通过这样的狡辩来推脱罪责。经过4个多月的审讯，8月20日，南京军事法庭对酒井隆进行第二次审判。8月27日，军事法庭依据确凿证据判处战犯酒井隆死刑。9月13日15时，酒井隆被绑赴南京雨花台刑场执行枪决。

　　馆藏日本战犯酒井隆判决书正本，真实再现了战犯酒井隆的滔天罪行以及战犯审判过程，是揭露日军侵华史实，进行爱国主义教育的生动素材，具有珍贵的历史价值。

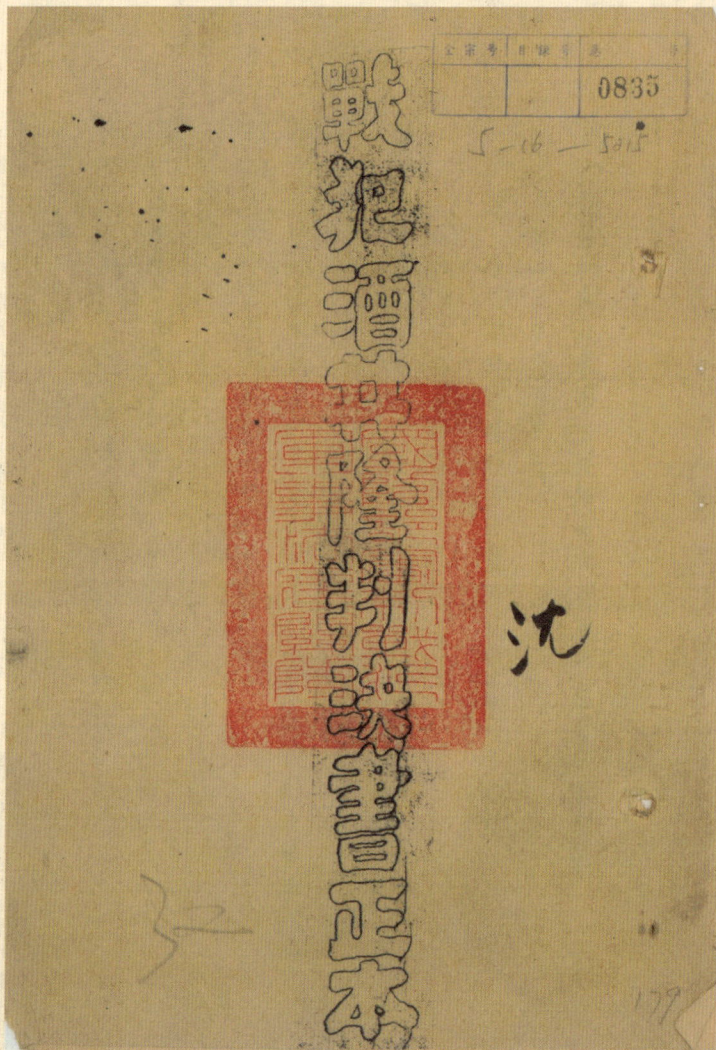

日本战犯酒井隆判决书正本（油印本）封面

日本战犯酒井隆判决书正本（油印本）

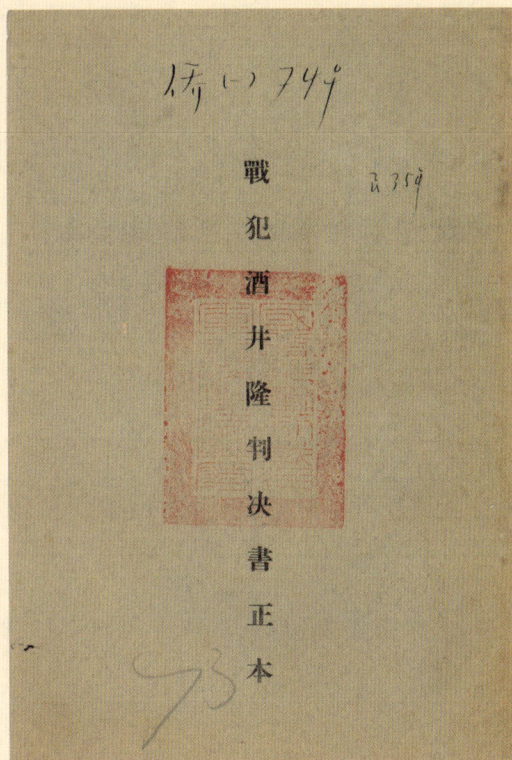

日本战犯酒井隆判决书正本（铅印本）封面

國防部審判戰犯軍事法庭判決 三十五年度審字第一號

公　訴　人　本庭檢察官
被　　　告　酒井隆　男，年六十歲，日本廣島人，住東京。
指定辯護人　王龍律師
右被告因戰犯案件，經本庭檢察官起訴，本庭判決如左：
主文
酒井隆參預侵略戰爭，縱兵屠殺俘虜，傷兵，及非戰鬥人員，並強姦，搶掠，流放平民，濫施酷刑，破壞財產，處死刑。
事實
酒井隆畢業日本陸軍大學後，由少尉積資晉升至中將，為日本軍人中之少壯派。自奉命來華後，迭任天津駐屯軍步兵隊長及參謀長，步兵第二十八旅團長，駐蒙軍司令官等職，歷時二十餘載，駐廣東第二十三軍司令官，美治郎同為來華實施日本侵略政策之主要人物。九一八事變後，即在華北策劃偽政權，與土肥原賢二及梅津便衣隊擾亂華津，亦在天津日租界嗾令黨羽二宮吉野密設暗殺機關謀刺我當政要員，計被刺殺者有天津市黨部書記長季明及申報駐津記者宋曉夫。於民國二十三年二月，又在天津英租界先後謀刺馬占山將軍及前冀省主席于學忠未遂。同年五月，藉口漢奸記者白逾桓胡恩溥被刺，竟以砲

中華民國三十五年八月二十七日
國防部審判戰犯軍事法庭

右正本證明與原本無異

審判長　石美瑜　印
審判官　孟傳大　印
審判官　高其邁　印
審判官　包啓黃　印
審判官　胡連雲　印
書記官　張體坤

中華民國三十五年八月二十七日

日本战犯酒井隆判决书正本（铅印本）

全文：

国防部审判战犯军事法庭判决
三十五年度审字第一号

公诉人　本庭检察官
被　告　酒井隆　男，年六十岁，日本广岛人，住东京。
指定辩护人　王龙律师
右被告因战犯案件，经本庭检察官起诉，本庭判决如左：
主文
酒井隆参预［与］侵略战争，纵兵屠杀俘虏、伤兵，及非战斗人员，并强奸，抢劫，流放平民，滥施酷刑，破坏财产，处死刑。
事实
酒井隆毕业日本陆军大学后，由少尉积资晋升至中将，为日本军人中之少壮派。自奉命来华后，迭任天津驻屯军步兵队长及参谋长，步兵第二十八旅团长，驻蒙军司令部附，驻张家口兴亚院连络部长

官，驻广东第二十三军司令官等职，历时二十余载，熟谙我国国情，与土肥原贤二及梅津美治郎同为来华实施日本侵略政策之主要人物。九一八事变后，即在华北唆使奸逆李际春等组织便衣队扰乱平津，并在天津日租界唆令党羽二宫吉野密设暗杀机关谋刺我党政要员，计被刺杀者有天津市党部书记长李明岳及申报驻津记者朱晓天。于民国二十三年二月，又在天津英租界先后谋刺马占山将军及前冀省主席于学忠未遂。同年五月，藉〔借〕口汉奸记者白逾桓胡世溥被刺，竟以炮兵及空军威胁平津，迫我军政当局罢免河北省政府主席于学忠天津市长张廷谔，撤退河北驻军，并主张华北五省厅脱离中央政府独立行使政权。嗣在华南日本派遣军第二十三军司令官任内，又令其部属矢崎扶植伪政权编组和平军，增长南京伪组织之势力，以遂其颠覆我国政府之阴谋。且自卢沟桥事变后，随同土肥原贤二师团，任步兵第二十八旅团长，率军来华，首先在塘沽登陆，旋转战徐州广东等地，迭次违反国际战争法规，肆施暴行，铁蹄所至，死伤枕藉。其在广东南海一带督战时，自民国三十年十一月至三十二年三月，纵兵屠杀村民无算。其姓名可考者，有蔡李氏汤帝祥等一百余人（详见附件乙），均以乱枪扫射，或以刀剑冲刺。更对平民肆施灌水吊打之酷刑，因而致重伤者有李永根等十九人，致死者有颜伙沈启强庐永昌三人。其杀害手段最残酷者，如在沙头乡石牌村，将村民李辉吊打火炙，投入涌中，以乱枪射死，及在广州黄沙，用铁棍猛击怀孕六月之村妇马何氏，以致重伤流产，并将欧阳刘氏毒打后投之河中溺毙，又在三水县附近山谷中，有少妇二人，被其部属十四人依次轮奸，并剖裂肚腹，以其鲜血饲犬，更有南文村村民刑谷梅夫妇二人，被用菜刀活剖腹部，哀号而毙。复纵部队在南海县属各地，驱逐平民出境，使老幼妇孺流离失所，并焚毁民房七百余间，没收禾田百余亩，掠劫民间食粮家禽牲畜不可胜计（详见附件乙）。民国三十年十二月八日，亲率大军突袭香港，原以为孤岛无援唾手可得，曾勒限所部两日攻克。嗣因港岛守军奋力坚抗，延至同月十七日始获登陆，愤恨之余，凶残念萌。自进驻港岛后之半月中，乃纵部属实行大规模之屠杀奸掠，藉以报复，而逞淫威。其有关香港军事据点之英军加拿大军及义勇军竟于缴械迎降已成俘虏后惨遭杀戮。如民国三十年十二月十七十八两日，在鲤鱼门陆续屠杀俘虏三十余人，在西环炮台屠杀俘虏二十四人。其姓名可稽者有英军炮手麦当诺Macdonal，及义勇军郭姓等五人。同月十九日，在赤柱半岛惨杀已俘英兵古士林Gosling麦克次尼Mackechnie及义勇军琳凯捷K.J Lim。同月二十七日，在浅水湾余东旋别墅屠杀俘虏十五人。同月二十九日，在黄泥涌坳屠杀俘虏五十余人，在浅水湾屠杀已俘英皇家苏格兰部队多人，内有麦花臣中校Lt.Col.Marpherson，在深水湾屠杀已俘英军"米杜息"Middlesex部队官兵六人。所有前述被害俘虏多系双手反缚，背部悉遭枪刃刺毙，更有身首异处，颅破脑流，厥状甚惨。至非军事据点而纯属红十字会救伤机关及伤兵医院，不特所有已俘伤兵横遭杀害，即从事救治之医官护士亦复备受荼毒。如民国三十年十二月十九日，在筲箕湾天主教循道会附近，屠杀迎降之英皇家陆军军医队队员毕汉Buchan屈特Watt牛顿Newton毛汉Mohan威廉Williams麦花Macfarquhar杜尔Dunne力特Reid兰基里Langley哈利臣Harrison凯利Kelly及一印度兵暨五华籍担架员与奥罗夫医生Dr.Orloff罗臣准将Brig.Lawson总计二十人左右，或系驱至水坝旁悉以军刀自背后猛刺倒毙，或则押往山麓，以机枪扫射，饮弹齐殒。同月二十四日至二十六日，在赤柱半岛圣史蒂芬斯伤兵医院St.Stephens Hospital屠杀已俘伤兵六七十名及院内职员二十五名，其杀害手段系就病状挨次屠戮，刀剑砰訇与呻吟哀号交作，惨不忍闻，并轮奸院内护士戈登女士Miss.Gordon费度夫人Mrs.Fidoe西门思夫人Mrs.Simmons及四华妇。尚有史密士夫人Mrs.Smith巴施丹夫人Mrs.Buxton及柏夫人Mrs.Begg惨遭剁尸数段，血肉模糊。其避入厕所之比勒中校Lt.Col.Black及威弥上尉Capt.Witney亦仍被搜获后，用刀剑乱刺殒命。又有加拿大步枪手麦克J.Mokay惨遭抉眼，削耳，割舌，凌迟致死。更在赤柱天主教玛利诺教会附设之伤兵医院，将已俘英籍伤兵三人，自高楼掷出窗外，摔死于地，又将已俘受伤英籍官兵十二人悉予枭首。他若与军事毫无牵涉之跑马地蓝塘道，为我国人民革居处所，亦分批前往，肆施暴行。如同月二十二日下午六时，在蓝塘道二号，屠杀居民四十八人，内有中央委员邹鲁之子邹越与交通部总务司司长谢奋程及汪仲长父子，并奸杀孕妇，轮奸年甫十二三岁之幼女，洗劫财物而去。同日纵骑驰赴南浦路四十二号，屠杀华籍居民三十余人，我中央信托局职员麦佐衡亦同时被刺九刀，未及要害，倖获逃生。此外民国三十年十二月十八日及同月二十八日，先后在九龙粉岭安乐村，强奸妇女多人，惨号之声，入夜不绝，又唆纵狼犬哮咬行人，均属惨无人道。再对于我国文化珍品，尤注意夺取，如进占香港后，即唆令部属宫本博少佐，率队驰往般含道香港大学冯平山图书馆，搜劫国立中央图书馆所藏善本书籍一百十一箱，并将西环永安货仓所有国立北平图书馆寄存之西文图书杂志二十箱一并劫去。种种暴行，不胜弹纪。于战事结束后，经第十一战区长官部缉获，转解本庭检察官侦察起诉。

理由

查本案被告与梅津美治郎同为来华实施日本侵略政策之主要人物。在天津驻屯军步兵队长及参谋长任内，即违反国际公约，从事破坏我国行政及领土之完整。初则嗾使奸党组织便衣队扰乱平津，并密设暗杀机关谋刺我党政要员。继以武力要挟我军政当局罢免河北省行政首长并撤退河北驻军，冀图实现华北五省脱离中央单独行使自治政权之主张。此项事实，匪特有前华北军政长官迭次呈报我最高军事当局之密电，前天津市长张廷谔历述当时平津情况之电文、暨外交部第一零零五号代电详叙民国二十四年五月二十九日被告与日本使馆武官附高桥少佐偕往前军事委员会北平分会提出强硬要求之文件，均可覆按，且经当时参与华北党政调查工作之高兴亚到庭指证明晰。即核与日本军官田中隆吉少将于本年七月九日在东京远东国际军事法庭所供："酒井大佐系梅津美治郎之属员，乃主张使华北五省脱离中央政府分别成立五单独自治政权之最力者。"等语，亦相吻合（见附件甲）。至被告充任驻粤第二十三军司令官时，如何编组和平军，扶植伪政权，并有伪广东省长陈逆耀祖迭致汪逆兆铭陈逆璧君呈报被告部属矢崎督导粤政情形之密电附卷可证。次查被告在广东南海一带作战期内，纵部属屠杀无辜村民蔡李氏汤帝祥等一百余人，并滥施酷刑，虐杀妇孺，流放平民，掠劫财物，焚毁民房七百余间，没收禾田百余亩各事实，已据目睹之证人汤腾、岑积、汤晚华、汤宝如、汤藻平、吴炜民、汤根、何冯氏、蔡薛氏、汤源作、曹钰清、谢德民、邓文耀、周聪、汤遂方、蔡恒、潘昌、郑烈民、李世来、庐宇明、汤雨、冯本中、颜海筹、沈志澄、李耀、黄国贤、胡景文、谭永兆、汤满成、汤深、袁宜生、古宝林、明毅夫、崔健南、谢星池、张铎、梁陈氏、陈祐、陈洪、陈祖、汤澄、冯池、曾文峰、王德荣、陈焕新、陈宰庭等，在广东广州地方法院分别具结证明。又在三水县奸杀妇女二人及在琼崖将邢谷梅夫妇剖腹致死，亦各经证人章仙鳌邢诒江结证是实（见附件乙）。迨攻陷香港后，如何纵兵残杀迎降之俘虏、垂毙之伤兵、与从事救伤工作之红十字会人员，如何用铁圈铐手，并以抉目、削耳、割舌、枭首、剁尸等残酷手段为杀害方法，以及如何凌虐平民，轮奸妇女，洗劫财物各情，已据在场目睹之证人李亚夫、奥诗礼谭雅士、玛利苏发、张瑞龄、施文、根宁咸、史丹利马田班夫、马丁曹谦士、陈恩光、菲力、戈登女士、安德李咏夫人、菲士格特、安德逊、麦克、赖廉士、严鸿、林三贤、张飞烈、约翰威士利格伦、麦佐衡等，在驻港英国陆军部检察署宣誓证明，均立有宣誓证书，由东南亚盟军统帅派遣战罪调查员杨德仪，驻港英国陆军总司令部战罪调查团团员顾尔伯少校，及加拿大陆军第四军区检察处副裁判长兼加拿大奎壁省最高法院专员佐列文都少校，分别连署签证。并有东南亚盟军统帅部驻香港第四十三墓地登记组组员炮兵少尉约翰雅力杜坚，在香港赤柱，黄泥涌坳，浅水湾等处，发掘坟墓，起出被杀俘虏之尸体数十具，及在遗骸堆中发见圈成手铐之已锈铁线，摄成照片可凭。复经身历其境之邹鲁夫人赵淑嘉及邹越夫人程慕贞到庭，将当时目击暴行，痛陈如绘。又被告所属部队在九龙一带，虐杀奸掠，以及纵犬咬人等凶残行为，除经证人丘日仁结证明确外，尚有阿根廷驻港领事署代表拉佛力R.m.Lavalle之报告书可资佐证。关于劫夺我国珍藏图书一节，亦有国立北平图书馆之函件可据。综上而观，是被告在华北港粤实施侵略战争纵兵肆虐之行为，殊属众证确凿，无可讳饰。虽其持为抗辩之理由，有下列三点：（一）谓要求撤退河北驻军罢免河北行政首长，系根据辛丑条约。（二）谓参加作战，系奉日本政府之命令。（三）谓本人对于部属之暴行，并不知情，焉能负责。但关于第一点，查辛丑条约并无禁止我国在河北省驻扎军队以及日本有权要求罢免河北省行政首长之规定，至该约所附天津换文第四段，亦仅为避免中日军队冲突起见，而就双方在天津驻扎地点设有二十华里距离之限制。乃被告竟以该项条约执为日本有权要求我国撤退河北驻军及罢免河北行政首长之主张，显属故为曲解。关于第二点，按侵略战争系破坏国际和平之行为，纵令被告奉命参加，原已不能诿卸罪责，况在作战期间，纵兵肆虐，更属违反国际战争法规。奚容藉口政府命令，希图解免。关于第三点，揆诸国际惯例，作战长官对于部属之行为，有严格监督及管束之责任。被告怠于监督部属之行动，并忽其管束职责，已难辞咎。矧在港粤督战，阅时将及二载，其部队之暴行遍及东南，谓为毫无所闻，更属不近情理。且就其已俘部属野间金之助大佐所供："原限两日攻陷香港，但因军团进展迟缓，致费八日之久，曾受严重之谴责。酒井中将定能悉知所有日军之暴行。"等语，以及驻港加拿大军医队上尉官史丹利马田班夫宣誓所称："曾有日本军官本田，能操英语，当面声明，军令如山，一切俘虏均须就戮。"之供词，暨被告在审判中承认当时知悉其部属在圣史蒂芬斯医院戮俘事实之供述，参互而观，尤足见被告对于其部属之暴行，系属知情故纵，其所以在港岛作大规模之屠杀，系由于围攻八日始获登陆，积愤难消，乃不惜出此，以示报复，亦属灼然，尚何有掩饰之余地。是其种种抗辩，无非狡展图卸，毫无可采。按尊重中国主权之独立及领土与行政之完整，为华盛顿九国公约第一条所明定。又斥责以战争为施行国家政策之工具，在巴黎非战公约第一条并揭有明文。乃被告初则唆使奸党扰乱平津，以武力迫我撤退驻军罢免行政长官，并主张华北五省独立。迨率部转战徐州广东后，又扶植伪军，助长伪政府之势力，始终参预［与］侵略战争，僭窃我国主权，破坏我国领土与行政之完整，显属违背上开国际公约各规定，自应成立破坏和平罪。爰予比照我国刑法第一百零一条第一项关于以暴动方法窃据国土僭夺主权罪所定之刑科处。至其在作战期内，纵兵屠杀俘虏、伤兵、红十字会医师护士及其他非战斗人员，并肆施强奸、抢劫、流放平民、滥用酷刑，及破坏财产等暴行，系分别违反海牙陆战规例第四条至第七条，第二十三条第三项第七项，第二十八条，第四十六条，第四十七条，及日内瓦公约第一条至第六条，第九条，第十条各规定，应构成战争罪及违反人道罪。虽前开各种暴行，在我国刑法上均有相当条文可资比照，然查被告对于部属之暴行，一再知情故纵，无非企图恃虐立威，征服人民，以达其侵略战争之目的，其系基于一个概括之犯意，极为明显。所有纵兵杀戮奸掠等暴行，不过为其整个肆虐行为之态样，亦即其概括犯意之实现。根据法条竞合及特别法优于普通法之原理原则，自应归纳各种暴行而比照陆海空军刑法第三十四条关于纵兵肆虐罪之规定处刑。又查被告破坏和平参预［与］侵略战争，因而违反人道及战争法规，其罪行具有方法结果之关系，应从一重处断。按被告处心积虑，从事侵略工作，迷以阴鸷手段，勾结挑拨，引起卢沟桥七七事变，为此次世界大战之导线，致演成历史上空前之浩劫，已属违反国际正义，破坏世界和平。且于作战期内，蹂躏港粤，锋镝所至，生灵涂炭，村里为墟。尤以剖腹、抉目、凌迟、剁死之残酷手段，加诸迎降俘虏、残废士兵、救伤人员、以及无辜平民，更属惨绝尘寰。实为人类之蟊贼，文明之公敌。穷凶极恶，无可宽贷。应予科处极刑，以昭炯戒。

据上结论，应依战争罪犯审判办法第一条，第八条，刑事诉讼法第二百九十一条前段，华盛顿九国公约第一条，巴黎非战公约第一条，海牙陆战规例第四条至第七条，第二十三条第三项第七项，第二十八条，第四十六条，第四十七条，日内瓦公约第一条至第六条，第九条，第十条，陆海空军刑法第三十四条，刑法第一百零一条第一项，第五十五条，判决如主文。

本案经本庭检察官陈光虞莅庭执行职务。

中华民国三十五年八月二十七日

国防部审判战犯军事法庭

审判长　石美瑜　印

审判官　孟傅大　印

审判官　高其迈　印

审判官　包启黄　印

审判官　胡连云　印

右正本证明与原本无异

书记官　张体坤

中华民国三十五年八月二十七日

"新生活运动"档案

保管单位: 江苏省档案馆

内容及评价:

新生活运动指1934年至1949年国民政府推出的国民教育运动,其中心思想是"礼义廉耻"(四维),主要目的是巩固国民党一党专政和蒋介石的个人独裁统治。抗战爆发后,"新生活运动"自然地演变为战地服务、伤兵慰问、难民救济、保育童婴、空袭救难、征募物品和捐款等与战时支援有关的活动。抗日战争胜利后,中国陷入内战,国民政府实在无余力兼顾新生活运动,最终于1949年"暂停办理",历时15年的新生活运动无疾而终。

江苏是当时全国新生活运动的一个重要中心地区,新生活运动普遍得到开展,取得了一定的成效,社会秩序有所好转,卫生情况有所改善。馆藏"新生活运动"档案主要有于禁烟、禁赌、禁毒、开展体育运动、节约、守时、集团结婚等有关的文件、章则、图片等,比较全面地反映了新生活运动的真实情况,为研究江苏的新生活运动乃至民国社会状况提供了依据,具有较高的历史研究价值。

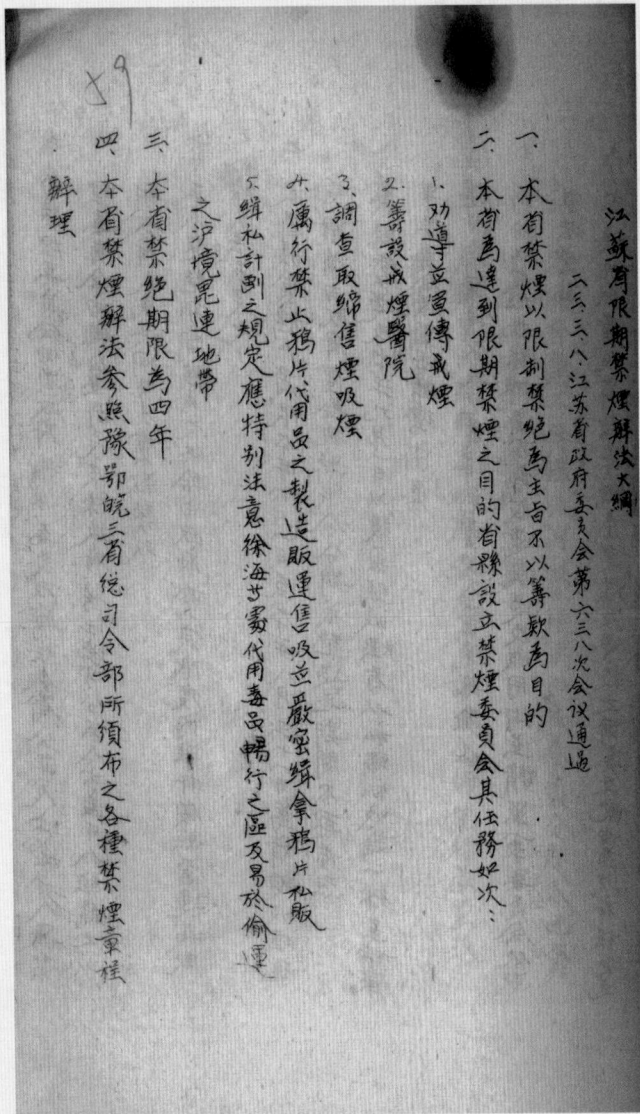

1930年5月9日,江苏省限期禁烟办法大纲。

修正江苏省公民训练实施办法总纲（1936年1月17日江苏省政府委员第七九九会议通过）

江苏省新生活运动促进会为印发"省会各界新生活运动十三周年纪念筹备会卫生股座谈会会议记录"致建设厅函

推行節約運動實施辦法

一、概說

查節約運動之推行，本會於職前，業經積極倡導，旋以抗戰軍興，為籌畫全國各地……際此抗戰勝利，建國發軔，百業待舉，千萬同胞，嗷嗷待哺，甚至欲樹皮草根充食，而財力物力之浪費，尤宜痛心。本會有鑒於此，爰重訂節約實施辦法，通告全國施行，願共成效……勤勞篤實之培育，人力物力之儲備，均待國人共同努力以行。自上而下，精極推進，務期節約運動，不蒸奢靡……並促全國各機關團體學校首長及各界領袖，以身作則，切實力行……苦風俗之樹立……

二、推行原則

（一）革除奢侈，養成儉樸風氣。
（二）調節盈虛，增加生產效能。
（三）……

三、推行項目

（一）增加生產

Ⅰ 農業生產
1. 注意原始土地之開墾與使用，籽子與肥料之推廣及改良。
2. 注意水旱蟲害之防治。
3. 利用荒地墾建，種植蔬菜、瓜果、花木。
4. 努力使用以時。

Ⅱ 工業生產
1. 不得浪費原料。
2. 出品應力求適合大眾日常生活之需要。
3. 鼓勵國產品出口。
4. 提倡奢諸新式纖維絲等經製……
5. ……
6. 利用廢陶，增進適合地區或土壤之副產品（如產麥區種麻、植草帽、齊稻區種稻草精等類製草紙……）

Ⅲ 商業
1. 減少浪費品之入口。
2. 鼓勵國產品出口，非必需品或奢侈品之製造，除出口外，應減少其出產。

（二）機關節約

Ⅰ 人事
1. 實行行政三聯制。
2. 不得因人設事。
3. 人員之升降遷退，應以才能品行為考核標準。

Ⅱ 業務
1. 公文電報來往，應求簡捷明確。
2. 公用物品，不得浪費或私用。
3. 庶務會計，力求節用康潔。

（三）個人節約

Ⅰ 衣
1. 提倡整潔樸素衣服之風尚。
2. 金銀首飾、胭脂、口紅等化裝品，應摒除不用。
3. 珍錯及舶來食品應盡量節省。
4. 非不得已，最好不添製新衣，倘有必需，應採用布質國貨。
5. 倡倡以麵粉代替米麥。

Ⅱ 食
1. 新建房屋，以簡單堅固適用為原則。
2. 煙酒須盡量避用。
3. 取締奇裝異服，燙髮、修染指甲。

Ⅲ 住
1. 新建房屋，以簡單堅固適用為原則。
2. 房屋之使用，應求合理。

Ⅳ 行
1. 非必要時，不坐汽車。
2. 燈光水電，勿予浪費。
3. 公務車不得搭乘非公職人員。
4. 提倡步行以鍛鍊身體。

（四）社交娛樂

Ⅰ 公共場所
1. 嚴禁賭博。
2. 嚴禁增設舞場，現有舞場，應加取締。
3. 禁用公家汽車乘赴私人宴會或舞場。
4. 提倡電影戲劇話劇歌詠騎射棋體體育運動等正當娛樂。

Ⅱ 餐館節約
1. 取締戲院內銷售食品。
2. 規定客餐。

一人用膳	一菜一湯
二至三人	二菜一湯
四至五人	三菜一湯
六至七人	四菜一湯
八至九人	五菜一湯
十人以上	六菜一湯

中菜每客置目以三萬元為原則。西菜每客價目以兩千元為原則，但國際交誼者，不在此限（本節約……）

推行节约运动实施办法

全文：

江苏省新生活运动促进会代电

（36）新总字第一七七号

民国卅六年五月三十日

各县新生活运动促进会奉总会京总字第二一四一号代电内开："查本会前颁第十四年度中心工作纲领，列有端正人心一项关系转移社会风气至巨，当前贪污舞弊大事层出不穷，官常不修与新运之原则——由各机关团体公务员率先作起——实属大相径庭，惩戒处罚政府虽有专司协助，革新我各级新运机构则属责无旁贷，爰例肃清贪污运动为端正人心重要项目，期能澄清吏治，蔚为风声，兹特规定自电到之日起，由各会参酌当地实况针对肃清贪污问题分别举办下列各项工作：（一）约请当地著有声望正直清廉之人士举行广播讲演或定期讲座。（二）发动舆论机关，如报社杂志社通讯社等尽量检举事实或发行专刊以收制裁之效。（三）举行肃清贪污运动座谈会。（四）发动各级学校学生举行肃清贪污运动宣传。（五）发动国民向司法机关告密或检举。（六）举行守法运动宣传及其他足以制裁事项。除分电外，特电查照，并转饬所属各会拟订详细进行计划，切实举办，并希将办理情形随时报会备查为要"等因，除遵办并分电外，希即遵照切实办理并随时报会凭转为要。江苏省新生活运动促进会辰□印。

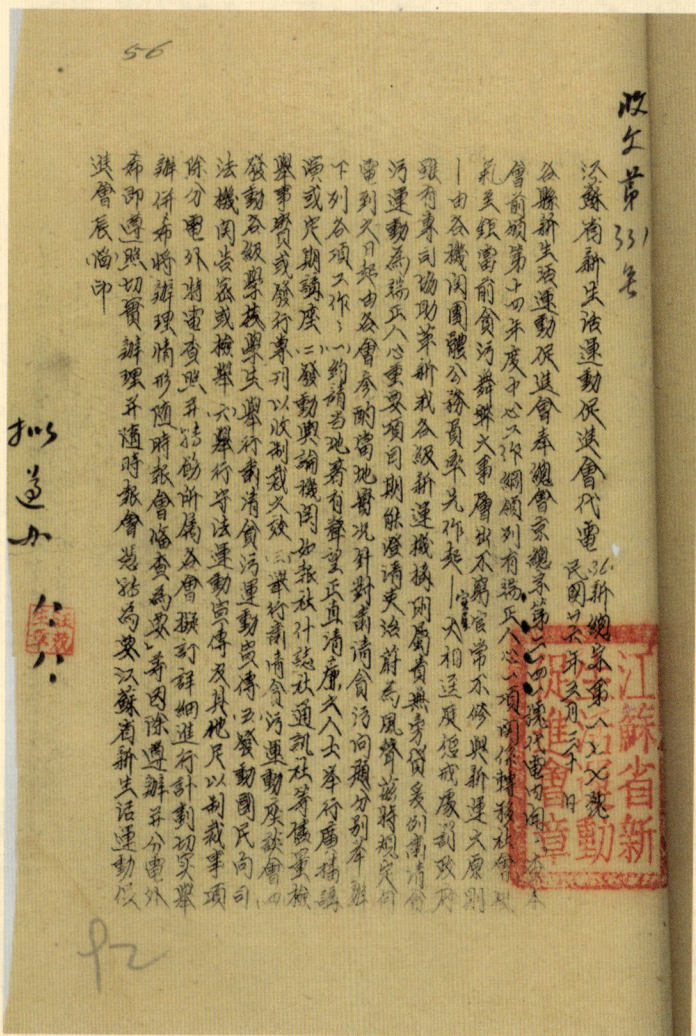

1947年5月30日，江苏省新生活运动促进会代电。

江苏省社会处主办省会第五届集团结婚参加登记办法

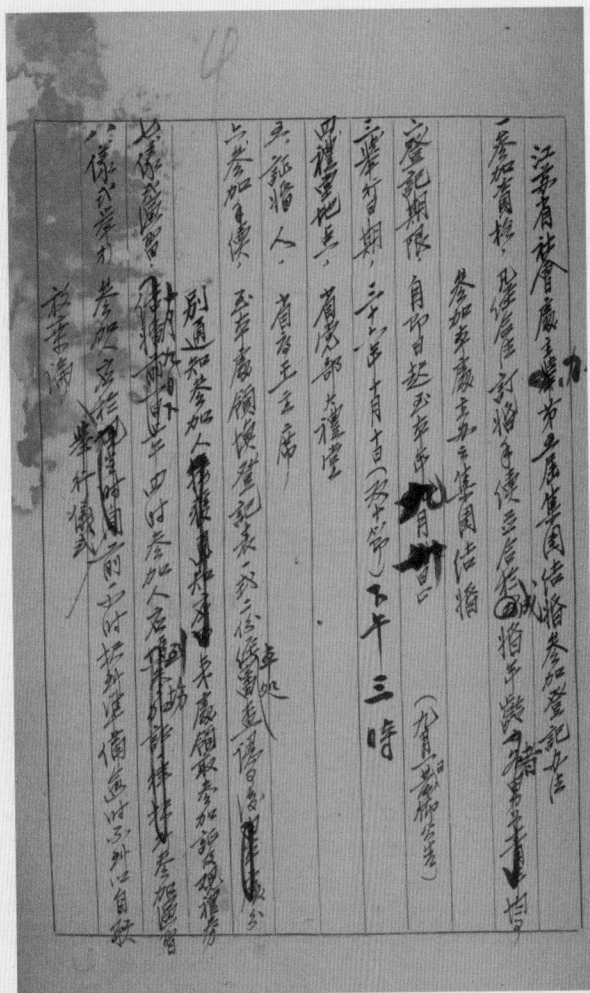

全文：

江苏省社会处主办第五届集团结婚① 参加登记办法

一、参加资格，凡经合法订婚手续并合于成婚年龄者均可参加本处主办之集团结婚。

二、登记期限，自即日起至本年九月十日正。　　　　（九月一日发布公告）

三、举行日期，三十六年十月十日（双十节）下午三时。

四、礼堂地点，省党部大礼堂。

五、证婚人，省府王主席。

六、参加手续，至本处领填登记表一式二份经本处审查认可后分别通知参加人来处领取参加证及观礼券。

七、仪式演习，十月九日下午四时参加人应到场参加演习。

八、仪式举行，参加人应于举行仪式前一小时报到准备，逾时不到以自愿放弃论。

---

① 集体婚礼，民国时又称为"集团婚礼"，它是国民政府倡导的新生活运动的一部分，也是近现代中国"文明结婚"新式婚仪潮流的一部分。

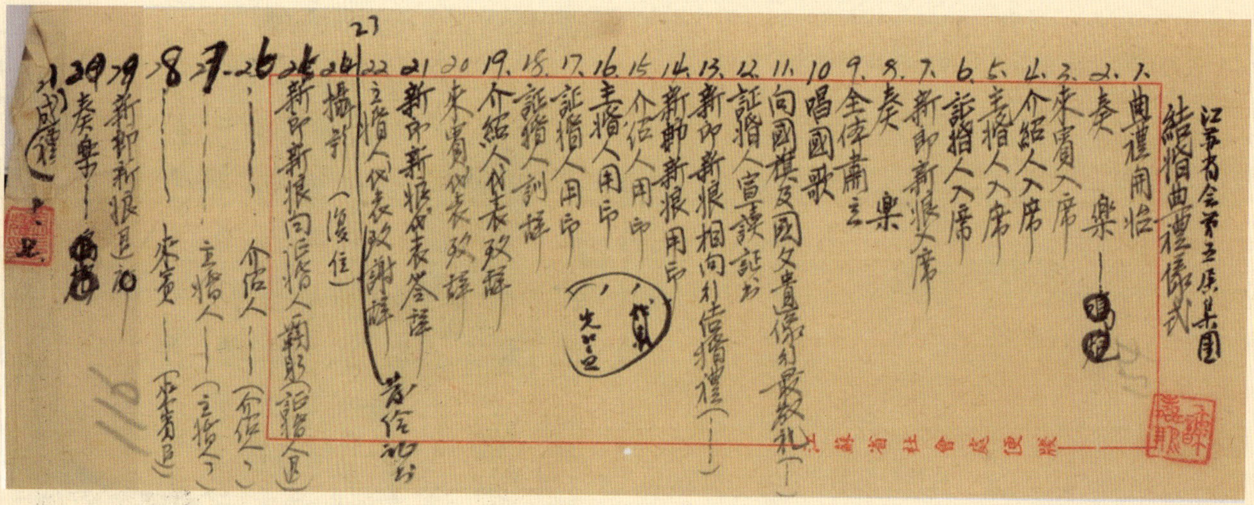

江苏省会第五届集团结婚典礼仪式

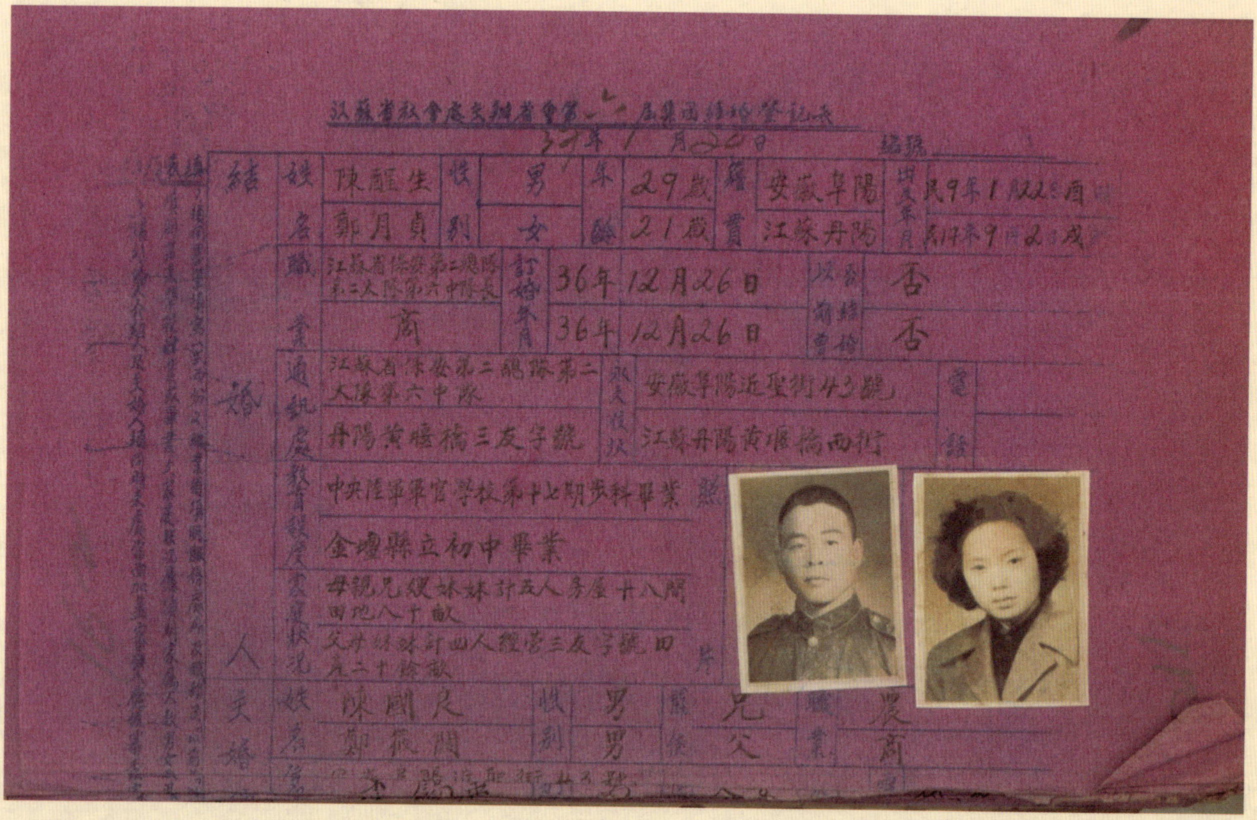

江苏省社会处主办省会第六届集团结婚登记表

本部訂於本月十三日下午八時假慶京江大戲院舉行江蘇省保安司令部新生活晚會由本部政治隊演出四幕古裝歷史名劇「岳飛」以助餘興敬奉上入場券六張 屆時至希光臨指教為荷

此致

江蘇省保安司令部新生活晚會入場券六張

建設廳

江蘇省保安司令部

新生活晚會
入場券

地點：京江大戲院
時間：八月十三日下午七時

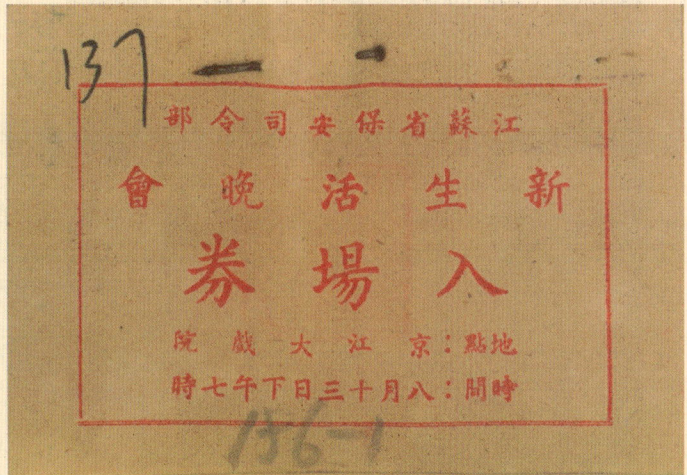

江苏省保安司令部举行新生活晚会致省建设厅邀请函

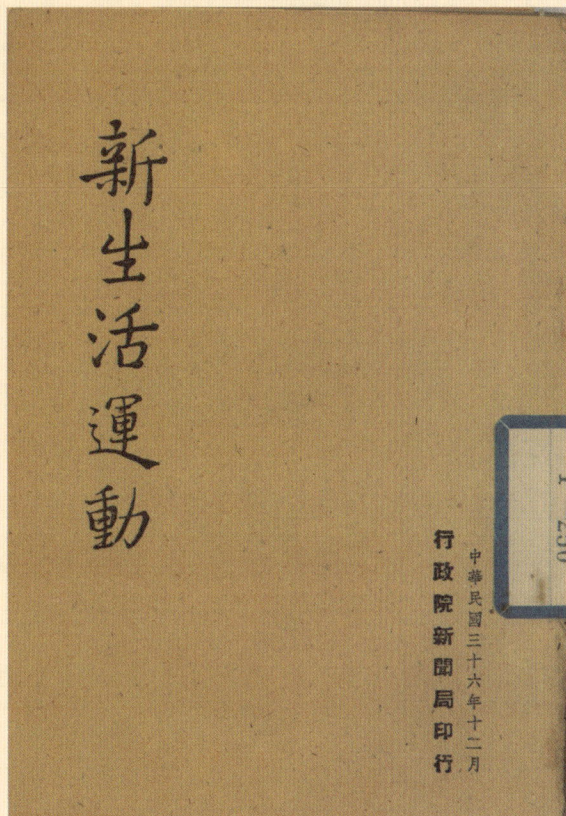

新生活運動

中華民國三十六年十二月
行政院新聞局印行

1947年12月，行政院新闻局印行之《新生活运动》。

1948年9月9日，徐州市体育节爬山比赛优胜者合影。

徐州市三十六年度新生活运动工作推行概况

王懋功《行宪与新生活运动》

Archival Undertaking in Jiangsu　档　中国·江苏

革命历史档案

土地革命战争时期中共江苏省委档案

保管单位： 江苏省档案馆

内容及评价：

1927年6月上旬中共江苏省委(兼上海市委)在上海成立，陈延年任书记。6月26日，省委书记陈延年、组织部长郭伯和、秘书长韩步先和黄竞西4人被捕。此后，赵世炎代理省委书记。1927年7月2日，因叛徒出卖，江苏省委机关又遭破坏，赵世炎等10余人同时被捕。王若飞等5人组成中共江苏临时省委。1927年7月下旬，邓中夏任江苏省委书记。1928年1月中旬，中共中央调邓中夏任广东省委书记，项英代理江苏省委书记。2月16日，因叛徒出卖，省委再次遭到重大损失。5月，李富春代理省委书记。10月，徐锡根任江苏省委书记，后中央又指派李立三指导省委工作。1929年1月25日，中央决定罗登贤为省委书记。8月下旬，罗登贤奉调离任。9月，由罗迈(李维汉)代理省委书记。1929年11月18日至26日，中共江苏省第二次代表大会在上海龙华路外日晖桥泉漳中学秘密召开。1930年7月14日，中共江苏省委与共青团江苏省委、上海工联负责人组成江苏省总行动委员会(简称"省总行委")，作为全省各地总暴动和总同盟罢工的最高指挥机关，同时保留中共江苏省委名义。10月初，根据中央决定，江苏省委又改建为江南省委。江南省委属中共中央领导，管辖江苏、上海、安徽、浙江党的组织。1931年1月，中共江南省委改组为江苏省委，王明兼任书记，推行左倾教条主义路线。此后，在国民党白色恐怖统治下，江苏省委又屡遭破坏。1935年1月上旬，省委主要领导人全部被捕。至此，土地革命战争时期的中共江苏省委停止活动。

馆藏土地革命战争时期中共江苏省委档案共2806件，主要有各种会议文件及记录，宣传教育文件材料，组织工作材料，职工运动、农民运动文件，反帝反军阀斗争文件等，涉及众多中共党史上的重要人物和重大事件，比较全面地反映了土地革命战争时期中共江苏省委光荣、曲折、艰难的奋斗历程，是研究中国共产党在江苏早期革命斗争历史不可或缺的第一手资料，也是进行党史教育的重要资料。

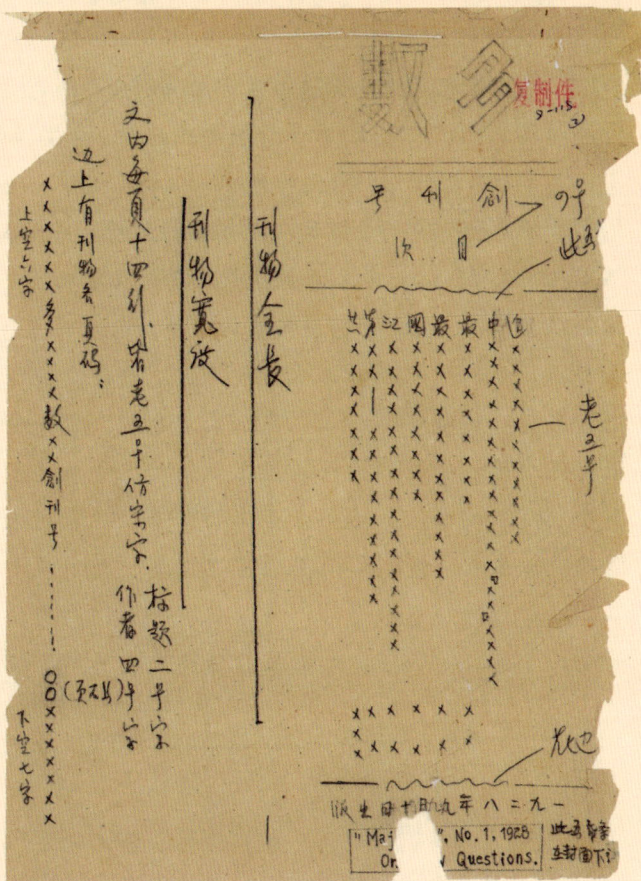

《多数》——中共江苏省委机关刊物，1928年9月10日创刊，11月停刊，共出三期。

全文：

江苏农民的斗争和民族资产阶级的统治

梦熊[①]

一九二八年九月十日

江苏是帝国主义者最重视的地方，江苏的上海是帝国主义者侵略中国的大本营，帝国主义者在侵略中国进程中把江苏造成了资本主义化的江苏，同时，卵育了中国的资产阶级。中国的民族资产阶级的生长，初期由买办阶级、豪绅资产阶级、华侨回国的资本家渐渐生长成为民族资产阶级，而江苏农民受其苦痛之深酷，无有过于此者，中国民族资产阶级长成，可以说是剥削农民而来的。

江苏自盛宣怀到张謇都是豪绅地主，他们这种豪绅资产阶级渐渐长成，对于农民的剥削可以说，不是由资本主义的方式，农民破产，慢慢把土地集中，他们简直是"强取豪夺"。在政治上当他们尚未独立的时候，依附统治者，到后来他们强大起来，统治者听命于他们，所有江苏的土地、盐田、沙田、湖田，都是被他们强占起来。如江北一带在张謇等的公司范围内，不管农民怎样，收归己有，原是自耕农也变了佃农，甚至为失地的农民。关于沿海一带的盐田几百万灶民被公司强占其土地，沙田、湖田以前湮没，于今恢复都是被他们强占，产棉的地，江南的桑田亦被其垄断，中国的资产阶级更内地化，更深的［地］了解农村情形，农民吟呻于他们的压迫中，他们资本不能和帝国主义抵抗，只有两个方式：一、降低工人的生活，二、夺取农民贱价原料。江苏农村中的蚕丝、棉花、粮食用别种工业的原料、农村市场受其垄断，使农民处在资本主义破产化，破得更快，增加其工人后备军，对工人更加紧其剥削，资产阶级有见于此，工厂内地化，用很低微的工资雇用不少半农半工的工人，然半农半工的分子，在农村未遭破产，在工厂免＜不＞了多多要求工资，而半农半工分染农村的思想和习惯，又亲见破产人们流离的苦痛，于是行为的守旧和胆怯，造成民族资产阶级

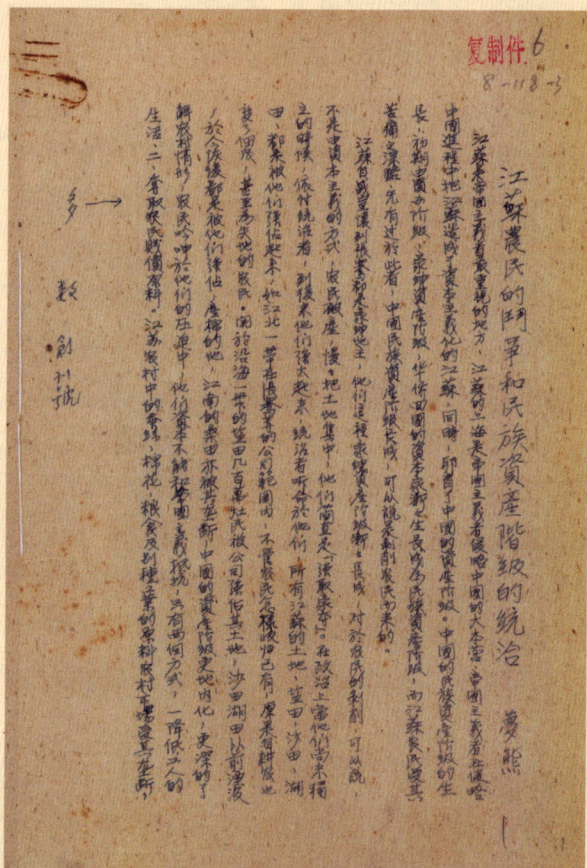

江苏农民的斗争和民族资产阶级的统治

---

① 梦熊即何孟雄（1898~1931），炎陵县中村人。我党创始人之一，北方工人运动领袖，伟大的无产阶级革命家，党和政治活动家。大革命失败后，曾任中共江苏省委常委、农民运动委员会书记、军委书记、南京市委书记、上海沪东、沪中、沪西区委书记等职。中国共产党第三次全国代表大会代表。1931年1月在上海被捕，2月7日在龙华被秘密杀害，时年33岁。

新的剥削形式。

资产阶级强占农民的土地，是农村的生产资本主义化了！而农村的生产尚未资本主义化，生产仍是旧的形式，即就农具说，也是袭用旧的居多数，不过用新式方法改变一点水利，这点水利改变，借此剥削农民。当张謇等强占农民土地时候，本想用机器来生产，后感觉机器成本贵于人工，所以不用机器，仍是用贱价的农民。

资产阶级用银行资本剥削农民，本来银行利息很低的，一到农民仍是很高，袭用以前货币流通的习惯，资产阶级在江苏农村有大规模的借贷机关，而江苏的典当业风行到农村中去了，加以资产阶级粮食和棉蚕各种原料的垄断，农民破产加快。土地一天一天走向集中的趋势，江苏农民失地之苦比内地更加剧烈。

徐海豪绅资产阶级原是地主，是明代以来的地主，待农民的方式保存极浓厚的封建遗传，地主操生杀之权，有很强大的武装，其礼节保存农奴的遗留，但是他们剥削农民的血汗投资到很大轮船公司及别种产业。对粮食价格的垄断和经营都是资本主义的方式。农民苦痛的酷烈不可以言状，可是农民囿于明代传来的思想和习惯，在他们的痛苦中尚未解放出来寻找其出路。

民族资产阶级要稳固其统治及其经济的摇动，只有加强的剥削农民和半农半商、半工及无产阶级的工人。江苏农民在未认识土地革命的时候，他们贫困破产的出路是：

（一）自发的抗拒资产阶级"强取豪夺"的骚动；

（二）到上海或大的都市，攒[钻]进工厂内去；

（三）当土匪或军阀的炮灰——士兵；

（四）吟呻哀痛、忍辱畏威的屈服资产阶级的统治——忍耐其恶劣遭遇，过其非人的生活（如一日不得一顿饱饭，一年难得一套衣服等）

以上四条出路都不是农民的出路，失业农民日益加多，工厂失业后备军增多，感觉生活不安，工厂钻不进了，民族资产阶级经济上、政治上受帝国主义的压迫，在自己的经济力又不能和帝国主义者竞争，同时工农革命的潮流高涨，以前要反对帝国主义，后来感觉工农的危险，自己存亡的关头，所以很快就反动了，并且与帝国主义、军阀、豪绅、资产阶级结合一个反革命的战线，对付工农。农民在这种环境中始终没有出路，民族资产阶级产业没有大的发展，来容纳广大失业农民，势有不可能，兼之工农革命潮流高涨，在工厂中的熟练、勇敢男工减少，添加女工、童工，农民钻到工厂的出路已经走不通了，只有当盗匪士兵，江苏算是资产阶级政权比较稳定的地方，可是帝国主义民族资产阶级统治的上海，盗匪充斥，就是江南苏锡一带，那里不是土匪布满了，而江北简直是土匪割据的江北，天天说清乡，清不胜清，也可以说杀光了前一批土匪，后面继续不断又来了。根本要求一个解决的办法，在民族资产阶级的统治不找出这个答案，欲要民族资产阶级的统治停止其剥削农民，那么，就是民族资产阶级自我的灭亡。若是民族资产阶级领导农民来反抗帝国主义和封建的军阀和豪绅资产阶级，本身力量非常薄弱，在客观上没有这种可能；反之，农村经济上相互错综交错的关系，也没有这种可能。同时，工农政党——共产党——已经领导工农起来反抗，有政策有计划，有组织的行动。农民已不忍辱思[畏]威的屈服资产阶级的统治，不甘过非人的生活，已经进到自发骚动。民族资产阶级的统治在江苏农民起来斗争，感到极大的压迫和摇动。

民族资产阶级在江苏的统治不能说是稳定，虽没有到崩溃和涣散，可是民族资产阶级欲维持其统治，加紧剥削农民，如加增印花税、验契、重重加价、公债、国库券、煤油特捐、蚕丝棉花税收、厘金加价、糖业加税等，渔民加税、沙田、湖田增粮，十六年的免粮再缴、各县各地清乡捐、教育行政捐，甚至牛捐、猪捐以及田亩捐、民船捐等。江苏的农民说：括[刮]民党无物不捐，无捐不奇，这样加重农民的苦痛，也可以说是逼农民走上革命的道路方面来。

自"四·一二"蒋介石屠杀工农，国民党背叛革命后，农民处于严厉白色恐怖之下，经过共产党的领导，认识了土地革命是解放农民的出路，年来继续不断地有江北、无锡、宜兴、江阴、崇明、海门、松江、浦东、阜宁、嘉庆、如皋、泰兴、清江等县底农民暴动发生，在这些暴动中，使江苏农民获得不少革命经验，启发了农民底阶级认识，使农民认识了土地革命底意义。而这十余县底农民暴动，每县底暴动虽没有发动几万或几十万农民参加，可是每次底行动总有几千和万数底农民参加，在这些农民暴动中发动不少底农民。农民暴动后曾遭受豪绅资产阶级底打击，但是这些打击使农村阶级斗争更显明表示，从今后更无法妥协阶级底裂痕；这种裂痕只有日益扩大底趋势，而农民自己觉得只有走斗争道路才是自己底出路。

宜兴底暴动到如皋底暴动，反动底统治阶级日益恐慌，他们没有一个政策能停止农民底暴动，只有极严厉屠杀答复农民。屠杀是不能消灭农民暴动，屠杀只有激发农民阶级斗争更加剧烈。豪绅资产阶级诬蔑农民为杀人放火，将农民为土地革命底事实隐瞒起来，深怕分土地，组织苏维埃政权底事实扩大宣传。豪绅资产阶级这些蠢才，你们反教会了农民杀人放火，农民对你们底统治和压迫底仇恨有很深底认识，得不到共产党亲身底领导，在报纸上学会了这些方法，对你们试演起来，烧你们底房子，杀你们，以泄几千年来底愤恨，使你们赏识农民对你们压迫答复底敬礼！杀死你们几个算什么？农民苦痛底眼泪也足淹没你们了！

江苏农民底解放，只有在继续不断底斗争、与封建地主阶级相肉搏，只有在工人阶级领导之下，共同来推翻豪绅资产阶级底政权，建立工农民主独裁底政权——苏维埃，才能彻底的［地］完成中国底革命，才能彻底得到农民底解放！

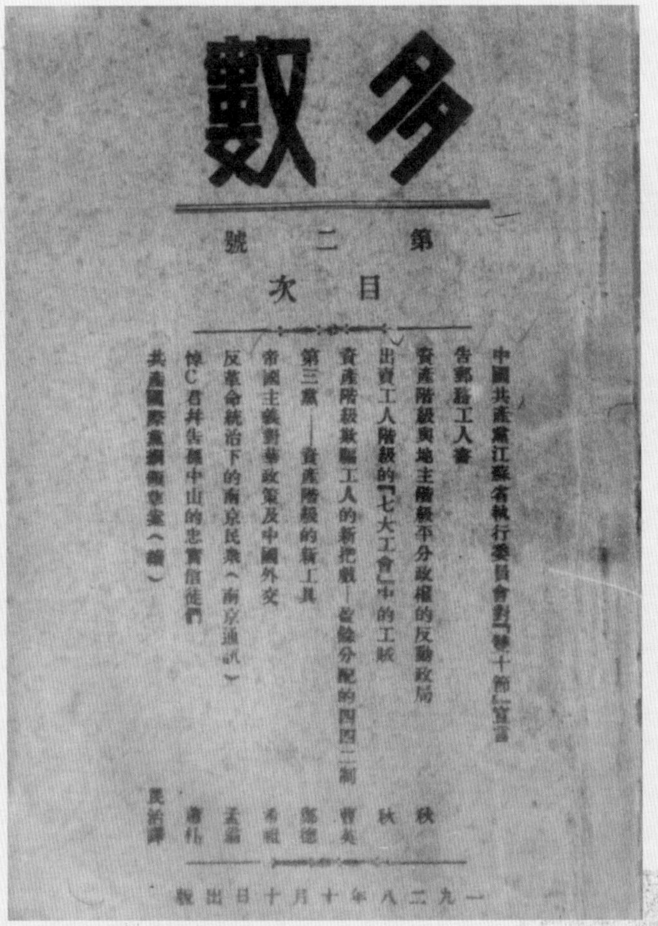

多數

第二號

目次

中國共產黨江蘇省執行委員會對「雙十節」宣言

告郵務工人書　秋

資產階級與地主階級平分政權的反動政局　秋

出賣工人階級的「七大工會」中的工賊　秋

資產階級欺騙工人的新把戲——盈餘分配的四四二制　曹英

第三黨——資產階級的新工具　孫德

帝國主義對華政策及中國外交　希曦

反革命統治下的南京民衆（南京通訊）　孟森

悼C君并告假中山的忠實信徒們　壽朴

共產國際黨綱草案（續）　民治譯

一九二八年十月十日出版

《多数》第二号（1928年10月10日出版）

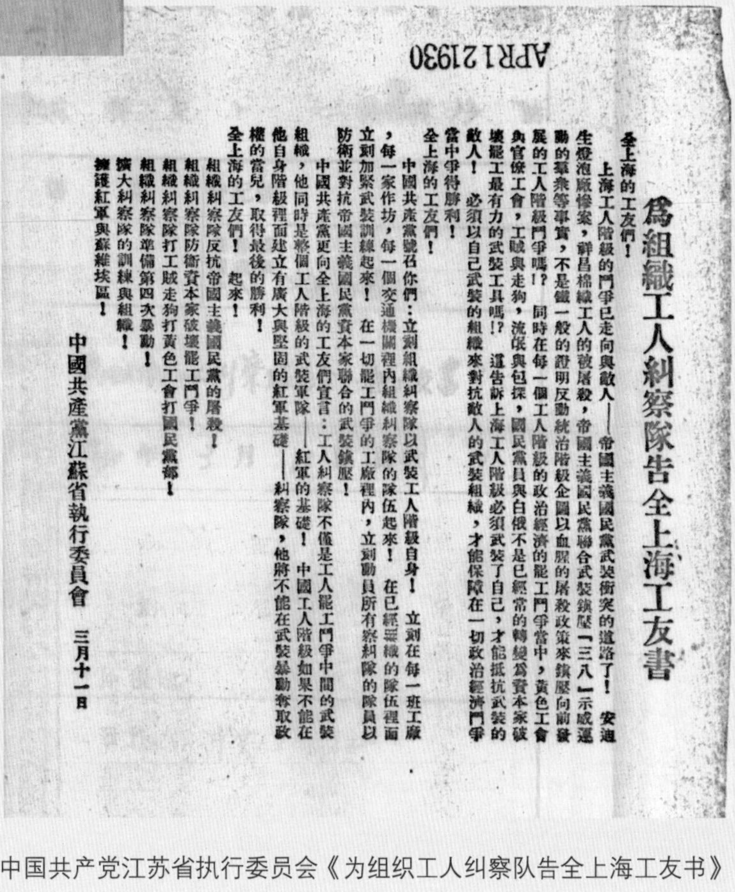

APR 1 2 1930

爲組織工人糾察隊告全上海工友書

全上海的工友們！

上海工人階級的鬥爭已走向與敵人——帝國主義國民黨武裝衝突的道路了！安迪生燈泡廠慘案，群昌棉織工人的被屠殺，帝國主義國民黨聯合武裝鎮壓「三八」示威運動的暴舉等事實，不是鐵一般的證明反動統治階級企圖以血腥的屠殺政策來鎮壓向前發展的工人階級鬥爭嗎!?　同時在每一個工人階級的政治經濟的罷工鬥爭當中，黃色工會與官僚工會，工賊與走狗，流氓與包探，國民黨員與白俄不是已經常的轉變爲資本家破壞罷工最有力的武裝工具嗎!?　這告訴上海工人階級必須武裝了自己，才能抵抗武裝的敵人！　必須以自己武裝的組織來對抗敵人的武裝組織，才能保障在一切政治經濟鬥爭當中爭得勝利！

全上海的工友們！

中國共產黨號召你們：立刻組織糾察隊以武裝工人階級自身！　立刻在每一班工廠，每一家作坊，每一個交通機關裡內組織糾察隊的隊伍起來！　在已經組織的隊伍裡面立刻加緊武裝訓練起來！　在一切罷工鬥爭的工廠裡內，立刻動員所有察糾隊的隊員以防衛並對抗帝國主義國民黨資本家聯合的武裝鎮壓！

中國共產黨更向全上海的工友們宣言：工人糾察隊不僅是工人罷工鬥爭中間的武裝組織，他同時是整個工人階級的武裝軍隊——紅軍的基礎！　中國工人階級如果不能在他自身階級裡面建立有廣大與堅固的紅軍基礎——糾察隊，他將不能在武裝暴動奪取政權的當兒，取得最後的勝利！

全上海的工友們！　起來！

組織糾察隊反抗帝國主義國民黨的屠殺！

組織糾察隊防衛資本家破壞罷工鬥爭！

組織糾察隊打工賊走狗打黃色工會打國民黨部！

組織糾察隊準備第四次暴動！

擴大糾察隊的訓練與組織！

擁護紅軍與蘇維埃區！

中國共產黨江蘇省執行委員會　三月十一日

中国共产党江苏省执行委员会《为组织工人纠察队告全上海工友书》

051

禮拜堂结婚

影片新奇　票價不貴

一九二八年四月四日開映

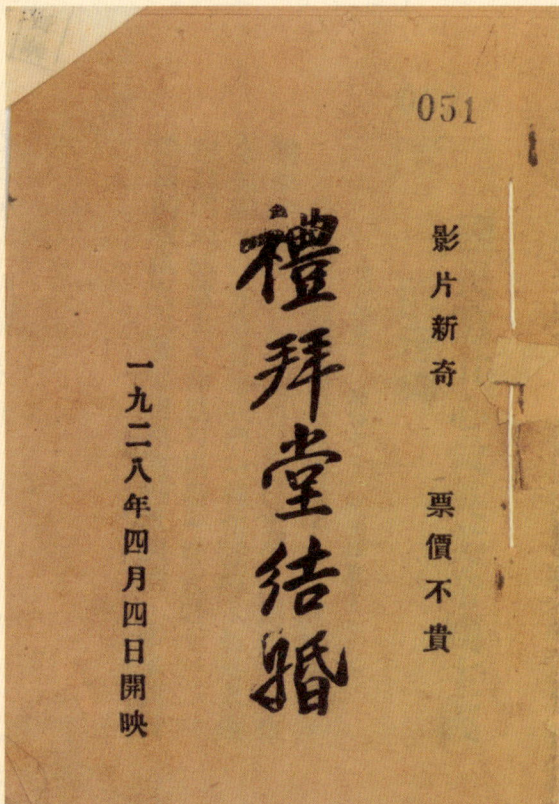

地下党宣传品《礼拜堂结婚》

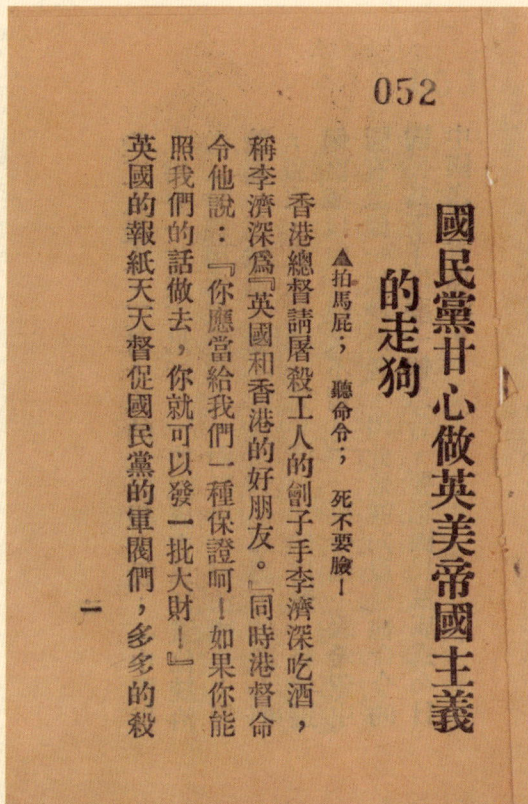

052

國民黨甘心做英美帝國主義的走狗

△拍馬屁；　聽命令；　死不要臉！

香港總督請屠殺工人的劊子手李濟深吃酒，稱李濟深爲『英國和香港的好朋友。』同時港督命令他說：『你應當給我們一種保證呵！如果你能照我們的話做去，你就可以發一批大財！』

英國的報紙天天督促國民黨的軍閥們，多多的殺

一

《礼拜堂结婚》内页

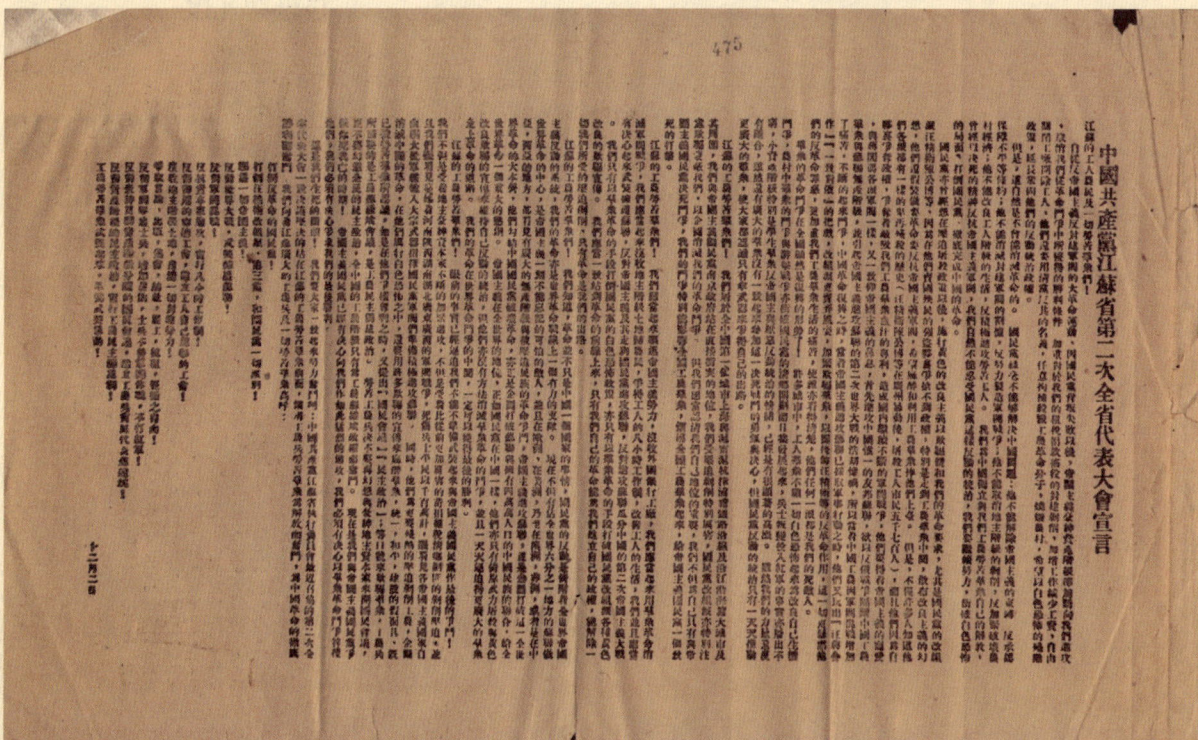

1929年11月18日至26日，中共江苏省第二次代表大会在上海举行。12月2日，发布了《中国共产党江苏省第二次全省代表大会宣言》。

全文：

中国共产党江苏省第二次全省代表大会宣言

江苏的工人农民及一切劳苦群众们：

自从反帝国主义反封建军阀的大革命运动，因国民党背叛失败以后，帝国主义豪绅资产阶级加紧向我们进攻，取消我们从革命斗争中所获得的胜利条件，加重对于我们的租税捐款徭役的封建剥削，加增工作减少工资，自由关闭工厂开除工人，他们还要用清党反共的名义，任意拘捕杀戮工农革命分子，烧毁农村，希望以白色恐怖的残酷政策，延长巩固他们的反动统治政权。

但是，这自然是不会能消灭革命的。国民党丝毫不能够解决中国问题：他不能解除帝国主义的束缚，反承认保障不平等条约；他不能消灭封建军阀的割据，反努力制造军阀战争；他不能取消地主阶级的剥削，反加紧破坏农村经济；他不能改良工人阶级的生活，反积极进攻劳苦工人。我们为中国独立与我们工农劳苦群众自己的解放，曾经以决死的精神反抗帝国主义军阀，我们自然不能忍受国民党这样反动的统治，我们要继续努力，冲破白色恐怖的局面，打倒国民党，彻底完成中国的革命。

国民党亦曾经想在压迫屠杀政策以后，施行黄色的改良主义以欺骗缓和我们的革命要求，尤其是国民党的改组派汪精卫陈公博等，因为在他们卖国殃民的强盗伙里争抢不到政权，特别是走到工农群众中间，散布改良主义的幻想，他们还假装做要革命要反抗帝国主义军阀，希望麻醉和利用工农群众推他们上台。但是，不仅许多人知道他们各派都有一样的卑污残杀的历史（汪精卫陈公博等在广州暴动后，屠杀工人市民五千七百人），而且他们因为自伙里争夺政权，争夺着敲吸我们工农群众血汗的专利，造成国内继续不断的军阀战争，他们要得着帝国主义的宠爱，与蒋阎冯各派军阀一样，又一致仰帝国主义的鼻息，首先进攻中国惟一的友邦苏联，欲以反俄战争隔断中国工农群众与苏联无产阶级，并引起帝国主义进攻苏联的第二次世界大战的浩劫惨祸，所以当着中国工农因军阀混战增加了痛苦，不断的［地］起来斗争，中国革命复兴之时，当着帝国主义进攻苏联已采取军事行动之时，他们又玩出"汪蒋合作"、"一致对俄"的把戏，改组派更卖弄风姿，加紧欺骗群众，以图掩饰汪清卫等的反革命作用，这一切更暴露他们的反革命罪恶，更加重我们工农群众生活的痛苦，使谁亦看得清楚，他们任何一派都是我们的死敌人。

群众的革命斗争在全国显然是复兴的形势了！许多城市中，工人群众不顾一切白色恐怖起来为改良自己生活斗争，农村中群众的斗争与游击战争亦冲破国民党的清乡围剿而日益发展起来，兵士叛变投入红军的事实亦层出不穷，小资产阶级特别是学生群众反帝国主义与厌恶反动统治的情绪，已经是很显著的高涨。虽然我们的力量还没有汇合，虽然还有广大的群众没有一致起来参加这一决死战斗的勇气与决心，但国民党反动的统治只有一天天推动更广大的群众，使大家都认识只有拿武器来争得自己的出路。

江苏的工农劳苦群众们！我们居于全中国第一个<大>城市上海与沪宁、沪杭、津浦诸铁路沿线及沿江、海诸大城市及其周围，我们与帝国主义国民党南京政府站在直接冲突的地位，我们受压迫剥削特别厉害，国民党改组派亦特别注意欺骗蒙蔽我们，以企图消灭我们的革命斗争。但我们应当认清我们自己地位的重要，我们不但为自己只有与帝国主义国民党决死斗争，我们的斗争特别能影响全国工农群众，领导全国工农群众起来，给帝国主义国民党一个致死的打击。

江苏的工农劳苦群众们！我们应当起来驱逐帝国主义势力，没收外国银行工厂，我们应当起来用群众革命消灭军阀战争，我们应当起来没收地主阶级土地归农民，争得工人的八小时工作制，改善工人的生活，我们并且应当有决心起来武装拥护苏联，反对帝国主义及其走狗国民党进攻苏联，反对进攻苏联瓜分中国的第二次帝国主义大战。我们只有以群众革命的手段打倒国民党的白色恐怖政策，亦只有以群众革命的手段打破国民党改组派各种黄色改良的欺骗宣传。我们应当一致站到革命的前线上来，只有我们自己的革命能为我们建立自己的政权，能解除一切我们所受的压迫剥削，只有革命是我们的出路。

江苏的工农劳苦群众们！我们知道，革命并不只是中国一个国家的事情，国民党的反动是倚附着全世界帝国主义反动的系统，我们的革命亦是世界革命战线上一个有力的支队。现在不但有占全世界六分之一地方的苏联做世界革命的中心，是帝国主义一刻不能忘记的可怕的敌人，并且在欧洲，在美洲，乃至在澳洲，非洲，或者是在中亚，西亚的地方，都看见有广大的无产阶级与被压迫民族的革命争斗，帝国主义进攻苏联，这是企图打破这一全世界革命的大本营，他们勾结中国国民党破坏革命，亦正是企图打破苏联与拥有四万万人口的中国民族的联合，给全世界革命一个重大意义的惩创。帝国主义在全世界的地位，正如国民党在中国一样，他们亦只有倚靠武力屠杀与黄色改良欺骗的宣传来维持自己反动的统治，但他们亦没有方法消灭群众革命的斗争，并且一天天逼迫得更广大的群众走上革命的道路。我们的革命在世界革命斗争的中间，一定可以获得最后的胜利。

江苏的工农劳苦群众们！眼前的事实已经逼迫我们不能不准备起来与帝国主义国民党作最后的争斗！我们不但是受着地主豪绅资本家不断的加紧进攻，不但是受着比从前更加厉害的苛捐杂税清乡剿匪的剥削压迫，并且我们眼看见蔓延着河南、陕西、湖南、湖北、广东、广西的军阀战争，死伤兵士平民以千百万计，眼看见各帝国主义国家自由调大批军舰，输入大宗武器指挥国民党军阀们准备积极进攻苏联。同时，他们为更要残酷的压迫剥削工农，企图消灭中国的革命，在他们厉行白色恐怖之中，还要用许多欺骗的宣传来麻醉群众。统一，和平，建设的假面具，既已被劳苦群众所认识，如是在他们争权夺利之时，又提出"国民议会"、"民主政治"等口号来欺骗群众。工农兵所需要的是工农苏维埃会议，是工农民主独裁政治。劳苦工农兵决不要再幻想与豪绅地主资本家来开国民会议，更不要幻想全民的民主政治，全中国的工农阶级只有为工农苏维埃政权而奋斗。现在是我们与帝国主义国民党争个你死我亡的时期！帝国主义国民党已经有决心向我们作如此猛烈的进攻，我们必须有决心以群众革命斗争答复他们，我们必须有决心争求我们的最后胜利。

这是我们生死的关头！我们要大家一致起来努力奋斗呵！中国共产党江苏省执行委员会最近召集的第二次全省代表大会一致决议，坚决的［地］站在江苏的工农劳苦群众前面，领导工农兵劳苦群众为解放而奋斗，为中国革命的彻底胜利而奋斗，我们向着江苏广大的工农兵及一切劳苦群众高呼：

打倒反革命的国民党！

打倒汪清卫改组派，第三党，和国民党一切派别！

驱逐一切帝国主义！

反对世界大战，武装拥护苏联！

反对军阀混战！

反抗资本家进攻，实行八小时工作制！

反对御用的市总工会，建立工人自己选举的工会！

没收地主阶级土地，肃清一切封建势力！

争取言论、出版、集会、结社、罢工、抗租、罢操之自由！

反对军阀压迫士兵，增加薪饷，士兵不替军阀作战，不打红军！

反对豪绅买办资产阶级分赃的国民会议，建立工农兵贫民代表苏维埃！

反对资产阶级的民主政治，实行工农民主独裁制！

工农劳苦群众武装起来，准备武装暴动！

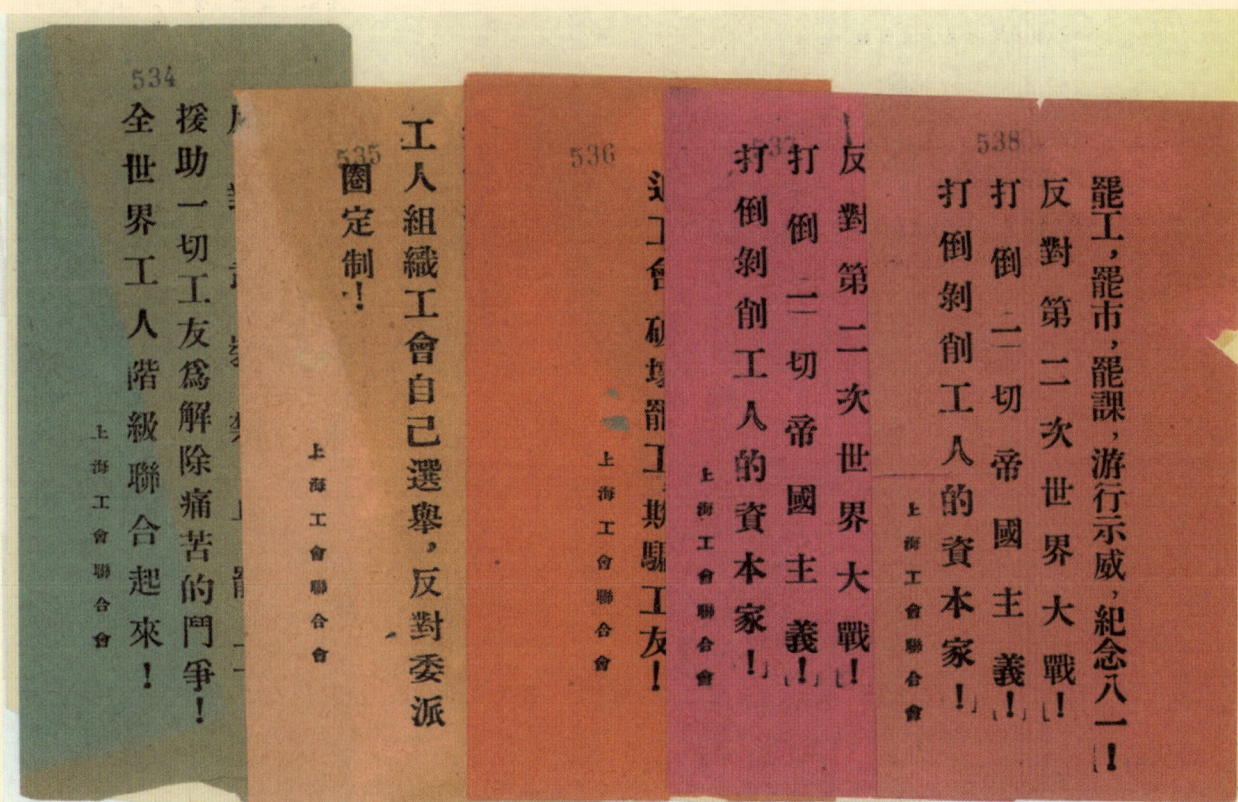

上海工会联合会的宣传标语

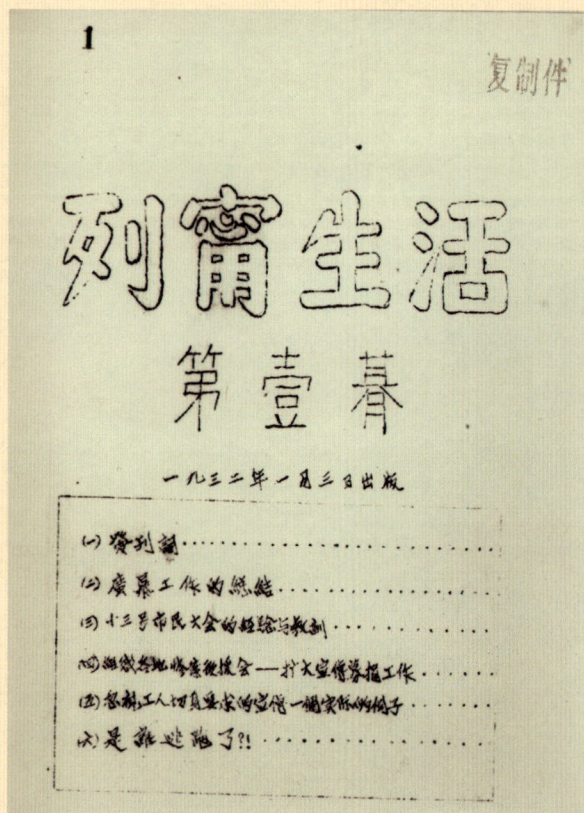

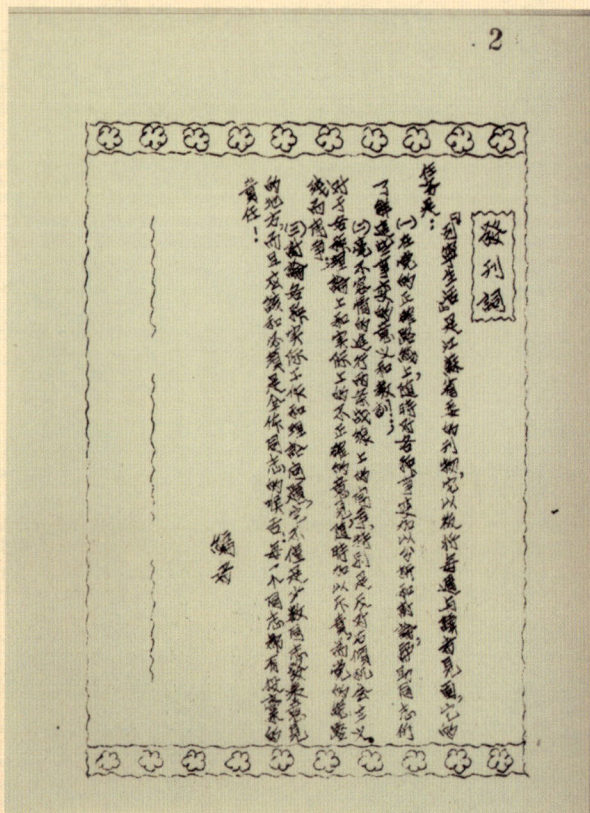

《列宁生活》第1期（1932年1月3日，江苏省委在上海创办《列宁生活》。不定期刊，油印，32开本。1934年3月停刊）。

全文：

发刊词

"列宁生活"是江苏省委的刊物，它以后将每周与读者见面，它的任务是：

（一）在党的正确路线上，随时对各种事变加以分析和讨论，帮助同志们了解这些事变的意义和教训。

（二）毫不容情的［地］进行两条战线上的斗争，特别是反对右倾机会主义对于各种理论上和实际上的不正确的意见，随时加以斥责，为党的总路线而斗争。

（三）讨论各种实际工作和理论问题，它不仅是少数同志发表意见的地方，而且应该和必需是全体同志的喉舌，每一个同志都有投稿的责任。

共青团江苏省委早期档案

保管单位：江苏省档案馆

内容及评价：

1927年5月召开的共青团四大通过的团章规定，团江浙区委撤销，分别成立团江苏省委和团浙江省委。6月，共青团江苏省委员会成立，原属团江浙区委领导的江苏地区和上海市的团组织，均归团江苏省委领导。共青团江苏省委受团中央和中共江苏省委双重领导，其内部机构有组织部、宣传部、经济斗争部、妇女运动委员会、学生运动工作委员会、儿童工作委员会、军事委员会等。馆藏共青团江苏省委早期档案共238件，起止时间为1924年至1936年，主要内容有职工运动、反帝运动、宣传教育、组织工作等方面，对于研究中国共青团史具有重要价值。

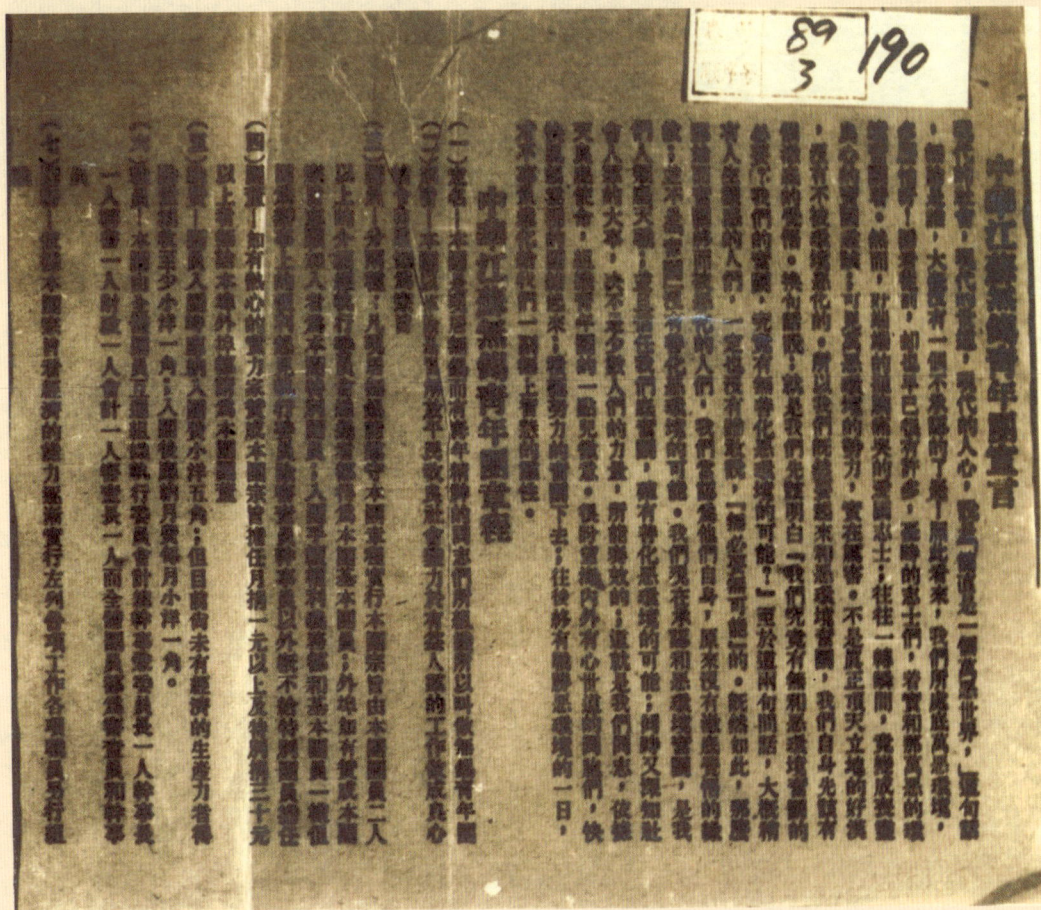

中华江苏无锡青年团宣言（1923年12月）

全文：

中华江苏无锡青年团宣言

现代的社会，现代的世道，现代的人们，说是"简直是一个万恶世界"，这句话，无论是谁，大概没有一个不承认的了罢！照此看来，我们所处的万恶环境，多么怕呀！回看从前，却也早已很有许多，忧时的志士们，着实和那万恶的环境奋斗着。然而，对端端的搥胸痛哭的爱国志士；往往一瞬间，竟变成丧尽良心的卖国蟊贼；可见万恶环境的势力，实在厉害。不是真正顶天立地的好汉，没有不被环境恶化的。所以我们既然要起来和恶环境奋斗，我们自身先该有个彻底的觉悟。换句话说：就是我们先该明白"我们究竟有无和恶环境奋斗的必要？我们的奋斗，究竟有无善化恶环境的可能？"至于这两句问话，大概稍有人生观感的人们，一定也没有谁敢说，"无必要无可能"的。既然如此，那么那始而奋斗终而被恶化的人们，我们当认为他们自身，原来没有彻底觉悟的缘故，并不是"奋斗"没有善化恶环境的可能。我们现在承认和恶环境奋斗，是我们人类底天职；并且相信我们底奋斗，确有善化恶环境的可能；同时又深知社会人群的大事，决不是少数人们的力量，所能奏效的；这就是我们同志，依据天良底使命，组织青年团的一点儿微意。很盼望海内外有心世道的同胞们，快快风起云涌的［地］团结起来；积极努力的［地］奋斗下去；往后终有战胜恶环境的一日，才不辜负造化给我们一副无上智慧的灵性。

中华江苏无锡青年团章程

（一）定名——本团是现居无锡而有青年精神的同志们所组织，所以叫做无锡青年团。

（二）宗旨——本团以革除恶习、解放平民、改良社会、尽力于有益人群的工作、做成良心结合的团体为宗旨。

（三）团员——分两种，凡现居无锡能遵守本团章程实行本团宗旨由本团团员二人以上的介绍经执行委员会通过者都得为本团基本团员；外埠如有赞成本团宗旨志愿加入者为本团特别团员；入团手续权利义务都和基本团员一样，但因为办事上的便利起见，执行委员除审查员干事员以外，概不给特别团员担任。

（四）团董——如有热心的实力家赞成本团宗旨，担任月捐一元以上及特别捐三十元以上者，无论本埠外埠都请为本团团董。

（五）纳费——团员入团时应纳入团费小洋五角；但目前尚未有经济的生产力者得酌量减收至少小洋一角；入团后应纳月费每月小洋一角。

（六）职员——本团由全体团员互选组织执行委员会，总干事兼委员长一人，干事长一人，秘书一人，财政一人，会计一人，审查长一人，而全体团员都为审查员和干事员。

（七）团务——依据本团宗旨看经济的能力逐渐实行左列各项工作，各项职员另行组织。

1、演讲——实行向民间口头宣传。

2、出版品——做文字上的宣传。

3、商店——推广国货实行解放店友的待遇。

4、补习学校——补助社会教育。

5、工读学校——补助平民教育。

6、如果经济充足或得热心而明白的资本家的赞助，就开设大规模工厂，做解放工人的榜样，做解决人生问题的进阶。

（八）权利和义务——本团团员都有享受本团应有的一切权利和协助本团事业的一切义务。

（九）捐款——本团如遇有必要时由全体大会议决后可向团内或团外募捐。

（十）表扬——本团对于特别赞助本团，如团董等者，无论团员非团员本埠或外埠，由本会议决定有［用］相当的方法表扬他急公好义的盛德，使社会群众都生敬崇之心。

（十一）集会——由执行委员长和秘书随时通信召集。

（十二）誓言——本团因为感受万恶环境的苦痛，要想喊醒鼾睡的同胞们起来共同负担自救救人的责任而设立的，所以无论何事总把良心为归宿，这就是本团的不二法门。

（十三）发展——牺牲精神替人群除害造福，这是人人本有的天职，所以决不是一个地方或一个团体所能干得来的；但是也不是分疆划界各顾各的那种团体所能做成功的；因此本团极端希望各地方青年同志们各自组织各地的青年团，彼此互相联络而团结成功一个纯洁高尚十分完美全国一致的大团体，这就是本团发展的目的。

（十四）出团——团员如有不能遵守本团章程或有辱本团名誉的行为，经二次劝告仍不改者由大会议决后可以通告叫他出团，应纳之费概不退还。

（十五）地址——等候团员增加筹备就绪然后租赁一定场所。

（十六）附则——（一）本章程如有未妥之处由全体大会公决修改。

（二）临时通信处"无锡北塘三里桥洪泰烛号转效良张志和"。

本团成立于民国十二年十一月十八日，本章程曾于十二月二日，经过一度的会议修改通过。本团的组织和工作，完全是公开的；本团的精神是普遍的；如果先觉明达同志们，对于本团章程，有所赐教，是本团所十分欢迎的。

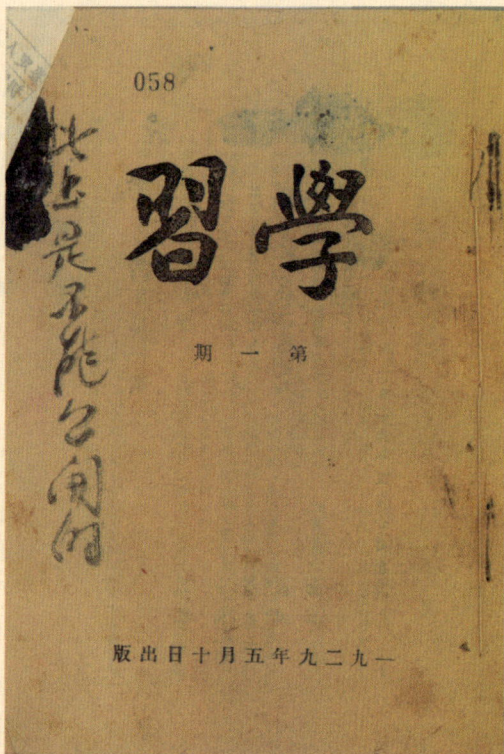

团省委《学习》第一期

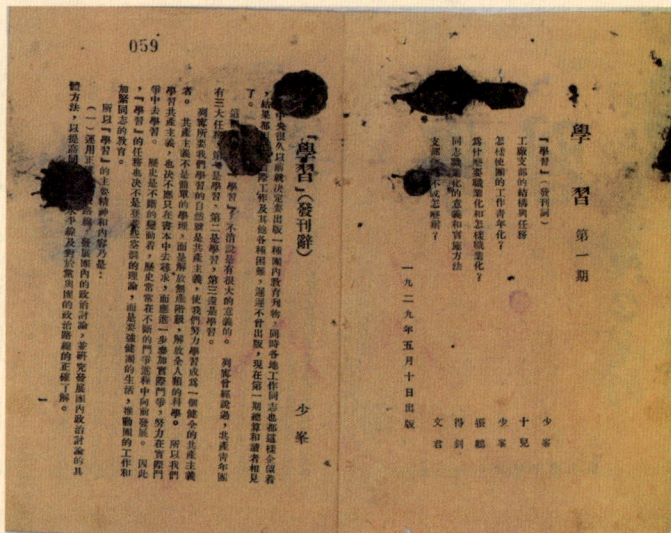

《学习》发刊辞

全文：

"学习"（发刊辞）

少峰[1]

中央很久以前就决定要出版一种团内教育刊物，同时各地工作同志也都这样企望着，结果都因忙于实际工作及其他各种困难，迟迟不曾出版，现在第一期总算和读者相见了。

这个刊物命名"学习"，不消说是有很大的意义的。列宁曾经说过，共产青年团有三大任务，第一是学习，第二是学习，第三还是学习。

列宁所要我们学习的自然就是共产主义，使我们努力学习成为一个健全的共产主义者。共产主义不是简单的学理，而是解放无产阶级，解放全人类的科学。所以我们学习共产主义，也决不应只在书本中去寻求，而应进一步参加实际斗争，努力在实际斗争中去学习。历史是不断的变动着，历史常常在不断的斗争进程中向前发展。因此，"学习"的任务也决不是登载些空洞的理论，而是要强健团的生活，推

---

① 少峰即华岗（1903~1972），浙江龙游人。曾用笔名林石父(一作林石夫)、华少峰、晓风。曾历任青年团南京地委书记、青年团沪西区委书记、青年团江浙联合省委宣传部部长、共青团浙江省委书记、共青团江苏省委书记。

动团的工作和加紧同志的教育。

所以"学习"的主要精神和内容乃是：

（一）运用正确的组织路线，发展团内的政治讨论，并研究发展团内政治讨论的具体方法，以提高同志的政治水平线及对于党与团的政治路线的正确了解。

（二）有系统有计划的［地］讨论新的组织路线与目前团的实际任务及执行此项任务之具体方法。

（三）研究和讨论团内各种专门问题，特别是关于各种工作方法的问题，例如所关于地方工作，支部生活，群众工作等，遇必要时还可出版特刊。

（四）根据各种实际问题，特别是关于同志中错误观念的批评，指出团员与团体的正确关系。

"学习"不是中央的专有品，而是全国的教育刊物，因此全团同志都应随时贡献意见与供给材料，各地工作同志有实际工作经验与工作方法意见之投稿，尤所欢迎。

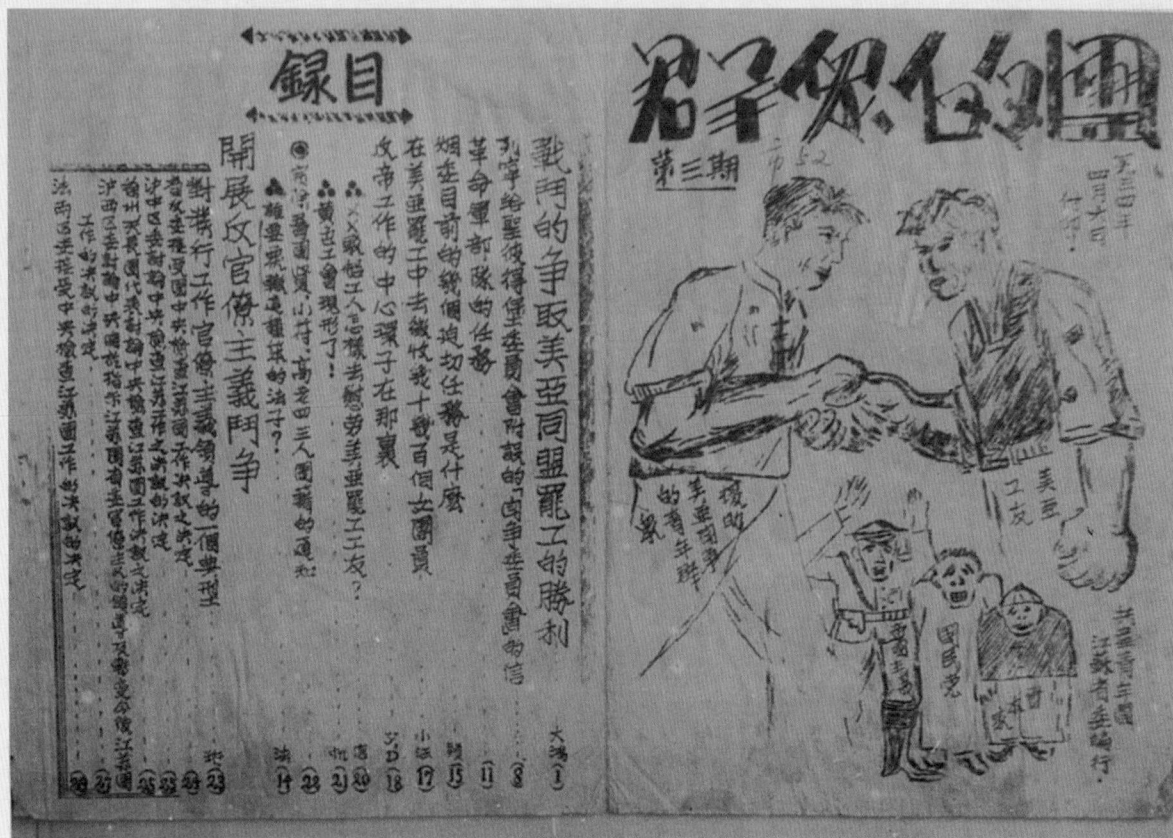

《群众的团》第三期（1934年3月6日，共青团江苏省委创办《群众的团》，1936年1月停刊）

共產主義青年團告上海青年

001

全上海的青年工人、學生、店員及一般市民們！

上海總工會所領導的全上海工人總同盟罷工，已經起來了！

這次總同盟罷工的意義是：打倒京奉傳芳，建立革命的上海市民政權！

高漲的罷工浪潮傳布知道他自己的死期將要到來，已經命令他的走狗李寶章已經，在前天，昨天已有五六千革命的青年被敵人殺死了！在革命的生死關頭，敵人快要倒台，加緊殺人的時候，革命先鋒隊的上海青年是只上前，不應退後的！走上前去啊！

青年自己的利益是要靠我們自己去爭得的；為青年的利益革命，反帝國主義，反對軍閥，是我們向來的口號。現在，流血和鬥爭的時候到了！青年走狗李寶章已經在殘殺革命青年了！青年們，妨止軍閥屠殺上海青年，如何可以電纜安慰上海青年，如何可以電纜安慰上海市民政府而奮鬥！在現在上海市民革命運動起來的時候，本團顧結在全上海青年革命的旗面，在全上海青年一切被壓迫青年的面前，號召全界青年暴動起來，要打倒孫傳芳，建立革命的上海市政府！

團結青年工人、學生、店員自己的力量，為建設中國共產黨領導上海市民革命的政治主張和上海總工會宣佈的政治主張，結成自己的武裝隊伍，組織革命政權的衛隊！

革命是擁護革命政權的衛隊！青年是創造革命的先鋒！

青年是革命的紅旗，是擁護工人階級及人民反對軍閥最後的大屠殺而戰！在流人快要死滅，加緊屠殺人民，上海民眾非從軍閥手中奪取政權的今天，革命的青年應該——

我起來，走吓下列的口號奮鬥前進！

召集上海各界人民代表大會！

打倒孫傳芳！建立革命的上海市政府！

收回租界！統一市政！

制定勞動法！實行八小時工作制！

爭取人民集會結社言論出版罷工之絕對自由！

保障青年工人、學生、店員的切身利益！

改良青年工人、學生、店員的生活待遇！

擁護國民政府！

歡迎北伐軍！

加入中國共產主義的革命青年團！

反帝國主義的革命鬥爭萬歲！

中國共產主義青年團上海區執行委員會

一九二七年二月二十二日

1927年2月22日，中国共产主义青年团上海区执行委员会《共产主义青年团告上海青年》。

「二七」宣言

勞苦青年們！

像大悲壯的第【二七】紀念日到了！

中國歷史上第一次英勇、熱烈的反帝國主義，反軍閥，爭自由的紀念日——【二七】到了！

七年前的二月七日，京漢鐵路的工友，為了爭取工會運動的自由，宣佈了全路的政治能工，奧壓迫他們的統治階級——帝國主義，北洋軍閥肉搏，顯示了無產階級像偉大的鬥爭力量！

在這幾回英勇的鬥爭過程中，青年工友尤其表示英勇，積極，和堅決！這次鬥爭因為工人組織力量薄弱和帝國主義，北洋軍閥用武裝力量摧殘，壓迫，和屠殺而遭了失敗，但物在中國革命運動史上卻占着偉大光榮的一頁！牠是【五卅】運動的前幕！

在這次鬥爭波動中間，湧現出中國革命的第一個高潮！

自從一九二七年，四為資產階級的背叛，中國革命遭到最重大失敗以後，到現在，中國革命跟着世界革命浪潮的生長而復興了！

在這些鬥爭過程中，青年工友尤其表示英勇，積極，和堅決！……

只有帝國主義資產階級的代言者——中國取消派，才會閉着眼睛否認這種……

在這鬥爭波動中間，湧現出中國革命的第一個高潮！

同時，目前正是帝國主義間的矛盾更加劇烈，反動統治階級更趨崩潰，因而帝國主義對中國革命的壓迫加增十二分的慘酷！把華繁的一切自由都剝奪盡了！最近二十餘家紗廠同時被捕，青年大同盟全體執委下獄，屠殺我們的統治者——帝國主義，國民黨屠殺革命青年！

更是暴虐萬分！在這樣情形之下，我們來紀念【二七】應該是體現【二七】英勇的鬥爭精神，用革命的武裝力量，來推翻壓迫，剝削，屠殺我們的統治者——帝國主義，國民黨……

代表被捕……青年因為生產合理化和軍國主義的發展，生活……

反對帝國主義，國民黨屠殺革命青年！

體現【二七】精神開罷工，同盟能課取得一切政治自由！反對軍國主義！反對一切改良主義，取消主義！

反對進攻蘇聯！反對世界大戰！

靠備武裝暴動，推翻帝國主義國民黨統治，建立蘇維埃政權！

勞苦的青年們！我們紀念【二七】，應該——

武裝！

中國共產青年團江蘇省委員會

中国共产青年团江苏省委二七宣言

共青团江苏省委《关于改造少年真理报的决议》，要求改善报纸内容，使之更好地适应斗争需要；组织青年通讯社，建立群众性的通讯网；改进发行工作，扩大发行范围；健全编委会，加强对报纸的政治领导。

八一示威歌

揭露国民党黑暗统治的传单——国民党四字经

江渭清文电摘录本

保管单位: 江苏省档案馆

内容及评价:

江渭清(1910~2000),湖南平江县人,1928年参加革命,1929年加入中国共产党,先后参加了毛泽东领导的秋收起义、彭德怀领导的平江起义,以及湘鄂赣边区反"围剿"斗争和艰苦卓绝的三年游击战争。1938年,随陈毅、粟裕东进抗日,率部奋战在江淮大地,为创建和壮大苏南抗日根据地,夺取苏南抗日武装斗争的胜利作出了突出贡献。解放战争时期,他率部参加了著名的苏中七战七捷、淮海战役和渡江战役,参与指挥八兵团所属部队攻占南京。后任南京市委副书记兼警备司令部司令员、江苏省委第一书记、华东局书记、江西省委第一书记、福州军区政委;江渭清是中共第八、十届候补中央委员,十一届中央委员;十二、十三届中央顾问委员会委员。

馆藏江渭清文电摘录本所摘文电起止时间从1938年至1949年,大部分是抗战胜利以前的,共计15册,全录或摘录了中共中央及华中局、华中分局、华东局各种重要文电500余件,集中反映了我党我军政治、军事、文化、经济建设等方面的工作,内容十分丰富,是研究中共党史及江苏抗战的珍贵史料。

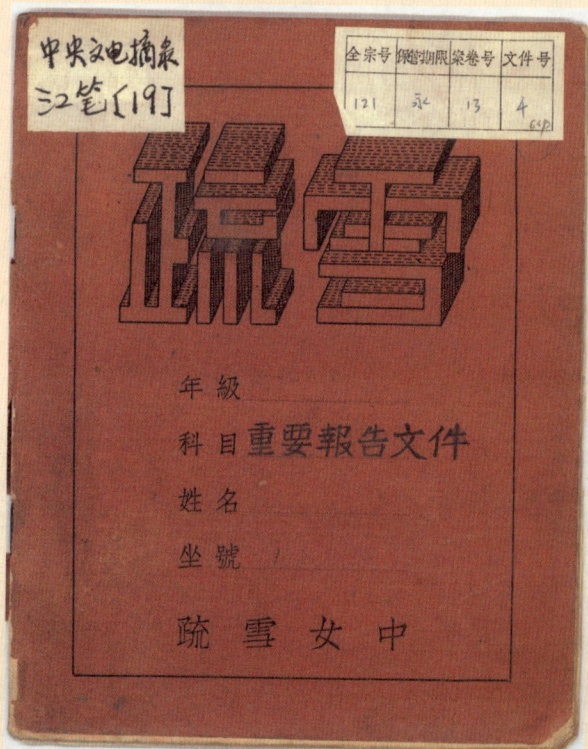

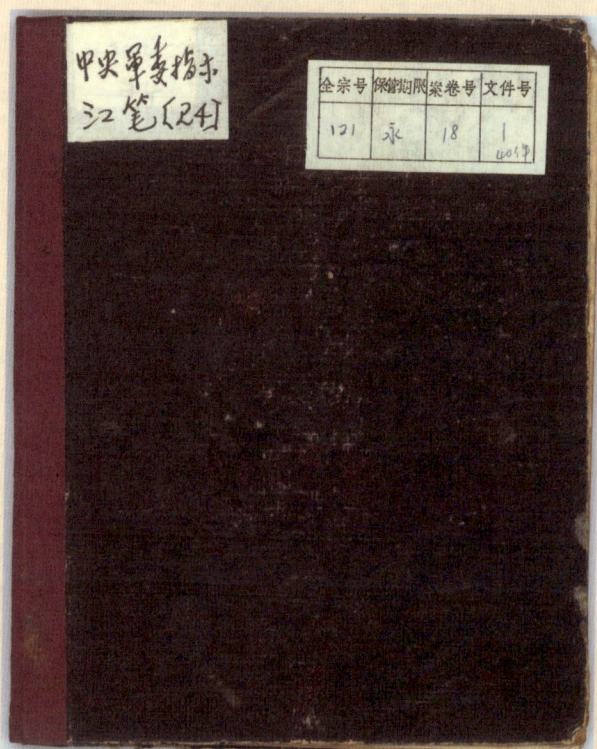

胡服同志由山东来信摘要

全文：
胡服同志由山东来信摘要

（1）华北因交通未建立好，各方面工作均受到相当影响，平汉路已完全不能通过部队，津浦胶济路大部队亦不可能通过。即我战略区亦已被隔断，我兵力的转移，大的机动已不可能，对我军战略影响很大。

（2）从各方面看，山东均要比华中坏。我们对顽军一般的没有优势，因此影响到我在山东抗战中尚无一般的实际领导地位，这就使山东根据地极不巩固，并在缩小中。又因为工作的不深入，群众未被普遍的动员。政策上某些错误，人民负担太重，党内不团结现象、领导的不强与不完全正确等，就产生各种困难及危险性以［依］然存在。这一点应转使华中各地负责同志知道。华中工作环境实在比山东甚至华北要好，你们所遇到的困难还是最少，所转弯也较少。你们应该更加奋勇巩固各根据地，勿再重复山东所遭困难之路。因华北在发展阶段中，是发展得比较好的，但至今三四年来的工作未作好。在山东则在发展阶段中，反摩擦阶段中又失去许多良机，巩固工作亦未作好，故形成目前情况。华中在最初虽未发展得好，但在摩擦阶段中解决了大的问题，故造成了今天的相当顺利的条件。然而今后的巩固工作如果不能最高限度的［地］完成任务，则造成的顺利又将失之，困难又必须增多，故应以最大之努力最高之机警最正确之政策达到各根据地之任务。故今后已不是山东援助华中了。在干部及工作经验方面，在此种程度上华中应相反的［地］援助山东以至华北。

然而在河南、山东，抗战初期，我军的英勇杀敌与工作皆有很大成效及长期的艰苦坚持，与各方面的工作基础还是很大很多的，而且也不是那样脆弱的（华中在某些地区还很脆弱），只要有很好的系统的正确的领导，这里的战斗力量仍是坚强的。

（3）对反共派来说，华中是山东的门户，华中有失山东即很难坚持，华中予山东及华北最大的援助，即限止反共军东进。以前山东增援华北结果也是援助了山东自己。山东同志已知之甚习。

关于华中工作

（1）自到山东后更觉得华中我党我军之责任重大，对全党全军的关系重大。如山东及河北平原很难坚持，必然遇到损失。四师豫皖苏边的失败对华北的损失比对华中更大，华中各根据地的巩固不仅是巩固了华中的，而且巩固了山东。

（2）华中各地应最高度的［地］完成夏收任务，在夏收后到秋收约二个月时间，这二个月中应集中力量建立人民武装征收公粮及总结各地夏收工作，布置秋收后，应集中改造政权，扩大新兵人民武装，总结全华中工作，布置年来工作，目前扩大地方军主力尽可能争取时间整训。

（3）除奸工作。目前需要加强侦察，特务机关有计划的络［陆］续破获。将来在反共高潮时必在我后方的暴动发生，目前即应准备镇压暴动的机构。

（4）为了应付敌情，机关应缩小合并，有些机关则可穿便衣，如地方机关、干校、技术部门及新闻电台等均可与群众建立密切关系，在群众中埋伏工作。团以上干部中关于中国革命战略与策略教育必须加紧，这是一切政策的根本。而党政军民的关系问题亦为各种斗争形式与组织形式相互配合问题，现在根据地为此问题弄得很头昏，即因［应］对政策略问题是头昏的原因，现有令各地彻底讨论党政军民关系的必要。

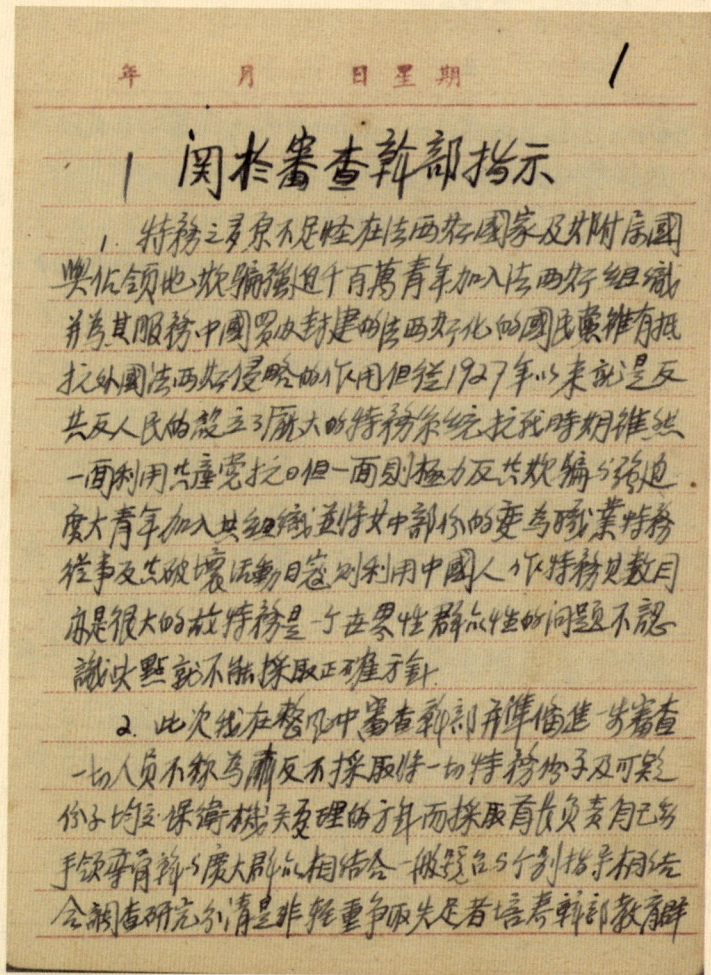

中共中央1943年12月7日《关于审查干部指示》

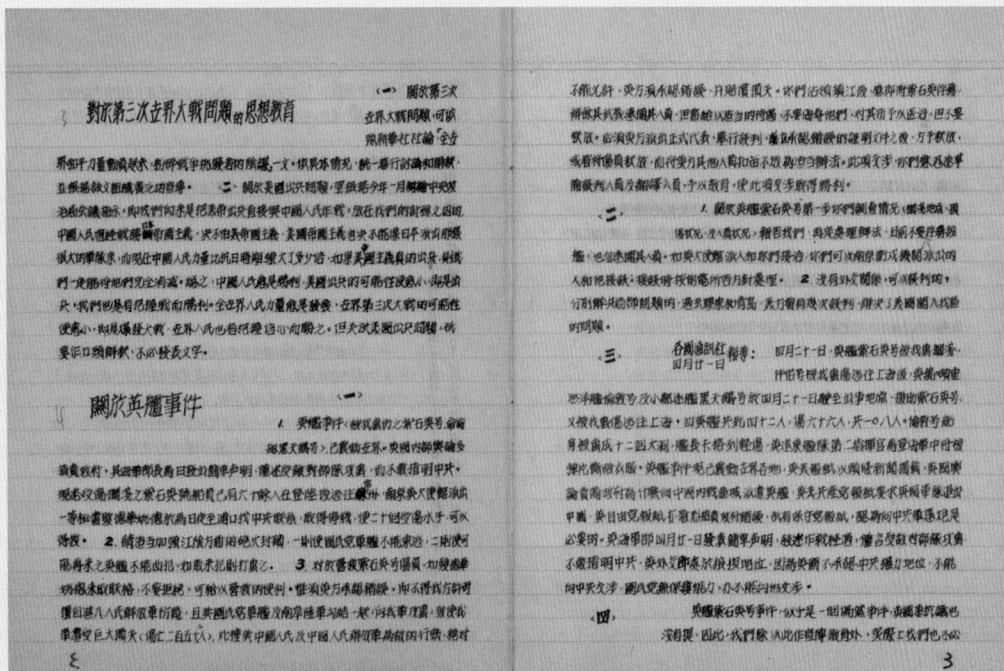

关于英舰事件

全文：

关于英舰事件[①]

（一）

1、英舰事件（被我击伤之紫石英号、仑伦刼黑天鹅号）已震动世界。英国内部舆论多指责政府，其海军部长马日发出简单声明，仅述受敌对部队攻击，而不敢指明中共。现悉受伤搁浅之紫石英号船员已有六十余人在登陆后逃往常州，南京英大使馆派出一等秘书爱德华姚德于马日夜至浦口找中共联系，取得停战，使二十个受伤水手可以得救。2、请适当加强江阴方面的炮火封锁，一则使国民党军舰不能东逃，二则使可能再来之英舰不能西犯，如敢来犯则打击之。3、对于营救紫石英号伤员，如爱德华姚德来取联络，不要拒绝，可以给营救的便利。惟须英方承认错误，即不得我方许可擅自进入人民解放军防区，且与国民党军舰及南岸陆军勾结一起，向我军攻击，致使我军遭受巨大损失（伤亡二百五十二人），此种与中国人民及中国人民解放军为敌的行动，绝对不能允许，英方须承认错误，并赔偿损失。你们占领镇江后，应即将紫石英俘获，解除其武装逮捕其人员，但须给以适当的待遇，不要侮辱他们，对其伤予以医治，但不要释放。必须英方派出正式代表，举行谈判，或立承认错误的证明文件之后，方予释放，或者将伤员释放，而将英方其他人员扣留不放为适当办法。此项交涉，你们应迅速准备谈判人员及翻译人员，予以教育，使此项交涉取得胜利。

---

① "紫石英号"事件是发生在1949年解放战争的渡江战役期间，英国皇家海军远东舰队紫石英号军舰无视警告擅自闯入长江下游水域前线地区，从而引发与中国人民解放军炮击英国军舰的军事冲突。"紫石英号"事件最大的影响是自1840年以来 "舰炮政策"在中国的终结，西文列强军舰结束了随意进入中国内河的历史。

（二）

1、关于英舰紫石英号，第一步，你们调查情况<搁浅地点，损伤状况及人员状况>报告我们，再定处理办法，目前不要停虏该舰，也勿逮捕其人员。如英大使馆派人和你们接洽，你们可以南京卫戍机关派出的人和他接谈。接谈时按前电所告方针处理。2、没有外交关系，可以谈判的，分别解决局部问题的，过去胶东和青岛，美方曾有几次谈判，解决了美国闯入我区的问题。

（三）

各国通讯社四月廿一日报导：四月二十一日，英舰紫石英号被我击搁浅，伴侣号被我击伤逃往上海后，英万吨重巡洋舰伦敦号及小驱逐舰黑天鹅号于四月二十一日驶至出事地点，援助紫石英号，又被我击伤逃往上海。四英舰共死四十二人，伤六十六人，共一〇八人。伦敦号船身被击成十二个大洞，舰长卡格列轻伤，英远东舰队第二指挥官马登海军中将被弹片撕破衣服。英舰事件现已震动世界各地，英美报纸以头条新闻揭载，英国舆论责备政府为什么向中国内战区域派遣英舰，英美共产党报纸要求英国军队退出中国。英自由党报纸亦激烈指责政府错误，只有保守党报纸，认为向中共军还炮是必要的。英海军部四月廿一日发表简单声明，叙述作战经过，仅言受敌对部队攻击，不敢指明中共，英外交部处于狼狈地位，因为英国不承认中共权力地位，不能向中共交涉，国民党无保护能力，亦不能向他交涉。

（四）

英舰紫石英号事件，似乎是一个偶然事件，英国连抗议也没有提，因此，我们除以此作宣传教育外，实际上我们也不必扩大这一事件。

（五）

紫石英两名受伤英国水兵曾自动反复声明该舰是先受我方轰击，故无法从彼等取得于我有利的证明，此点亦不甚重要。你们和英方谈判，应强调紫石英号系和国民党军舰一道闯入中国人民解放军的防区，并向我开炮，造成人民解放军二百五十二人之伤亡。亦不必单纯强调紫石英首先向我开炮一点。谈判方针步骤，仍须按南京市委规定原则实行。

（六）

中央辰微 华东局卯有电所请示的外交方针，中央卯有、卯宥两电已有具体规定，应即普遍适用于东南各地。关于紫石英号军舰的交涉，我们应以前线司令部名义与该舰负责人员进行直接谈判。如南京英大使馆有人从中参预［与］，我们只承认其以个人资格商谈救护该舰伤亡人员，如涉及该舰的错误和行动，我们应坚持与紫石英号直接谈判。

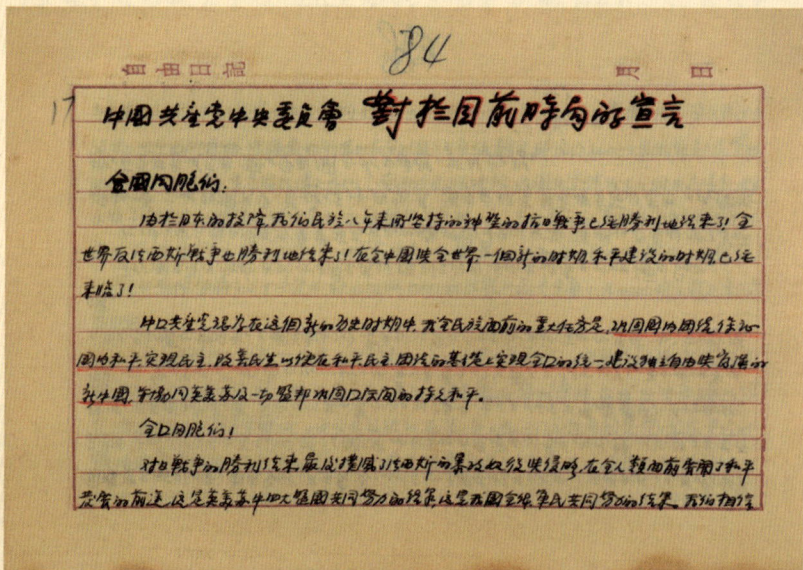

中国共产党中央委员会对于目前时局的宣言

华东局颁布入城纪律十二条

全文：
华东局颁布入城纪律十二条
革命军人手册第二册

城市秩序的好坏，首先决定于入城部队的纪律的好坏，特别决定于部队干部与接收干部能否忠实执行城市政策与能否严格遵守入城纪律。因此一切部队从军、政、后勤干部直到战士，一切接管机关从党、政、军民、财经、文教干部直到勤杂人员，在入城前必须普遍地、反复地、深入地进行党的城市政策的教育及入城纪律教育与接管城市的经验教育。一切部队干部及接收人员必须坚决遵守下列入城纪律。

第一，一切机关、部队、公营企业人员、采购人员、民兵、民工，凡未持有军管会所发之通行证或佩带军管会特许之证章者，一律禁止出入市区及工厂区。严厉处罚一切破坏秩序、损坏公物及盗窃国家财产的份〔分〕子。

第二，一切接收人员与入城工作人员，必须严格遵守"三大纪律，八项注意"。坚决执行人民解放军总部及华东军区所颁布的一切命令法规。严禁无纪律无政府现象。

第三，入城部队只有保护城市工商业之责，无没收处理之权。除易于爆炸和燃烧的物资如炸药、弹药、汽油等应迅速疏散出城并呈报军管会处理外，严禁搬运机器、物资和器材，严禁擅拆车轮及零件。

第四，除敌方武装散匪及其他持枪抵抗的人员应加俘虏及重要特务间谍与破坏份〔分〕子和重要战犯应加以逮捕外，严禁乱打人乱抓人的现象。

第五，任何部队有收集散在战场上的弹药、武器、其它军用品及军用物资之责，但无单独处理之权。必须开列清单，呈报军管会转报华东军区统一处理。严禁各部队后勤供给人员离开本身职务投机取巧，乱抓物资或抢购物资。

第六，一切入城的机关及部队必须遵照军管会所指定的房屋居住，服从公共房屋管理处的管理与分配，并教育一切人员爱护公物及使用室内外一切新式设备与卫生设备的方法。严禁擅移器具设备及盗窃破坏国家财产。所有部队机关一律不准住在工厂、医院、学校和教堂。

第七，在战斗结束后，除需要维持城市秩序一定数量的部队外，其他部队一律撤出城外，并在撤出前必须将任务移交清楚。一切驻在城内部队，应制定适合城市生活习惯的制度和规则。一切机关及部队人员不许在市内无故鸣枪，如需军事演习或练习射击时，必须得到军管会批准，并须到军管会所指的郊外地点演习。

第八，一切机关及部队人员应实行公平交易，不得强买强卖。所有部队人员及公务人员乘坐公共汽车或进入公众游戏场所，必须照规买票。所有汽车及其他车辆入城，必须遵守交通规则并服从交通警察之指挥。

第九，除外国侨民事务管理处外，任何机关和干部不许和外国人谈话或发生直接关系。对一切外国外交机关、教堂、学校、银行、工厂、商店及外国人的住宅，应予切实保护，严禁擅入外国侨民的机关及私人住宅。如外侨有犯罪行为者，须呈报军管会处理。

第十，除中国人民解放军总部、毛主席、朱总司令所发布的约法八章的布告外，不得乱写其它未经上级批准的标语和口号。对城市各种具体政策，必须经过中央与华东局批准后，方可实施。必须严格执行报告请示制度。

第十一，一切机关及部队人员应保持艰苦朴素作风，不准私受馈赠，私取公物。反对贪污腐化堕落行为。

第十二，厉行奖罚制度。对遵守纪律遵守城市政策有功者应给予精神和物质的奖励。对违反纪律违反城市政策者，必须彻底追究，并依情节轻重依法处理。

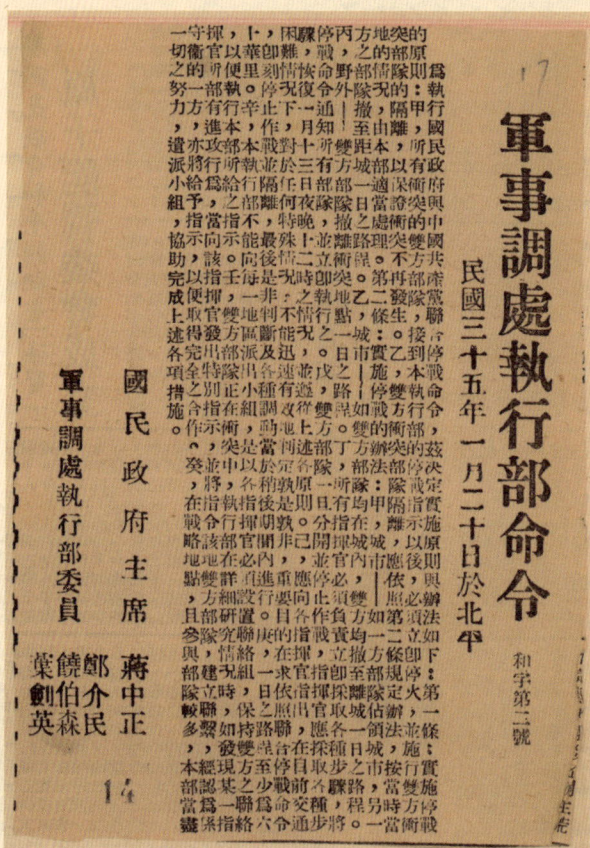

摘录本中的剪报

胡服、陈毅给苏中区党委和一师各负责同志的信

保管单位： 江苏省档案馆

内容及评价：

皖南事变后，李长江、杨仲华先后附逆。日伪加紧增设据点，分割与缩小我抗日根据地，进一步推行伪化政策。1941年3月20日，刘少奇、陈毅联名给粟裕、刘炎、陈丕显和管文蔚一封指示信，指出："过去顽固派集中力量对我进攻，使我不能集中力量抗敌，现在由三角斗争形势变为对日直接斗争形势了……因此，反对敌人和汉奸伪化苏北，保卫苏北抗日民主根据地就成为你们及苏北人民目前唯一的直接任务。"为了完成这个任务，"基本的中心的工作，就是要发扬与组织人民群众的抗日热情与积极性。"该信为苏北抗日根据地及时调整工作重心和斗争策略指明了方向，为苏北抗日根据地扭转不利形势、进一步得到巩固奠定了思想基础，是新四军研究的重要文献。

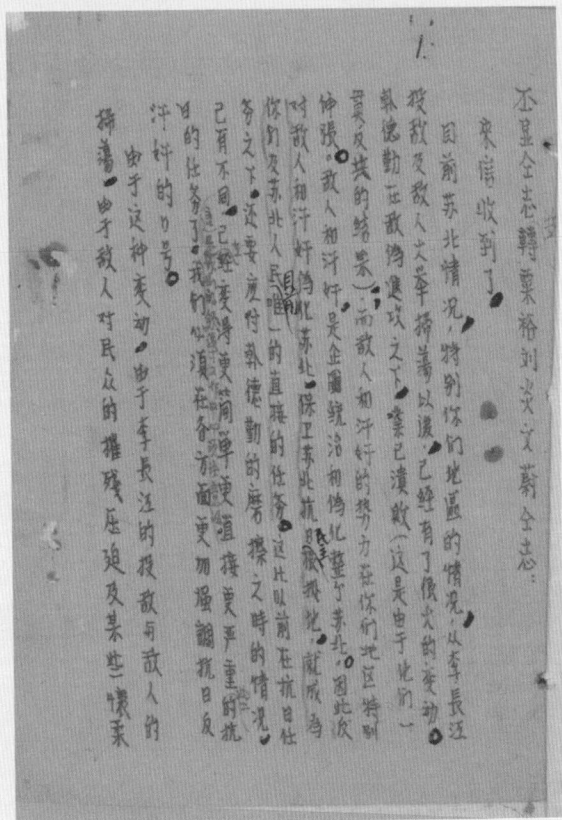

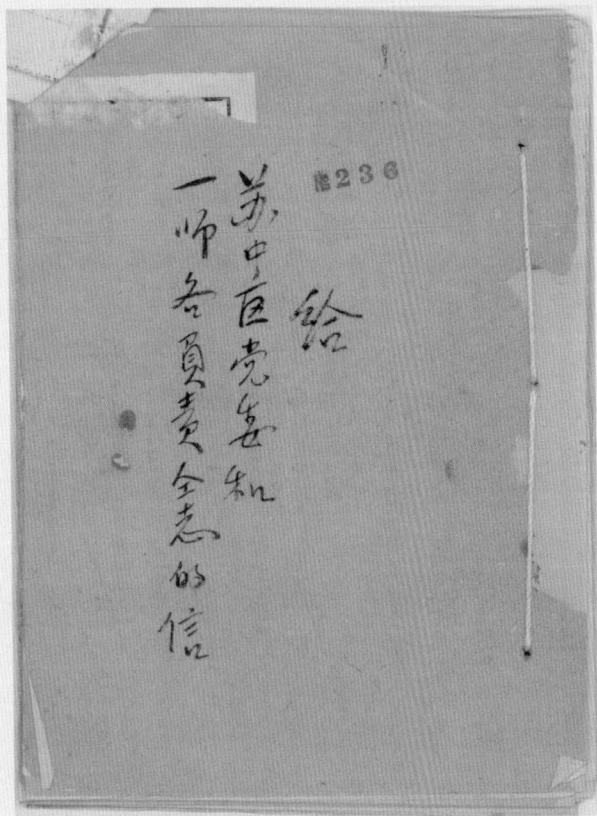

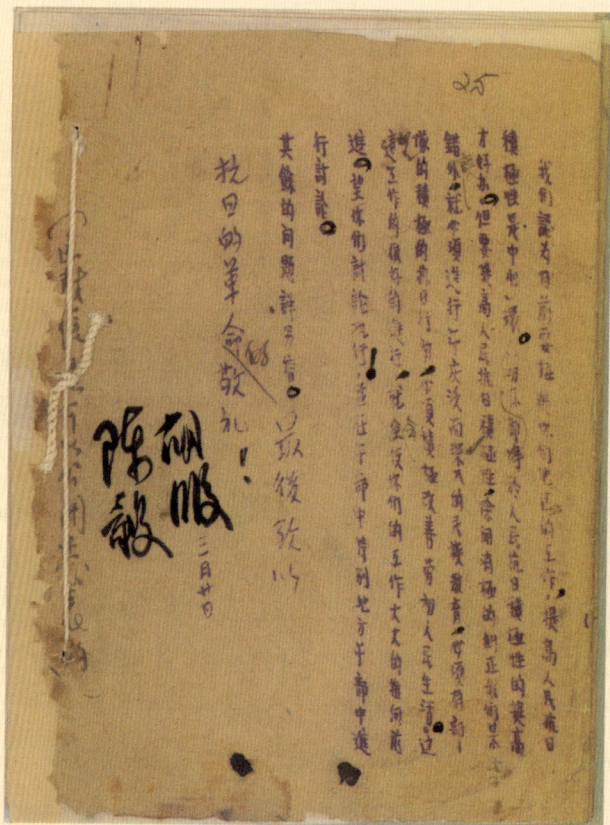

全文:

丕显同志转粟裕刘炎文蔚同志:

来信收到了。

目前苏北情况,特别你们地区的情况,从李长江投敌及敌人大举扫荡以后,已经有了很大变动。韩德勤在敌伪进攻之下,业已溃败(这是由于他们一贯反共的结果);而敌人和汉奸的势力在你们地区特别嚣张,敌人和汉奸是企图统治和伪化整个苏北。因此,反对敌人和汉奸伪化苏北,保卫苏北抗日民主根据地,就成为你们及苏北人民目前唯一的、直接的任务。这比以前在抗日任务之下还要应付韩德勤的摩擦之时的情况,已有不同,现在的任务是已经变成更简单、更直接、更严重的抗日的任务了。这是在我们的领导工作必须注意的。我们必须在各方面更加强调抗日反汉奸的口号。

为了发扬人民中深厚的抗日的爱国的热情,单是一般的肤浅的鼓动,还是不够的。还必须(一)要在人民中进行广泛而深入的民族教育;(二)要奖励与发扬抗战中的各种英勇的事迹,特别是本地的英勇事迹,要打击民族败类汉奸的可耻事迹;(三)要有我军及民众武装的英勇坚决而胜利的抗日行动;(四)要切实改善劳动人民的生活,减轻人民的负担,但又不要因此而走到消灭地主与资本及降低根据地经济的过左错误;(五)要正确执行党的统战政策,一切抗日部队要有良好的纪律;(六)要将已经发动起来的民众的热情,在组织上巩固起来,变为各种具体的经常的抗日行动。我们想,发扬与组织数十百万人民的抗日热情与积极性,是你们目前基本的中心的工作,你们应深入的[地]研究与检讨这些问题。

对于各地方的丧失民族气节及自尊心、自信心的具体事实，必须加以严格的批评与反对。除在行政上给某些投敌资敌行为以禁止与处罚外，在教育上要公布各地汉奸的姓名，要在群众大会上公布投敌当顺民的组织者的错误与可耻，替他们在墙壁上悬黑榜，以教育人民，使人民知道这样做是不对的。而对于各地抗日战争的英勇事迹，在抗战中的牺牲者、罹难者，则应加以鼓励，在群众中、大会上奖励他们，安慰与抚恤他们，悬红榜，立纪念碑，开追悼会，使人民觉得这些人这样做是对的，是民族英雄。要在这些具体事实上来教育民众，以提高民众为民族国家而牺牲奋斗的英勇精神。

这种民族教育的普遍与深入，人民抗日积极性的提高，民族觉悟民族自尊心自信心的提高，一切抗日工作才好做，才能有广大群众的拥护与参加。否则，人民所想的与我们所想的，是不能一致与配合的。

在部队中进行这种教育，也是巩固与扩大部队的前提条件之一（在部队来说还必须着重进行共产主义的教育）。在我们部队中，现有不少的新成分，他们来自民间或国民党部队，而我们部队无薪水，无官做，官兵平等，衣食困难，打仗又多，操课又多，又不能发洋财……而其他的部队有薪水，有官做，衣食较好，打仗又少，操课也少，还有洋财可发……如果单从这方面来比较，那自然是其他的部队能发展，而我们的部队不能发展，人们都不会当我们的官兵，然而由于我们的部队有深入普遍的民族教育与阶级教育，官兵有高度的民族觉悟与阶级觉悟，再加之以我们办事认真，不为个人利益，不贪污，注意改善部队给养，打胜仗，纪律好，民众拥护，有光明的发展前途……所以我们的官兵生活虽苦，牺牲虽大，但仍是能发展、能巩固的。许多的人们愿意到我们部队，而不愿到国民党部队。人民中民族觉悟的提高，就会有更多的抗日分子来加入我们部队，这就是扩大我们部队取之不尽的基础。

有人说：现在党外的部队有薪水，生活较好，而我们的部队无薪水，生活较苦（固然这种情形有改变的必要），于是就有许多人不愿意加入我们部队工作。同志们！这还只是事情的一方面。事情的另一方面我们也应看到，即那些不愿意加入我们部队的这许多人，是什么人？他们不见得是为了抗日，而是为了有薪水与生活好。这些人如到我们部队来，没有一个转变，是不能很好干下去的，但那些为了抗日的人，他们就可以不去计较有无薪水与生活好坏。这就是我们部队巩固与扩大的基础，所以，我们必须从这方面来努力，即在我们部队中、民众中加紧民族教育与阶级教育（自然同时要注意尽可能改善我们部队必需的生活）。

地方的民众的抗日武装，也是一样。

半年来，在你们地区组织地方武装的成绩虽有，但不很大，还没有组织起真正有些战斗力的、能打鬼子的许多地方武装。这要使主力及根据地工作发生许多困难。这是由于主力收编地方武装过多过早，也由于我们发扬与组织群众抗日积极性不够。为要组织多数的地方抗日武装，并使这些地方武装能够打鬼子，保卫根据地，及走向正规化起见：第一、你们不要随便将地方武装编入主力，应派多数干部有时并应以主力之一编入地方部队，使地方部队巩固、扩大、提高战斗力在人民中的信仰，使地方部队正规化，成为主力。这对主力及地方部队均好。第二、要在民众中进行广泛而深入的民族教育，提高人民的抗日积极性，以便能够组织数十万不脱离生产的真正抗日的自卫军、青年模范队及在各地组织许多脱离生产的独立营、独立团、独立支队等。这也是主力补充扩大的雄厚基础。你们必须有长远的眼光来进行这个工作。

目前我们扩大部队及组织地方武装的办法，还是临时的、不得已的、不好的办法。我们委任地方上的人去扩兵与组织武装，这些人中有许多还不见得是地方上的正当人士，他们来扩兵组织武装，本意并不是为了抗日救国，而是在抗日救国口号下来求得做官、发洋财、敲诈、报私仇及形成个人势力等。所以我们最近的扩兵人员及某些地方部队在外敲诈、犯纪律、报私仇等事，层出不穷，种下极不好的影响，所以这种办法，必须停止与改正。他们本来就不是来抗日救国的，而是来抗日做官、发财、报私仇的，那么他们要犯纪律就决不可避免（不管他们口头上如何讲得好）。所以根本就不能要他们去扩兵与组织武装。真正的地方抗日武装必须由真正有抗日救国决心的人来组织与指挥。但这只有提高人民的民族觉悟及抗日积极性才有可能。只有在广大群众的抗日救国、抗日保家的热潮之下，才会有大批的抗日战士加入我们部队，才有可能组织真正的抗日地方武装，数十万自卫队的组织，也才会成为群众自觉的运动，而不会是被强迫的壮丁队。

部队胜利的［地］积极的［地］打击敌伪，是最能发扬与提高人民的抗日情绪。所以各部队必须有积极的抗日行动，尤其当鬼子来进攻的时候，必须给以打击。否则，部队就不能发展与巩固，人民的抗日情绪也不能提高，实力亦不能保存。我们是在坚决英勇胜利的抗日战斗中发展与壮大自己的，这就是我军发展的规律。违背这个规律，我们就不能发展，而且不能保存。自然我们是不应该作孤注一掷的硬拼，而应该作长期的打算，但我们必须积极打击敌伪。

目前你们在军事上应该注意消灭与争取伪军，应注意确实切断敌人的交通（首先是如皋、东台、兴化、泰州间的交通），阻止敌人修公路，封锁东台城及其以南的据点，禁止人民回东台城去（至少在最近要禁止），以逼走敌人。要使敌人在东台无粮食、无商业、不能交通，敌人就非走不可。只要敌人没有伪军，没有汉奸，交通不便，敌人就无法建立统治的。所以我们必须抓紧打击与争取伪军及断绝敌人交通。

我们积极的抗日行动，最能提高群众抗日积极性；群众抗日积极性提高，又更能协助我军抗日，这是互相影响的。

改善劳动人民的生活也是一样，应在抗日的大前提下来改善。而人民生活的适当的改善，就会大大提高人民的抗日积极性。要把改善民众生活与对民众进行民族教育、提高民众抗日积极性密切联系起来。在目前你们要注意救济没有吃的农民贫民，发动他们低息的向有钱有粮者借贷，在夏收后保障本息归还。减息赎田，准备夏收后的普遍减租运动，这些都是要抓紧来做的。并在这些工作中使农会、工会、青年、妇女团体变为有真正广大群众参加的团体。

我们认为目前要推进你们地区的工作，提高人民抗日积极性是中心一环。一切都有待于人民抗日积极性的提高才好办。但要提高人民抗日积极性，除开消极的纠正我们某些错误外，就必须进行一个广泛而深入的民族教育，必须有部队的积极的抗日行动，必须积极改善劳动人民生活。这些工作很好的进行，就会使你们的工作大大的推向前进。望你们讨论执行，并在干部中特别是地方干部中进行讨论。

其余的问题详另信。最后致以抗日的革命的敬礼！

胡服　陈毅

1941年3月20日

江南新四军北移告别民众书

保管单位：江苏省档案馆

内容及评价：

    抗战胜利后，我党我军主动让出包括苏浙地区在内的江南八个解放区，表现了中国共产党的和平诚意。1945年9月，根据中共中央在同国民党和平谈判中作出的重大让步，新四军在浙东、苏南、皖南的部队分别撤到长江以北。为部署北撤和留守坚持事宜，苏浙区党委在宜兴张渚召开会议，决定留下一部分党政军干部坚持原地斗争，建立苏浙皖特委，对外称新四军浙皖边区留守处和苏浙皖边区司令部。10月1日，新四军政治部发布告别民众书，指出江南部队北移是中国共产党顾全大局，以国家、民族利益为重，是为了制止日伪和反动派的阴谋，为了避免内战，实行国内和平与团结，并号召江南人民用各种办法，坚决要求国民党当局保持各种民主设施，同时表示："我们这番暂时和你们告别，在离你们不远的江北就有很多强大的解放区，我们将全心全力地支持你们，你们决不孤立！"

    告别民众书体现了中国共产党高超的军事斗争策略、政治宣传水平以及江南新四军与根据地人民群众的深厚感情，具有重要的史料价值。

全文：

告别民众书

亲爱的父老兄弟姐妹们：

几年以来我们在你们亲切爱护与支持下坚持了抗战，建立了根据地，和你们一道过着民主自由快乐的生活。我们和你们的联系，正同血和肉一样的密切，但是现在我们却要忍痛向你们告别了。在离别之前，我们想向你们讲几句话：首先让我们对你们表示衷心的感激，因为没有你们的爱护和帮助，我们将一事无成。同时，我们要向你们道歉，因为我们过去在保卫你们利益的事业上，还有许多做得不够，做得不好。因此我们只能用今后的加紧努力，来报答你们了。那么为什么我们不能好好的老和你们在一起，忽然要和你们分手呢?你们知道，我们的抗战是胜利了，我们现在要什么呢?我们要和平、民主、团结，我们不要什么呢?不要内战和独裁。但是已经宣布投降的日本帝国主义和汉奸，都还在和我们作对，他们偏偏在用全力来挑拨内战，破坏团结，阻扰民主。中国国内一些没有心肝的反动分子，竟和他们心心相印，与他们合流合作起来残害和欺骗同胞。以中国人民的利益为利益的共产党，是不能看过这样的严重危险的。他要彻底打破敌伪和反动派的阴谋，要求得和平团结的实现，就向全国指出和平、民主、团结的大道，毛主席并应蒋委员长电邀，亲自到重庆和国民党当局谈判。同时为了促进谈判成功，为全国和平团结的迅速实现，就又委曲求全自愿将江南的新四军全部转移到江北。谁都了解这是共产党对国民党的一个极大的让步，但共产党为了制止敌伪和反动派的阴谋，为了避免内战，实现全国和平团结，就不能不忍痛这样做。我们相信中国共产党的这种顾全大局的伟大胸怀及委曲求全的苦衷，是能够得到全国人民的赞许和谅解的。当然，对于我们的转移，可能有各种各色的猜想和造谣。比如，有人会这样说：我之转移是由于国际条件不好，力量单薄，被迫撤退的。那么我们可以告诉他们，全世界法西斯的垮台，民主势力的胜利，给中国人民中国共产党以最有利益的条件；我们解放区的力量，不仅完全足够粉碎任何方面来的进犯，而且还在迅速扩大我们的解放区，为了和平团结便决定自动撤退。再比如，有人这么说：共产党新四军视人民为草芥，他要就要，丢就丢。但谁都记得，"八·一三"真正贻害江南无辜人民于敌人铁蹄下的，究竟是谁?而后来真正从敌人铁蹄下把他们解放出来过民主自由生活的又是谁?又有人会这么说：共产党新四军说走是骗人，他决不会真走，但事实会表示出我们是诚心诚意为了实现全国和平团结，为了全中国人民利益而从江南撤退，我们是言行一致，说到做到的。总之，一切不明真相的猜想，最后总会证明是毫无根据的，一切恶意的造谣和攻击，则一定会由铁的事实来粉碎。同胞们!我们希望你们要沉着，要坚定，决不要被那些谣言蜚语所困惑。你们应该坚决勇敢地为保卫自身的利益，为完成团结、民主、和平的大业而奋斗。在抗战时期，由于你们付出了极大的努力与牺牲，才取得胜利。在今后你们一定要作同样的努力，去保卫已得的胜利的果实。过去你们已经学会了怎样进行武装斗争来取得胜利，今后你们还应该学会用和平的合法斗争，来保卫各种已得的利益。你们应用各种各样的方法，坚决要求国民党当局切实执行下列各项：

（一）保证复员战士、伤病员和抗属的安全，并加以妥善照料。保护新四军的留守机关，以及照料不能撤退的伤病员和抗属。

（二）保持各种民主设施。对过去抗战与民主建设有功的人民和复员的干部，应保护其生命财产的安全，享受民主权利，不得加以虐待或歧视。

(三)保持减租减息和废除苛杂的利益，很好的办理复员，救济难胞。

(四)保障中国共产党及民主党派公开活动的合法地位，如有违反上述各项者，你们应该坚决起来反对。

亲爱的同胞们!现在全国和平团结民主尚未实现，你们是可能遭到很多的困难，甚至会遭受反动派的摧残和迫害。关于这点，我们已向国民党当局和驻军着重提出，要他们以国家人民利益为重，不要挟私报仇，残害同胞，但尽管我们这样做，你们仍要百倍警觉勿受骗，勿被暗算。同时应采取各种的办法，根据和平、民主、团结的总方针，加强自身的团结，做到象〔像〕亲兄弟一样，要不断督促国民党当局顺从民意，实现民主，保护各种既得的利益。

同胞们!现在敌伪还在挣扎，反动派还在耍阴谋，我们面前还有极大的困难，但我们相信在德、意、日法西斯已被打倒，全世界和全中国民主势力汹涌澎湃的今天，我们一定能够克服困难，得到胜利。我们这番暂时和你们告别，在离你们不远的江北，就有很多强大的解放区，我们将全心全力地支持你们，你们决不孤立!在今天任何悲观动摇只有利于敌和反动派!你们必须坚决斗争到底，特别是对留下的伤病员和抗属，你们要以最大关心保护和照料他们，要坚决反对对伤病员和抗属任何不利的行动。亲爱的同胞们!世界和中国的局势均在奔向光明，独立自由繁荣的新中国已经显出了头，只要我们继续奋斗，排除一切悲观失望的情绪，朝着和平民主团结的大道前进，我们是一定能够胜利的!别了，亲爱的父老兄弟姐妹们，我们再一次虔诚地要求你们接受我们深深的感谢和慰问，并祝你们健康!

新四军

民国三十四年十月一日

苏皖边区政府档案

保管单位：江苏省档案馆

内容及评价：

1945年10月初，中共中央华中局根据中央提出的"向南防御，向北发展"的指示精神，向党中央提出申报筹建华中分局、苏皖军区（即华中军区）和苏皖边区政府的报告。10月25日，中共中央华中分局成立，邓子恢任书记，谭震林任副书记。同时成立华中军区，张鼎丞任司令员，邓子恢兼任政委。10月29日，苏皖边区临时行政委员会组成，邓子恢、张鼎丞、谭震林、粟裕、曹荻秋等27人为委员，李一氓为主席，刘瑞龙、季方、韦悫、方毅为副主席。11月1日，苏皖边区政府正式宣告成立。12月3日，边区政府决定统一全区行政区划，建立8个行政区，辖73个县市，清江市（今淮安市）为边区政府直辖市。各行政区设专员公署，直接受边区政府领导。苏皖边区政府成立后，继续放手发动群众，在不放松武装自卫的条件下，致力于解放区的新民主主义政治、经济、文化建设，使处于国民党统治中心卧榻之侧的苏皖解放区在很短的时间内跻身于"全中国民主建设的楷模"行列。1946年9月19日，新四军主动撤出淮阴，苏皖边区政府亦随之撤离，并辗转北上山东，不久，自行撤销，但对外仍保留苏皖边区政府名义，直至1947年11月华中行政办事处成立。

苏皖边区政府存在的时间尽管不算很长，但它以民主建设取得的辉煌成就和为争取和平、反对内战所作的种种努力及其重大成果，成为耸立在苏皖解放区的一座不朽丰碑，不仅对当时全中国的民主建设产生了重要的影响，而且为后来新中国的诞生和国民经济的恢复、发展提供了有益的经验。馆藏苏皖边区政府及其一、二、五、六、九专署档案共有560余卷，内容主要包括生产建设、财政金融、干部人事、公安司法、民政等，具有十分鲜明的根据地工作特色，是苏皖边区历史研究的第一手史料。

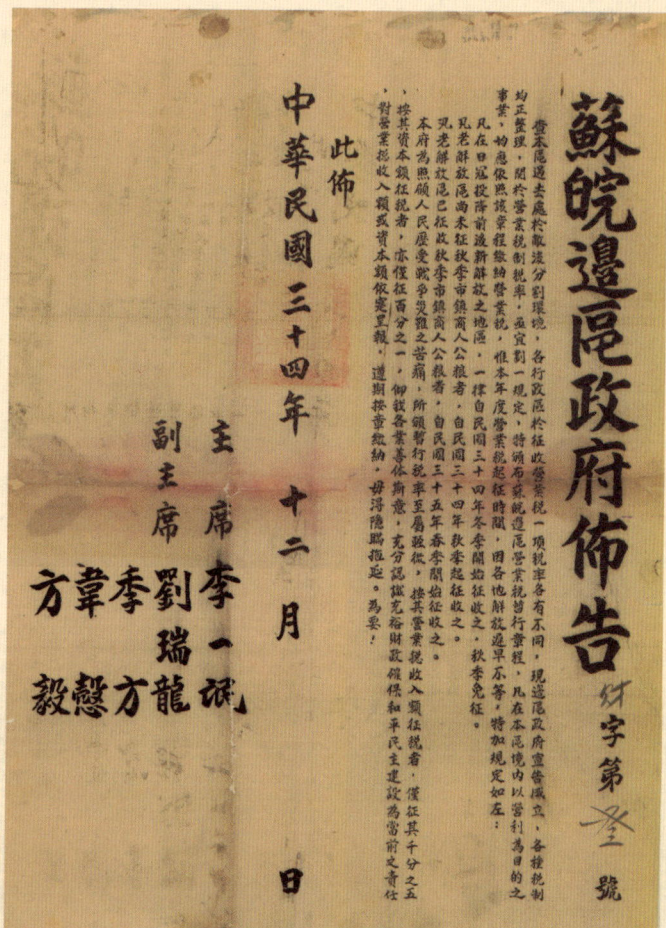

1945年12月，苏皖边区政府关于统一颁布苏皖边区营业税暂行章程的布告。

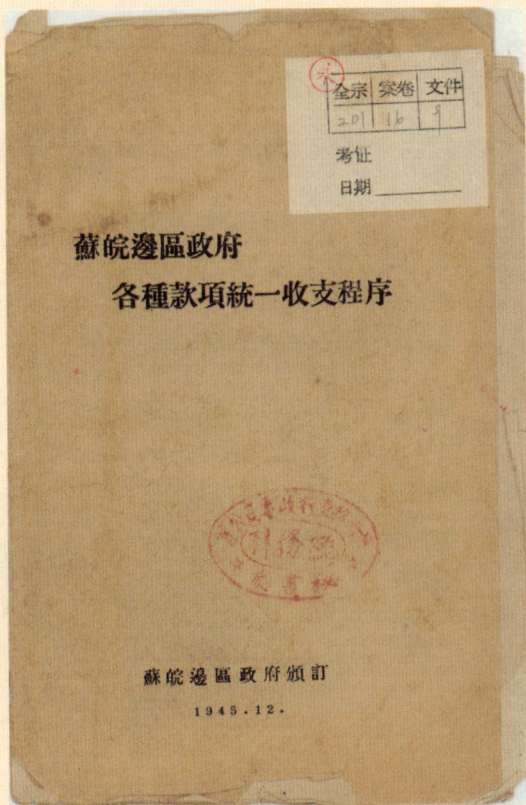

1945年12月，苏皖边区政府各种款项统一收支程序。

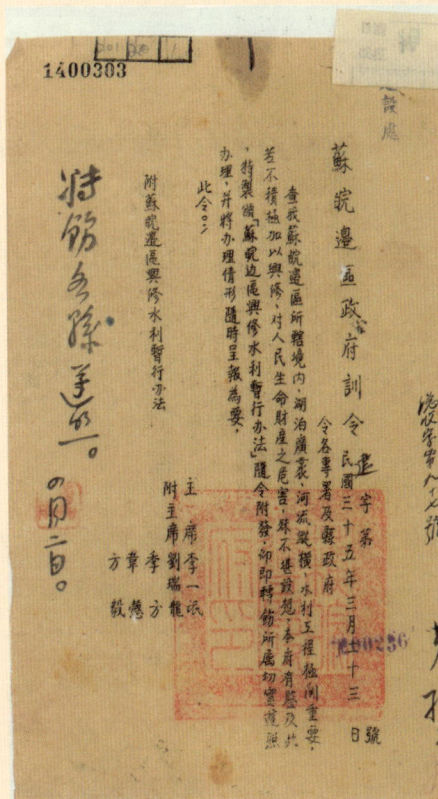

1946年3月，苏皖边区政府关于颁布兴修水利暂行办法的训令。

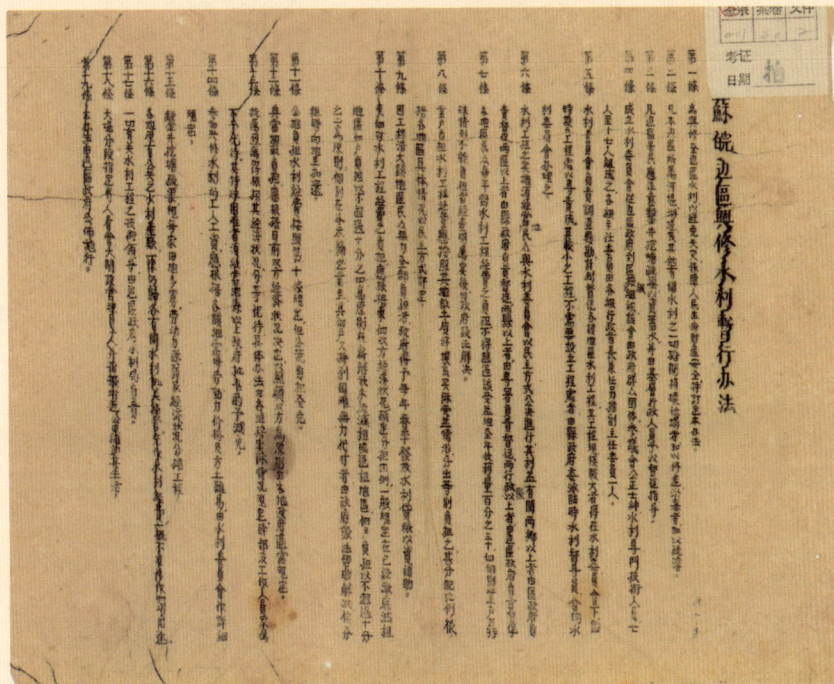

苏皖边区兴修水利暂行办法

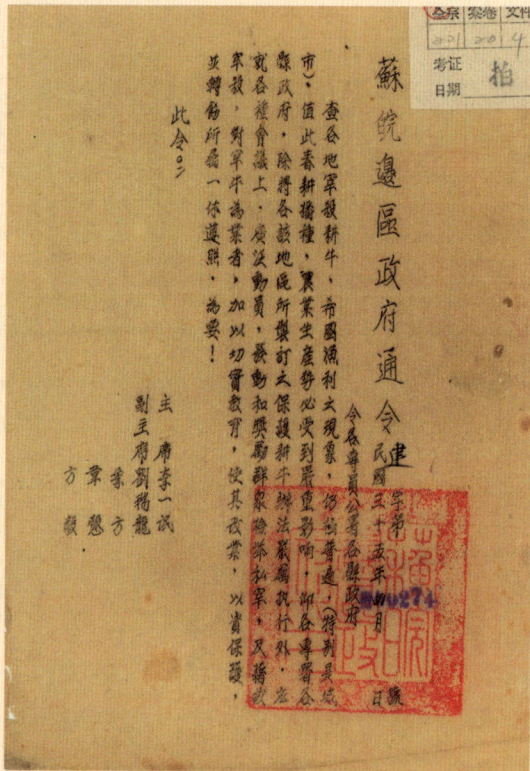

1946年4月，苏皖边区政府关于保护耕牛的通令。

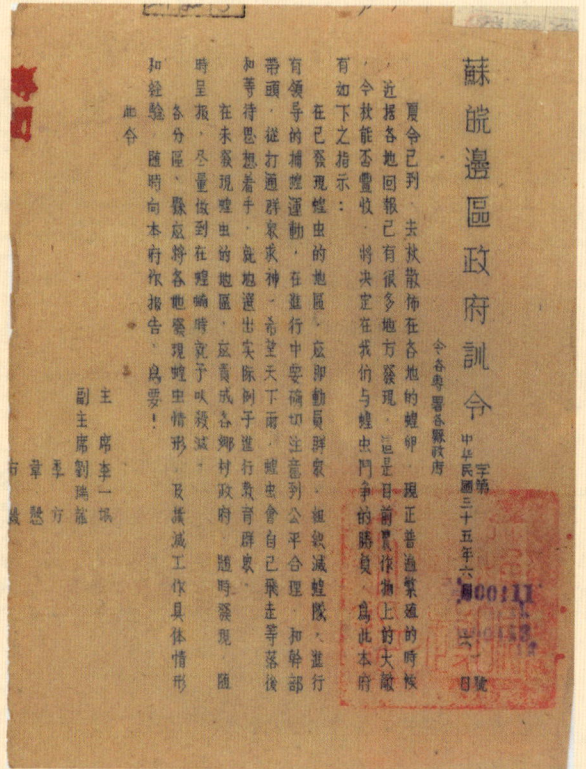

1946年6月，苏皖边区政府关于防治蝗虫的训令。

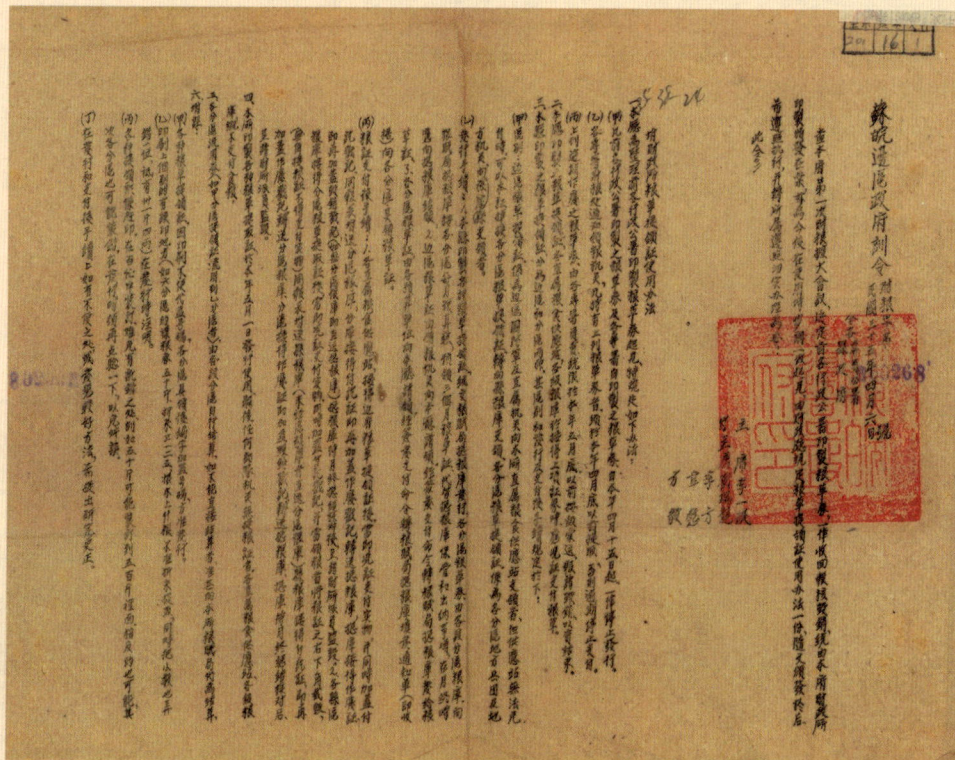

1946年6月，苏皖边区政府关于颁发粮草提领证使用办法的训令。

全文：

为揭发所谓"苏北难民团"真象和国民党反动派内战阴谋
告江南苏北同胞及社会人士

江南的苏北同胞暨全国各界人士：

最近国民党反动派利用他们一手导演的"苏北难民团"的还乡把戏，发动内战，积极向我苏北解放区大举进攻了！

谁都知道，反动派为了要配合军事上进攻苏北，一定要制造政治阴谋，以迷惑同胞，欺骗社会，掩盖他们内战罪恶。深恐一般人不明真相，不得不根据事实加以说明：

首先，我们要问：国民党反动派真的会关心"苏北难民"吗？他们成天喊着"难民还乡"和"救济难民"，究竟是什么一回事呢？事实告诉我们：反动派天天在强占全国的车辆和船只，运兵运军火和军用物资，以进行内战，而流浪在重庆成都昆明等地许多无家可归的难民，为什么不设法使他们还乡呢？在四川湖南江西广西等省，受灾荒的难民，人数在四千万以上，反动派救济的情形究竟怎样呢？就是在我苏北地区，由于过去敌伪不断扫荡清乡，又加上年来的水灾和虫灾，以致今年春天发生了严重的灾荒现象，除了这里的民主政府尽力抢救外，也从来没有听到国民党当局有什么"救济"！相反的却扣留联总给苏北解放区很少的救济物资，反动派对全国难民既这样冷淡，而对所谓"苏北难民"却又那样关心，明眼人就会知道他们所玩的把戏了。

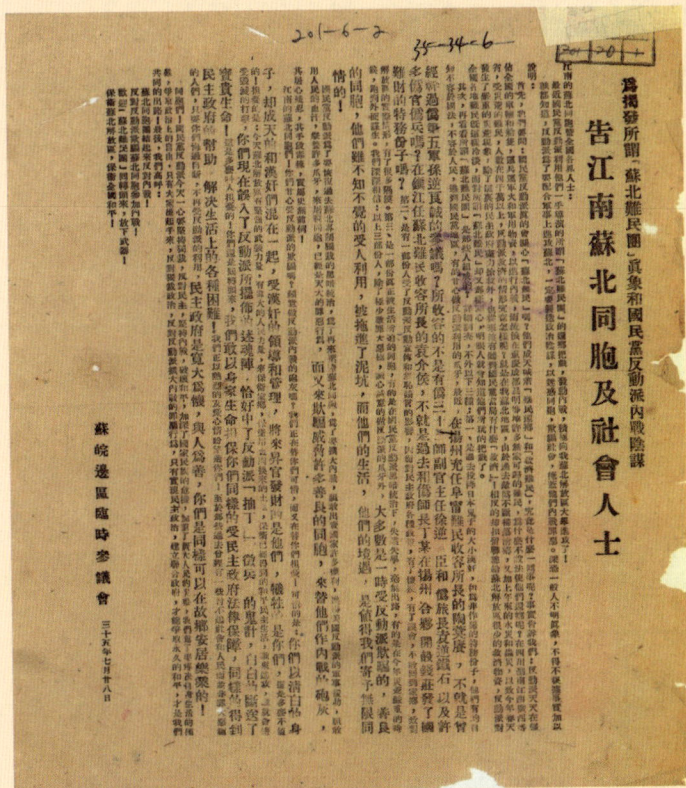

1946年7月苏皖边区临时参议会《为揭发所谓"苏北难民团"真象和国民党反动派内战阴谋告江南苏北同胞及社会人士》

其次，再看看所谓"苏北难民团"是那〔哪〕些人组成的？详细调查，不外以下三种：第一、是过去投降日本鬼子的大小汉奸，和为非作恶的特务份子，他们有的自知不容于国法，不容于人民，逃到国民党地区，有的甘心做反动派利用的爪牙，最近，在扬州充任阜宁难民收容所长的陶寰庚，不就是曾经干过伪第五军孙逆良诚的参议吗？所收容的不是有伪三十三师副官徐逆干臣和伪旅长袁逆铁石以及许多伪官伪兵吗？在镇江任苏北难民收容所长的袁介侯，不就是过去和伪师长丁某在扬州合伙开设钱庄发了国难财的特务份〔分〕子吗？第二、是有一部分受了反动派反动宣传和无耻谣言的影响，因而对民主政府各种政策，有了怀疑，有了误会，不敢回到家乡，致对解放区的实际情形，有了很多隔膜。第三、是一部分真正被生活所迫的同胞，有的是在国民党反动派黑暗统治下，失业失学，毫无出路，有的是在今年灾荒严重的时候，跑到外面谋生。我们深深相信：以上三部份［分］人，除了极少数罪大恶极，诚心诚意的［地］做反动派的爪牙外，大多数是一时受反动派欺骗的善良的同胞，他们虽不知不觉的［地］受人利用，被拖进了泥坑，而他们的生活，他们的境遇，是值得我们寄予无限同情的！

国民党反动派为了要恢复过去苏北专制独裁的黑暗统治，为了再来压榨苏北同胞，为了要扩大内战，胆敢出卖国家许多权利，获得美国反动派的军事援助，胆敢用人民的血汗，豢养许多爪牙，来屠杀同胞，已经是天大的罪恶行为，而又来欺骗威胁许多善良的同胞，来替他们作内战的炮灰，其居心残忍，其手段毒辣，实属史无前例！

江南的苏北同胞们！你们甘心受反动派的欺骗吗？愿意做反动派内战的炮灰吗？我们正在替你们可惜，而又在替你们担忧！可惜的是：你们以清白的身子却成天的和汉奸们混在一起，受汉奸的领导和管理，将来升官发财的是他们，牺牲的是你们，这是多么不值的！担忧的是：今天苏北解放区有坚强的武装力量，有伟大的人民力量，来保卫家乡，保卫用血肉换来的土地，保卫已经得到的和平民主生活，谁来进攻，谁就会遭受毁灭的打击，你们现在误入了反动派所摆布的迷魂阵，恰好中了反动派"抽丁"征兵的鬼［诡］计，白白的［地］断送了宝贵生命！这是多么叫人担忧的！你们还是回转头来，我们敢以身家性命担保你们同样的［地］受民主政府法律保障，同样的［地］得到民主政府的帮助，解决生活上的各种困难！我们正以热烈的友爱心情盼望着你们！至于那些过去曾经有一些对不起社会和人民而并非罪大恶极的人们，只要你们悔过自新，不再受反动派的利用，民主政府是宽大为怀，与人为善，你们是同样可以在故乡安居乐业的！

同胞们！国民党反动派今天一心要坚持独裁，反对民主，坚持内战，破坏和平，加深了国家民族的危机，加重了广大人民的灾难，我们为了要解决自身生活的困难，争取政治上的自由，只有大家携起手来，反对独裁政治，反对反动派扩大内战的罪恶行为，只有实现民主政治，建立联合政府，才能争取永久的和平，才是我们共同的出路！最后，我们高呼：

苏北同胞团结起来反对内战！

反对反动派欺骗苏北同胞参加内战！

欢迎"苏北难民团"回转头来，放下武器！

保卫苏北解放区，保卫全国和平！

苏皖边区临时参议会① 三十五年七月廿八日

---

① 抗战时期，在江苏及邻省部分地区的革命根据地，先后成立了淮海区参议会、盐阜区临时参议会、淮南津浦路东参议会、淮北苏皖边区参议会等民主机关。1945年日本投降后，苏中、苏北（淮海区、盐阜区）、淮南、淮北4个解放区连成一片，4个解放区组成了统一的苏皖边区政府，原有的各区参议会合组成苏皖边区临时参议会，于1945年12月在清江市宣告成立，直至1946年9月淮阴、淮安等地被国民党军占领后终止。

全文：

苏皖边区政府布告

民字第00364号

查减租、减息、改善工人生活法令，迭经各地区民主政府公布，并加紧推行以来，卓著成效，群众生活大为改善，各阶层人民团结愈趋巩固，生产情绪普遍提高，民主建设力量与日俱增，但新解放区人民不明政府法令真义，加之反动份〔分〕子谣言所惑，而意存观望者所在多有，老解放区昧于大义，日久玩生，阳奉阴违，延不执行法令者，亦个别发现。反攻后各地没收之汉奸土地，亦多未尽妥善处理，本府除另颁统一减租减息及增加工资条例外，再将各项基本原则择要布告，仰我各界同胞一体遵行。

甲、没收汉奸土地：

一、罪大恶极之汉奸所有土地，以及倚仗敌势欺压霸占购买之土地，一律没收。

二、此项没收之土地，平均分配给无地及地少之贫苦农民，以及贫苦抗烈属复员军人执业耕种。

三、没收及分配之手续，由各地政府或法院会同参议会群众团体进行之。

乙、减租：

一、分租按未减租前原租率，对半分者改为三五、六五分（如收一石地，地主得三斗五升，佃户得六斗五升。）四六分者改为三七分，三七分者改为二五、七五分，原租额不到二五、七五分者，根据二五减租原则酌减，已实行减为三七分租地区，不再变更。

二、包租按民国二十六年实交租额，实行减租，租额过高者重新评定，减租后出租人所得不得超过土地正产物收获量百分之三十五，不到百分之三十五者，不得再行增加。

三、民主政府成立法令公布之日起，未遵令减租者，其应减租额，一律照数退给佃户，如屡次顽抗不减或减后威逼佃户退回者，除如数退租加二成利外，并以欺诈取财论处。

四、取消一切陋规，虚田查实，实地交租，押租全部退给佃户，民主政府成立前所欠地租，一律免交。

五、主佃双方所订旧租约一律交出作废，根据新法令订立新约，减租之后，佃户必须依约交租，保障田权，出租人不得无故抽地。

丙、减息：

一、民主政府成立前，贫民所借之债，按二分行息，利过本停利还本，利两倍于本，本利停付。

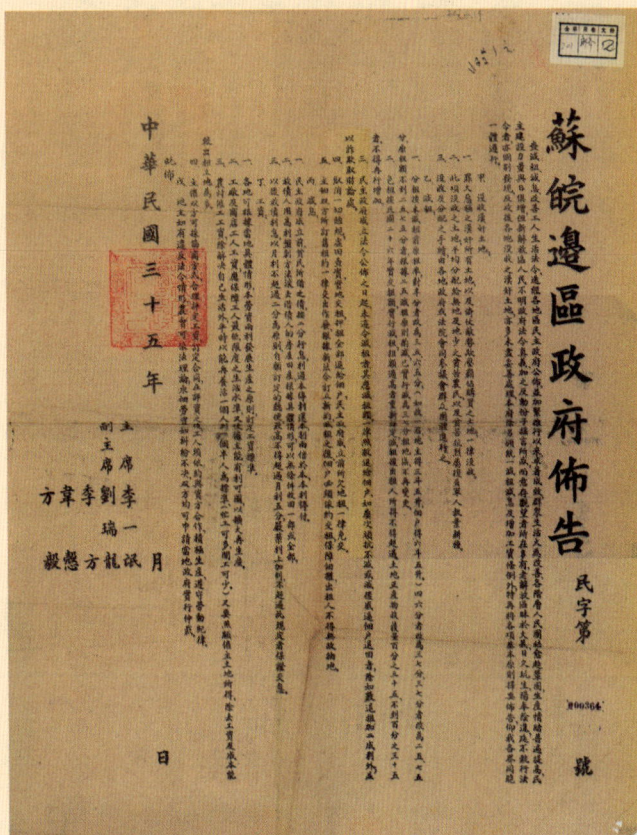

1946年苏皖边区政府关于重申并择要公布前颁减租、减息、改善工人生活等法令的布告

二、放债人用高利盘剥方法滚去借债人的房屋田产，根据具体情形，可以无条件收回一部或全部。

三、以后放债利息，月利不超过二分为原则，自愿订定的听便宜，最高不得超过月利五分，严禁利上加利，不超过此规定者保证交息。

丁、工资：

一、各地可根据当地具体情形，本劳资两利发展生产之原则，订定工资标准。

二、工厂及商店工人工资，应保障工人最低限度之生活水准，又使雇主能有利可图，以扩大再生产。

三、农村雇工工资，除解决自己生活外，平时以能再养活一个人到一个半人为标准（忙工可多，闲工可少。）又要照顾雇主土地所得，除去工资及成本能较出租土地为多。

四、主雇双方可采协商方式合理评定工资，订定合同，在评资之后，工人须依约与资方合作，积极生产，遵守劳动纪律。

戊、地主如有违反法令情形，农会可依法理论，东佃劳资如纠纷不决，双方均可申请当地政府实行仲裁。

此布

中华民国三十五年 月 日

主　席　李一氓

副主席　刘瑞龙　方　毅

　　　　季方　韦　方　毅

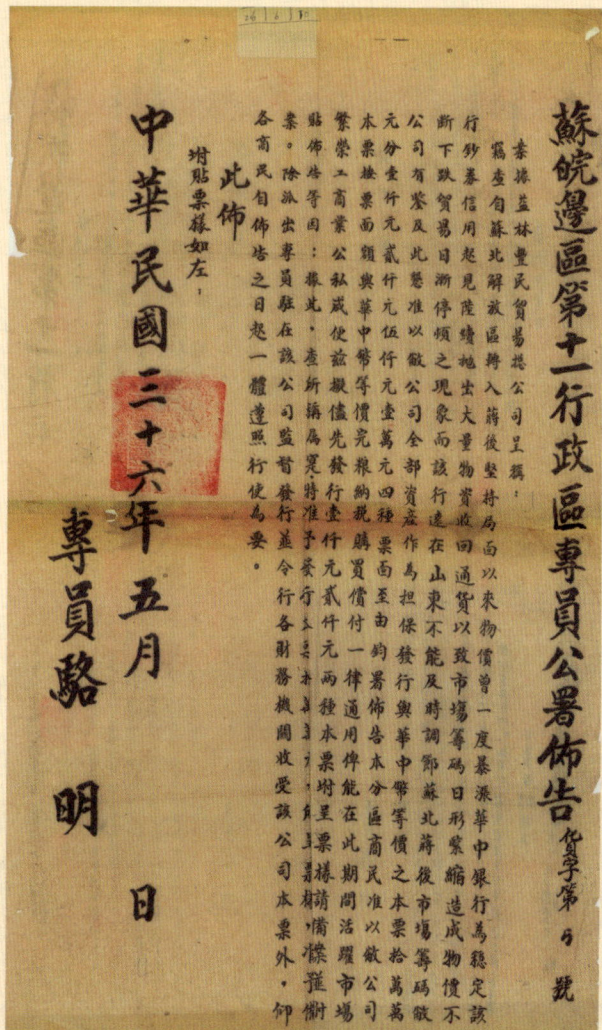

1947年5月，苏皖边区第十一行政区专员公署关于发行与华中币等价之本票十万万元以稳定市场的布告。

1947年9月苏皖边区政府驻苏北办事处公布两淮食盐专卖条例

全文：

苏皖边区政府驻苏北办事处布告

第　号

兹制定两淮食盐专卖条例公布之：

两淮食盐专卖条例

第一条　为发展两淮公私盐业，保证解放区财政收入，特恢复食盐专卖制度。

第二条　凡两淮公私盐业所产食盐，由政府指定之食盐专卖机关按照规定价格收买之。

第三条　食盐专卖机关按照规定价格卖出之食盐，无论盐店、盐行、盐贩、出品盐商，一律准其自由买卖。

第四条　专卖规定之收卖价格，须保证公私盐业适当利润。

第五条　专卖机关须就场规定盐价，并按期付款。

第六条　公私营盐业，须按期向专卖机关报告产盐数量，由专卖机关就场验收。短报者没收其短报部分。

第七条　公私营盐业所产食盐，不得售给专卖机关以外之任何个人或机关团体，违者没收！任何个人或机关团体亦不得直接收购各公私营盐业所产之食盐，违者没收。

第八条　食盐专卖机关不得故意低抑盐价或违反规定迟付盐价，致使公私营盐业不能继续生产。

第九条　本条例如有未尽事宜，得随时以命令修改之。

第十条　本条例自公布日起施行。

根据本条例第二条规定，发布命令两项如下：

一、兹规定两淮地区所产小盐，仍由各公私营盐业自由卖出，暂不专卖。

二、兹指定泰山盐业公司为两淮食盐专卖机关。

除分饬外；仰各界商民一体知照！

此布。

中华民国三十六年九月　日

主任　陈国栋

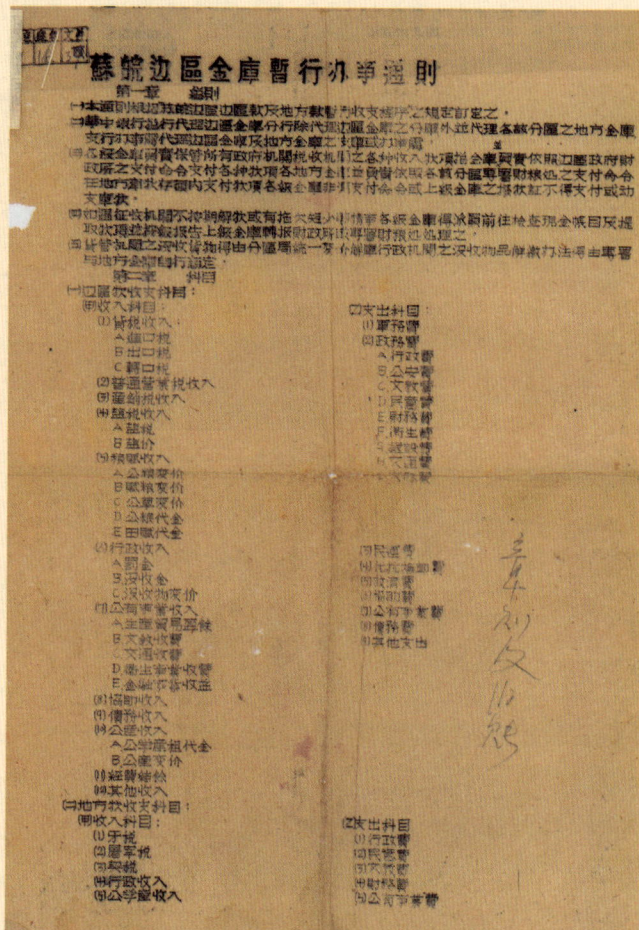

苏皖边区金库暂行办事通则

全文（节选）：
苏皖边区金库暂行办事通则

第一章　总则

（一）本通则根据"苏皖边区边区款及地方款暂行收支程序"之规定订定之。

（二）华中银行总行代理边区金库，分行除代理边区金库之分库外，并代理各该分区之地方金库，支行办事处代理边区金库及地方金库之支库或办事处。

（三）各级金库负责保管所有政府机关税收机关之各种收入款项，总金库并负责依照边区政府财政所之支付命令支付各种款项，各地方金库并负责依照各该分区专署财粮处之支付命令，在地方库款存额内支付款项。各级金库非凭支付命令或上级金库之拨款证不得支付或动支库款。

（四）如遇征收机关不按期解款或有拖欠短少等情事，各级金库得派员前往检查现金账目及提取款项并按级报告上级金库转报财政所或专署财粮处处理之。

（五）货管机关之没收货物得由分区局统一变价解库，行政机关之没收物品解缴办法得由专署与地方金库自行商定。

第二章　科目

....

第三章　收款手续

（一）征收机关收入之边区款应按期填具白纸黑色印刷之五联解款书，扫数缴解指定之金库，金库于核收现金后于解款书各联注明年月日并由金库主任会计签章后以收据与报查两联交还原解款机关，以通知联留库代收入传票，以边区库存款科目入账，其报告及报核两联由支库或办事处于旬（或月）报时随同报表寄送边区分库，分库则于月报时随同边区款收入月报表（格式同前规定）呈送边区总金库转报财政所。

（二）征收机关收入之地方库款应按期缴解地方金库，金库核收现金后于解款书各联注明解款年月日并由金库主任会计签章后以收据与报查两联交还原解款机关，以通知联留库代收入传票，以地方金库存款科目入账，其报告一联支库办事处于旬（或月）报时随同报表呈送上级地方金库，地方金库于月报时随同地方库款收支月报表送交专署财政处。

（三）征收机关向金库缴纳预交款或分类款时按其类别金库以"暂收"边区库款，或暂收地方库款科目入账并出具暂收库款收据交征收机关收执，俟正式向金库报解时再行抵解。

（四）征收机关与金库结算账目之方法与时间应由各分区局会同各分库商定办理。

（五）各级金库向其指定之缴款机关提拨款项时，由金库出具暂收库款收据，若解款手续业经办妥者则以正式缴款手续处理之。

第四章　支款手续

（甲）边区款：

（一）领款机关持财政所支付命令并依照规定签章后应向边区金库取款，边区金库付给款项时于支付命令各联注明付讫年月日并加盖印章后，以命令与收据联作为凭证，以边区库支款科目入账，通知与报核联则由边区库于月报时随同边区款支出月报表（格式同前规定）呈报财政所。

（二）边区库为调度各边区分库之现金，必要于接到财政所支付命令时得转签拨款证，交由领款机关向指定之边区分库或直属边区支库取款并以收转拨边区款与付边区金库支款科目转账。

（三）边区分库接得边区金库拨款证后得转签拨款证向边区支库或办事处支款并以收转拨边区款与付边区金库拨款科目转账。

（四）边区分库接得边区金库拨款证后，得转签拨款证向边区支库或办事处支款并以收"转拨边区款"与付"边区金库拨款"科目转账。

（五）各级金库于边区款不足时，得与领款机关商定分期拨付之。其结欠金额由各该金库出具临时收据交领款人收执并以暂记存款科目入账俟提取时再行付出。

（乙）地方款：

（六）各分区财粮处支取地方库存款，地方金库于付讫款项时以"地方金库存款"科目付账，于必要时得转签提款证交由领款机关向指定之支库或办事处取款，并以收转拨地方库款与付地方金库存款科目入账。

（七）地方库款支款书限在存款额中支付，不得透支，如遇地方库款存额不足支付时金库得拒绝支付款项。

（八）支库或办事处于接得上级地方金库拨款证时以"地方金库存款"科目付账，如遇存款不足时得分期拨付之，其手续与边区款同。

第五章　各级金库

…………

粟裕《苏中七战七捷的概述》

保管单位: 江苏省档案馆

内容及评价:

内战爆发后,国民党当局即在各个战场向解放区发动了全面进攻。苏中解放区与国民党政府首都南京隔江对峙,战略地位十分重要,成为国民党军进攻的主要方向之一。华中野战军遵照中共中央军委关于"先在内线打几个胜仗,再转至外线"的指示,决定在苏中解放区的前沿地区江都至如皋一线,摆开战场,迎歼敌军。1946年7月13日至8月27日,粟裕、谭震林指挥刚整编就绪的华中野战军共15个团约2.5万人,在苏中同国民党军整编第83师第19旅第56、第57团及旅属山炮营等12万国民党军队作战,连续取得宣泰、皋南、海安、李堡、丁堰、如黄路、邵伯等七次战斗的胜利,歼敌5.3万余人,史称"七战七捷"。

苏中战役是全面内战爆发后发生在江苏地区的第一个重大战役,它的胜利,对于扭转整个解放区南线战局的形势,实现中央军委的战略计划,并对尔后战局的发展,都产生了重大影响,在人民解放战争史上,写下了光辉的一页。毛泽东等中央军委领导对苏中战役给予高度评价,肯定华中野战军在苏中战役中,"造成辉煌战果","取得伟大胜利",创造了"很好的经验"。《苏中七战七捷的概述》是粟裕1946年9月25日在华野干部会议上对整个战役的总结报告,后面附有各个战役的形势图。报告详细地介绍了战斗经过,客观、中肯地总结了作战经验,是我军历史上一件十分重要的文献。

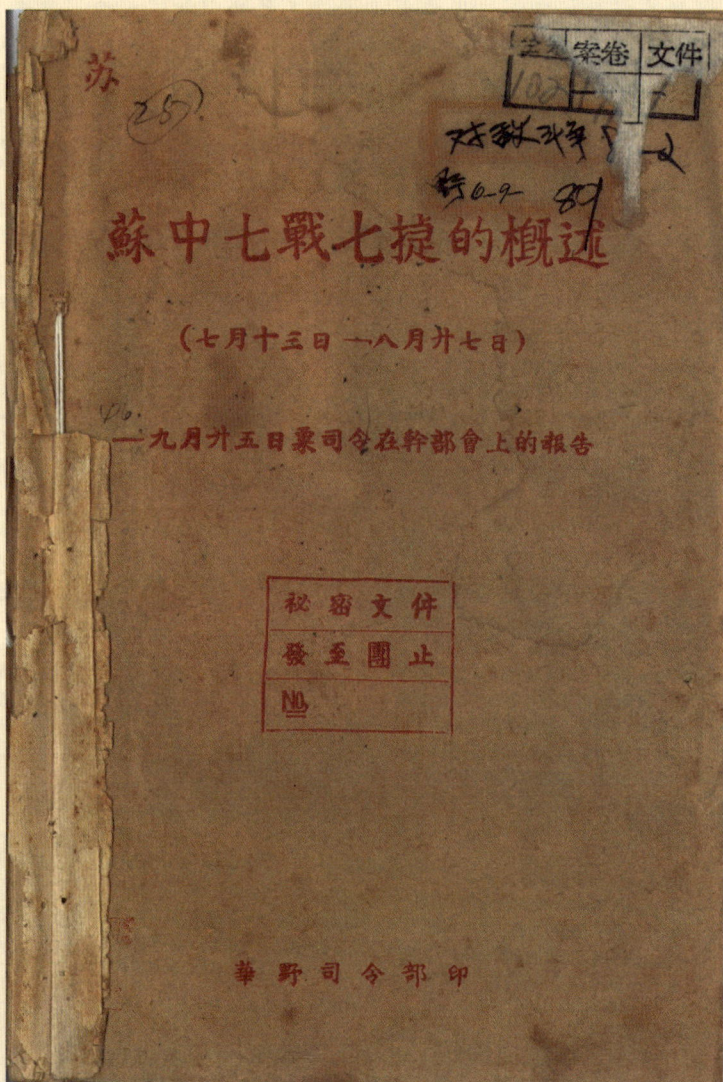

全文：

四十五天自卫战简述

——在干部会上粟司令报告

同志们：

我们自卫战争，从七月十三日到八月二十七日，恰好是一个半月，总共打了七仗，都得到了胜利。这是由于党的正确领导，地方党政军的帮助，广大人民的支援和前线指战员的英勇善战，以及后方机关人员的艰苦工作，才取得这些伟大胜利的。大家在战争中尽了应有的责任，对战争的胜利有很大的贡献，建立了很大的功劳。

为什么能够取得这样大的胜利呢？从政治上来讲，我们是自卫，是为消除内战，保卫和平民主，保卫解放区而战，是正义的战争，得到解放区人民全力的支持，得到全国乃至全世界爱好和平的民主人士及广大人民的同情和拥护，特别重要的是有党中央与上级的正确领导。国民党军恰与我军相反，其军队内部存在厌战情绪，官兵矛盾，派系矛盾等等，这些过去已经讲过，不再重提。

现在，主要从军事上来讲。

首先，是由于我们没有机械地教条主义地运用战略指导原则。我们不轻易放弃一个战略支点，但我们也不死守一地。因为我们不比苏联，我们没有国防重工业，死守一点，同敌人拼消耗，是不合算的。但也不是一枪不打，望风而逃，而是给进犯的敌人以阻击和重大的杀伤后才弃守。海安撤出前就是这样打的。一、六两师摆在旁边休息，七纵只以三千人抵住敌人七个旅、六万人的兵力，打了五天，敌人伤亡了三千多人，而我们只伤亡了二百多人。虽然弹药消耗多了一些，但一分区在通如公路上一个伏击，缴到了一百多箱子弹，又补起来了。总的说来，是换得了敌人相当大的代价的。

其次，就是战略上采取了持久战，坚决的［地］执行了中央的指示。我们每打一个仗，中央总是来电说，你们好好休整部队，准备再战。因此，不断积蓄与充实了战斗力，便于连续战斗。我们执行了战略上以少胜多的原则，但在战术上，则恰好相反，采取了以多胜少的打法。如李堡之战，敌人三个团，我们使用了十四个团，差不多五个打他一个，而且是运动中打他，所以能迅速、干脆的［地］消灭敌人。分界之战敌人两个团，我们用了十个团打他；加力之战敌人三个半团，我们第一线即使用了十三个团，连第二线的兵力共有十五、六个团，加上还有众多的民兵与地方武装，敌人当然就很难跑掉了。

然而对于战术上以多胜少的原则，有些同志还认识不够，以为这样多人打少数的敌人，难道我们战斗力这样不行？认为这样太没有面子。而不知道，我们要迅速转劣势为优势，变被动为主动，必须迅速消灭敌人一路或两路，迅速解决战斗，尤其在敌人占优势的战役中，必须采取各个击破的战法，连续进行几个战斗，如第一个战斗胜利了，使敌我力量平衡，第二个战斗胜利了，使敌人屈居劣势，我占优势，第三仗第四仗才能更彻底地歼灭敌人。因此必须在战斗中采取三个至五个打敌人一个的办法。这些道理许多干部还想不通，或者想通了而不能这样做。这除了爱面子一个原因外，还有一个原因就是本位主义作怪，怕缴获的武器弹药被兄弟兵团分去了。结果不能解决敌人，影响战役的胜利，大家的面子固然不能保持，自己也碰得头破血流，打一个消耗仗，这又有什么好处呢？

其三，就是采取了战役战斗的速决战。许多同志对于上面要求限时限刻完成任务，认为是不体谅下级，是主观主义，太扮蛮。其实要求战役战斗的速决是应该的，是必须的，而且是可能的。因为我们五个打敌人一个，武器弹药也不比敌人差，运动中敌人又不能带着碉堡跑，当然是可以速决的，也只有速决才能减少伤亡和消耗，才能争取时间打第二仗。有些同志说，现在敌人比苏维埃内战时强了。这当然有对的一面，但是，我们也比苏维埃内战时的红军加强了。过去我们每个团只有几挺重机枪，没有轻机枪和自动步枪，一直到反四次"围剿"后才有这些。当时敌人有重机枪、冲锋枪、自动步枪等，我们还是能够在战役战斗中迅速消灭了敌人。比如反三次"围剿"，在兴国的白石岭打韩德勤一个师一万余人，只四十分钟就把他干脆消灭，韩德勤本人也做了俘虏。反四次"围剿"，在东韶黄陂打敌人四个师，只八个钟头解决战斗，捉到两个师长。战役战斗中不采取速决战，就会变成僵局，就不能连续作战，也就不能歼灭敌人，更会变成劣势与被动，甚至于失败。所以，要取得更大更多的胜利，必须在战役战斗中采取速决战。要速决，就要不怕疲劳，作战时不要顾虑部队疲劳，要用一切办法，鼓励部队克服一切疲劳去争取胜利。但在战斗结束后，就要照顾部队疲劳，让部队很好的休息。现在我们有些部队恰恰相反，接受战斗任务时，就提出部队疲劳，要求休息，延迟了时间；战斗结束后，又不很好的［地］管理部队，让部队东跑西跑、扯乱谈、吹牛皮，妨碍了部队体力的恢复。

其四，各兵团协同动作，是取得战斗胜利的决定条件之一。一个半月的各个战斗中，总的方面讲，各个兵团还是能够协同一致的，但在个别战斗中，仍旧不能很好的协同动作，如宋家桥、杨花桥战斗就是一例。这次打分界，第一天夜里攻击时，也是这个团打，那个团未打，所以未能解决战斗。第二天集中五个团一齐总攻，只两个小时就把敌人解决了。各兵种的协同也是一个重要条件。我在以前几次干部会上，屡次提出要组织炮火集中使用，大家还不大相信，直到这几次战斗中，受了敌人的教训，才改进了。如李堡之战，集中炮火使用，便很快地解决了战斗。打了堰、林梓也是如此，所以都很快的［地］取得了胜利。但其他兵种的配合还差，尤以辎重兵最差，淮安送出的炮弹子弹，已经半个多月了，但直到昨天才到达此地。骑兵、工兵，我们暂时还无此兵种。

上面所讲的这些长处，是我们取得胜利的原因。但是否因为胜利，就没有缺点了呢？不是，还是有缺点的。这些缺点表现在：

一是协同动作上，还没有做得很好。特别是攻击部队与钳制部队，不能很好的［地］呼应与配合，第一线部队与第二线部队配合也差，各兵团还不能按照时间完成自己的任务。这次分界的敌人，要是一旅迟到几分钟，就会跑掉很多。又如加力的敌人，如果十八旅再迟到十分钟，也就要跑掉很多了。因为拖了时间，所以五十四团及旅部几乎遭了危险。如果到得早一些，还可能全部解决如皋增援的敌人一个半旅，甚至还可能乘胜攻进如皋城。一旅在分界得了便宜，心满意足，慢慢转移，赶到加力，还不知敌人已突围了，所以，在加力战斗中就没有捉到敌人。特务团如果迟到几分钟，也就捉不到什么敌人了。所以，时间对于战斗是很重要的，战斗的胜败，每每决定于最先与最后的几分钟，哪个能占先机之利与坚持到最后关头，哪个就会胜利。时间对于整个战役也有决定意义，各兵团如执行任务过迟了，当然不好，但有时行动过早了也不行，因为过早了，会暴露整个企图而影响全盘战事。所以要遵守时间，同时又要照顾到部队疲劳。有些团队遵守时间是较好的，但有些部队因为遵守时间而没有吃饭，饿着肚子打仗，那也是不好的。甚至有些团队在战时，伙房不弄饭，分开吃东西，弄得时间参差不齐，更是不好的。

二是通信联络一直到现在还没有做得很好。物质技术上固然给我们限制，但各级指挥员注意不够，通信部门本身工作还不够健全。如电台有时叫不应，有报发不出去，徒步通信也不够。如我在芦港写一封令五旅出击的信，叫两个通信员送到司令部，计算只要一小时即可送到，但四五个小时才送到，这是因为他们把这么重要的信，送到离敌很近的如皋附近去了，还是通信班副挡回来的。这两个通信员应当处分，因为他们是当天随我由司令部出发到芦港的，沿途又摆有路标，不应该走错路的。通信连不执行上级处分这两个通信员的命令，是不对的。另外在通信联络方面，还有一个相当普遍的缺点，就是枪一打响，上级和下级就断了联络，电话也无人守了，报告也不送了。这是由于干部还缺乏兵团作战的观念，以为只要自己打得好就够了，而不知道单只你一部分打得好还不行，整个战役还不一定胜利，而需要很好的互相配合，才能有更大的胜利。为了加强通信联络，必须尽量使用现有通信工具，如电台、电话、骑兵、脚踏车、徒步通信。今后只要部队一宿营下来，就要架好电话。战场使用号兵已不适用了，如皋战斗中伤亡号兵六十多个，就是一个明证。旗语也值得研究。关于这方面，还要研究许多办法来改进。

三是侦察警戒问题，主要是下面对敌情不注意收集，总是问上面"情况如何"。不知情况是从下面来的，上面只做综合归纳的工作而已。侦察敌情最好是捉俘虏来审讯，这个工作在某些兵团司令部虽做了些，但还不够，更没有看到哪个下属部队做过。侦察连也没有建立，这是需要很快恢复的。过去侦察部门主要只做了些汇集、整理材料的工作，而想各种方法去收集情况还很少。侦察员主要还只是做了找向导或送信的工作，本身职责还搞不清，业务很差，这是必须改进的。警戒方面：地面警戒不注意，对空警戒更差，防空被大家忽视了。这不仅会招致局部的损失，而且会暴露我军意图，泄漏秘密，影响整个作战。今后要把防空纪律严格地建立起来。此外还要注意防毒。最近，蒋介石从美帝国主义那里买了许多毒气弹来。中央社造谣说我们打大同使用毒气，就是为他施放毒气作借口。

最后，我们对进攻苏中的敌人作战，所以能取得巨大胜利，完全改变了过去的形势，除了上述政治军事原因之外，主要是消灭了敌人有生力量。因此，大家应记住：谁保存了有生力量，谁就会胜利，谁消耗或丧失了有生力量，谁就会失败。大家要很好地注意掌握部队，组织火力，利用地形地物，讲究战术，正确地指挥作战，减少伤亡。后方机关要很好地组织准备后备力量，补充前线部队，如协助动员民兵、地方武装参军，组训补充兵团，爱惜民力。在战斗中缴获品分配上，应尽量照顾其他友邻部队及未参战之部队，特别是牵制部队，也要发一些给地方武装民兵，这都是对自己对整个战争的胜利有利的。各部有些打埋伏的枪支，已经锈坏了，还不愿交出来，以致完全不能使用。一个半月来，歼敌五万多人，缴获武器不少，但上级要各部抽出一批去武装其他兵团，则多说调不出，遵命缴送上级的，零件都不全，其中有些确是被打坏的，但有些是本位主义作怪，故意将零件扣留，自己多留些。这样使交上来的武器完全失去作用。这等于是破坏革命武器，是对革命的犯罪行为，应该立即制止。

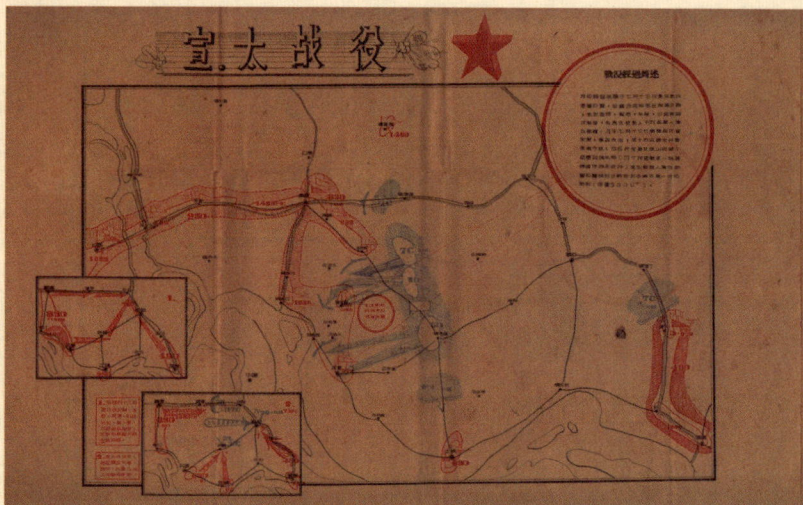

七战七捷第一战——宣太战役

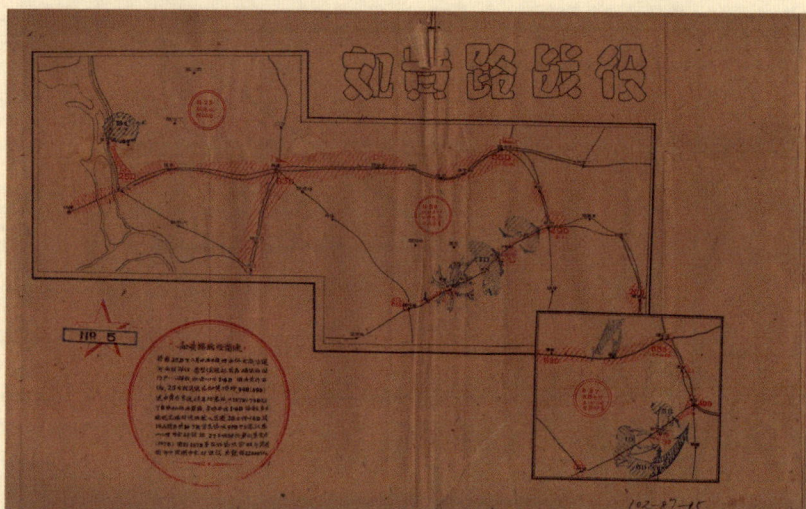

创造了解放战争以来一次歼敌最多的
新纪录的战役——如黄路战役

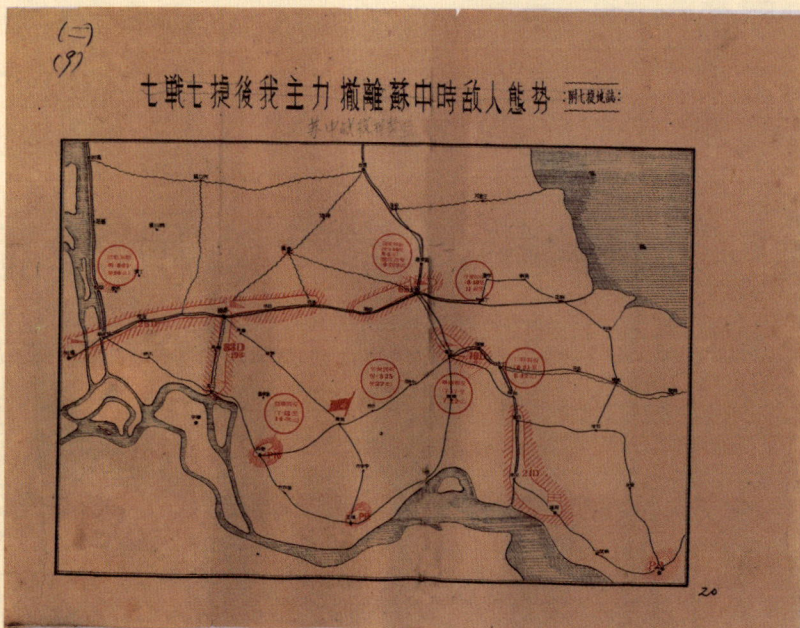

七战七捷后我主力撤离苏中时敌人
态势（苏中战役形势图）

苏北红黑点运动档案

保管单位: 江苏省档案馆

内容及评价:

"红黑点"运动起源于八年抗战期间。八路军、新四军为了争取伪军反正,对伪军、伪警、伪组织人员做一件好事记一个红点,做一件坏事记一个黑点,在一定时期予以公布、张贴,黑点达到一定数量即予以警告,对死心塌地的汉奸则收集其罪恶,列成罪状公布。实施红黑点这种办法,是利用"善有善报,恶有恶报"的传统思想,对伪方人员开展攻心战。用红点鼓励伪方人员改恶向善,用黑点给以警告,促其自新;对坚决扰害人民的则予以镇压,造成对伪方人员的强大政治压力,促进了伪军和伪组织内部人员的分化,极大地削弱了敌人的士气。

抗战胜利后,国共两军的战略地位发生了显著的变化。部分附蒋人员逐步认清形势,悔过自新。然而,仍然有少数人对蒋军抱有幻想,顽固不化,不思悔改,继续与人民军队为敌。为了进一步宣传共产党的宽大政策,争取那些愿意改过自新的人员,巩固解放区的社会治安,并震慑那些顽固不化、继续作恶的附蒋分子,苏北各根据地继续开展"红黑点运动"。

馆藏"红黑点运动"档案,主要是解放战争时期,我苏北各根据地颁布的红黑点运动暂行办法、条例、开展红黑点运动的指示、墙头宣传标语口号、红黑点通知单、部分区乡开展红黑点运动的总结报告等,对于研究苏北根据地的统战和敌军工作具有重要的参考价值。

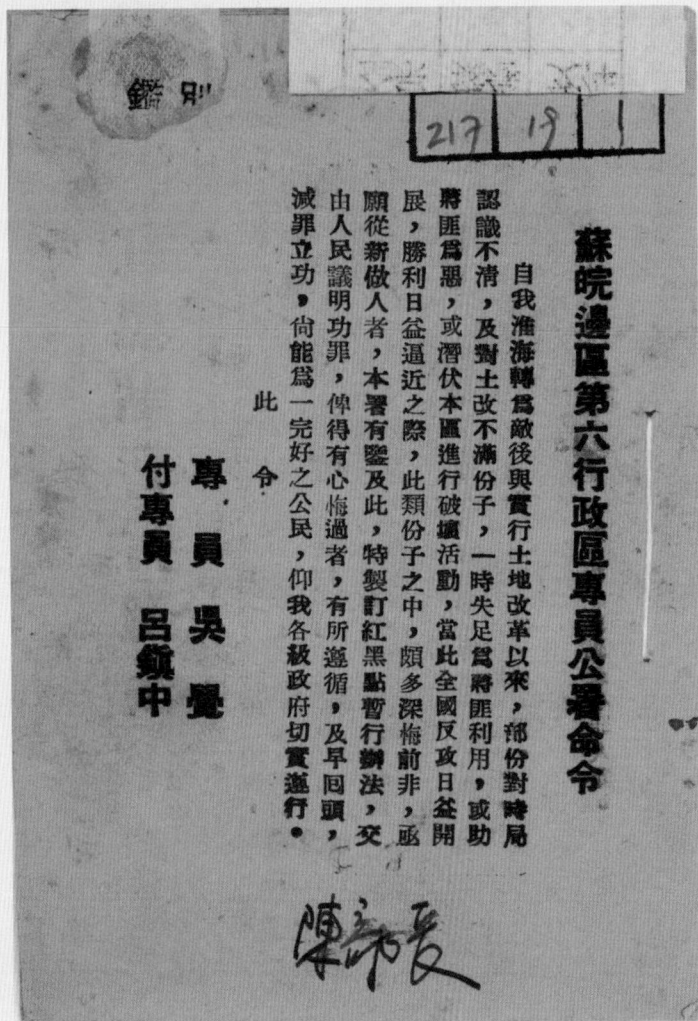

苏皖边区第六行政区专员公署关于颁布
《红黑点暂行办法》的命令

全文：

红黑点暂行办法

（↓代——"蒋"字）

第一章　　总则

第一条：为争取失足附→份［分］子，给以自新改过之机会，促其为人民立功，将功赎罪，及根据宽大政策之精神，特订定本办法。

第二条：凡本分区管辖内之失足附↓份［分］子之善恶行为，均依本办法予以记点。

第三条：凡本分区管辖内之反动恶霸地主、潜伏之特务奸细及逃顽家属等之善恶行为，亦依本办法予以记点。

第二章　记黑点

第四条：凡失足份［分］子，反动恶霸地主，特务奸细，逃顽家属等，阴谋破坏危害人民者，根据其对人民危害之大小，犯罪之主谋或协从等情形，分别记黑点小罪，或大罪。

第五条：凡记满十黑点者，为一小罪，四小罪为一大罪，危害过大者，可直接记小罪或大罪。

第六条：凡有下列情形之一者，均记黑点或小罪大罪。

（一）间接或间接杀害、吊打、辱骂我方公务人员，群众团体工作人员及军人家属，干部家属，荣誉军人，翻身群众，良善农民者…………八至四十。

（二）强奸妇女，或霸占妇女者…………十五至四十。

（三）放火…………八至四十。

（四）曾组织或参加反动武装，及武装还乡危害人民者…………六——十五。

（五）曾组织或参加反动政权、进行抽丁、征粮、收捐、收税、编查保甲、敲诈勒索者…………八——二十五。

（六）武装和结伙抢劫公私财物（损失过重者不在其列）者…………五——十三。

（七）为↓匪带路，刺探我军情及向敌报告我所隐藏之物质［资］者…………十五——四十。

（八）勾结解放区武装人员，拖枪叛变或组织叛变者…………十五至四十。

（九）强迫农民拔田倒租、倒清算、及交契者…………十一——四十。

（十）秘密组织反动武装，或其他各种组织，企图煽动暴动，响应↓顽者…………十——四十。

（十一）利用↓顽反动势力，在我地区，秘密组织顽化，并强迫群众以粮食、军火送给↓顽者（根据时间地点）…………十五——四十。

（十二）威胁与引诱我干部投敌者…………十五——四十。

（十三）造谣惑众，扰乱治安，进行暗杀，施放毒药，及其他之各种特务活动者…………四——四十。

（十四）凡向敌人传送情报，勾引↓顽向我地区突击，或参加突击者…………十八——四十。

（十五）未经政府允许，借故来往↓匪区域，泄露我方秘密，或替↓顽宣传者…………三——十二。

（十六）利用↓顽势力，造谣欺骗、恐吓镇压农民抬头翻身者…………五——二十三。

（十七）凡向敌人报告我干部、工抗烈属及翻身农民，因此而受损害者…………十一——四十。

（十八）凡私运物资，借故资敌者…………四——十三。

（十九）隐藏坏人、私藏军火、公物不报者…………五——十五。

（二十）凡恶霸地主，利用金钱、美女、诱骗、腐蚀我干群者…………八——四十。

第三章　　记红点

第七条：凡失足附↓份［分］子，悔过来归，改过自新，积极为人民立功，或在↓匪区秘密立功者，可按其功劳之大小，公开或秘密分别记红点，小功或大功，通知其本人。

第八条：凡封建反动恶霸地主，逃亡家属，痛改前非，动员其逃亡子弟回归，并积极为人民立功者，亦根据本办法，分别记红点或小功大功。

第九条：凡记满十红点者为一小功，四小功为一大功，对人民解放事业贡献大者，可直记小功大功。

第十条：凡有下列情形之一者，均记红点或小功大功。

一、组织武装反正或个人携械来归者…………十五——四十五。

二、毙俘反动首领而反正者…………十五——四十五。

三、战场起义或组织武装内应者…………二十——五十。

四、掩护或营救解放区各级干部、荣誉军人、工军烈属、伤病员者…………八——四十。

五、抗捐抗税、抗抽丁，或拖延↓顽政令，进行一切合法斗争，保护群众利益者…………八——三十。

六、供给一切军政情报者…………五——二十五。

七、动员其他失足附↓份［分］子来归者…………八——二十。

八、资送解放区枪械医药器材者…………二——三十。

九、帮助我反突击有功者…………十——三十。

十、破坏敌人交通、军需、仓库及主要武器者…………七——三十五。

十一、宣传我军政策，及劝阻他人不做坏事者…………八——二十。

十二、保护公家物资及人民财产者…………五——三十。

十三、保护翻身农民已得土地、粮食而不予侵犯者…………二——十八。

十四、检举↓顽特务及其罪恶行为者…………八——三十三。

十五、悔罪来归改过自新后积极为人民立功者…………二——十五。

十六、曾参加↓顽特务组织，现已觉悟，自动坦白，并详将组织活动报告政府者…………十五——三十五。

十七、秘密检举特务组织，因而破案者…………二十——一五十。

十八、报告敌人隐藏枪、弹、财物，经证明有功者…………二——十五。

十九、规劝逃亡子弟回归，并为人民立功者…………五——十五。

二十、遵守政府法令，参加生产劳动，并积极为人民解放事业立功者…………二——八。

二十一、检举其他逃顽家属不轨行为者…………二——八。

二十二、检举其他封建反动恶霸地主之一切危害人民各种活动者…………三——十五。

二十三、帮助农民翻身，挖掘其他封建恶霸反动地主之一切防空洞者…………二——十五。

第四章　报点评点

第十一条：区、乡由治安委员会负责召集群众报点、评记点，村由治安小组负责，在土复中由农会负责组织评点委员会执行之。

第十二条：根据事实，先由群众大会评，再给治安委员会或农会最后评定，或先由评委会提出事实交群众评议。

第十三条：经评定后应立即记入红黑点簿，并于每月公布一次，必要时可随时公布之。

第十四条：凡了解附↓失足份［分］子之功罪及封建恶霸地主逃顽属之功过者，均得向各级治安委员会、治安小组、农会之评委会及群众报告。

第十五条：失足附↓份［分］子之家属，各根据失足份［分］子之事实，向治安委员会治安小组及群众报告。

第十六条：失足附↓份［分］子已来归者，可根据自身之功罪，亲自直接向治安委员会及群众报告。

第十七条：封建恶霸反动地主、逃顽家属自身之功过，可直接向治安委员会及群众报告，根据其坦白程度，酌减其成数。

第十八条：治安委员会、治安小组或农会，组织之评点委员会，接得报告后或经群众检举后，应立即召开群众大会，将其事实，向群众报告，由群众评定其红黑点之多少。

第十九条：评定小功或小罪，应经乡治安委员会批准，十一点至三十点者应经区治安委员会批准，三十一点以上者，须经县以上机关批准。

第五章　擦点与惩处

第二十条：失足份［分］子回归，或由其亲戚邻居家属群众争取回归者，应向政府（土改时应向农会）登记，并向治安委员会，或治安小组报告，根据悔过坦白情况，经群众讨论评议，擦去其黑点一部或全部。

第二十一条：平时报点评点时，红黑分别计开可规定每月总结一次，出红黑榜，经群众讨论，认为功大罪小，可以擦黑点者，即以其相当红点抵销一部或全部黑点，但功虽多，而群众认为尚须考察者，可保留至下次总结时再议。

第二十二条：凡黑点全部擦去者，可恢复其公民权利，今后不再记红黑点，可参加一般群众立功运动，其抵销黑点以外多余的功，可转上一般群众的功劳榜。

第二十三条：红黑点未擦去或未全部擦去者，其原有红黑点仍保留其原有红黑点，勉其继续立功加红点擦黑点。

第二十四条：总结时对于仍附↓作恶罪大恶极怙恶不悛劝告无效者，可请求县以上政府，批准缺席公审，判决其死刑，或命令通缉。凡经政府批准公审处死刑者，任何人有权逮捕或枪毙之。

第二十五条：总结时对于附↓作恶回归份［分］子，恶霸地主，逃亡家属仍继续进行阴谋破坏活动者，根据具体事实，由群众公议处理，或交政府处理。

第二十六条：因各种关系未能回归之失足附↓份［分］子，可在↓匪区域立功，同样记其红点，按期总结擦黑点，各级治安委员会可为之保守秘密，并给红点收据，秘密寄送本人。

第二十七条：凡失足附↓份［分］子，经群众评记黑点者，得令其家属将记黑点之理由及黑点数目告知其本人。

第六章　附则

第二十八条：本办法提出记点标准，各级治安委员会可根据群众讨论提出更具体的标准，以充实内容，并呈报本署。

第二十九条：今后公安司法机关在处理上项人犯时，应拿红黑点作主要依据。

第三十条：本办法之记红黑点各款，罪恶的或立功受奖者的红黑点数最高数与最低数距离很大，在执行中，须根据事实情形，公平合理评记多寡。

第三十一条：本办法如有未尽事宜得由本署明令修改之。

第三十二条：本办法自公布日起施行。

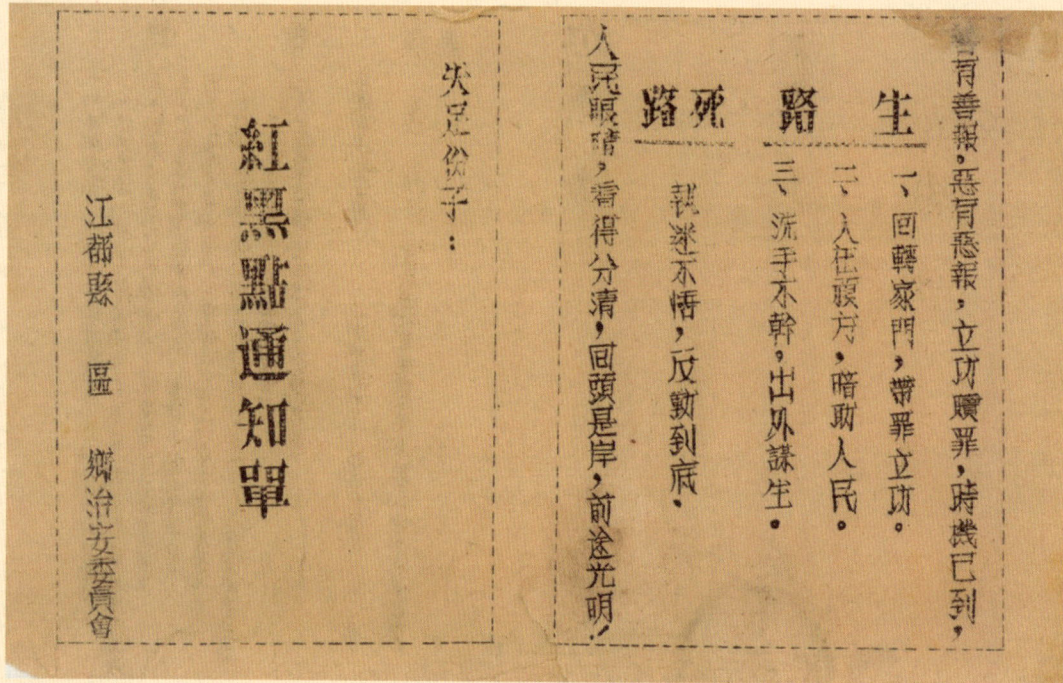

江都县红黑点通知单。上面明确标明了"生路"和"死路"。

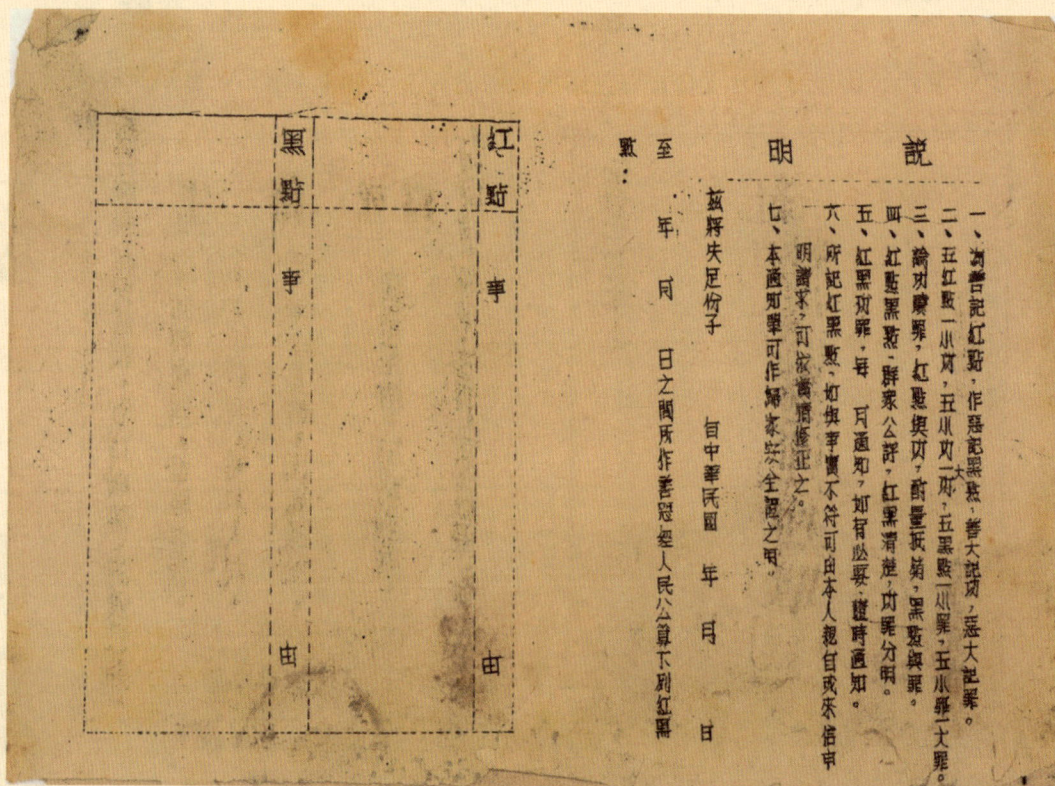

江都县红黑点通知单背面

红黑点运动争取失足分子墙头标语

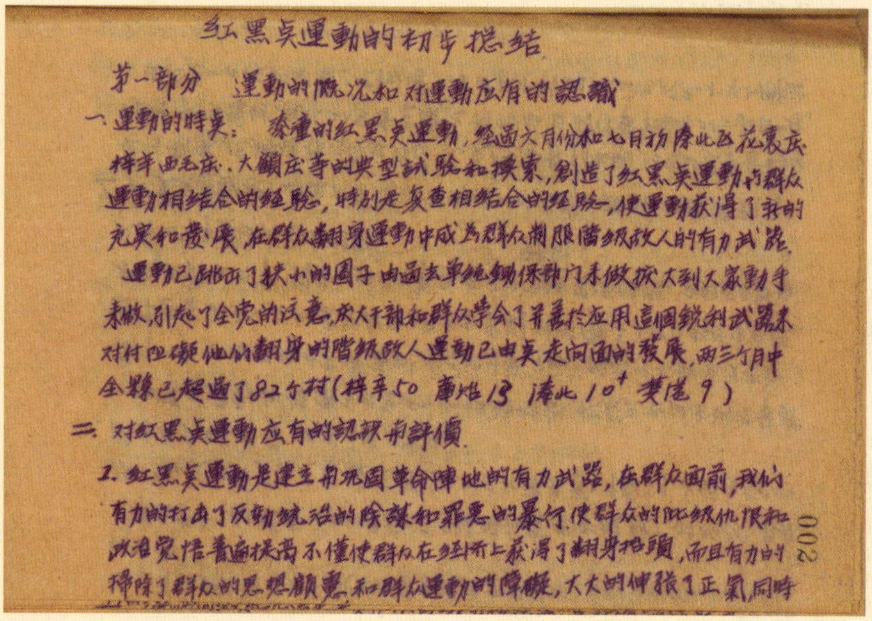

红黑点運動的初步總結

第一部分 運動的概况和对運動应有的認識

一、運動的特点：溱潼的红黑点運動，经过六月份和七月初溱北区花袁庄、梓辛西毛庄、大顾庄等的典型試驗和摸索，創造了红黑点運動与群众運動相结合的经验，特别是复查相结合的经验，使運動获得了新的充实和發展，在群众翻身運動中成为群众制服階级敌人的有力武器。

運動已跳出了狭小的圈子由过去单纯的保部门来做扩大到大家動手来做，引起了全党的注意，広大干部和群众学会了并善于应用這個锐利武器来对付阻碍他们翻身的階级敌人，運動已由点走向面的發展，两三个月中全縣已超过了82个村（梓辛50 [illegible]13 溱北10+ [illegible]9）

二、对红黑点運動应有的認識与評價

1. 红黑点運動是建立与巩固革命陣地的有力武器，在群众面前，我们有力的打击了反動统治的阴谋和罪恶的暴行，使群众的阶级仇恨和政治觉悟普遍提高，不仅使群众在经济上获得了翻身抬頭，而且有力的掃除了群众的思想顧慮和群众運動的障碍，大大的伸張了正氣，同時

002

溱潼《红黑点运动的初步总结》

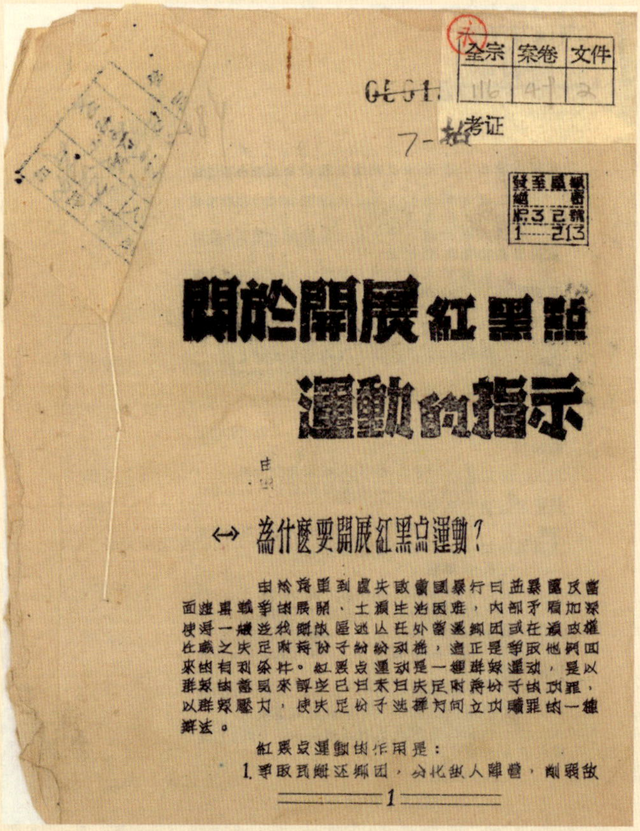

全宗	案卷	文件
116	4-1	2

考证

關於開展紅黑點運動的指示

（一）為什麼要開展紅黑点運動？

由於蔣軍到處失敗，蔣匪暴行日益暴露及當面進軍戰爭的展開、土頑生活困難，內部矛盾加深，使得一撮逃我解放區逃亡在外當還鄉團或在頑政權任職之失足附蔣份子紛紛动摇，這正是爭取他們回來的有利条件。紅黑点運動是一種群衆運動，是以群衆的意見來評定已归未归失足附蔣份子的功罪，以群衆壓力，使失足份子选择方向立功赎罪的一種辦法。

紅黑点運動的作用是：

1. 爭取瓦解還鄉团，分化敌人陣營，削弱敌

1

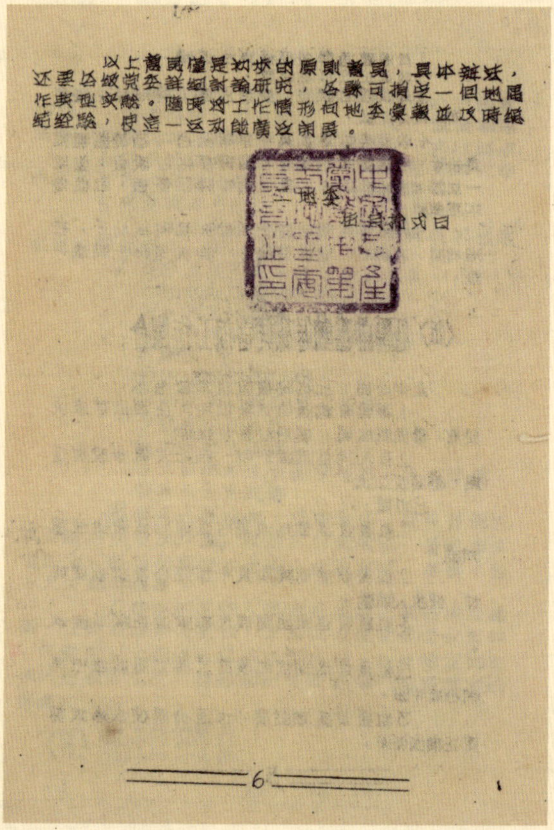

以上意見僅是初步的原則意見，具体辦法，还要各級党委詳細討論研究，各縣可指定一個地區作典型實驗。隨時將工作情形向地委彙報並及時總結經驗，使這一运动能廣泛開展。

二地委

6

中共华中二地委关于开展红黑点运动的指示

华中工委、华东局等电稿档案

保管单位： 江苏省档案馆

内容及评价：

在20世纪的大部时间里，电报都是一种十分快捷的信息传递方式，特别是在战争环境下，电报的作用尤其明显。电稿是电报稿的简称，结构很像书信、便条，称呼、提称语、末启辞、时间、印信等，有些常被省略。与正式文件相比，电稿格式更简单，内容更简洁，但是信息量却很大，因而是正式文件的重要佐证和补充。

馆藏1947到1949年华中工委、华东局、苏北军区和苏南区党委等领导机关单位各种往来电稿档案共有895件。其中大部分是有固定印刷格式的电稿，名称分别有：抄报纸、收报纸、发报纸、电稿纸、发报稿纸、发电稿纸等。多注明等级、序号、来文单位、收到及译出时间；也有相当一部分是没有任何格式的，甚至全部采用手写，收发文时间、作者、等级等不详或很简略。电稿等级有A、A急、B、B急等，也有一些未标等级。内容涵盖军事、宣传、教育、文化、财经、公安、支前等方面，是研究解放战争中、后期华中工委、华东局等重要领导机关单位许多重大战略决策部署的产生、发展和变化过程的第一手资料，具有很高的史料价值。

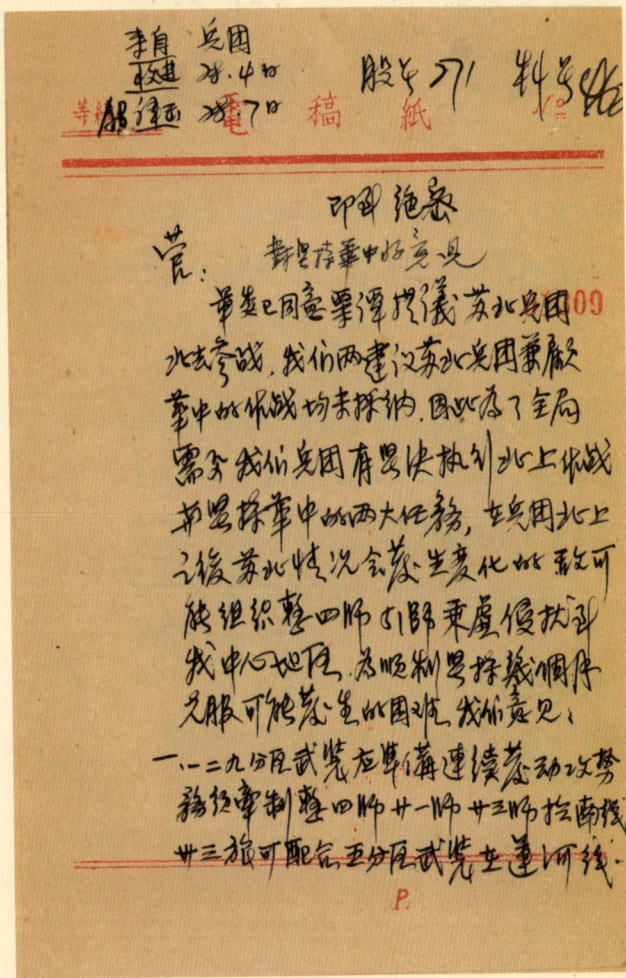

韦陈吉致管关于对坚持华中的意见[①]

---

① 韦陈吉即韦永义、陈丕显、吉洛，管即管文蔚。

韦陈吉致管关于对坚持华中的意见

陈粟谭关于组织华中指挥部的决定②

全文：

（即到绝密）

对坚持华中的意见①

管：

军委已同意粟谭提议苏北兵团北去参战，我们两建议苏北兵团兼顾华中的作战均未采纳，因此，为了全局需要我们兵团有［要］坚决执行北上作战与坚持华中的两大任务，在兵团北上之后苏北情况会发生变化的，敌可能组织整四师回归乘虚侵扰到我中心地区，为顺利坚持几个月克服可能发生的困难，我们意见：

一、一二九分区武装应准备连续发动攻势务须牵制整四师廿一师廿三师于南线，廿三旅可配合五分区武装在运河线积极行动牵制五一师于运河线。只有积极的连续几次攻势，才能相对巩固我中心基地，盼你具体计划。

二、沿海后方较多，必须适当分散，接收［受］上次扫荡经验，首先应将大批伤员疏散来六分区及两台，一院已抵六分区，要将伤员移一部分到一院，各公营生产部门仍应在原地继续生产。

三、我们建议粟谭将卅四旅二个团暂调回苏北，但未有电复，我们并不能作此打算。

韦陈吉 廿七日

---

① 本条目中所有档案的标题均为编者根据有关档案内容重拟。

② 陈粟谭即陈丕显、粟裕、谭震林。

抄 報 紙

何處來 華中 號數

关于整顿电讯工作的决定

华中工委：

00030

华东局致华中工委《关于整顿电讯工作的决定》

No. 發報紙 P.

發 华中指挥部决定 等級

各中委和分区 停止建立

华中指挥部决停止建立，为了便利掌握华中情况，统一领导和指挥各军分区的工作，决定十一纵司令部代行部暂代华中军区的军事工作。今后各分区凡有关军事范围内的一切工作希直接向该纵请示处理为要。

01280

华中工委 九

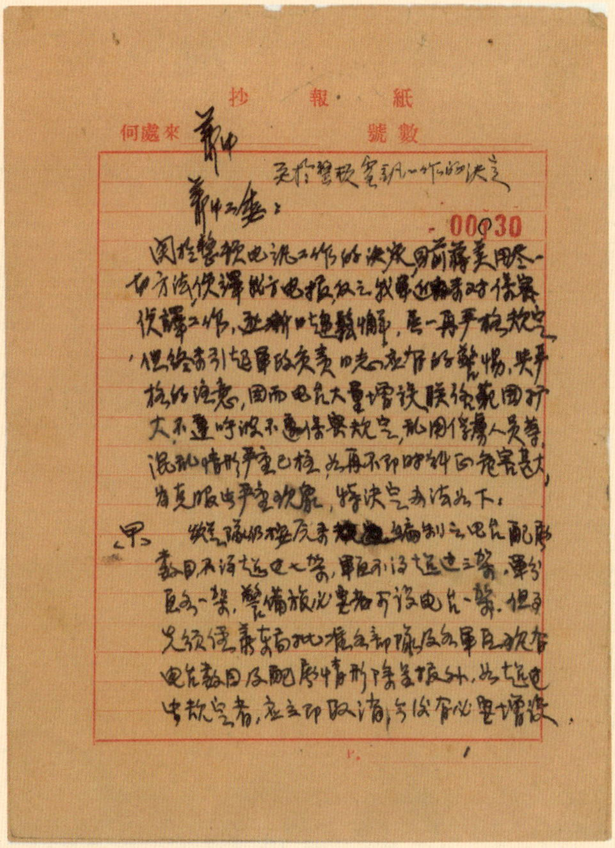

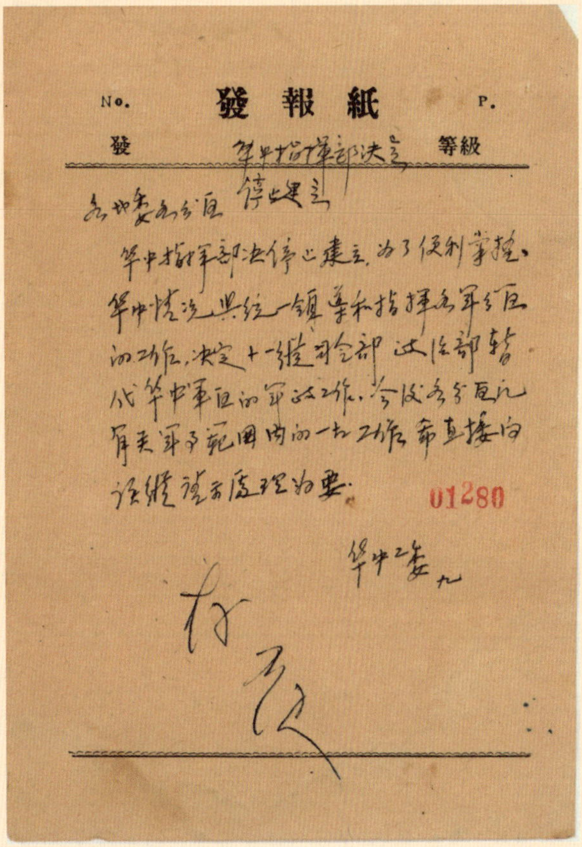

华中工委停止华中指挥部的决定

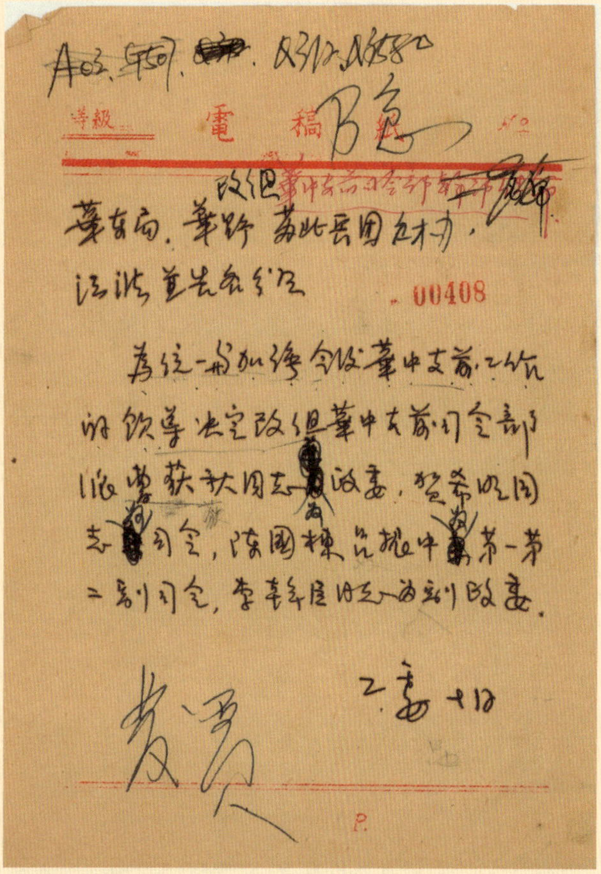

华中工委关于改组华中支前司令部的决定

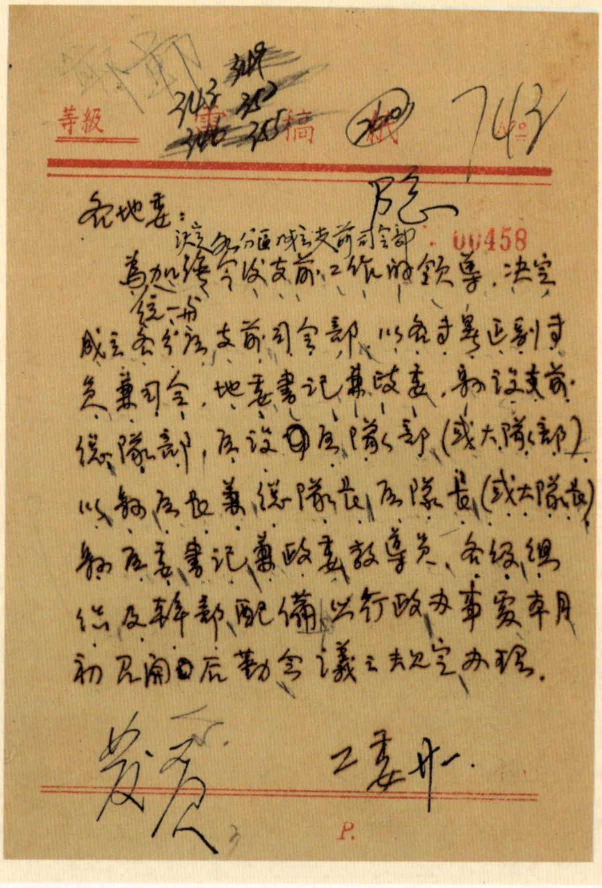

华中工委关于各分区成立支前司令部的决定

全文：

关于布置江淮民工支前任务等问题的决定

苏北兵团并告江淮区党委，五、六地委：

陇海线大战昨晚正式揭开，敌黄伯韬兵团有沿运河向西南逃窜企图。我大军（包括民工约八十万人）即将越陇海线南下作战，江淮及五、六分区应立即全面紧张动员起来，全力投入空前巨大的支前任务。兹决定初步任务如下：

（一）支前任务首在保证大军粮草之及时供应。六分区应立即动员一切可能集中之船只、小车、牛车，将现存大米小麦赶运沭阳城以西郯店以东地区集中，每日必须保持能运七千至一万担的数额，并在该地设立强大之供应粮站。五分区除目前已集中担任运粮之小车外，应增加一倍数量，继续于本月底以前运八万担大米至马堵周集一线，由六分区负责接收西运。江淮立即赶磨面粉，首批先运十万担至泗县以北大庄附近地区，并在该地区设立强大之粮站以供应前方需要。

（二）首批临时民工决定由江淮及五、六分区各动员担架三千付民工一万人，于十四日前集中（服务此次战役完毕估计一个月至一个半月）各该支前司令部，听候调度。

（三）为加强支前工作的领导，江淮区党委机关应即北移至泗县以北地区并成立江淮支前司令部六分区，地委专署及支前司令部立即移至沭阳城以西地区，以便全力担负支前任务。五分区支前司令部由骆或王副专员率领移至涟东大程集一带并即派人来华支联系，华支由贺希明率领即来六分区借用六分区电台与各地联络。统一江淮及五、六分区支前工作的领导，另为全力加强支前工作，六地委工作队大部或全部应即参加支前工作。

（四）请韦吉转告李干臣同志即日率领随兵团行动的支前司令部干部赶到沭阳城与贺会合，以便统一筹划整个支前工作。

工委 九日

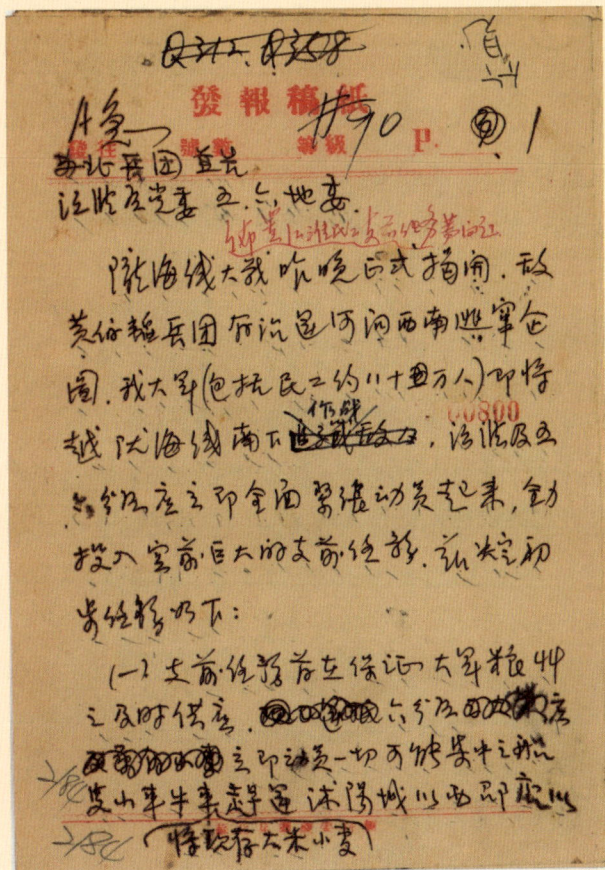

华中工委关于布置江淮民工支前任务等问题的决定

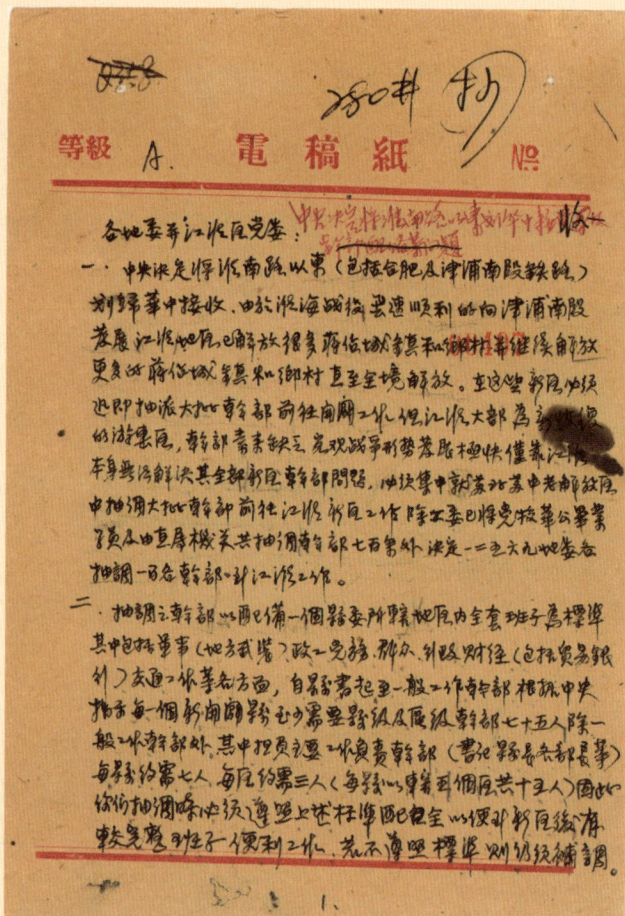

华中工委转发中央关于将淮南路以东划归华中接收的
决定的通知

全文：

关于将淮南路以东划归华中接收的决定的通知

各地委并江淮区党委：

一、中央决定将淮南路以东（包括合肥及津浦南段铁路）划归华中接收。由于淮海战役迅速顺利的向津浦南段发展，江淮地区已解放很多蒋占城镇和乡村并继续解放更多的蒋占城镇和乡村，直至全境解放。在这些新区必须迅即抽派大批干部前往开辟工作，但江淮大部为新恢复的游击区，干部素来缺乏，客观战争形势发展极快，仅靠江淮本身无法解决其全部新区干部问题，必须集中就苏北苏中老解放区中抽调大批干部前往江淮新区工作，除工委已将党校华公毕业学员及由直属机关共抽调干部七百余外，决定一、二、五、六、九地委各抽调一百名干部到江淮工作。

二、抽调之干部以配备一个县委所辖地区内全套班子为标准，其中包括军事（地方武装）、政工、党务、群众、行政财经（包括贸易银行）交通工作等各方面，自县书起至一般工作干部，根据中央指示每一个新开辟县至少需要县级及区级干部七十五人，除一般工作干部外，其中担负主要工作负责干部（书记县长各部长等）每县约需七人，每区约需三人（每县以辖五个区共十五人）。因此，你们抽调时必须遵照上述标准配全，以便到新区后有较完整班子便利工作，若不遵照标准则仍须补调。

三、当然，各地抽调是有困难。一年来各地抽调来华中者，为数不少，各地又有程度不同的广大新恢复区，如一、二、九地委今后还要恢复一些城镇需要干部，但是应该知道，经过多年坚持的老区干部困难，是能够克服的，老区有供给新区干部的义务，而且江淮困难比你们更大，干部太少，新区更多。各地委应从全局着眼，克服一切困难，坚决抽调不讲价钱，保证在十二月廿日以前到达华中（一、九地委可迟五天），这是一紧急光荣任务望各地委努力完成。

四、各地干部抽调后应即放手大胆提拔补充挑选好的乡干到区工作，挑选好的区干到县工作，一律设付［副］职，以适应今后更大局势的到来。

华中工委
十一月卅日

华中工委关于钟民任泰州军管会主任的决定

华中工委关于建立情报部的决定

全文：

关于建立情报部的决定

一、二、九地委，江淮华东局：

为了彻底消灭国民党反动集团残余力量，革命战争即将进入江南，这一伟大的行动在今后数月内即要实现，在准备渡江之前，必须充分了解长江沿岸及江南地区敌方军政的各种重要情况，作为渡江前一切准备工作中的重要一环，为了达成这一重大任务，工委特决定建立华中情报部，统一领导华中情报工作，并决定军区付参谋长常玉清同志、江南工委包厚昌、江坚同志参加该部，部长由华东局另行指派。

工委并决定，一、二、九地委及江淮一、四地委同时建立情报部，受华中情报部领导，一、二、九地委情报部长由各江南工委付［副］书记兼任，各分区司令部由参谋长或付［副］参谋长任付［副］部长，江淮一、四地委可由分区参谋长兼任部长，其他人员以各原有情报侦察等机构为基础，希根据具体工作需要自行充实调度使用。

工委特指出对这一情报工作为目前各分区参谋处及各地委之江南工委在情报部统一领导下的重点工作，不能以平时的一般的情报工作看待。希各地委接此决定后立即着手组织并将组织经过报告工委。

工委

二月冬

华东局、中央关于选调学员做情报工作给陈丕显的电文

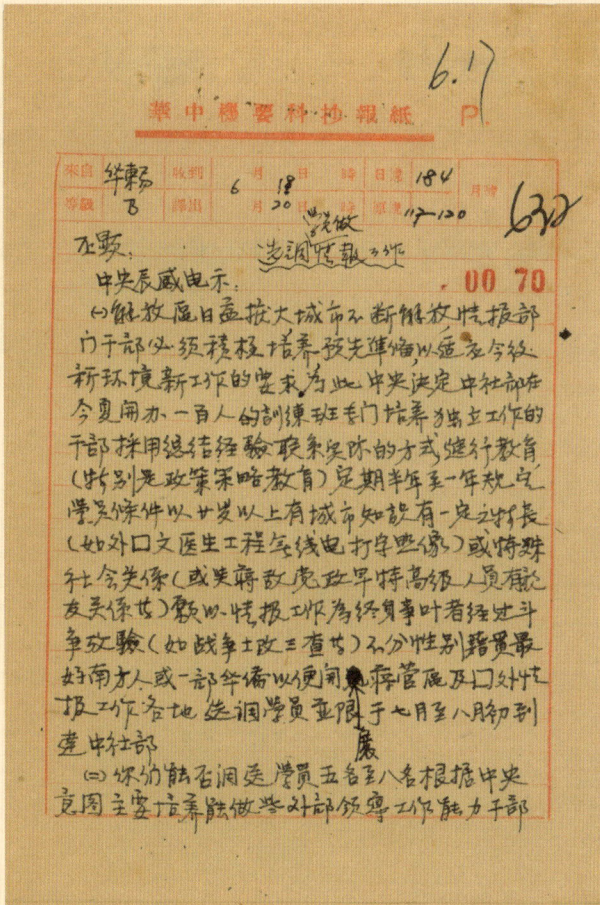

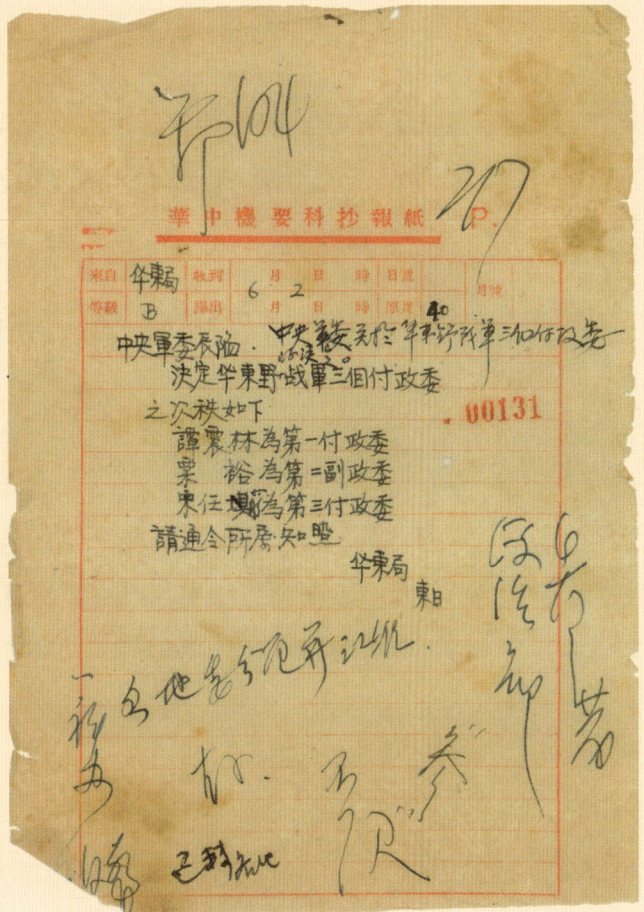

华东局转发中央军委关于决定华东野战军三个副政委
次序的决定

国民党沿江驻军分布情况图

保管单位：江苏省档案馆

内容及评价：

渡江战役的胜利不是一日之功。中国共产党深谋远虑，很早就部署了在国统区的有关情报、资料收集工作。对江阴要塞的策反工作，早在1947年就已开始。1948年5月10日，为加强对苏南及长江两岸党组织的领导，中共华中工委决定成立专门工作机构——江南工作委员会，主要任务是为战略决战和解放军南下作准备。1948年末，蒋介石下令封锁长江，致使长江南北交通线中断。华中工委依靠群众，迅速建立行之有效的交通线，确保大江南北的联络沟通，并加紧侦察国民党军的防御部署和长江水情、两岸地形，绘制沿江国民党驻军分布情况图，为我军顺利突破国民党长江防线打过长江进而解放全中国，起到了重要的作用。

馆藏国民党沿江驻军分布情况等图绘于1948年1月至1949年4月间，共有3件，是华中工委情报工作人员冒着生命危险，历尽艰辛而秘密绘就，具有珍贵的文物价值和重要的史料价值。

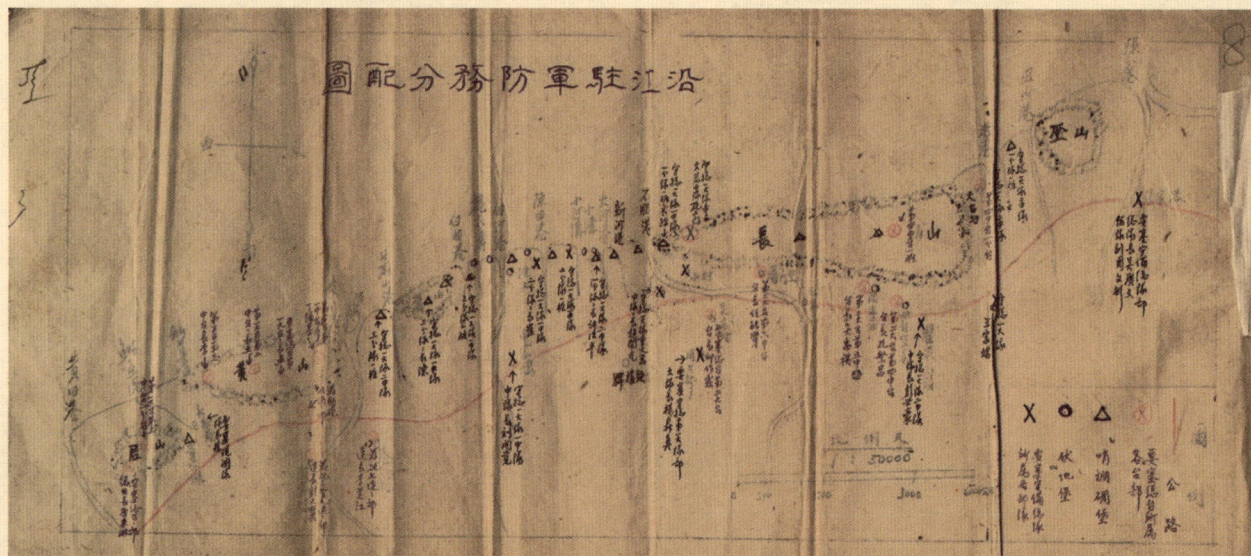

国民党沿江驻军防务分配图（幅面40cm×18cm，比例尺1：50000），该图是国民党军队从张家港至江阴黄田港段的防务图，著名的江阴要塞即位于此。

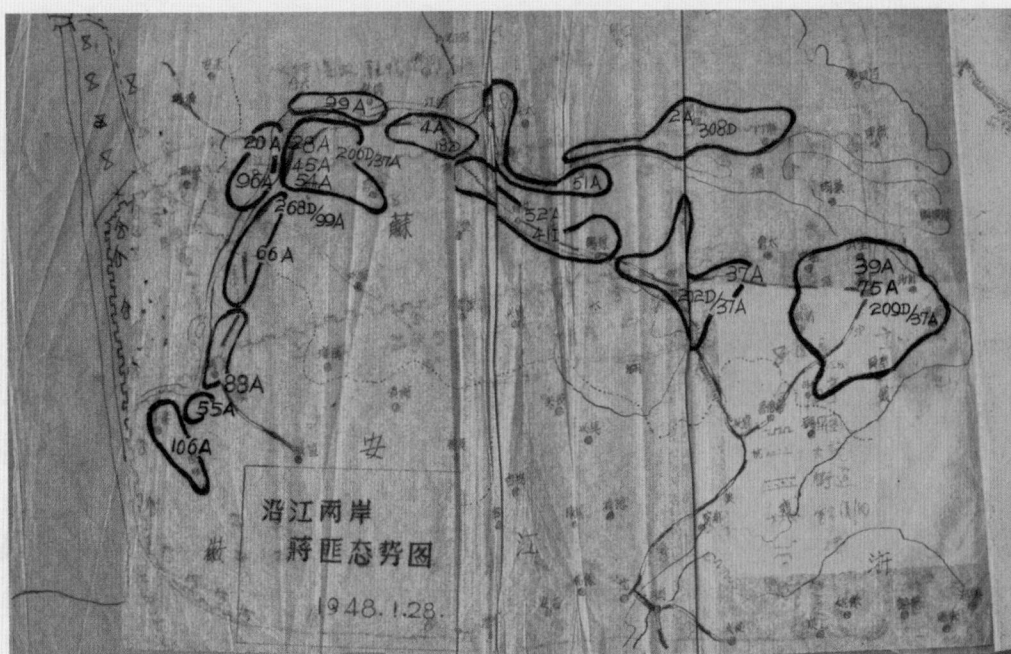

沿江两岸蒋军态势图。绘于1948年1月28日，反映了东自江苏沙洲，西至安徽繁昌的国民党沿江驻军情况。

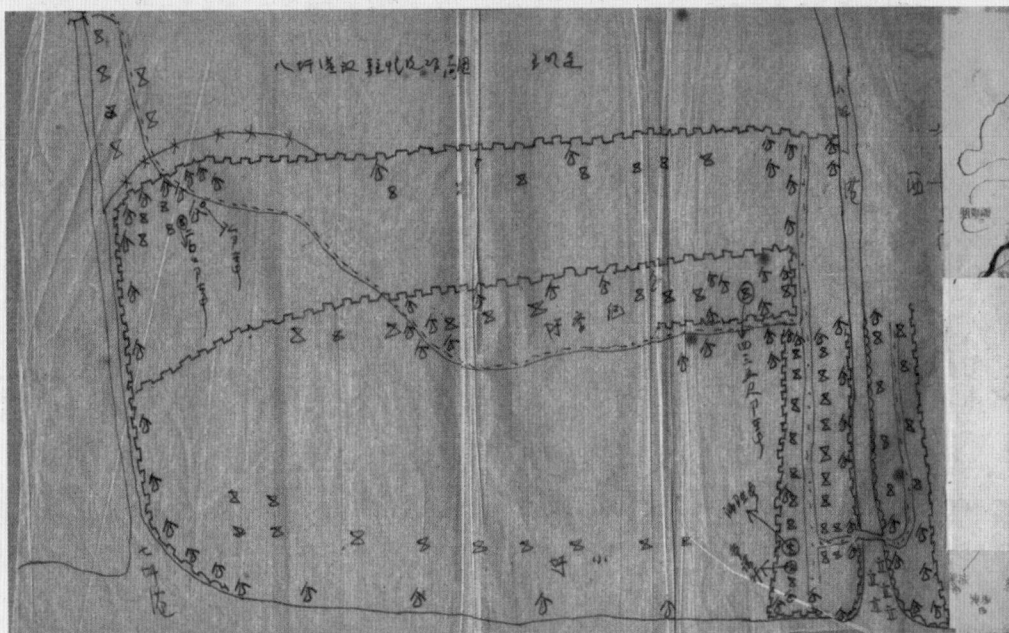

八圩港敌驻情况的简图。绘图人王明达，绘于即将渡江前夕。

渡江战役支前档案

保管单位： 江苏省档案馆

内容及评价：

渡江战役，当时又称京（宁）沪杭战役，是我军继辽沈、平津、淮海三大战役之后，对国民党军队进行的又一次带有决战性质并迅速转为战略追击的一次大战役。在这场伟大的战役中，江北解放区人民群众掀起了一场长达5个多月的规模空前的支前运动，共发动民工320万人，筹运粮草4.5亿斤，征用船舶5万多只，还为部队提供了大批的作战器材和军需物品，进行了掘渠翻坝、修桥筑路、架设电话、供应茶水等大量公差劳务。其中，苏北解放区共动员了随军渡江的民工123714人，内含船工41510人，乡以上干部约6000人，携带担架6243付，挑子23680副，小车4152辆，渡江船只8302只；二线服务民工77300人，内含船工42000人，乡以上干部4500人，

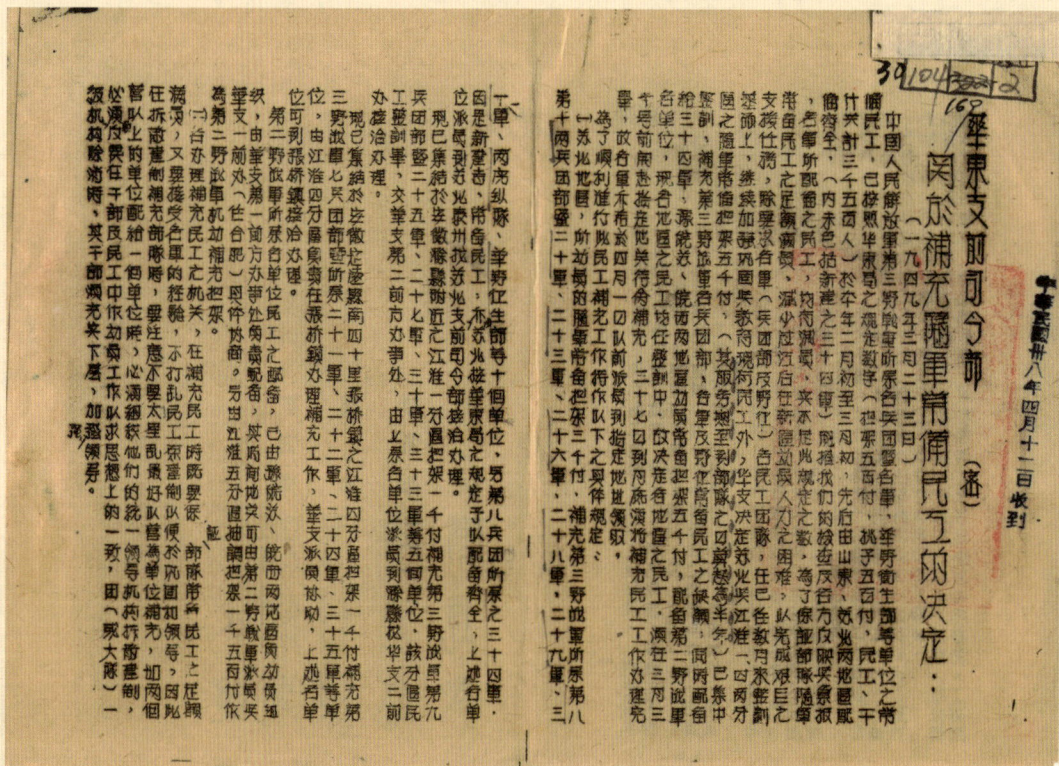

1949年3月23日，《华东支前司令部关于补充随军常备民工的决定》。

携带担架1200付，挑子4500付，小车5900辆，转运船12675只；后方修路修桥及短途运输民工146.4万人；供应粮、草2.2亿斤；修建公路1946公里，修造桥梁421座。解放区人民的踊跃支前，为战役的胜利打下坚实的物质基础，创造了战争史上空前规模的支前壮举。

馆藏有关渡江战役支前档案有千余件，内容主要包括华东支前司令部、苏北支前司令部以及各地委、专署、分区、县有关支前工作的指示、决定、训令、通知、总结、统计、布告、简报、报纸、名册等，主要涉及民力动员、物资调运、立功奖惩、供给标准等，内容相当完整，对于回顾江北人民奋勇支前的壮丽情景，铭记他们对渡江战役的重大贡献，坚持和发扬老区人民艰苦奋斗的革命传统，具有十分重大的意义。

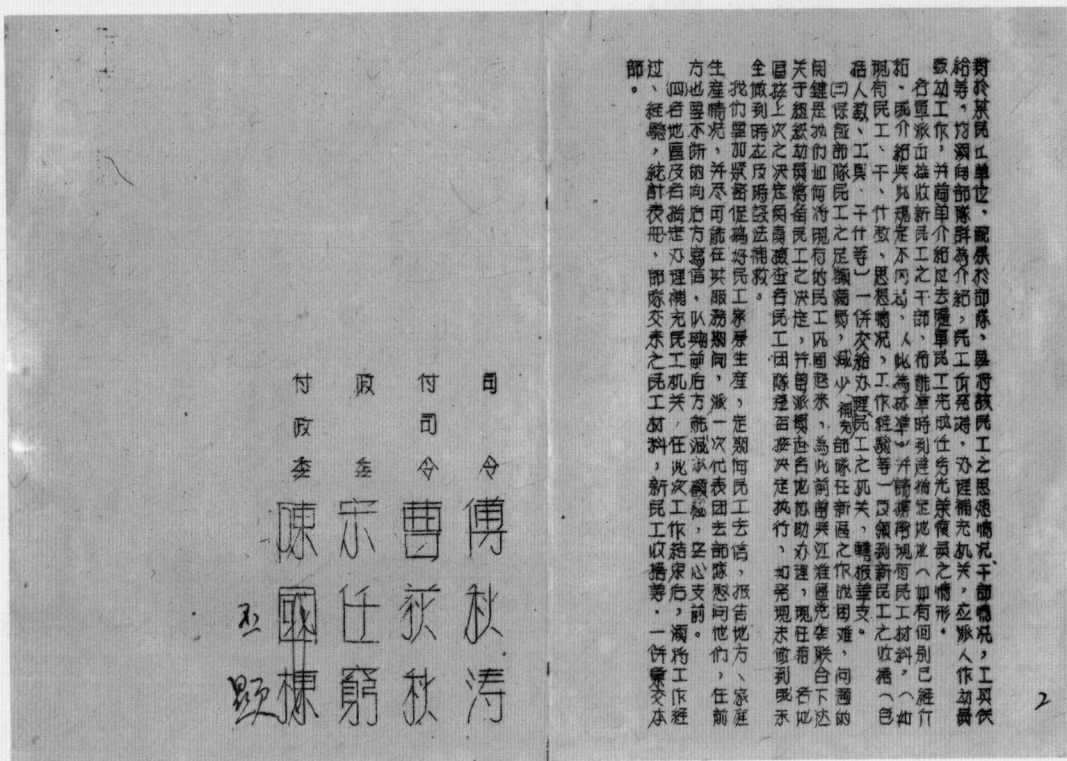

1949年3月23日，《华东支前司令部关于补充随军常备民工的决定》。

关于支援大军渡江的紧急动员令

苏北支前司令部

1949年3月25日，苏北支前司令部政治部《支前报》第一期刊登了苏北支前司令部颁发的《关于支援大军渡江的紧急动员令》，要求苏北全体党政军民"一致紧急动员起来，立即加紧工作，提高速度，提高效率，提高技术，不懈的努力"，"高度发扬革命的集体英雄主义，掀起立功运动，造成支前高潮"。

支前报

全力以赴完成支前光荣任务

民工的生活管理

1949年3月28日，苏北支前司令部政治部《支前报》第二期。

1949年3月30日，苏北支前司令部关于制订并颁布《苏北支前人员奖惩条例》的通令。

1949年4月6日，苏北支前司令部关于成立第一、第二前办的通令。

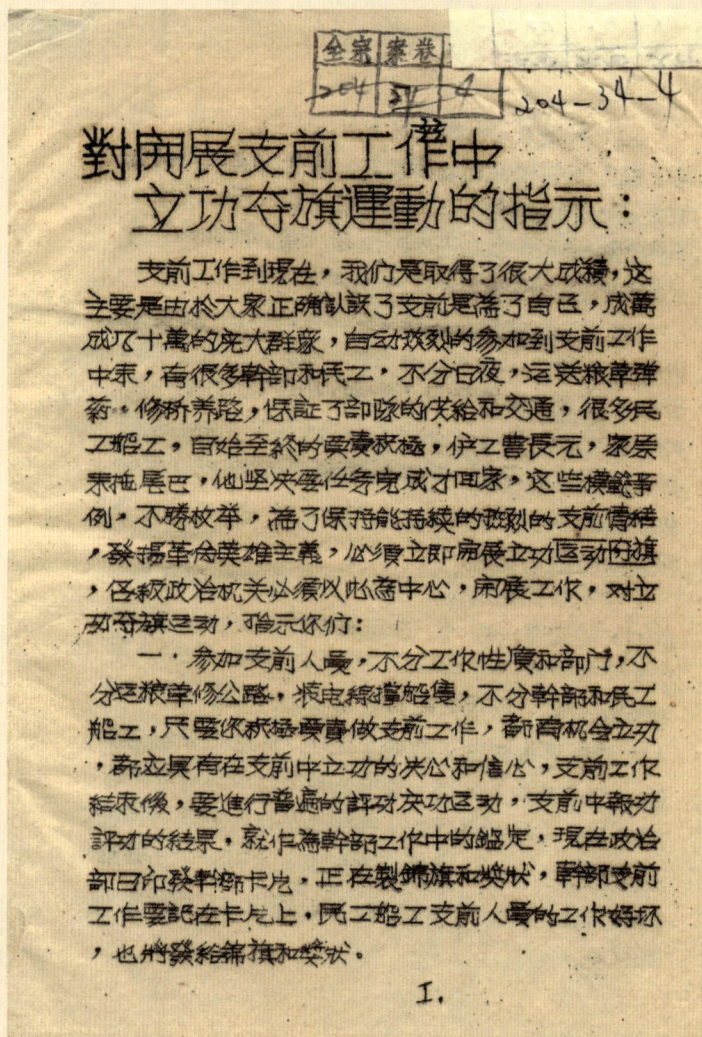

1949年4月19日，苏北第一渡江支前政治部《对开展支前工作中立功夺旗运动的指示》。

全文：

对开展支前工作中立功夺旗运动的指示

支前工作到现在，我们是取得了很大成绩，这主要是由于大家正确认识了支前是为了自己，成万成几十万的广大群众，自动热烈的［地］参加到支前工作中来，有很多干部和民工，不分日夜，运送粮草弹药，修桥养路，保证了部队的供给和交通，很多民工船工，自始至终的负责积极。雇工曹长元，家属来拖尾巴，他坚决要任务完成才回家，这些模范事例，不胜枚举。为了保持能持续的热烈的支前情绪，发扬革命英雄主义，必须立即开展立功夺旗运动，各级政治机关必须以此为中心，开展工作，对立功夺旗运动，指示你们：

一、参加支前人员，不分工作性质和部门，不分运粮草修公路，装电线撑船只，不分干部和民工船工，只要你积极负责做支前工作，都有机会立功，都应具有在支前中立功的决心和信心，支前工作结束后，要进行普遍的评功庆功活动，支前中报功评功的结果，就作为干部工作中的鉴定。现在政治部已发干部卡片，正在制锦旗和奖状，干部支前工作要记在卡片上，民工船工支前人员的工作好坏，也将发给锦旗和奖状。

二、开展立功夺旗运动，必须立即在支前人员中，自上而下的［地］进行动员教育，首先搞通干部的立功思想，通过干部，在民工船工支前人员工作中，展开广泛深入的立功夺旗的动员教育，干部必须防止置身于立功夺旗运动之外的不良现象。

三、支部是立功夺旗运动领导的核心，某些单位因组成复杂，领导上有不统一现象，必须立即整理支部。在进行立功夺旗运动时，健全支部组织，同时，党内进行动员，号召党员在支前工作中，要能做立功夺旗的模范，党员起带头作用，团结群众组织积极分子，团结改造个别落后分子，造成立功夺旗运动的热烈空气。

四、以支部为领导核心，各单位立即开展报功记功，在过去一些时，在支前工作积极负责吃苦耐劳的干部、民工及船工中，进行广泛的报功记功，发扬积极分子，在报功记功的基础上，大量发展党员，大量发展新民主主义青年团员，并克服某些存在着的疲塌现象，同时，普遍讨论苏北支前司令部所颁布支前人员奖惩条例，各单位及每个同志均须订出今后立功计划，党员要帮助群众订立功计划，并帮助群众立功计划的实现，以保证持续的支前任务胜利完成。

这个有历史意义的渡江支前工作摆在我们面前，我们应响应上级党的号召，紧张不懈、日以继夜、抢取时间、克服困难，从思想上、组织上、工具配备上来加强支前、提高支前，完成适应渡江需要的各项工作，保证军队向前进。立功夺旗是保证任务完成很重要的一环，希各接指示后，立即动员，讨论进行，并希将进行情形，报告我们。

苏北第一渡江支前政治部

四月十九日

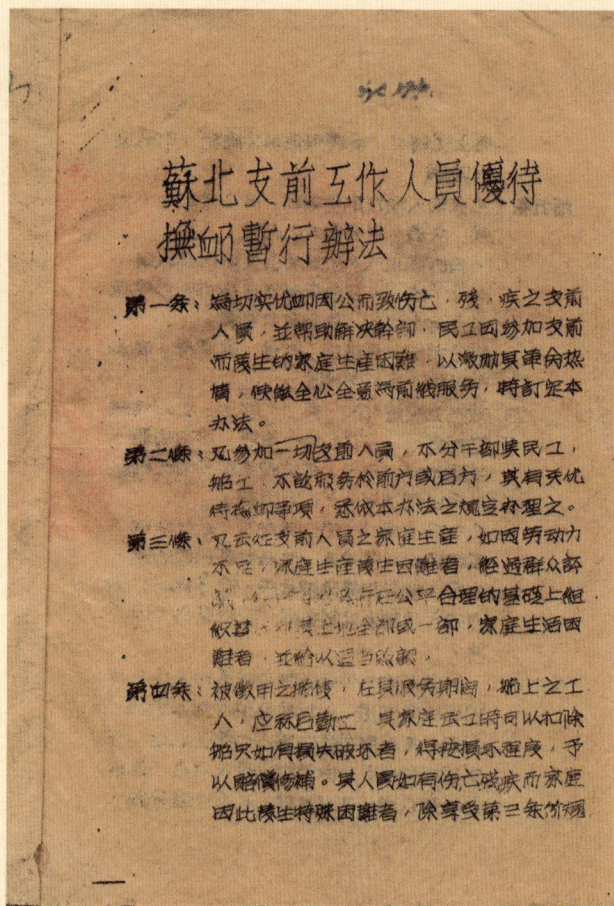

苏北支前工作人员优待抚恤暂行办法

全文：
苏北支前工作人员优待抚恤暂行办法

第一条　　为切实优恤因公而致伤亡、残、疾之支前人员，并帮助解决干部、民工因参加支前而发生的家庭生产困难，以激励其革命热情，使能全心全意为前线服务，特订定本办法。

第二条　　凡参加支前一切人员，不分干部与民工、船工、不论服务于前方或后方，其有关优待抚恤事项，悉依本办法之规定办理之。

第三条　　凡出征支前人员其家庭生产，如因劳动力不足，家庭生产发生困难者，经过群<众>评议，得由当地政府在公平合理的基础上组织代耕其土地全部或一部，家庭生活困难者，并给予适当照顾。

第四条　　被征用之船只，在其服务期间，船上之工人，应算后勤工，其家庭出工时可以扣除。船只如有损失破坏者，得按损失程度，予以赔偿修补；其人员如有伤、亡、残、疾而家庭因此发生特殊困难者，除享受第三条所规定之优待外，并得根据具体情况，予以适当照顾。

第五条　　凡支前人员在服务期间，因公致伤、亡、残、疾者，得享受下列待遇：

1、所有部队机关对所服务之支前伤病人员、民工、船工，应负责保送至各野战医院或地方卫生机关，免费急救治疗。

2、治疗期间其医药、饮食、护理等，与部队机关人员同等待遇。

3、残废支前干部、民工、船工，应即发给证明文件以及足够之旅费，护送回籍，并通知当地政府，按优待荣军条例优待，以及日常生活上之必要照顾。

4、凡干部、民工、船工牺牲者，除按指战人员待遇同样殡殓外，并通知其原籍区以上政府，按其烈属抚恤条例，给予抚恤，地方政府及群众公祭追悼，并经常按烈属待遇。

第六条　　一般常备民工或临时服务的支前人员其家庭生产问题，仍根据华中行政办事处所颁布之民工服务条例第十二条之规定，同军属同样待遇，由乡村政府及农会，发动当地群众进行伴工互助，以免生产荒废。

第七条　　凡在此次服务期中，屡犯过失而不改者，除按支前人员奖惩条例分别惩处外，并得视情节轻重，减免本办法所规定之优抚待遇。

第八条　　各级支前机关与政府部门，应根据本办法之精神，切实做好对支前人员优抚工作，并规定此项工作得为支前功过奖惩内容之一。

第九条　　本办法自公布之日起施行，如有未尽事宜，由本处明令修改补充之。

华中行政办事处颁布的《华中民工服务条例》

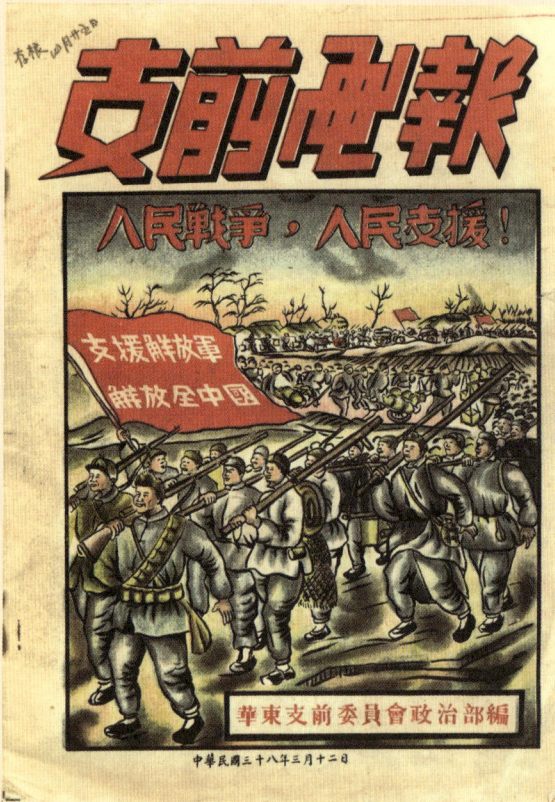

华东支前委员会政治部编印的《支前画报》

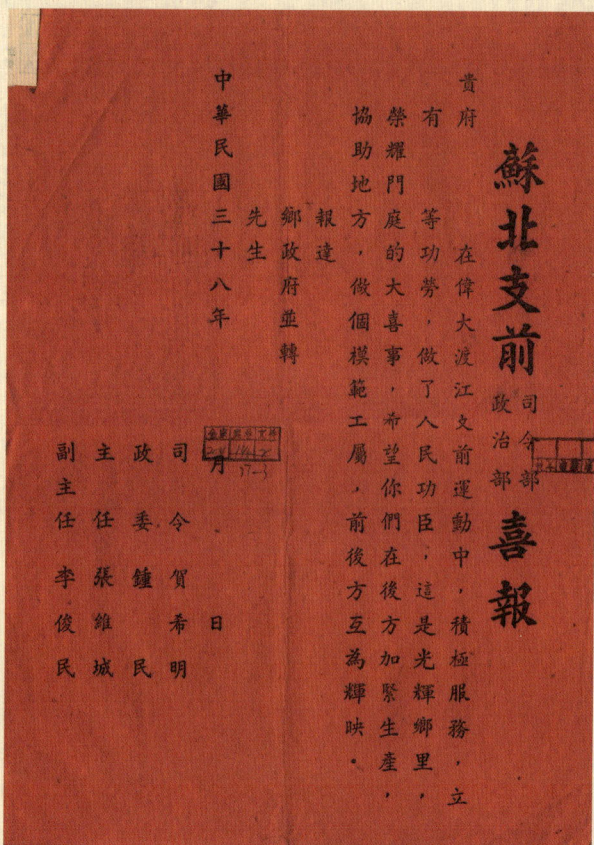

苏北支前喜报

苏南支前司令部奖状

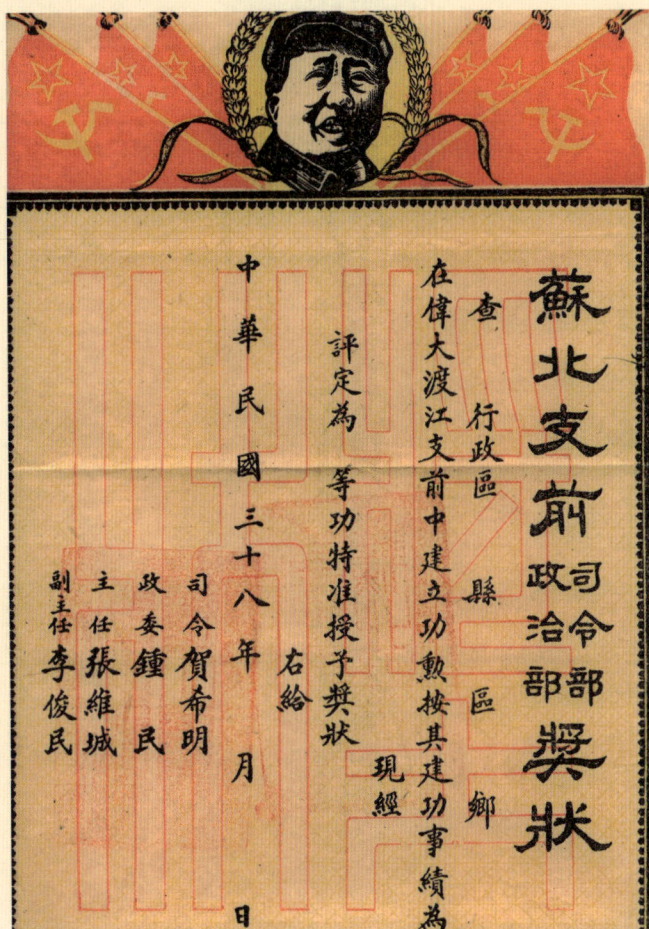

苏北支前司令部奖状

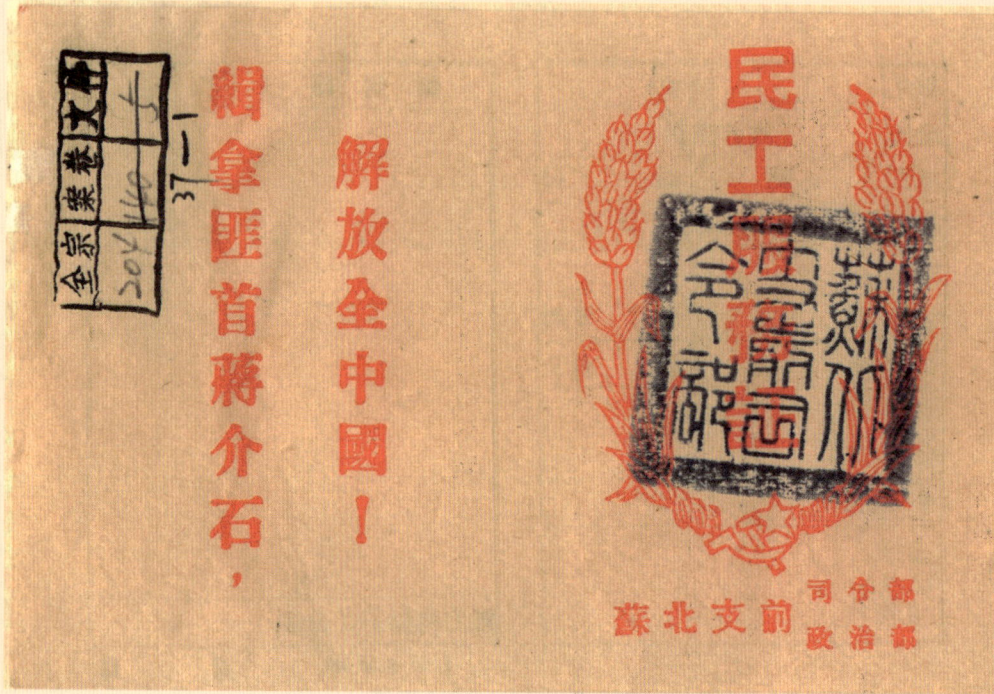

解放全中國！

緝拿匪首蔣介石，

民工服务证

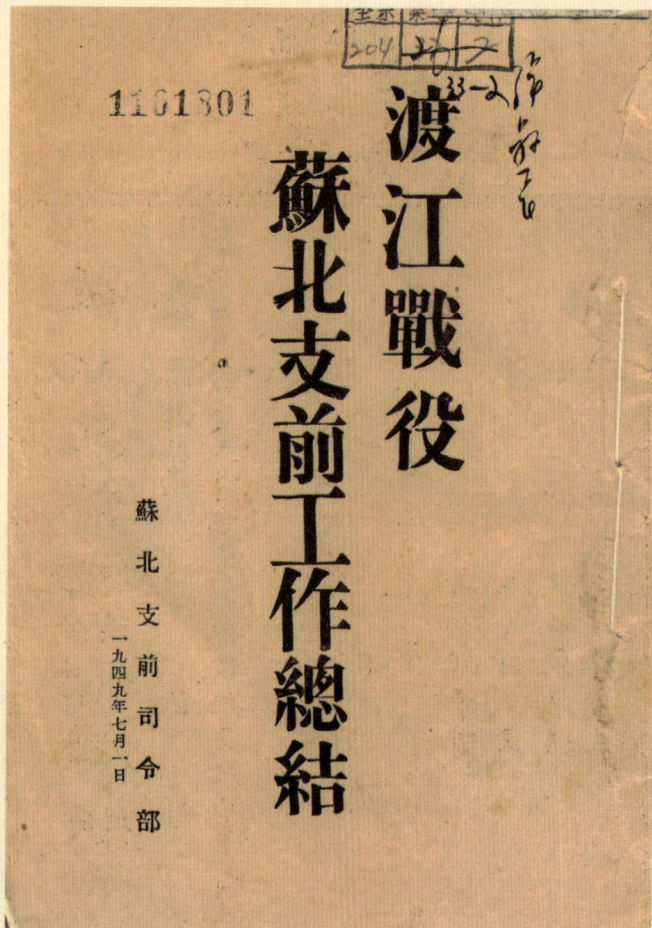

渡江戰役

蘇北支前工作總結

蘇北支前司令部
一九四九年七月一日

1949年7月1日，苏北支前司令部《渡江战役
苏北支前工作总结》。

關於調整省、區建制的決議

（一九五二年十一月十五日中央人民政府委員會第十九次會議通過）

為調整現有省、區建制，以利工作

一、撤銷平原省建制。現屬平原省……之高唐、清平、博平、荏平、聊城、堂邑、冠縣、莘縣、朝城、陽穀、東阿、梁山、壽張、范縣等……鄆城、南旺、嘉祥、鉅野、菏澤、定陶、城武、金鄉、魚台、單縣、復程、曹縣等……

內黃、湯陰、濬縣、滑縣、淇縣、汲縣……縣、沁陽、孟縣、濟源等二十二縣，新……安……市及焦作礦區，全部劃回河南省屬；原為河南舊轄之林縣、安陽、鄴縣、樂、清豐、濮陽、東明、長垣等五縣……延津、封邱、原陽、獲嘉、修武、武陟、博愛、溫舊轄之武安、涉縣、臨漳三縣不動，仍……亦劃歸河南省屬，不再歸回河北省；現屬河北原為河南

二、撤銷察哈爾省建制。現屬察哈爾原為山西舊轄之朔縣、平魯、左雲、右玉、懷仁、山陰、應縣、大同、渾源、靈邱、廣靈、陽高、天鎮等十三縣及大同市劃回山西省屬；原為河北舊轄之赤城、龍關、懷來、宣化、涿鹿、萬全、懷安、陽原、蔚縣等十縣，張家口、宣化二市及察北的崇禮、張北、沽源、延慶、康

吴贻芳个人档案

保管单位： 江苏省档案馆

内容及评价：

吴贻芳（1893～1985），原籍江苏泰兴，长于浙江杭州，中国教育史上第一位女大学校长，著名爱国教育家、社会活动家。1922年赴美留学，1928年获密歇根大学生物学博士学位。回国后，出任金陵女子大学校长。1945年作为中国代表团的一员出席联合国成立大会，成为在《联合国宪章》上签字的第一位女性。中华人民共和国建立后曾任金陵大学、南京师范学院领导，江苏省教育厅厅长，江苏省副省长，全国妇联副主席，民进中央副主席，全国第五、第六届政协常委，第一至第五届全国人大代表。1979年获美国密歇根大学为世界杰出女性专设的"智慧女神"奖。

馆藏吴贻芳个人档案共有文书档案89卷，实物35件，主要包括吴贻芳生平资料、各种讲稿、公务及私人之间来往信函、生平活动照片、日记、笔记等，资料时间跨度长、数量丰富，是研究吴贻芳生平和江苏乃至中国教育事业，尤其是女子高等教育事业的重要材料。

1922年，巴勃尔奖学金获奖者合影（第二排左起第三位为吴贻芳）。

1979年4月27日，吴贻芳因对社会服务事业及世界和平作出重大贡献而被母校美国密歇根大学
授予"和平与智慧女神奖"。

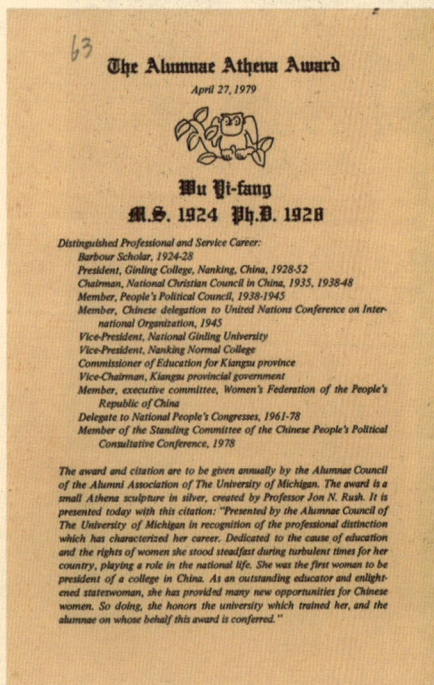

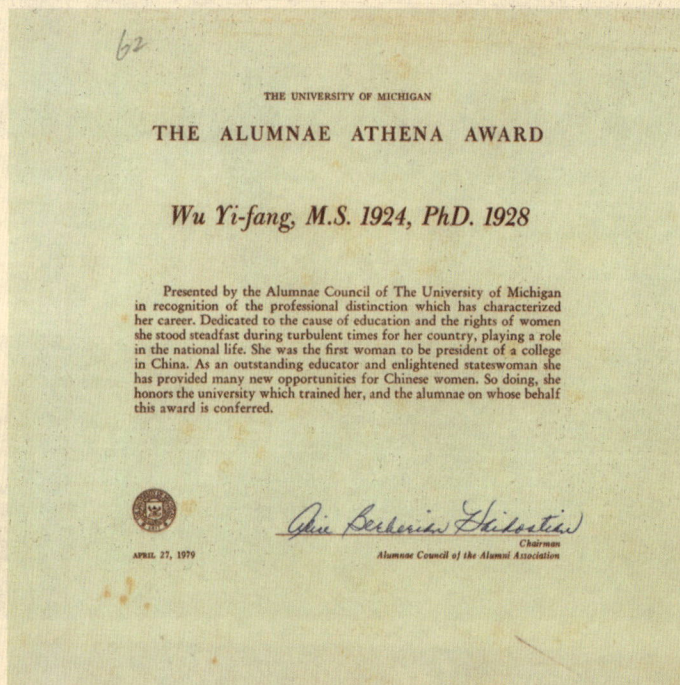

吴贻芳获得的智慧女神奖证书

1953年，省政协淮河参观团在工地留影（中为吴贻芳）。

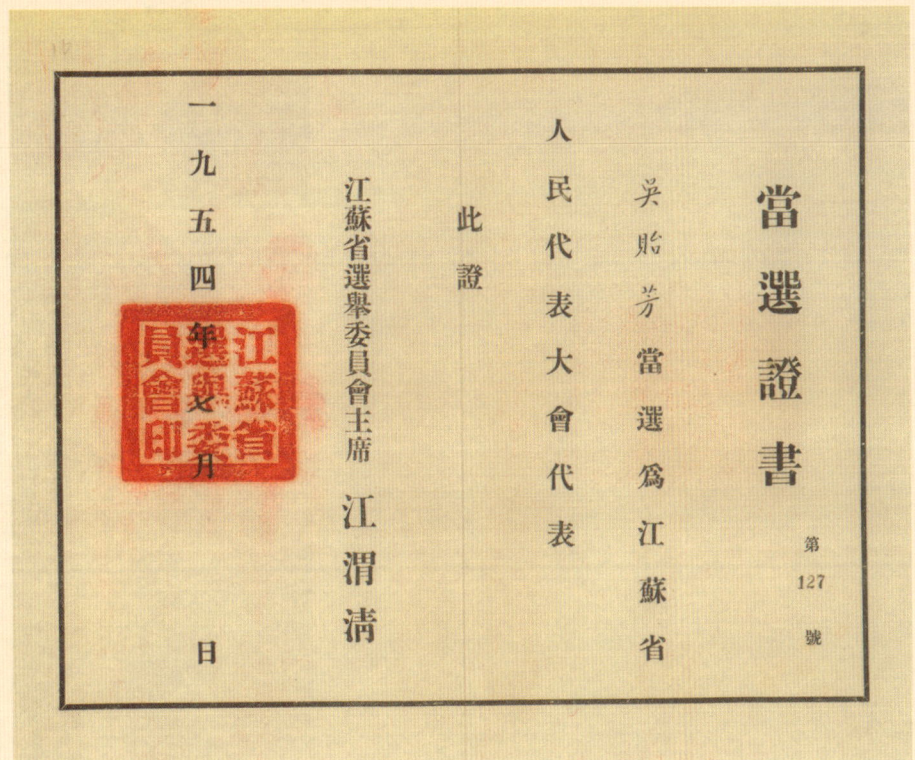

當選證書 第127號

吳貽芳當選爲江蘇省人民代表大會代表

此證

江蘇省選舉委員會主席 江渭清

一九五四年 月 日

江蘇省選舉委員會印

1954年，吴贻芳当选江苏省人民代表大会代表的证书。

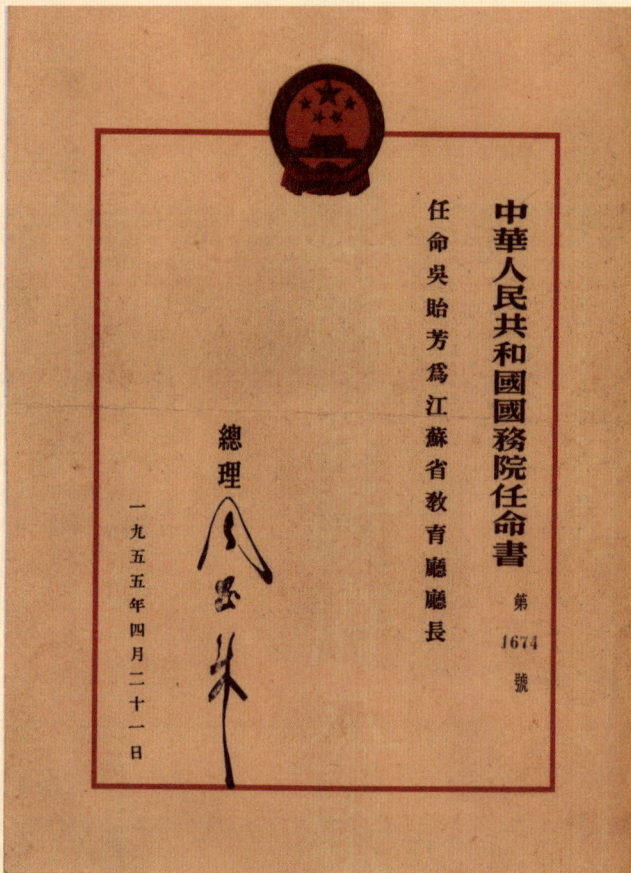

1955年4月21日，周恩来总理签署任命书任命吴贻芳为江苏省教育厅厅长。

中華人民共和國國務院任命書　第1674號

任命吳貽芳爲江蘇省教育廳廳長

總理　周恩来

一九五五年四月二十一日

1955年10月27日，吴贻芳陪同世界和平理事会常委比利时伊莎贝丽·伦布姆夫人在中山陵。

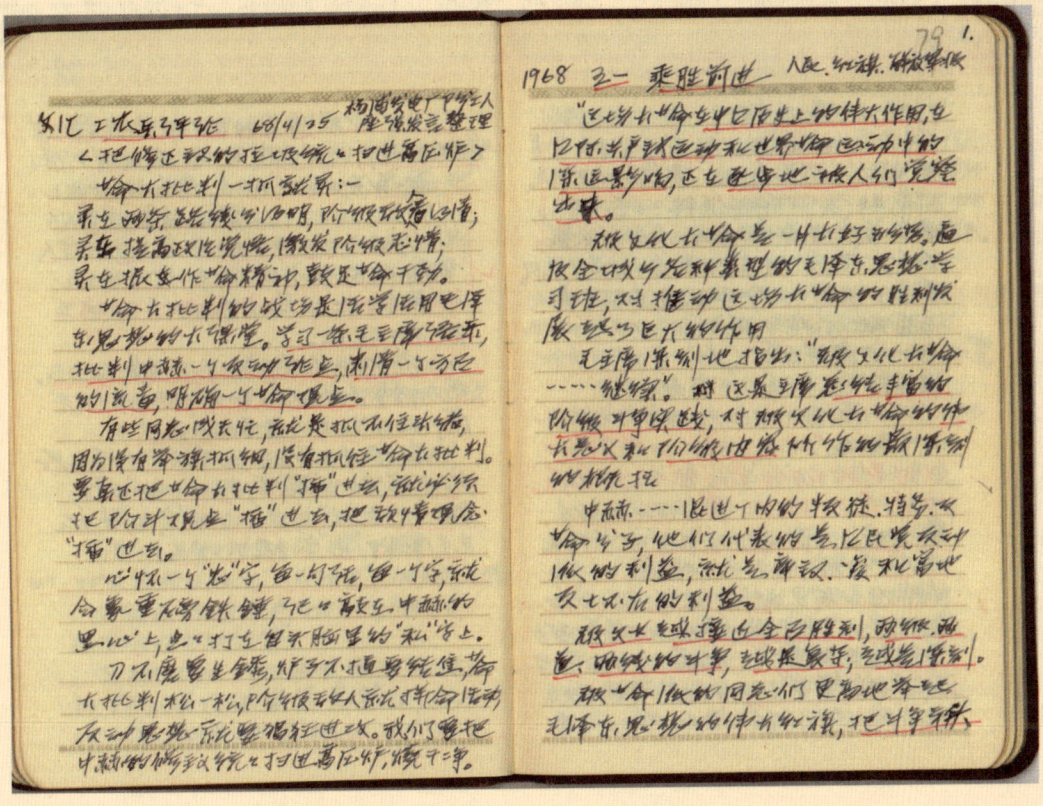

吴贻芳工作笔记本（1968年）

新华日报

爱国爱党爱人民

江苏省副省长、民进江苏省委员会主委 吴贻芳

在伟大的中国共产党成立六十周年的大喜日子到来之际，我脑海里又浮现出一九四九年十月一日的情景，毛泽东主席在天安门升起了第一面五星红旗，并且向全世界宣布，中华人民共和国成立了，中国人民从此站起来了。几千年来少数剥削者统治中国绝大多数人的历史结束了，一百多年帝国主义、殖民主义奴役中国人民的时代结束了，广大劳动人民成了新中国的主人。想到这些，我就深深地感到：没有共产党就没有新中国。

我是近九十岁的人了。老年人的习惯是喜欢回忆过去。想起了旧中国，我的内心很不平静。早在七八岁时，我的祖母就常常很伤感地告诉我帝国主义入侵的故事，什么外国洋枪队攻入北京，皇太后逃走到西安等等。之后，遇到的事情，都是我们祖国受帝国主义欺凌和屈辱的悲惨历史。最难忘的是一九三七年十二月二日那一天，金陵女大因日本帝国主义的入侵被迫迁到成都。船从南京下关出发。当时作为一个中国人的我，没有自己的轮船可乘，坐的却是英国怡和公司的轮船。日本飞机表飞的警报一响，轮船就从码头驶靠江心一艘英国军舰作"保护"，警报解除，船又重新回到码头。

那天空袭七次，轮船就这么从码头到军舰来回七次。江岸上无数难民扶老携幼，被国民党政府遗弃，任凭日本飞机的轰炸。面对着祖国遭蹂躏、同胞被屠杀的情景，我真是心痛欲碎啊！帝国主义的侵略、压迫，便我萌发了爱国主义的思想。我觉得，没有一个强大的祖国就受任人宰割。想到这里，又想到什么是祖国，怎样爱国呢？相当长的时间内并不明确，只知道要使我们的祖国强大起来。事实证明，在旧中国，我的许多良好愿望都无济于事。以办教育为例，我希望通过培养人才来为社会服务，建设祖国。当时只知道孤基础知识，不过政治。结果呢？是达不到目的。特别在解放战争阶段，国民党反动派越发倒行逆施。一九四七年发生了震惊中外的"五·二〇"事件，当时国民参政会正在南京召开，在午餐时，我就向蒋介石提出来，把警察局长调走（当时只敢提调走，未敢提惩办）。因为警察名日维持秩序，实际追逐学生。蒋介石连这样的话都听不进，居然气得手发抖，恶狠狠地说："共产党不从学校赶出去，学校是没法办下去的。"我听了以后，感到很失望。在这样的独裁政府的统治下，搞教育有什么用？后来初步接触到一些马列著作、毛主席著作，才开始明白，不改变社会制度，教育是不能救国的。何况旧社会的教育又是为谁服务的呢？所以，国民党两次要我出任教育部长，我都拒绝了。南京临解放时，国民党当局送来最后的飞机票，要我同去台湾。我也拒绝了。相反地，解放以后党要我担任江苏省教育厅长，我是很乐意的。因为前者是反动的官僚，后者是人民勤务员的职务啊。我们爱的是社会主义祖国。在推翻了三座大山建立了新中国以后，就是要靠我们勤劳的双手一砖一瓦地把社会主义大厦建设起来。

现在有些青年人，对物质生活、政治生活、精神生活总感到不满足，以为资本主义国家好，甚至有的以为旧社会也有"民主"。我经过几个时代，有历史的比较，又多次出过国，也有对比。比来比去，还是共产党最好，社会主义最优越。资本主义是没有前途的，旧中国更不值一提。在旧中国，我是头面人物，蒋介石连我的那种很温和的话都听不进，还有什么"民主"可言呢？有的是我酷镇压。至于美国，人们普遍缺乏安全感。青年们为了谋求他们的所谓"前途"，互相勾心斗角、尔虞我诈，凶杀、吸毒等五花八门的事经常发生，有的青年整天沉溺在宗教或者的幻觉之中，追求解脱，进入"幻的世界"。这些痈疽，我们有些青年却把它当成宝贝，这是十分严重的。为了搞好教育，教育青少年德智全面发展，现在或将来我积极地为社会主义四化建设服务，这就是我经常考虑的事。我虽然年事已高，但为了教育好下一代，我要到实际斗争中去找任务，以主人翁态度干工作，要教育青少年，把个人的利益同祖国、党和人民的利益联系在一起，把个人的前途同祖国、党和人民的前途联系在一起，认清"没有共产党就没有新中国""只有社会主义能够救中国"的真理，爱国爱党爱人民，做社会主义现代化的促进派。

吴贻芳为纪念建党60周年而发表在《新华日报》的文章《爱国爱党爱人民》

吴贻芳英文书信

给卢惠卿的信

全文：

卢惠卿：

您五月二十二日寄出的长信和照片早收到了。我很高兴听到你对于这次回国参观感到很满意。我也很高兴得到那天晚上在我家拍的几张照片，留作纪念。

我主观上是要好好地写封回信的，但是一来由于我一贯的拖拉恶习，拖延下来，二来我不敢再写什么，害怕你又给什么客人看！

今天忽然发现六月已经过完了，我必须写几句话，首先表示诚恳的谢意，其次是向你讨一本今夏将出版的你的新著。有许多朋友劝我学打太级拳，但是由于它费时太多，我一直没有学，现在你精练了的打法引起我的兴趣，我希望它将激发我的毅力，天天认真地活动几分钟！你看！我此刻拿起笔来写信，还是无事不登三宝殿！

萧娴赠联——长空净云雨 斜日伴虹霓

袁晓园个人档案

保管单位： 江苏省档案馆

内容及评价：

袁晓园（1902～2003），曾用名袁行洁，出生于江苏常州武进，中国第一位女税务官，第一位女外交官，著名语言文字学家、书画家、社会活动家。1985年毅然放弃美国国籍回北京定居，创袁氏拼音汉字字母。曾任第六、第七届全国政协委员，民革中央监委，北京国际汉字研究会会长，北京国际书画研究会会长，美国新泽西州西东大学教授等。代表作品有《晓园书画册》等。馆藏袁晓园个人档案全宗，共有档案2319件，系袁晓园后人捐赠，主要有生平照片、个人证件、书画作品、来往信函、语言文字学研究手稿、收藏图书等，内容十分丰富，对于研究百岁老人袁晓园传奇和艺术的一生，具有重要价值，也是研究近代语言文字学和艺术史重要的资料补充和参考。

袁晓园幼年家庭照

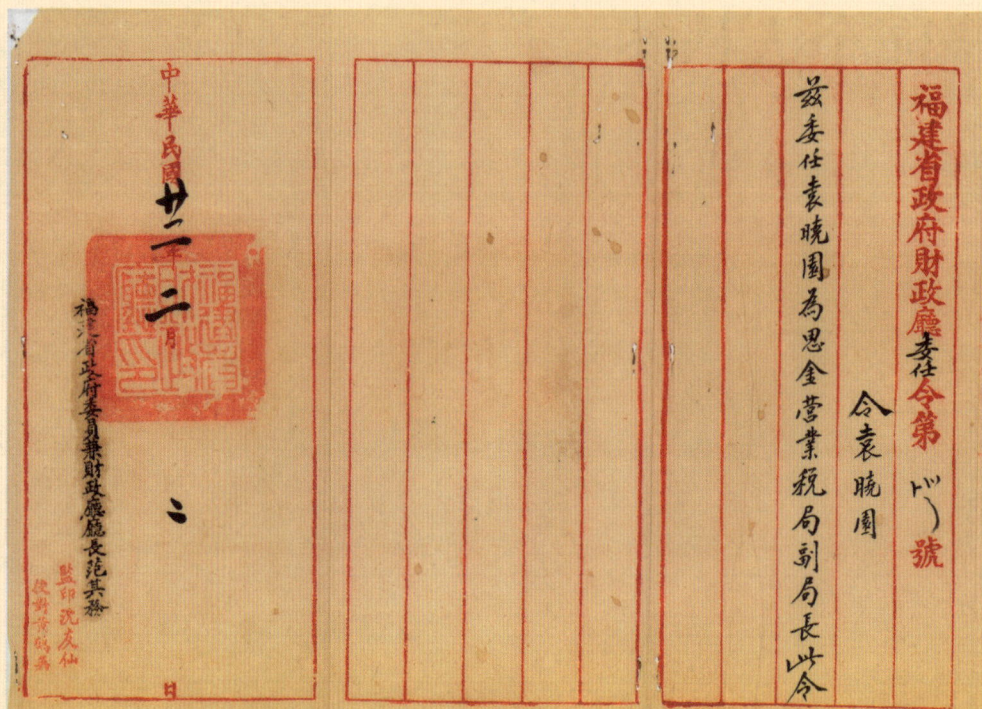

1933年2月2日，福建省政府财政厅委任袁晓园为思金营业税局副局长令。

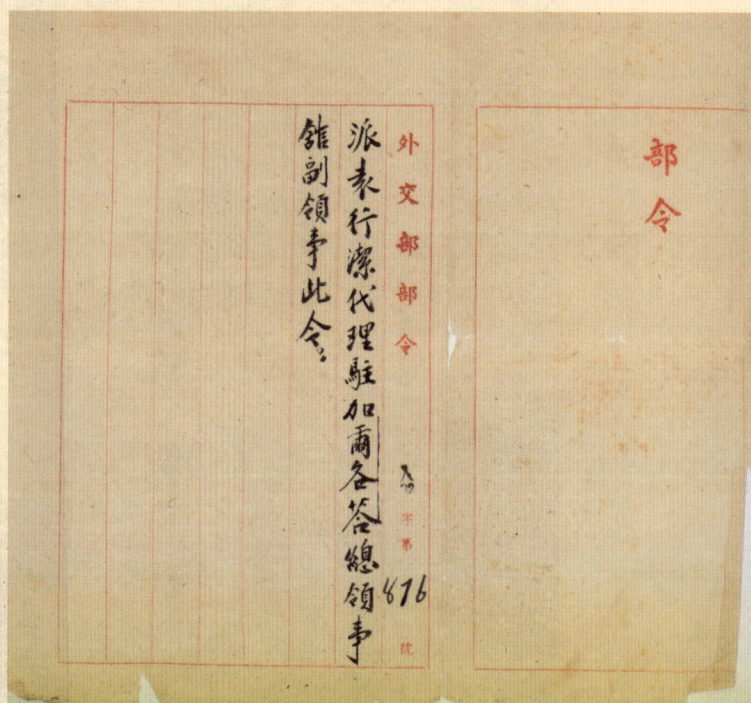

1943年12月3日，国民政府外交部长宋子文签发的袁晓园驻加尔各答
总领事馆副领事的任命书。

22061
No.............. Date of Issue 29.7.44

Valid up to | Signature.
1. 28.7.45
2.
3.

DESCRIPTION OF HOLDER

Name MRS. H.K. YUAN.
Father's name
Occupation VICE CONSUL FOR CHINA
Local Address
Country Address
Post Office
Police Station
District
Date of birth
Employer CONSULATE GENERAL OF THE REPUBLIC OF CHINA CALCUTTA
Distinguishing marks

N.B.—*This Permit does not entitle the holder to board ships unless he has permission from the Agents concerned.*

袁晓园外交证件

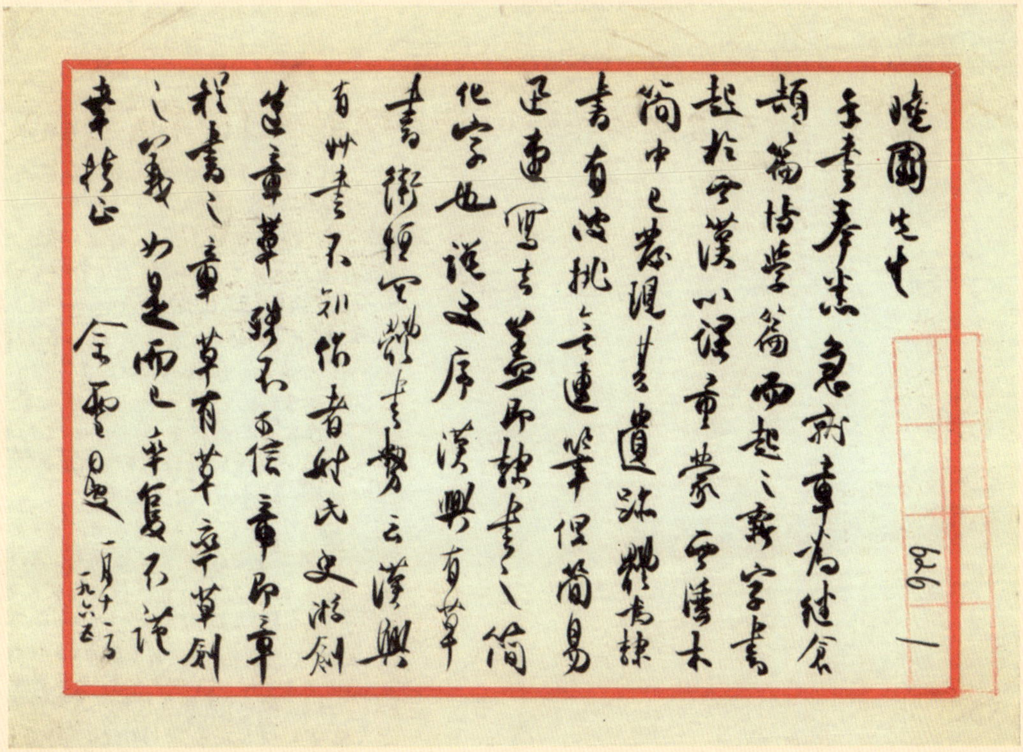

佘雪曼1965年写给袁晓园的信

袁晓园语言学手稿

袁晓园手稿《我是怎样走到语言学界的》

宋庆龄与袁晓园握手

和外甥瓊瑶攝於建國飯店(1989年秋)

1989年秋,袁晓园和外甥女琼瑶合影于北京建国饭店。

EAST WEST INSTITUTE

東 西 學 院

901 Swinks Mill Road
McLean, VA 22102 USA
Tel:(703)848-2692

晓园大姊大人如晤

二月一日惠示今敬领多时因旅泊未安迟

以佑率围搅稽复气谅

来书多方奖掖愧不堪当返国之期因

海外事冗尚谪先此时就道但当在不久之

特来告别以把晓园竟欲也

世志恩待暮年渗见垫忘为子提

撕是幸

衡写聊表致意幸勿以我为偕专

电多颂

平安

南怀瑾

1986年 3月 8日

南怀瑾写给袁晓园的信

袁晓园国画《诉衷情》

心清意自闲

袁晓园
时年
九十又八

心清意自闲——袁晓园九十八岁书

袁晓园篆刻：愿为人民吐尽丝。晚年袁晓园常以
"吐丝园主"自称。

百岁袁晓园撰写条幅：壮心无复在千里，老气尚能横九州

百岁袁晓园作《松林仰望万壑争荣》

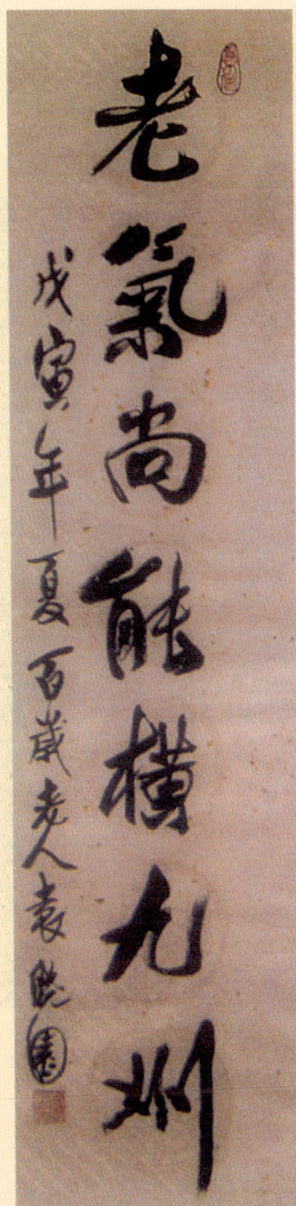

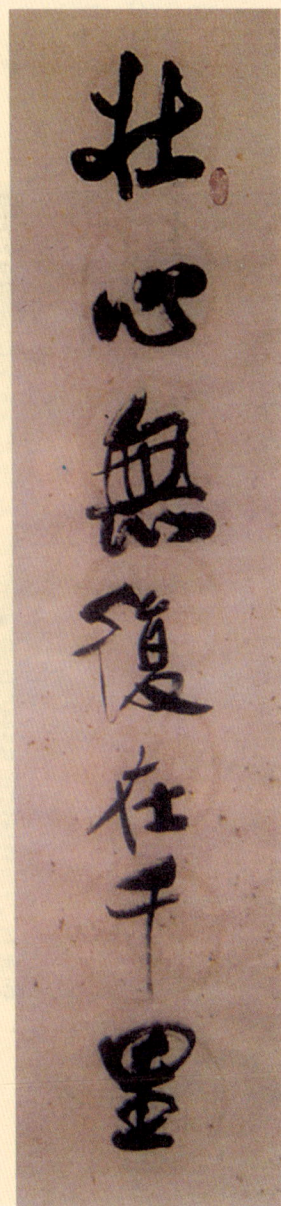

袁晓园藏书（部分）

江苏省人民政府成立档案

保管单位： 江苏省档案馆

内容及评价：

新中国成立后，苏南、苏北两区和南京市人民在党和政府的领导下，继胜利完成接管城市、剿匪肃特、平稳物价、生产救灾后，又开展了轰轰烈烈的土地改革、抗美援朝、镇压反革命和"三反"、"五反"、增产节约运动，为国民经济和社会各项事业的大发展奠定了基础。为了适应即将开始的全国大规模的有计划的经济建设，中央人民政府作出了关于调整省、区建制的决定，撤销苏南、苏北两个行政区，合并为江苏省建制，南京市为省辖市。1953年1月1日江苏省人民政府在南京正式宣布成立，并举行了首次政府委员会会议。江苏省建制的恢复，是江苏历史上的重大事件，从此，江苏人民在省委、省政府的领导下，进入社会主义改造和建设的新时期。

馆藏江苏省人民政府成立档案主要有中央人民政府有关华东地区区划调整的决定、江苏省人民政府委员会第一次会议文件、照片、江苏省人民政府第一号文件等。这些档案对于研究新中国成立后江苏省的行政区划调整、机构设置及其人事制度等情况，对于纪念江苏省人民政府的成立，回顾江苏省人民政府团结带领全省人民进行社会主义建设所取得的历史功绩，具有重要的历史文献价值。

1952年11月15日，中央人民政府委员会第十九次会议通过《关于调整省、区建制的决议》。

全文：

关于调整省、区建制的决议

（一九五二年十一月十五日中央人民政府委员会第十九次会议通过）

为调整现有省、区建制，以利工作起见，兹决定：

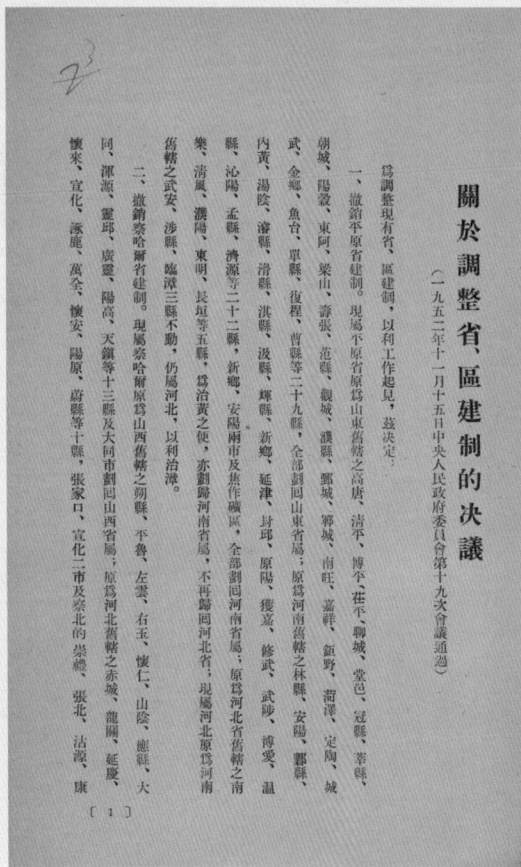

一、撤销平原省建制。现属平原省原为山东旧辖之高唐、清平、博平、茌平、聊城、堂邑、冠县、莘县、朝城、阳谷、东阿、梁山、寿张、范县、观城、濮县、鄄城、郓城、南旺、嘉祥、钜野、荷泽、定陶、城武、金乡、鱼台、单县、复程、曹县等二十九县，全部划回山东省属；原为河南旧辖之林县、安阳、邺县、内黄、汤阴、濬县、滑县、淇县、汲县、辉县、新乡、延津、封丘、原阳、获嘉、修武、武陟、博爱、温县、沁阳、孟县、济源等二十二县，新乡、安阳两市及焦作矿区，全部划回河南省属；原为河北省旧辖之南乐、清风、濮阳、东明、长垣等五县，为治黄之便，亦划归河南省属，不再归回河北省；现属河北原为河南旧辖之武安、涉县、临漳三县不动，仍属河北，以利治漳。

二、撤销察哈尔省建制。现属察哈尔原为山西旧辖之朔县、平鲁、左云、右玉、怀仁、山阴、应县、大同、浑源、灵丘、广灵、阳高、天镇等十三县及大同市划回山西省属；原为河北旧辖之赤城、龙关、延庆、怀来、宣化、涿鹿、万全、怀安、阳原、蔚县等十县，张家口、宣化二市及察北的崇礼、张北、沽源、康保、尚义、商都等六县，均划归河北省属。

三、成立江苏省人民政府，并于该省人民政府成立后，撤销苏北人民行政公署、苏南人民行政公署。现属山东、安徽省原为江苏省管辖之地区，均划回江苏省属。江苏省人民政府设于南京。

四、河北与山东两省过去在毗连地区互划的县份，应归还原建制。即现在属山东省原为河北旧辖之盐山、庆云、南皮、东光、吴桥、宁津等六县划回河北省属；现属河北省原为山东旧辖之恩县、武城、夏津、临清、馆陶、邱县等六县，除邱县系全部飞地因领导便利仍留河北外，其余五县均划回山东省属。

1952年11月27日，谭震林、柯庆施、管文蔚、冷遹等人共同签发的《关于召开省政府委员座谈会通知》。

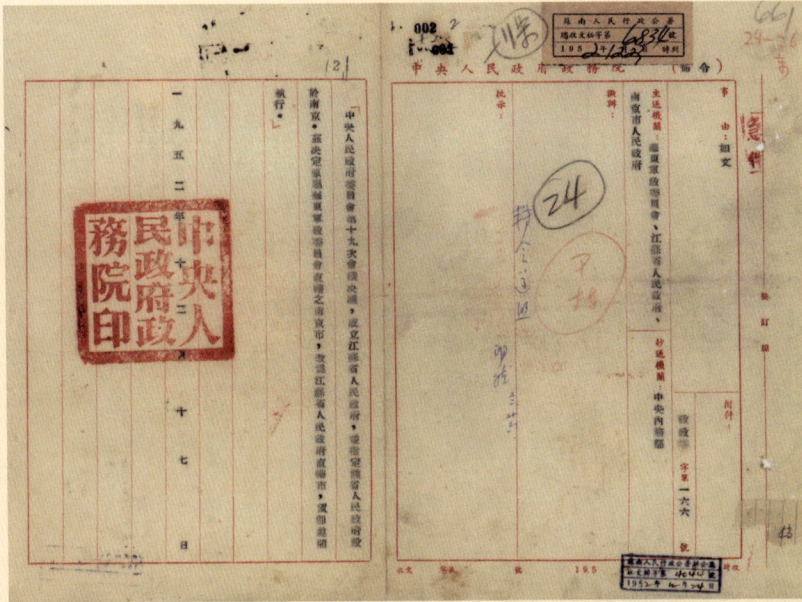

1952年12月17日，中央人民政府政务院颁布《关于江苏省人民政府成立的命令》。

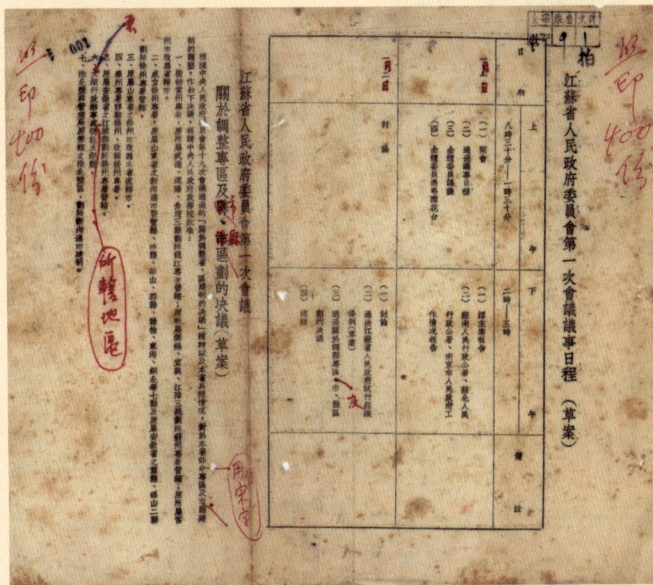

江苏省人民政府委员会第一次会议议事日程（草案）

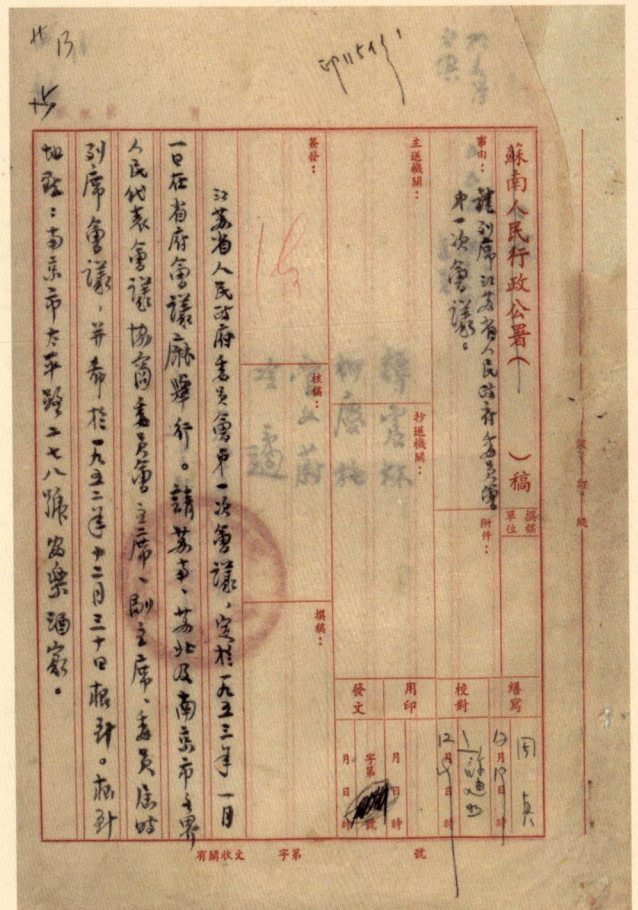

关于列席江苏省人民政府委员会第一次会议的通知

江苏省人民政府第一次会议全体委员合影（第一排：右一朱履先，右三刘国钧，右四
管文蔚，右五谭震林，右六柯庆施，左二吴月波，左三冷遹；第二排：左四惠浴宇，
右五吴贻芳；第三排：左三计雨亭，右三顾复生）

江苏省人民政府主席谭震林在江苏省人民政府
委员会第一次会议上

1953年1月1日，江苏省人民政府第一次会议代表晋谒中山陵。

苏北协商委员列席江苏省人民政府委员会第一次会议名单

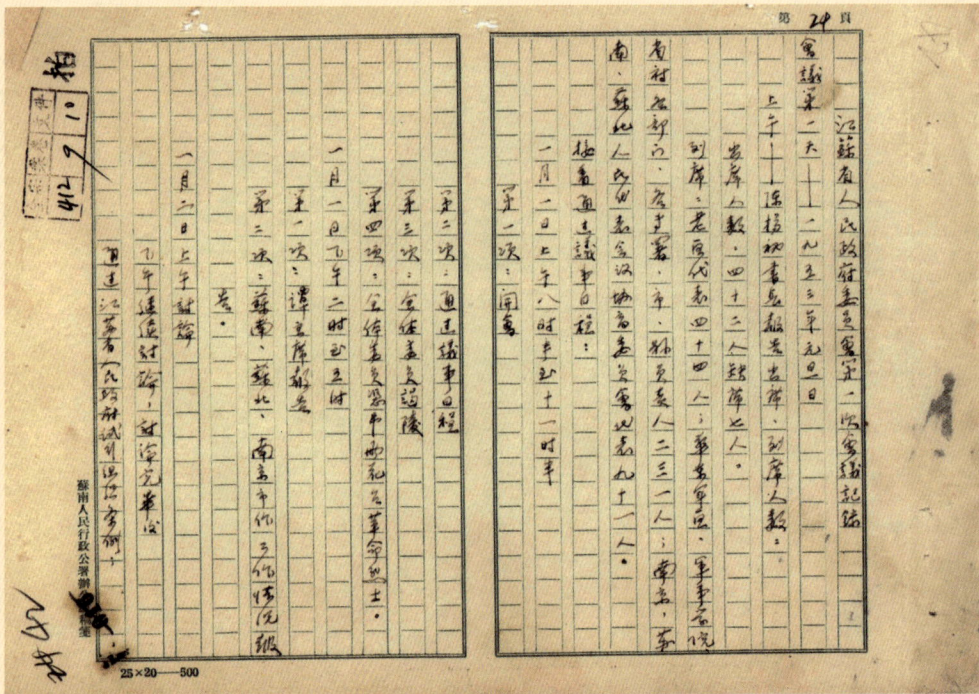

江苏省人民政府委员会第一次会议记录

全文:

江苏省人民政府委员会第一次会议记录

会议第一天——一九五三年元月一日

上午——陈扬秘书长报告出席、列席人数:

出席人数:四十二人,缺席七人。

列席:老区代表四十四人;华东军区、军事学院、省府各部门、各专署、市、县负责人二三一人;南京、苏南、苏北人民代表会议协商委员会代表九十一人。

接着通过议事日程:

一月一日上午八时半至十一时半

第一项:开会

第二项:通过议事日程

第三项:全体委员谒陵

第四项:全体委员凭吊雨花台革命烈士

一月一日下午二时至五时

第一项:谭主席报告

第二项:苏南、苏北、南京市作[做]工作情况报告。

一月二日上午讨论

下午继续讨论,讨论完毕后通过江苏省人民政府试行组织条例。

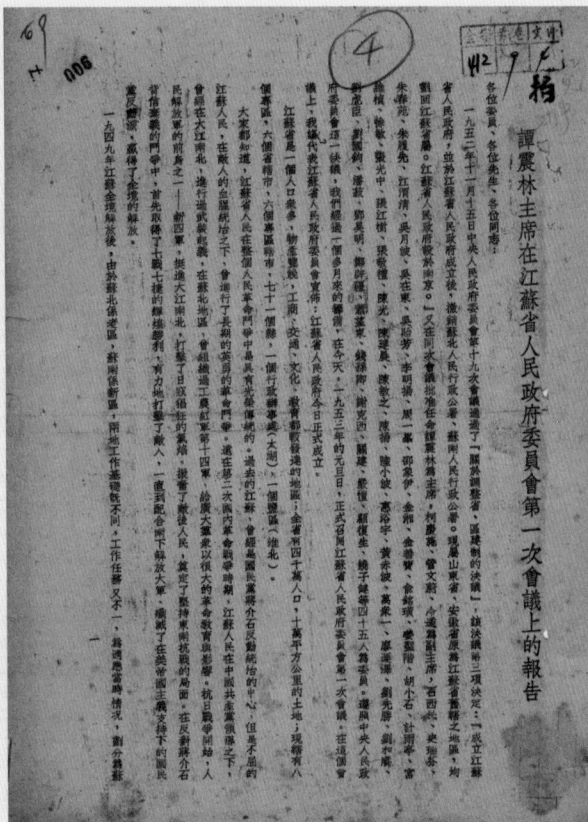

谭震林在江苏省人民政府委员会第一次会议上的报告

全文：

谭震林主席在江苏省人民政府委员会
第一次会议上的报告

各位委员、各位先生、各位同志：

一九五二年十一月十五日中央人民政府委员会第十九次会议通过了《关于调整省、区建制的决议》，该决议第三项决定："成立江苏省人民政府，并于江苏省人民政府成立后，撤销苏北人民行政公署、苏南人民行政公署。现属山东省、安徽省原为江苏省旧辖之地区，均划回江苏省属。江苏省人民政府设于南京。"又在同次会议批准任命谭震林为主席，柯庆施、管文蔚、冷遹为副主席。石西民、史瑞芬、朱春苑、朱履先、江渭清、吴月波、吴在东、吴贻芳、李明扬、周一峰、邵象伊、金湘、金善宝、俞铭璜、姜圣阶、胡小石、计雨亭、宫维桢、徐敏、张光中、张江树、张敬礼、陈光、陈建展、陈敏之、陈扬、陆小波、惠浴宇、黄赤波、万众一、廖运泽、刘先胜、刘和赓、刘虎臣、刘国钧、潘菽、邓昊明、郑辟疆、肖望东、钱孙卿、谢克西、关建、严恺、顾复生、饶子健等四十五人为委员。遵照中央人民政府委员会这一决议，我们经过一个多月来的准备，在今天，一九五三年的元旦日，正式召开江苏省人民政府委员会第一次会议。在这个会议上，我谨代表江苏省人民政府委员会宣布：江苏省人民政府今日正式成立。

江苏省是一个人口众多，特产丰饶，工商、交通、文化、教育都较发达的地区；全省有四千万人口，十万平方公里的土地；现辖有八个专区，六个省辖市，六个专区辖市，七十一个县，一个行政办事处（太湖），一个盐区（淮北）。

大家都知道，江苏省人民在整个人民革命斗争中是具有光荣传统的。过去的江苏，曾经是国民党蒋介石反动统治的中心，但是不屈的江苏人民，在敌人的血腥统治之下，曾进行了长期的英勇的革命斗争。远在第二次国内革命战争时期，江苏人民在中国共产党领导之下，曾经在大江南北，进行过武装起义，在苏北地区，曾组织过工农红军第十四军，给广大群众以很大的革命教育与影响。抗日战争开始，人民解放军的前身之一——新四军，挺进大江南北，打击了日寇猖狂的气焰，振奋了敌后人民，奠定了坚持东南抗战的局面。在反对蒋介石背信弃义的斗争中，首先取得了七战七捷的辉煌胜利，有力地打击了敌人，一直到配合南下解放大军，歼灭了在美帝国主义支持下的国民党反动派，赢得了全境的解放。

一九四九年江苏全境解放后，由于苏北系老区，苏南系新区，两地工作基础既不同，工作任务又不一，为适应当时情况，划分为苏南、苏北两个行署区是十分必要的，经过三年多来的工作，在政治、经济、文化建设等方面，取得了巨大的成就，尤其是进行了抗美援朝、土地改革、镇压反革命的三大运动与去年开展的"三反"、"五反"运动、思想改革运动，不仅使江苏全省地区社会面貌发生了根本变化，出现了全新气象，同时也奠定了全省统一发展的基础，因此，在这一基础上，为了适应今年国家即将开始的大规模经济建设，中央人民政府委员会决定苏南、苏北两区合并，建立全省统一领导机构，成立江苏省人民政府，是完全必要的和适合时宜的，这也就给建设人民的新江苏创造了更有利的条件。

三年来，我们在政治、经济、文化建设上虽已取得了巨大的胜利，但未来的任务将更艰巨。目前，江苏省的工业潜在力量还未充分发挥，广大农民还没有完全组织起来，若干的改革任务尚未彻底完成。在一九五三年，我们国家一面要继续坚持抗美援朝斗争，一面要开始全国大规模的有计划的经济建设，以便尽快地使我国走上工业化的道路。因此，当江苏省人民政府成立之始，我们就要立即肩负起这样一个光荣的艰巨任务。我们应在过去工作的基础上，充分运用本省各方面的有利条件，继续发扬全省人民优良的革命斗争传统，巩固成绩，克服缺点，争取新的更大胜利。

本省一九五三年的任务是什么呢？

第一，继续加强抗美援朝的工作。必须继续深入爱国主义教育，继续展开反对侵略保卫远东与世界和平运动，继续加强爱国增产节约运动，提高生产，以支援中国人民志愿军。必须认真做好拥军优属工作并且要切实做好对志愿军的供应和慰问工作。

第二，继续完成工业改造，加强基本建设。工业改造是一个艰巨复杂的任务，必须充分发挥与依靠广大的工人群众、有领导有步骤地积极进行。基本建设是国家建设的首要部分，应当学习苏联的先进经验和吸收各方面的经验教训，使每一点人力、物力、财力都能用到既好又快地最合理的程度。各工厂必须通过爱国增产节约运动，开展劳动竞赛，充分发挥工业中的潜在力量，逐步提高产品的质量，降低成本。同时必须重视工人的安全卫生工作，认真解决工人的福利问题。

第三，在去年农业丰收的基础上，开展农业大生产运动，进一步提高单位面积产量，争取今年更大的丰收。粮食及工业原料作物，必须按计划完成，以应国家大规模建设的需要。为此必须加紧整顿和发展互助合作组织，各地应认真试办农业生产合作社，取得经验后稳步推广，务使农民懂得"组织起来"的好处；贯彻自愿、互利和民主管理三大原则，反对任何形式的强迫命令，使之自觉地逐步走向集体化的道路。同时必须从各方面来改进农业技术，做好选种、施肥、治虫等工作，逐步推广新式农具，兴办农田水利，及时预防和战胜各种可能发生的自然灾害。办好国营农场，各地农场应成为技术指导的核心，并发挥应有的示范作用。为加强农业生产的领导，各地应认真总结和推广丰产经验，并定期开展群众性的评比运动。治淮及其他水利工程，必须继续大力进行，以增强防旱、防涝、防洪能力，发展灌溉航运之利。治淮除在今年汛期前完成巨大的三河闸工程外，还要完成灌溉总渠的东、南、西三条干渠的疏浚工程及闸坝工程，并开始进行淮河入江水道工程。长江及沿海垦区工程以及其他河流的疏浚和闸坝工程，仍按既定计划进行。

第四，加强民主建政工作，进一步密切政府与人民的联系，有计划有步骤的开好县、乡两级人民代表大会，积极筹备召开全省人民代表大会，扩大民主基础，发挥广大人民群众参政的积极性，巩固和扩大人民民主统一战线。各地应将民主建政工作和各项中心工作紧密结合起来，作为推动各项工作的重要动力；同时积极准备迎接全国人民的大选举运动。地方治安工作必须继续加强，对于广大群众应深入进行防匪防特教育，加强民兵的组训工作，有步骤地实现普遍民兵制，建设民兵基干兵团组织，肃清匪特活动，巩固地方革命秩序，进一步巩固人民民主专政。此外，并须大力贯彻婚姻法，有计划有步骤地进行劳动就业的工作。

第五，做好财政经济工作。坚决贯彻税收政策，推行新税法，做到依率计征，依法办事，完成国家的各项税收任务。农业税应贯彻查田定产，依率计征，依法减免，务求负担合理。国营、地方国营和公私合营的厂矿企业，应努力提高增产节约任务和利润上缴任务，为国家积累更多的建设资金。此外并须加强企业事业单位的财务管理，整理乡村财政，严肃财经纪律。城乡物资交流应在已有基础上大力开展，切实做好收购与供应工作，及时满足农民丰收后生产资料和生活资料的需要。继续进行调整商业的工作，清除城乡物资交流的一切障碍。江苏省境内木帆船众多，今年要大力开展民船的民主改革运动，以发挥民船的运输力量，提高运输效率，俾有利于物资交流并适当改善船民生活。

第六，继续贯彻思想改造运动。已进行教师思想改造的中等以上学校，应巩固已得成果，加强经常的马克思列宁主义与毛泽东思想教育，建立政治辅导制度与继续完成课程改革和教学改革任务。小学教师的思想改造以及医生、新闻界、文艺界的思想改造，必须继续地予以贯彻。切实做好扫除文盲的各项准备工作。深入贯彻爱国卫生运动，使之转入经常化。大力开展体育活动，并在普及的基础上逐步提高。

以上就是本省一九五三年的主要任务。我们相信，本省在毛主席、中国共产党、中央人民政府和华东行政委员会的领导下，只要我们能团结全省人民，努力工作，克服困难，我们一定可以胜利完成这些任务，使新的江苏省在伟大祖国的建设事业中，担负起更重大的责任。

江苏省人民政府委员会第一次会议关于1953年工作任务的决议（草案）

江蘇省人民政府委員會第一次會議

關於一九五三年工作任務的決議（草案）

會議一致擁護和同意譚主席關於江蘇省一九五三年工作任務的報告。會議認爲：譚主席所提出的：繼續加強和深入抗美援朝鬥爭，集中全力執行國家大規模的有計劃的國家建設工作和積極籌備召開各級人民代表大會，加強民主建政，以及爲貫徹上述三大任務所提出的六項具體工作，是完全適合本省情況和全省人民的要求的。

會議認爲：江蘇省人民政府委員會的責任是進一步團結全省人民，堅決爲完成譚主席所提出的一九五三年的新任務而奮鬥。

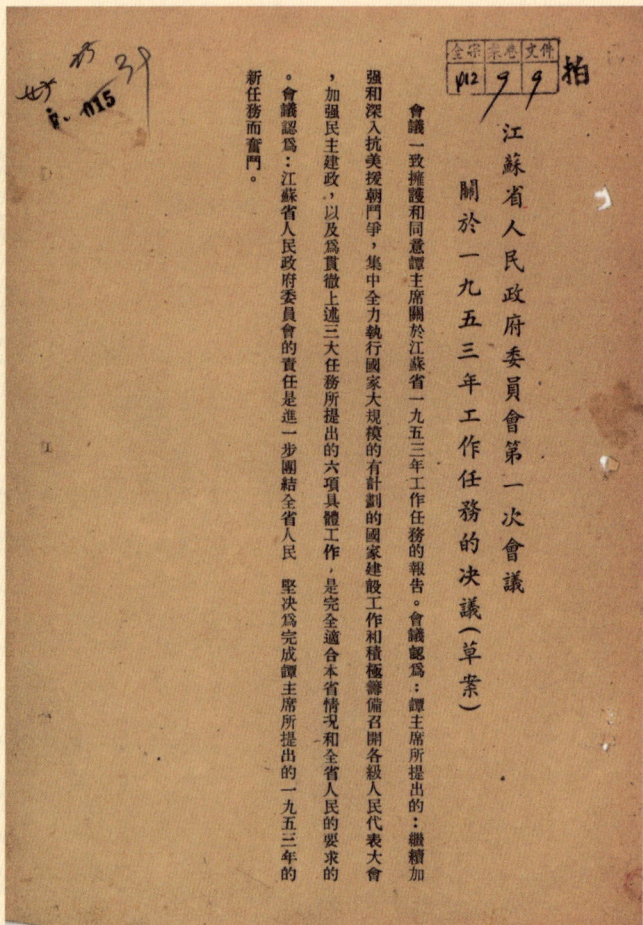

全文：

奉钧会1952年12月1日（52）东办政字第1127号命令，转奉中央人民政府政务院1952年11月25日政政齐字第149号命令敬悉。震林等遵于1953年1月1日成立江苏省人民政府，到职视事，启用印信；苏北人民行政公署、苏南人民行政公署亦同日撤销。除分别函令外，特拓具府印及自刊铜质条戳印模一份，报谨鉴核备查。

谭震林、柯庆施、管文蔚、冷遹
1953年1月1日

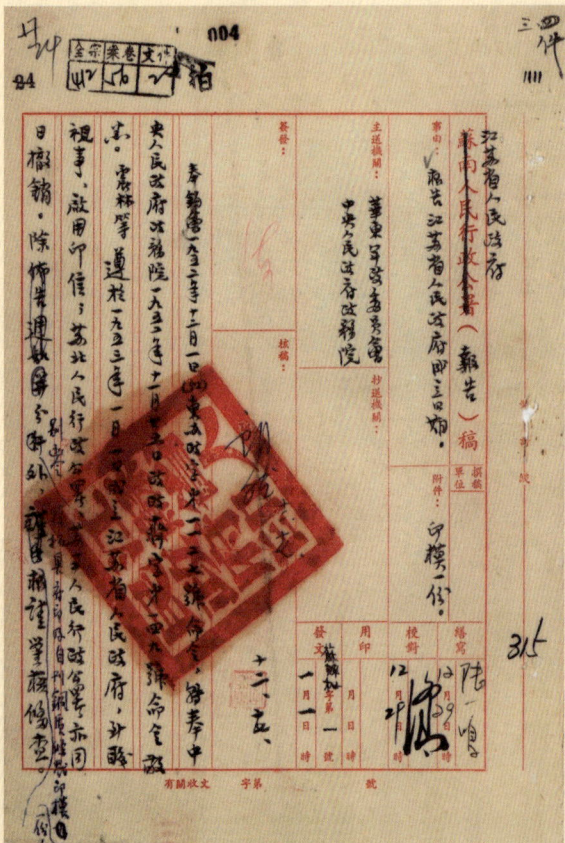

1953年1月1日，江苏省人民政府致华东军政委员会及中央人民政府政务院关于江苏省人民政府成立日期的报告（苏办秘字第一号）。

1953年1月1日，《新华日报》报道江苏省人民政府成立消息。

1953年1月14日，江苏省人民政府关于江苏省人民政府委员会第一次会议情况向中央人民政府政务院和华东行政委员会的报告（苏办（秘）字第233号）。

江苏省第一届人民代表大会第一次会议档案

保管单位： 江苏省档案馆

内容及评价：

1954年8月5日至11日，江苏省第一届人民代表大会第一次会议在南京举行，到会代表445人（另有36位代表因病、因公请假）。这次大会的主要议程是听取和讨论省人民政府工作报告，讨论《中华人民共和国宪法草案》，选举我省出席全国人民代表大会的代表。

馆藏江苏省第一届人民代表大会第一次会议档案，主要内容有江苏省政府关于召开会议的通知、会议日程、代表名册、会议记录以及省人民政府工作报告、省协商委员会工作报告、代表的发言等。这次会议是新中国成立后江苏人民民主建设的重要标志，会议形成的档案资料对于考察建国初期人民代表大会制度的建立，研究江苏建省初期的政权建设，具有重要的历史文献价值。

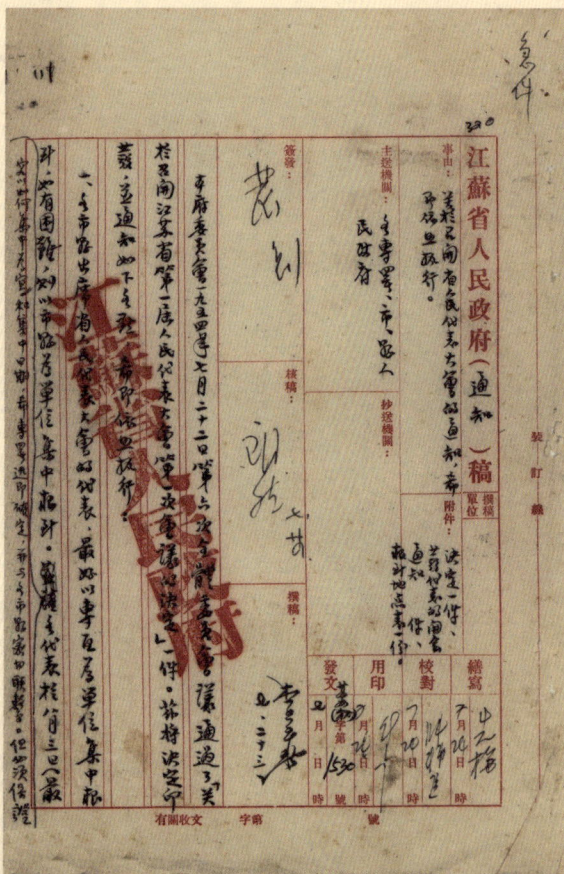

1954年7月26日，江苏省人民政府发出《关于召开省人民代表大会的通知》。

江苏省第一届人民代表大会第一次会议议事日程

1954年8月5日，江苏省第一届人民代表大会第一次会议记录。

1954年8月7日，江苏省第一届人民代表大会第一次会议主席团会议记录。

全文：

江苏省第一届人民代表大会第一次会议主席团会议记录

时间：一九五四年八月七日八时

地点：人民大会堂

出席人（签名）：

朱光炬　夏佩白　刘国钧　蔡美江　邓昊明　冷　遹　李明扬　张光中　徐　敏　金善宝　江渭清　胡小石
潘　菽　刘先胜　逄擎一　任崇高　严　恺　陈鹤琴　甘　霖　赵庆杰　陈敏之　惠浴宇　周一峰　俞铭璜
包厚昌　钱孙卿　陆小波　计雨亭　陈祖荫

主持人：江渭清　　　　　　　　记录：曹振□

主持人报告会议内容：（一）各小组回报一下对几个报告的讨论情况；（二）今天下午的大组发言如何"发"法？（三）研究一下起草委员会应起草哪几个文件？（四）提案审查委员会报告提案审查情况，收了多少提案，进行了一些什么研究？

现在先谈第一项。由大会秘书长刘烈人同志将各小组的讨论情况简单的报告一下。

"昨天的讨论中，问题很多。由于时间关系，不详细谈了。仅将几个主要问题情况简单的报告于后。

柯主席的报告，各组均进行了讨论。各位代表在讨论中，都很认真，发言也很普遍，情绪亦高。许多代表发言都从亲身体验出发。不少代表对其他代表的发言，也提出不同的意见，因此发言很激烈。

对于柯主席的报告，大家都感到很满意，认为这个报告中说讲的都完整、全面、具体，内容丰富，成绩方面没有夸大，缺点方面提得恳切，充满了自我批评的精神，因而大家都很感动。有的代表认为：过去我们虽然听到不少的报告，但像这次柯主席的报告还是少见的。还有的代表认为一年半的工作是遵照了总路线的精神，很正确，抓得紧。有的代表说："过去我们只对于工、农方面的情况比较了解，其他的工作不了解，听了报告后，其他方面的工作也了解了，如民船改革。"有些代表对报告中的某些数字不对头提出了意见，指出校对人员的粗心。有的代表说："过去对家乡认为没有什么留念，听了报告后，深切体会到家乡的可爱。"不少代表对今年的水情很关心，都认为非常严重，但是听到报告后，不但了解水情不是如自己所想像的那样严重，而且今年的生产计划还能够超过，这真是想不到的事情，因此有的代表说："去年的灾情那样严重，经过很大的努力，完成了生产任务已是奇迹。今年的情况比去年严重得多，那更加是奇迹了。"有些农村的代表，都表示今年不减产有充够的信心，并提出许多如何增产的办法。特别是有些代表将在排涝、保苗斗争中很多具体生动的例子谈了以后，大家都非常感动。听到句容代表介绍了某农民为了保存铁路的安全而牺牲了自己土地的例子，问他为什么要这样做，他说，因为受到了总路线的教育以后，农民认识到，要求得自己的解放非要依靠工业的帮助不可。因此，有些代表听了以后就讲："农民只要经过教育是会坚决的服从国家计划的。"有些代表听到参加互助合作以后就可以增产的情况后认为农业社会主义改造这是非常正确与必要的。有一个代表讲（农村的教员）："过去在未组织起来以前，一到农忙的时候，学生有20%以上请假，组织起来以后，减少到10%—8%。"徐州代表说："听到我们要增产四亿，感到这个任务很艰巨而光荣，并有信心"，并说："东坝的人民能够牺牲自己照顾大局，我们一定要搞好生产，支持灾区人民。"有些代表提议大会对灾区人民要表示关怀和慰问。

在发言里不少工人代表也提出了很多意见，他们一般的都感到一年半以来的成绩是很大，报告中所讲的都是真实情况。他们并作了检查，说这些缺点是由于我们支持不够，回去以后一定要努力完成任务。他们对于私营资本主义的改造的问题进行了讨论，一般的认为私商有他可利用的一面。但是由于他是资本主义思想，缺乏计划，成本高，人员多，生产关系不能解决，因此生意搞不好。

有些代表检查了过去对学生进行劳动光荣、为生产服务的教育不够。也有不少代表提出还需要继续加强镇压反革命，不能麻痹。人民武装代表团的代表提出要特别加强海防边防，大家对加强中医的问题兴趣很高。

有的代表感到过去的旧中国是一个多灾难落后的国家，如南京三一年水位没有今年大而新街口可以撑船。美国的水利专家看了一下说，要根本改变这个情况，只有将南京搬家，而今年的情况呢？

有些代表感到今后的任务提出不够明确，有些内容没有，如渔业。

主持人：现在请大家补充。

潘菽：苏州专区代表团在讨论时认为：今年水情如此严重能取得巨大的胜利是由于党政的正确领导，互助合作的发展。有的代表提出，太湖下游各河道要疏浚。

钱孙卿：我们第四组（主要是工商界）大家检查不如农民兄弟，并认识到农民的损失就是全体人民的损失，因此要大力的支持。另外感到在报告中对摊贩的改造没有提到，是否也要提一下？

陈鹤琴：科技界代表提出今后科学研究工作要加强，多创造发明，也要像工厂里的技术革新合理化建议一样。并提出"教学做"三者要统一起来。

刘国钧：建议城市工商界自动救灾，各出本心，绝对自愿。

江渭清：大家的意见都很好，讨论情况说明了这次会议的收获是很大的。

①在报告里有几个数字写错了。如民教里原来是二点五倍，写错为2.5%。财政支出里，应该是20%，写错为30%。还有的代表提出为什么工业建议的投资这样少？这个问题需说明一下。

②将渔业问题加进去。

③今后全省人民需进一步树立社会主义思想。

④接收今年水灾教训，水过去后很好的总结经验，办得到的改善水利情况，办不到的，请示中央解决。

⑤对灾民进行慰问救济，这个工作我们已经在下做了。

⑥今后除继续加强防汛外，还要注意防疫。

⑦在闭幕词中附带将今后工作的任务和几个问题再讲一下。

⑧互助互救问题，原来政府考虑，为了照顾各界人民的负担，决定由政府负责，如果大家有这个意见，可以提交大会决定。但是要说清楚，这完全是自愿的原则下进行，防止任何强迫摊派负作用。

现在讨论第二项：大会发言问题。

决议：发言分三种形式：①各代表团推一个代表作为综合性的发言；②有重点的发言；③一般性的发言。

如果发言的人多时间不够，可登报，不一定在大会上发言。

第三项：起草哪些文件。

决议：两个决议：①政府工作报告的决议；②拥护宪法草案的决议。

两个文电：①给中共中央；②给中央人民政府。

两个慰问信：①给驻江苏的人民解放军；②给防汛排涝的人民。

关于提案审查问题，因未收到提案，故这次会议不讨论。决议提案审查委员会另外召开会议进行研究。

（散会）

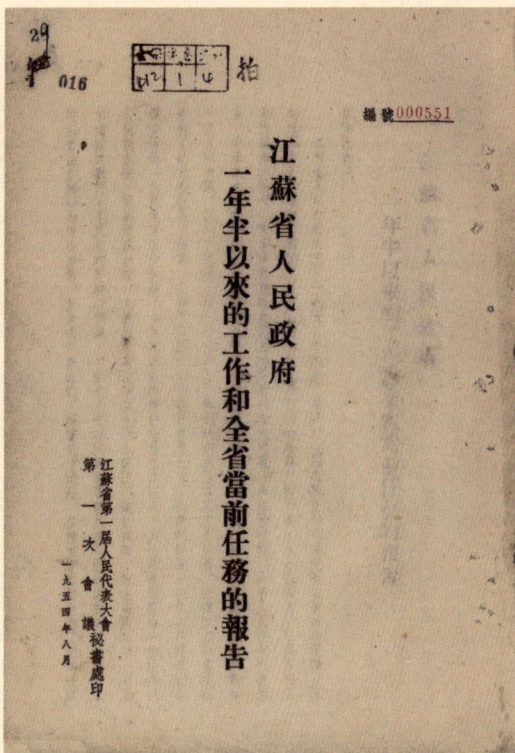

1954年8月，《江苏省人民政府一年半以来的工作和全省当前任务的报告》。

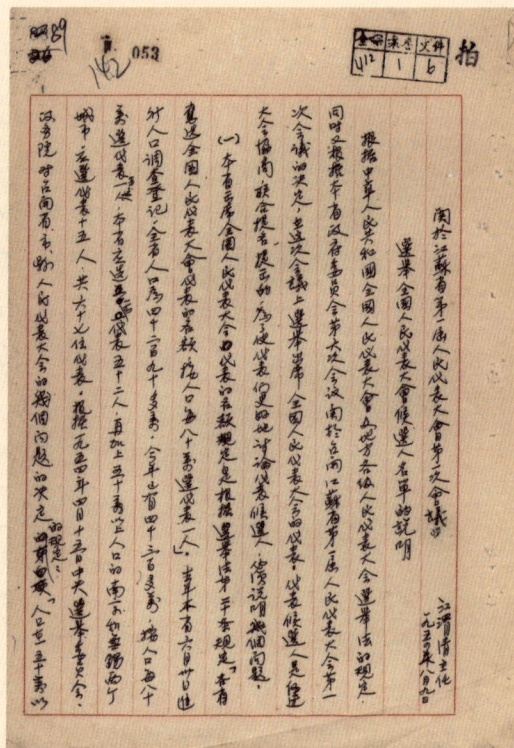

1954年8月9日，江渭清《关于江苏省第一届人民代表大会第一次会议选举全国人民代表大会候选人名单的说明》。

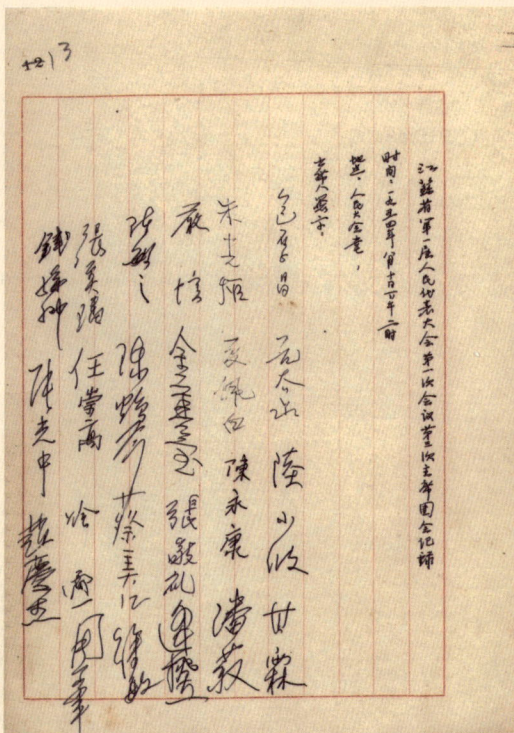

1954年8月10日，江苏省第一届人民代表大会第一次会议第三次主席团会议记录。

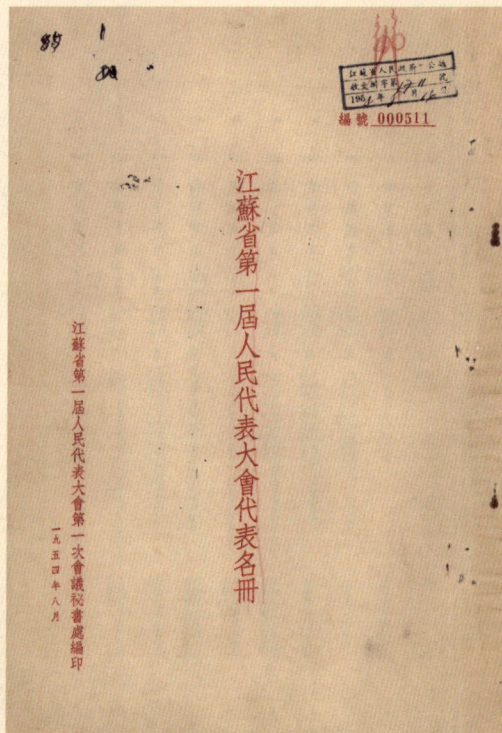

江苏省第一届人民代表大会代表名册

江苏省第一届人民代表大会第一次会议向毛泽东主席、
中央人民政府的致敬电（草稿）

1954年9月13日，江苏省人民政府关于江苏省第一届人
民代表大会第一次会议情况向中央人民政府政务院、华
东行政委员会的报告。

南京长江大桥设计施工档案

保管单位： 江苏省档案馆

内容及评价：

南京长江大桥连接津浦线与沪宁线两条铁路干线，是国家南北交通要津，也是长江上第一座由我国自行设计和建造、全部采用国产材料的特大型铁路、公路两用桥，其建桥技术达到当时国际先进水平，在中国桥梁史上具有重要意义。馆藏南京长江大桥设计施工文件起止时间为1956年至1971年，共计200余件，包括大桥从酝酿建设到最后建成全过程的各种来往文电、设计施工图纸及参考资料，对研究南京长江大桥建设历程乃至中国长江大桥建设史都有十分重要的参考价值。

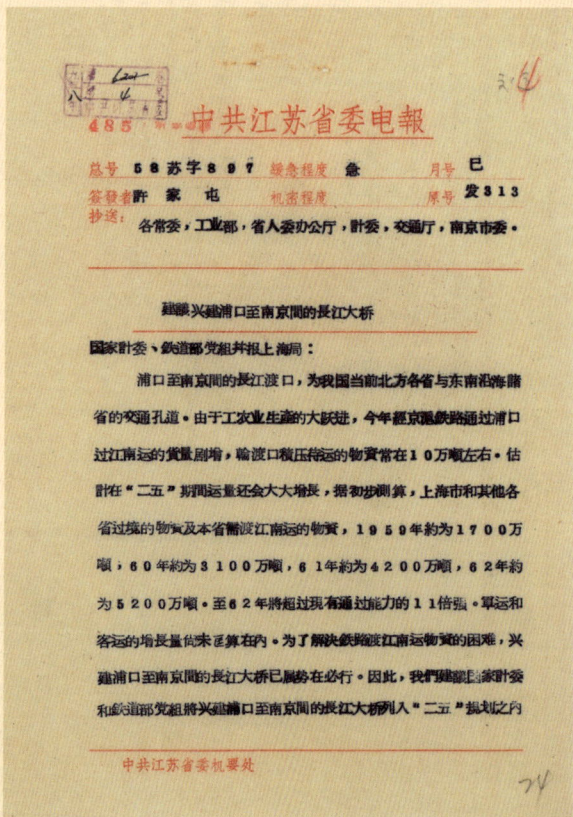

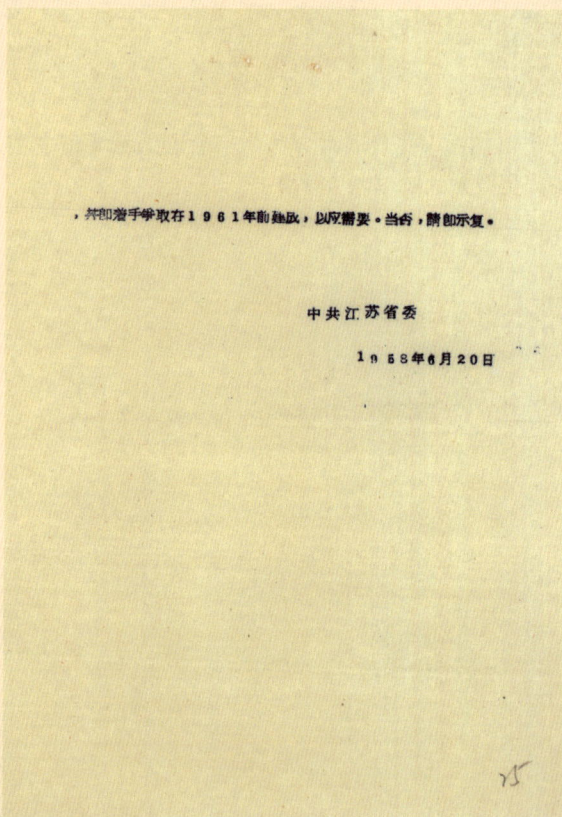

1958年6月20日，中共江苏省委给国家计委、铁道部党组并报上海局的电报：建议兴建浦口至南京间的长江大桥。

9

南京长江大桥施工计划报告

铁道部部长並党组：

南京长江大桥工程，我们奉部指示在1958年开始筹备。今年，1959年1月23日完成了初步设计，运部鉴定。原定年度投资计划5,000万元，拟争取年内正式开工，后因机械材料问题，准备工作进展很慢，中央上海会议后，奉部指示，年度投资缩减为2,000万元，进行准备工作，6月铁道部计划落实会议后，又压缩为1,500万元。会后，我局对南京长江大桥的任务进行了详细研究，今年上半年实际完成投资计划214万元，仅估年度计划的14%。

实际完成和正在进行的项目有：1.南岸引桥试桩完成，2.工地铁路便绕27.6公里无铜轨，仅完成7.4公里，3.工地两岸起重码头基本完成，4.两岸工地生产生活房屋开始建筑，5.管桩制造厂，大部完成、开始生产，6.工地给水两岸各建成沉淀池一座，水塔、管路尚未动工，7.工地用地范围拆迁工作，因一项料补偿问题，现仍未能解决，8.其他工作均未开始。

当我们研究今年计划时，我们认为南京长江大桥工程规模庞大，技术复杂，时间也较长，投资数大，需要有一个总的施工计划作为奋斗目标，经国家批准，並作出决定，动员各方面力量，按计划促其实现。如此，则今年度投资1,500万元不为多，(因这概算为27,000万元)短过二、三季度的努力，可以争取完成和超额完成。

所以，我们在今后，集中力量，编制了南京长江大桥总的施工计划，报请审核，並乞作明确指示。

— 1 —

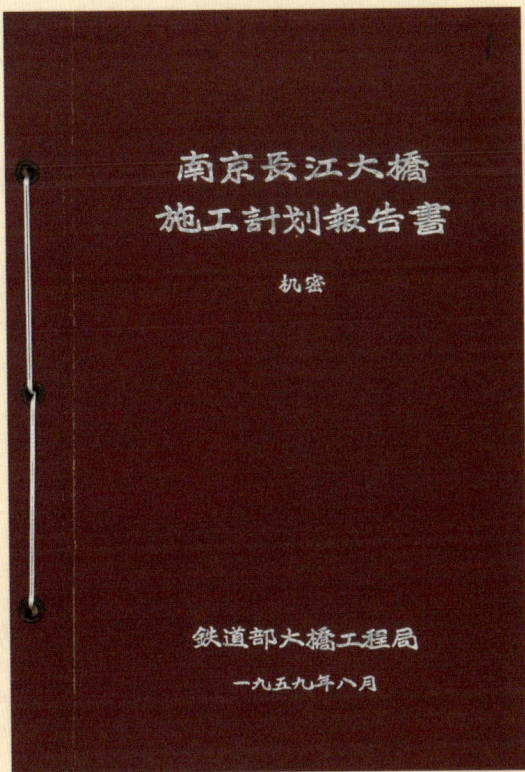

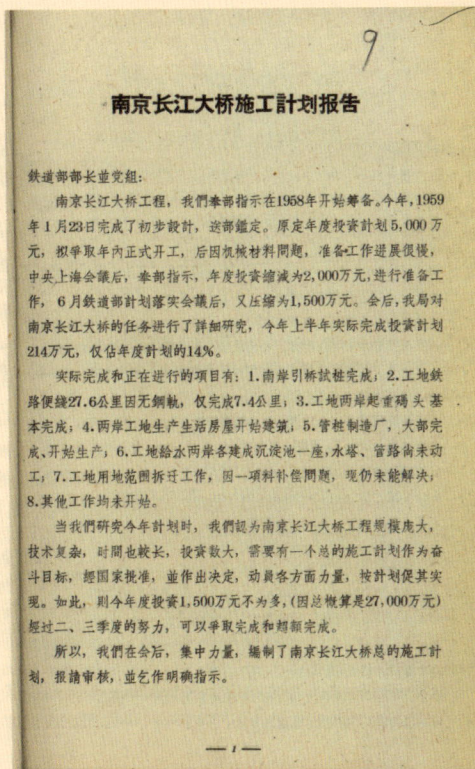

1959年8月，铁道部大桥工程局《南京长江大桥施工计划报告书》。

《南京长江大桥施工计划报告书》中的南京长江大桥示意图

铁道部大桥工程局

1960年3月29日，南京长江大桥工程指挥部就桥头设计方案给中共江苏省委、南京市委的报告。

全文：

中共江苏省委 南京市委：

南京长江大桥美术设计方案，根据吕付[副]部长在上海向中央汇报后的指示，我局与中国建筑学会进行了联系，委托该会广泛向全国各主要建筑设计单位及高等学校建筑院系征求新的桥头美术方案设计。有南京工学院、同济大学、上海民用建筑设计院、华东工业建筑设计院、江苏城市建筑设计院、南京城市建设局设计院、清华大学、建筑科学研究院、铁道部专业设计院、北京城市规划局设计院、重庆工程学院、西北工业建筑设计院、广东省设计院、西南工业建筑设计院、华南工学院、北京工业建筑设计院、中南工业建筑设计院等17个单位共提出58个新方案，图纸144张。这些新方案丰富多彩，琳琅满目。

同时，又联系中国建筑学会，由该会指定副理事长、南京工学院付[副]院长杨廷宝以及刘敦桢（南京工学院教授）、童寯（南京工学院教授）、吴景祥（同济大学建筑系主任）、方山寿（西北工业建筑设计院总建筑师）、张镈（北京城市规划局设计建筑师）、鲍鼎（武汉市城市规划委员会主任）、代念慈（北京工业建筑设计院总建筑师）、陈植（上海民用建筑设计院院长）、赵琛（华东工业建筑设计院付[副]院长）、哈雄文（哈尔滨工学院建筑系主任）、陈伯齐（华南工学院建筑系主任）等共计12位建筑专家组成了南京长江大桥美术方案设计评审委员会，由杨廷宝主持于3月19日至3月22日在南京召开了方案讨论会（实到杨廷宝、刘敦桢、童寯、吴景祥、方山寿、张镈、鲍鼎、代念慈8人）。

经这次会议分析研究的结果，指出了七个方案作为参考方案并认为其中三个方案可作为探讨桥头建筑形式的基础，交原设计单位按照讨论会所起意见加以研究改进，提出补充方案，估计约10天左右完成。我局拟于下月5日前后将全部设计方案图纸送部，希转中央审阅，以便确定方案而利施工。

这些新方案均在南京工学院陈列，请江书记、彭书记及省市其他领导同志抽空去看看，并请提出意见和指示，我们好进行工作。

此致

敬礼

南京长江大桥工程指挥部（印鉴）

1960年3月29日

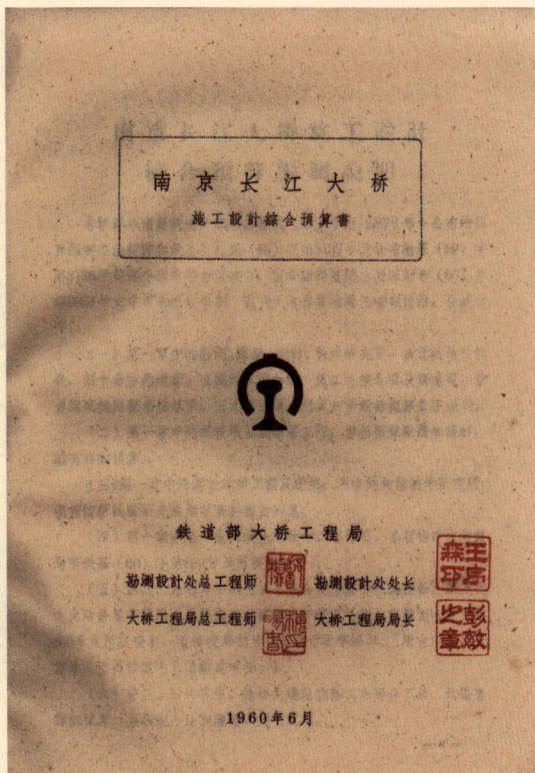

南京长江大桥施工设计综合预算书扉页

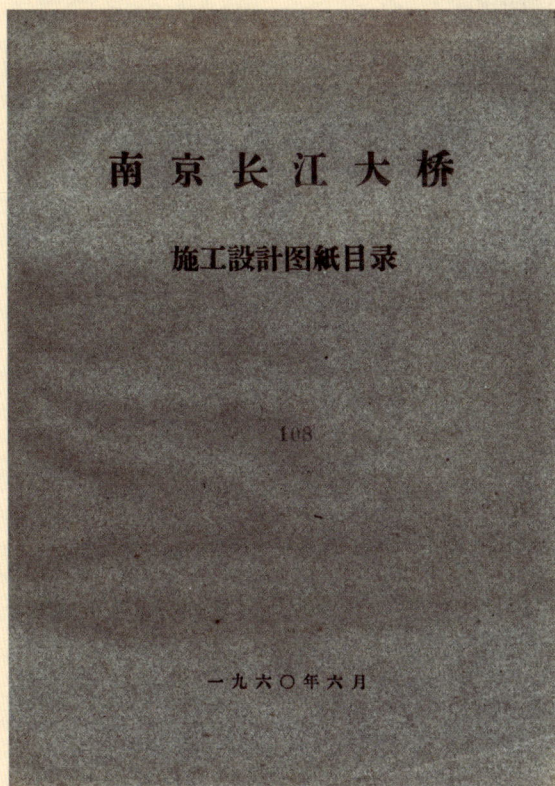

南京长江大桥施工设计图纸目录

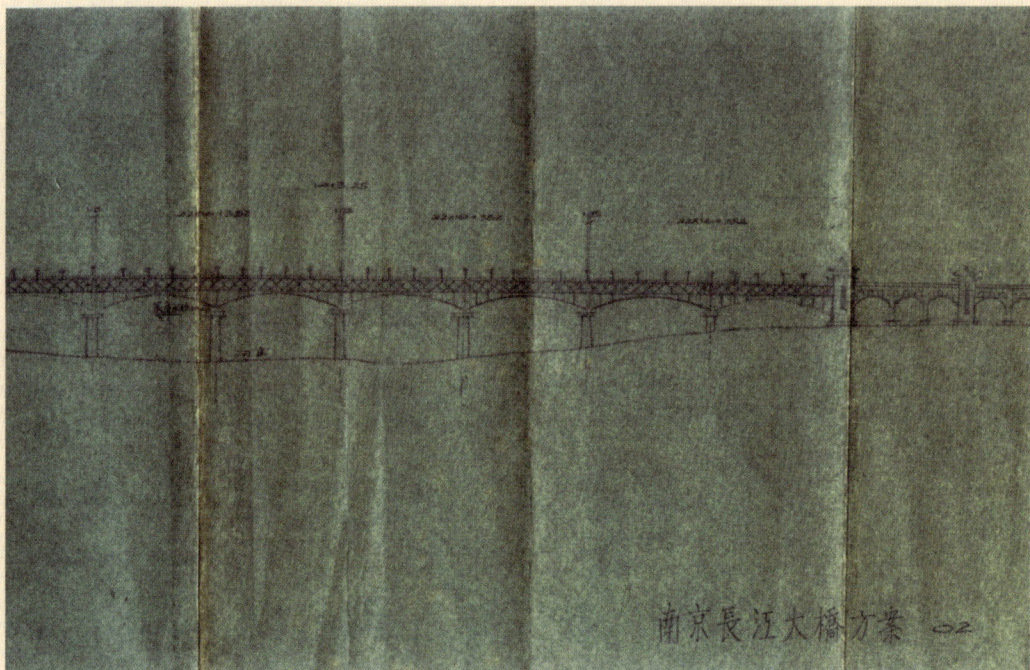

南京长江大桥方案

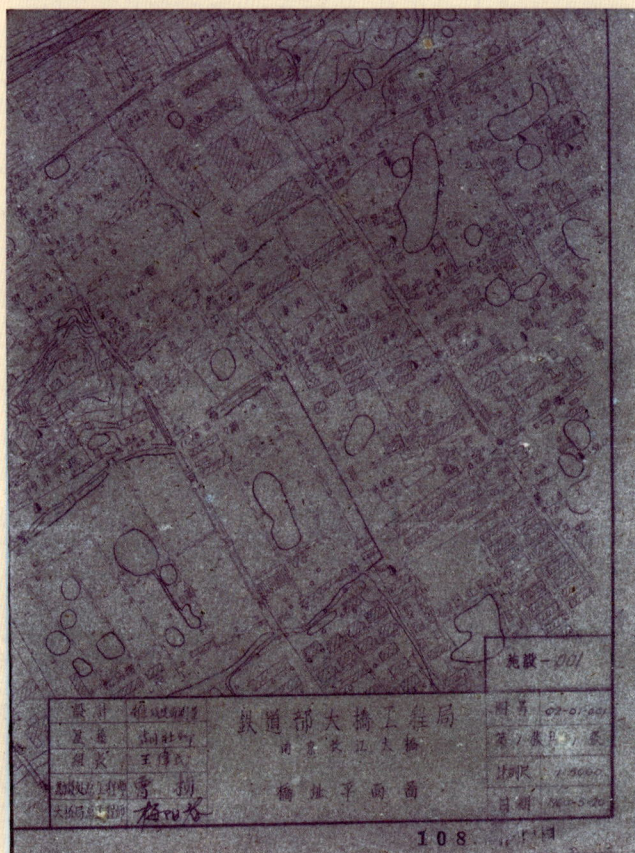

南京长江大桥桥址平面图（部分）

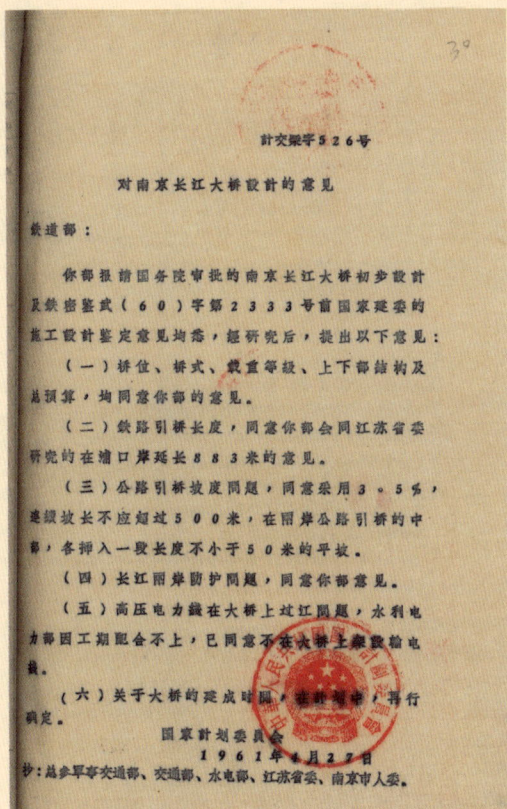

1961年4月27日，国家计委《对南京长江大桥设计的意见》。

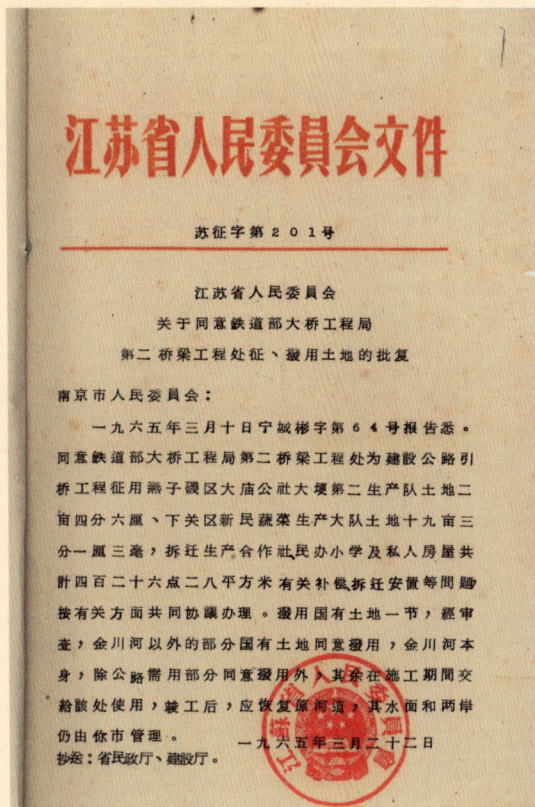

1965年3月22日，江苏省人民委员会关于同意铁道部大桥工程局第二桥梁工程处征、拨用土地的批复。

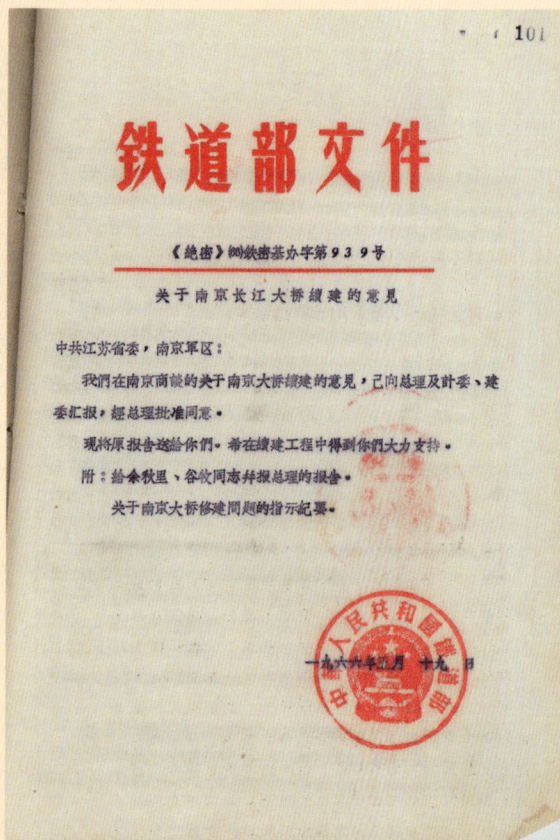

1966年5月，铁道部《关于南京长江大桥续建的意见》。

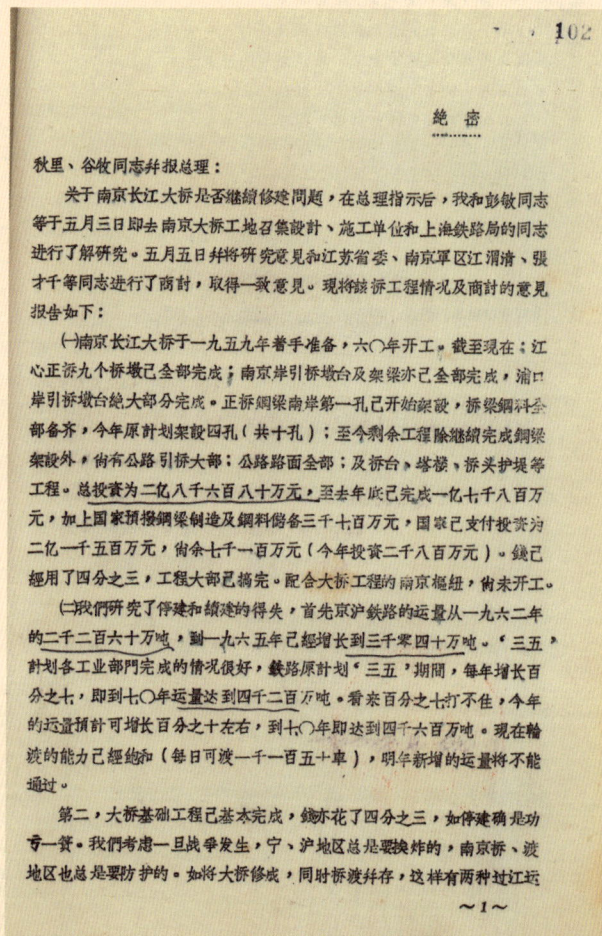

1966年5月，铁道部给余秋里、谷牧并报总理的报告。

全文：

秋里、谷牧同志并报总理：

关于南京长江大桥是否继续修建问题，在总理指示后，我和彭敏同志等于五月三日即去南京大桥工地召集设计、施工单位和上海铁路局的同志进行了研究。五月五日并将研究意见和江苏省委、南京军区江渭清、张才千等同志进行了商讨，取得一致意见。现将该桥工程情况及商讨的意见报告如下：

（一）南京长江大桥于一九五九年着手准备，六〇年开工。截止［至］现在：江心正桥九个桥墩已全部完成；南京岸引桥墩台及架梁亦已全部完成，浦口岸引桥墩台绝大部分完成。正桥梁钢梁南岸第一孔已开始架设，桥梁钢料全部备齐，今年原计划架设四孔（共十孔）；至今剩余工程除继续完成钢梁架设外，尚有公路引桥大部；公路路面全部；及桥台、塔楼、桥头护堤等工程。总投资为二亿八千六百八十万，至去年底已完成一亿七千八百万元，加上国家预拨钢梁制造及铜料储备三千七百万元，国家已支付投资为二亿一千五百万元，尚余七千一百万元（今年投资二千八百万元）。钱已经用了四分之三，工程大部已搞完。配合大桥工程的南京枢纽，尚未开工。

（二）我们研究了停建和续建的得失，首先京沪铁路的运量从一九六二年的二千二百六十万吨，到一九六五年已经增长到三千零四十万吨。"三五"计划各工业部门完成的情况很好，铁路原计划"三五"期间，每年增长百分之七，即到七〇年达到四千二百万吨。看来百分之七打不住，今年的运量预计可增长百分之十左右，到七〇年即达到四千六百万吨。现在轮渡的能力已经饱和（每日可渡一千一百五十车），明年新增的运量将不能通过。

第二，大桥基础工程已基本完成，钱亦花了四分之三，如停建确是功亏一篑。我们考虑一旦战争发生，宁、沪地区总是要挨炸的，南京桥、渡地区也总是要防护的。如将大桥修成，同时桥渡并存，这样有两种过江运输道路，比目前仅有渡轮一种，对战备有利。

第三，建成后万吨级轮船的通航问题，过去和海军司令、交通部均详细研究过，共同确定的桥下净空为二十四米，即在最高通航水位八点二七米以上还有二十四米高。（八点二七米以上的水位，由于堤防关系，禁止航行）。这个净空可保证海军现在驱逐舰，护航舰，山字号登陆舰及五千吨级的海轮全年畅通。五千吨级海轮，已建成及正在设计的从吃水线到雷达天线高为二十三米，到桅杆顶为二十九米，通过时需落桅杆。万吨级在最高通航水位时雷达天线不能通过，需临时撤除。但最高水位时间很短，无大妨碍。

第四，钢梁被炸落后是否会阻滞航道的问题也进行了研究。钢梁的设计是三孔一联的连续梁，一般的情况下，由于三孔相联，互相支持，不易全联落水。丹东鸭绿江大桥即此类型，朝鲜战争期间，挨了无数炸弹尚未落水。现南京全桥为三联加一孔，全部落水的可能性更小。梁高是十六米，水深一般在三十米以上，即落水后还有十五米左右的水深可供航行。问题在于原设计的公路路面，为一米多的钢筋混凝土结构，在梁的顶部对抗轰炸极为不利，炸弹引爆装置在接触路面后爆炸，钢梁易受损伤（如无路面，多数炸弹会从空挡中穿到水里去爆炸，损失会小得多）。而且承受气浪或冲击波的面积大，容易导致倾复落水。落水后阻力的面积也大。这次研究拟将公路面改为临时性的木结构桥面，复以薄网纹钢，遭破坏后易于处理，也免除了以上的缺点。

（三）我们的意见：从战备出发，从和战结合的考虑，建议力争提前建成大桥。并按照"简化、快通、耐用、准备挨炸、炸了再修"的原则，草拟了一个方案：

一、桥渡并用。原计划桥建成后，废弃轮渡，在尧化门新建南京枢纽，在和平门新建南京车站，需投资四千八百万元。现拟不废弃轮渡，原有设备充分利用，编组车经轮渡过江（现有渡船五只，可减为三只，两只调其他轮渡备用）直达车经大桥过江，尧化门编组站及和平门客站均不新建。只需修建大桥的引线工程、增加一些股道和设备，即可适应"三五"期间的运输需要。约需一千八百万元到两千万元。

二、简化公路桥面，原设计为四车道，钢筋混凝土路面，拟改为两车道，大桥桥面改为木结构。将来需要四车道时，也易于改建。

三、桥头堡的塔楼停建、装饰等全部简化。

四、桥头公用房屋及车站一律用干打垒精神，尽量利用现有施工用临时房屋，不再新建。

采取上述几项措施，可从大桥剩余工程投资七千一百万中节约出一千八百万到两千万，以解决枢纽的问题，不再增加投资。

五、与江苏省委商定由江苏省、南京市密切配合，组织指挥部集中力量打歼灭战，力争一九六七年底大桥铁路部分通车，一九六八年公路通车。

以上意见，是否适当，请指示。

敬礼！

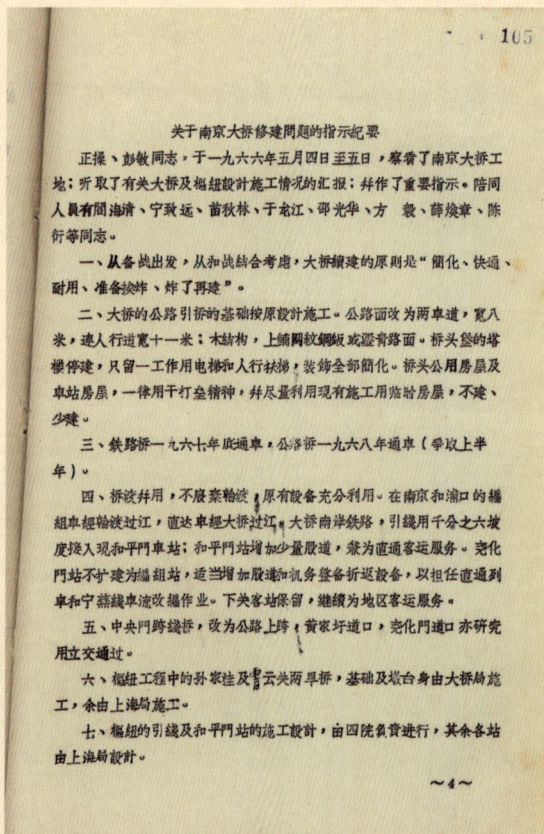

1966年5月15日，铁道部《关于南京长江大桥修建问题的指示纪要》。

全文：

关于南京大桥修建问题的指示纪要

正操、彭敏同志，于一九六六年五月四日至五日，察看了南京大桥工地；听取了有关大桥及枢纽设计施工情况的汇报；并作了重要指示。陪同人员有阎海清、宁致远、苗秋林、于龙江、邵光华、方毅、薛焕章、陈衍等同志。

一、从备战出发，从和战结合考虑，大桥续建的原则是"简化、快通、耐用、准备挨炸、炸了再建"。

二、大桥的公路引桥的基础按原设计施工。公路面改为两车道，宽八米，连人行道宽十一米；木结构，上铺网纹钢板或沥青路面。桥头堡的塔楼停建，只留一工作用电梯和人行扶梯，装饰全部简化。桥头公用房屋及车站房屋，一律用干打垒精神，并尽量利用现有施工用临时房屋，不建、少建。

三、铁路桥一九六七年底通车，公路桥一九六八年通车（争取上半年）。

四、桥渡并用，不废弃轮渡，原有设备充分利用。在南京和浦口的编组车经轮渡过江，直达车经大桥过江。大桥南岸铁路，引线用千分之七坡度接入现和平门车站；和平门站增加少量股道，兼为直通客运服务。尧化门站不扩建为编组站，适当增加股道和机务整备折返设备，以担任直通列车和宁芜线车流改编作业。下关客站保留，继续为地区客运服务。

五、中央门跨线桥，改为公路上跨，黄家圩道口，尧化门道口亦研究用立交通过。

六、枢纽工程中的孙家洼及霄云关两旱桥，基础及墩台身由大桥局施工，余由上海局施工。

七、枢纽的引线及和平门站的施工设计，由四院负责进行，其余各站由上海局设计。

八、引桥及车站等土方工程，尽量采用亦工亦农，工、农两利的方式和地方公社一起，组织农闲劳动力及组织城市机关、部队义务劳动。

九、以上增加股道、设备及引线工程投资，不再另列项目，从大桥剩余工程费七千一百万元采取以上节约措施后，节余下的投资中解决。大桥争取节约二千万元；上海局施工的费用不超过一千六百万元（争取一千四百万元）。

五月五日，正操、彭敏同志和江苏省委、南京军区商讨后，取得一致意见；省委、军区都同意上述安排。

基建总局整理

一九六六年五月十五日

（注：五月十一日，向计委、建委汇报，秋里、谷牧同志表示同意。五月十五日向总理汇报，总理批准同意）

1968年5月29日,《国务院关于南京长江大桥公路宽度和桥头堡建筑问题的批复》。

1968年12月8日,江苏省革命委员会《关于大桥通车典礼致中央的请示》。

李先念就苏州财贸部门派性斗争致周恩来总理亲笔信

保管单位： 江苏省档案馆

内容及评价：

1967年，苏州财贸部门发生派性斗争，致使出口物资和人民生活物资的调运受到严重影响，市区近半数粮店中断供应，影响出口罗马尼亚和捷克的商品不能履约。这一事件牵涉政治、外交和社会生活等多个方面，处理起来比较敏感、复杂。为此，国务院副总理兼财政部长、财贸办公室主任李先念给周恩来总理写了一封亲笔信，提出初步处理意见，并请总理指示。信没有时间落款，总理值班室在"呈办文件"章上标为1967年，并用红笔圈去"孙岳同志"几字，划出重要问题直报周总理。信件页眉上有周总理亲笔批示："呈请康生、春桥两同志阅后，建议转杜平同志和江苏省军管会在京同志约苏州两派群众组织代表和当地驻军在京同志一谈，解决此事，如能达成协议更好。"信件页眉上还有"中央文革"成员康生批"春桥同志决定"；张春桥画圈表示同意。

苏州财贸部门派性斗争一事在《周恩来年谱（1949～1976）》（中共中央文献研究室编辑）、《江苏省大事记》、《苏州市大事记》等书均有记载。这封信从侧面反映了"文革"初期苏州地区派系斗争的严重状况和负面影响，具有历史借鉴意义。

李先念致周恩来的亲笔信

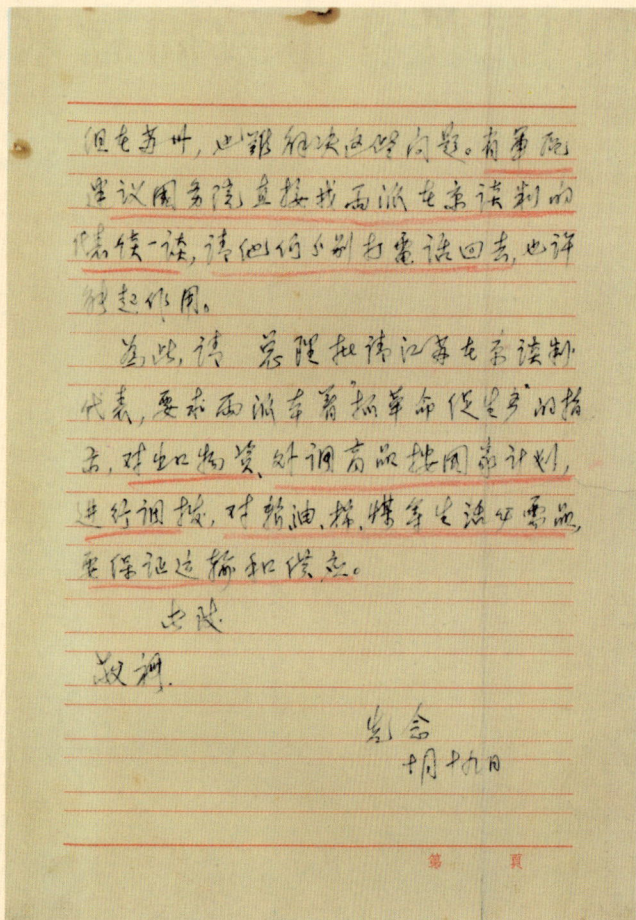

李先念致周恩来的亲笔信

全文:

孙岳同志并报总理:

最近接到苏州财贸部门好几个单位来电反映,苏州地区两派斗争激烈,市内外分别由两派控制,各自设立了业务机构。并且相互拦截、扣留车辆,运输问题无法解决。一些仓库物资调拨不动。据说,出口港澳、罗马尼亚和捷克的商品不能履约;内销商品需要调往外地的调拨不出,或者要用其他货物交换。十月十日止,市区粮店中断供应的有44%,饮食糕点中断供应的有50%。

此事,经向南京军区了解,并请其协助解决,据说省军区、省管会给双方多次做工作,都不起作用。听说省里派五人小组在苏州,也难解决这些问题。省军区建议国务院直接找两派在京谈判的代表谈一谈,请他们分别打电话回去,也许能起作用。

为此,请总理批请江苏在京谈判代表,要求两派本着"抓革命促生产"的指示,对出口物资、外调商品按国家计划,进行调拨,对粮、油、棉、煤等生活必需品,要保证运输和供应。

此致

敬礼

先念

十月十九日

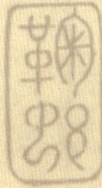

明嘉靖《昆山县志》

保管单位：江苏省档案馆

内容及评价：

明嘉靖《昆山县志》，方鹏修。方鹏（1470～1540），字时举，号矫亭。全书16卷，介绍了昆山沿革、疆域、城池、风俗、户口、田赋、官署、学校、山水、第宅、人物及诗文集等，其中涉及人物及诗文集的共有11卷，为名副其实的"资料性文献"。卷目之后是5幅地图：昆山县境界之图、昆山县城内之图、马鞍山境之图、昆山县治之图、昆山县儒学之图，从中可以了解嘉靖年间昆山县的概貌。该书结构严谨，考订详实，为现存明代所修昆山志中版本和体例最完善的一部县志，反映了明代修志者的思想，对于研究昆山的历史、地理、政治、经济以及社会生活各方面的情况具有重要的参考价值，对于今天的修志工作也具有较高的借鉴价值。

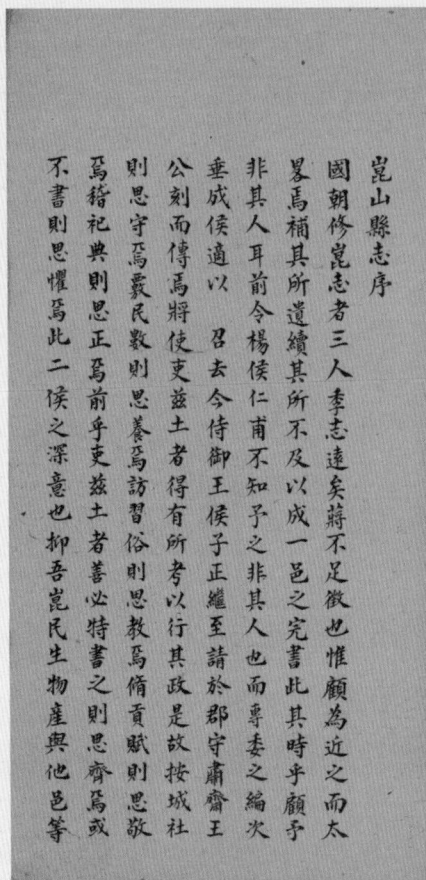

《昆山县志》序

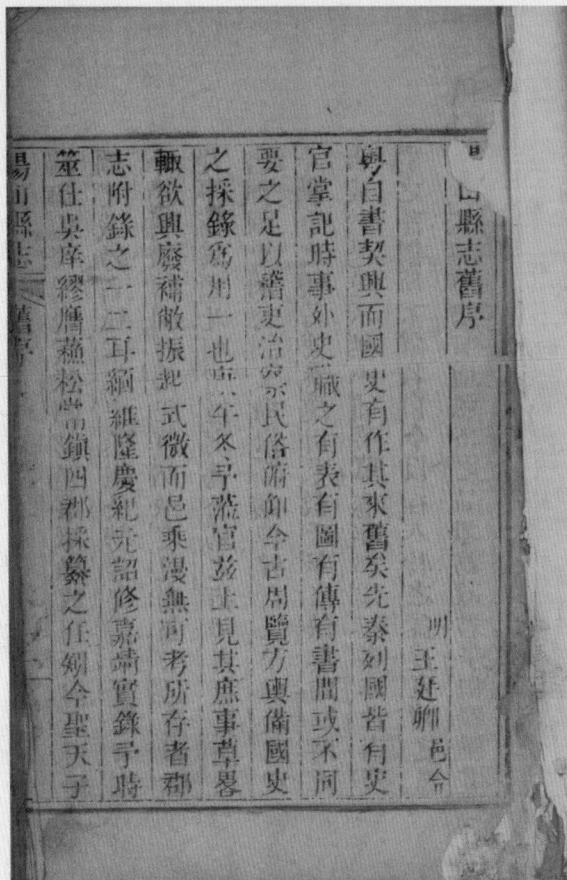

《昆山县志》旧序

全文：

《昆山县志》序

国朝修昆山志者三人，季志远矣，蒋不足征也。惟顾为近之而太略焉，马补其所遗，续其所不及，以成一邑之完书。此其时乎。顾予非其人耳，前令杨侯仁甫不知予之非其人也，而专委之，编次垂成，侯适以召去，今侍御王侯。子正继至，请于郡守肃齐王公，刻而传焉。将使吏兹土者得有所考，以行其政，是故按城社则思守焉，籍民数则思养焉，访习俗则思教焉，修贡赋则思敬焉，稽祀典则思正焉，前乎吏兹土者善必特书之则思齐焉，或不书则思惧焉，此二侯之深意也。抑吾昆民生物产与他邑等耳，惟人才之盛，则实倍之，故于是独详为将使承胤绪者起象贤之心，共间井者奋向往之志，钜公硕儒接跡而出，以增兹邑之重，斯其上也；其次一命之荣一艺之善，亦得以厕名其间，则夫人皆当感发而兴起，以求自异于齐民而后已也。岂可生无益死无闻而？负此文献之地哉，此则操笔者之微意也。鹏也抱疴衡门旧学，荒落深惧，采择不精，纪载不备，劝惩无法，以孤盛举，然秉公持正之心则不敢不自尽矣。以此获罪，吾知不免焉，而亦不敢辞也。是役也，杨侯倡之，王侯成之，皆能以文饰吏者，而揭三尹、夔梁文学介亦与有劳，为法得附书。

皇明嘉靖十七年岁次戊戌夏四月吉旦
赐进士出身中顺大夫右春坊右庶子兼翰林院修撰
经筵讲官编纂
御礼同修会典前山西按察司副使奉
敕提督学政致仕邑后学方鹏谨序

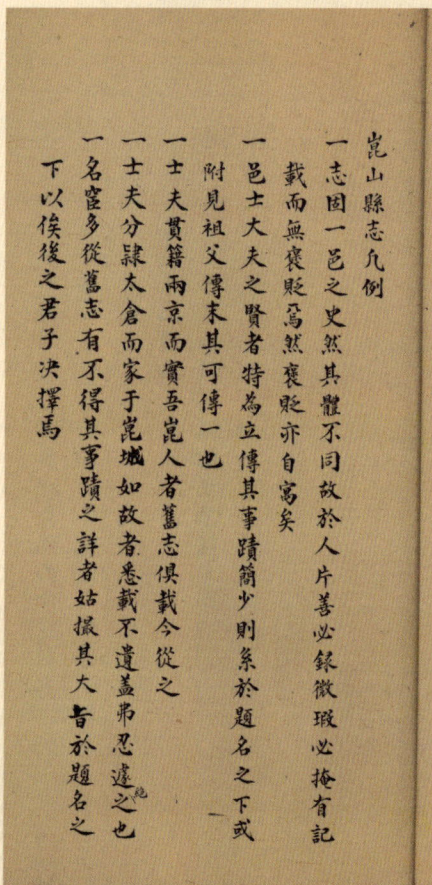

《昆山县志》凡例

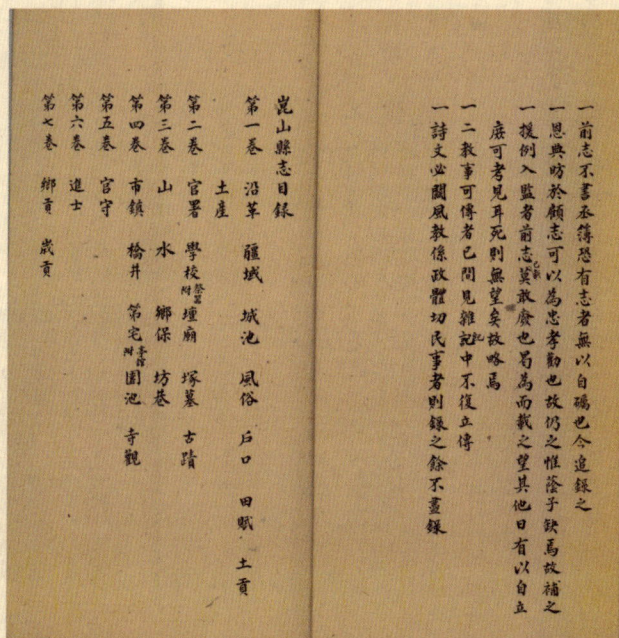

昆山县志凡例
一志固一邑之史然其体不同故於人片善必录微瑕必掩有记载而无褒贬焉然褒贬亦自寓矣
一邑士大夫之贤者特为立传其事蹟简少则条於题名之下或附见祖父传末其可传一也
一士夫贯籍两京而实吾昆人者旧志俱载今从之
一士夫分隶太仓而家于昆城如故者悉载不遗盖帯忍违之也
一名宦多从旧志有不得其事蹟之详者姑撮其大旨於题名之下以俟后之君子决择焉

《昆山县志》目录

昆山县志目录
第一卷 沿革 疆城 城池 风俗 户口 田赋 土贡
第二卷 官署 学校附坛庙 乡保 坊巷 塚墓 古蹟
第三卷 山 水附井 第宅附园池 寺观
第四卷 市镇
第五卷 官守
第六卷 进士
第七卷 乡贡 岁贡

一前志不书丞簿恐有志者无以自砺也今追録之
一思典坊於顾志可以为忠孝勉也故巧之惟添于欲焉故補之
一拔例入监前志莫敢废也为而载之望其他日有以自立
一二教事可传者已闻见雜记中不复立得
一诗文必闗风教係政体切氏事者則録之余不畫録

昆山縣志卷之一

沿革

昆山縣在蘇州府治東七十里禹貢揚州之域周為吳秦始置嘍縣隸會稽郡舊有嘍城鄉疑即縣治今分屬嘉定云崑山徑題名邑記此又姑蘇新志云城鄉之地漢王莽改嘍縣以婁江得名今縣東北有婁縣村改婁縣非也漢書曰嘍縣後避錢鏐諱歷後漢吳晉宋齊俱隸吳郡梁天監六年分置信義縣隸信義郡今邑西有信義村真訛大同初改婁縣為崑山隸吳郡以縣有崑山故名今山分屬華亭界隋開皇九年崑山信義二縣俱慶十八年復置崑山縣隸

《昆山县志》卷一——沿革

昆山縣志卷之二

官署

崑山縣治在馬鞍山東南三里即宋舊治紹興二十六年知縣程沂重建元元貞二年改為州治延祐元年行省奏政高旿奏遷太倉至正十六年海寇犯境明年知州費復初還治崑山　國朝吳元年就設州治洪武二年復改為縣知縣王謹增修

正廳三間三軒　穿堂三間　後堂三間　典史廳在正廳西

廂房在正廳東　廊房十四間在正廳左右　架閣庫五間在

正廳東　儀門三間　大門三間楊逢春重建　譙樓三間治弘

《昆山县志》卷二——官署

崑山縣志卷之十

人物

名賢

唐張鎰字秀權一字公度朔方節度使齊丘之子以陰授左衛兵
曹參軍郭子儀表為元帥判官累遷殿中侍御史華原令盧杞
得罪鎰按驗樅當免官有司承風以死誣鎰白母曰默則負官
言則為太夫人憂敢問所安母曰兒無累於道吾遂執正
其罪樅得流鎰貶撫州司戶參軍徙晉陵令還屯田員外郎居
母喪以孝聞出為濠州刺史政條清簡延經術士講教生徒比

《昆山县志》卷十一——人物

崑山縣志卷之十六

集詩

馬鞍山上方　　孟郊 唐人

昨日到上方片霞封石袜錫杖莓苔青袈裟松柏香晴磬無短韻
畫燈含永光有時乞鶴歸還訪逍遙塢

馬鞍山惠聚寺　　張祐 唐人

寶殿依山憸凌虛勢欲吞畫簷齊木末香砌壓雲根遠影窗中岫
孤煙竹裏村憑高聊一望歸思偶吳門

和前韻　　王安石

《昆山县志》卷十六——集诗

清嘉庆《莫愁湖志》

保管单位: 江苏省档案馆

内容及评价:

清朝嘉庆乙亥（1815）年间，家居莫愁湖上的江宁马士图[1]编成《莫愁湖志》，书中包含莫愁湖诗词、山水、关梁、祠庙、古迹、文考、画社、莫愁小像等内容。馆藏该志书为光绪年间重印本，分上、下两册。上册一至四卷，印有"光绪壬午卯月重锓"；下册五六两卷，印有"光绪辛卯五月重锓"。另有卢莫愁小像、马士图绘《莫愁湖图》、光绪辛卯年孟夏月徐鹏绘《明中山王遗像》等版画，是研究莫愁湖必不可少的重要史料。

《莫愁湖志》封面

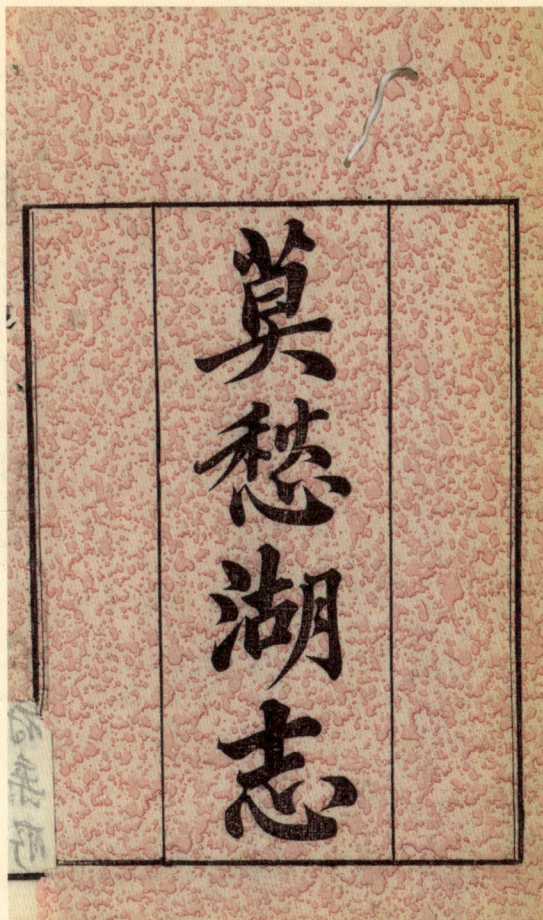

《莫愁湖志》扉页

[1] 马士图（清），字宗瓒，号鞠村，江宁（今南京）诸生。工画山水、仕女，兼写竹梅，精鉴别，家居莫愁湖上。尝集画社于胜棋楼，至者三十三人，极一时之胜。著有莫愁湖志、豆花村诗抄。

全文：

《莫愁湖志》自序

　　岁在癸丑，李松云太史出典江宁郡事，公余多暇，往来莫愁湖上，辄称为"金陵第一名胜"。惜其倾颓，捐俸为建郁金堂三楹，又于堂西补筑湖心亭，杂植花柳，以仍其旧。落成后，招寮友宴赏，太史先赋《棹歌》二十首，以示与民同乐之意。自此，公卿士女争和于湖上者无虚日，斯湖之名遂因太史而益彰矣。予性好游，弱冠时尝西上楚蜀，东泛吴越，每遇名山大川，留连不忍去，又必形诸吟咏，以志清兴。既而游倦归来，躬耕三山二水间，农隙即按《府乘》所载"四十景图"而遍游之。于山惟爱栖霞之高深，于水独爱莫愁之幽旷，而南岸为尤胜。方之明圣，宛在西泠；近对清凉，俨横葛岭。更添江北诸峰，青来九里，练光帆影，隐现林梢。袁简斋太史《棹歌》云"但觉西湖输一着，江帆云外贴天飞"，似有过之无不及也。前朝盛贡士时泰，著有《摄山志》、《牛首山志》，惜皆藏本，世未多见。往年吾乡诗人陈古渔毅，亦著有《摄山志》行世。因思所爱之山，已有先我而志者矣，所爱之水，千百年来独无志之者，或者有待于予乎？爰不揣固陋，用辑往事，考证诗文，绘图标景，各纪其实，都为上、下两卷，刊而行之。虽卷帙无多，不及《西湖志》之裒然盈尺，而南国佳人，于今宛在，肯让淡妆浓抹者之千秋独步也哉？

　　嘉庆乙亥季秋，村马士图书于松管斋

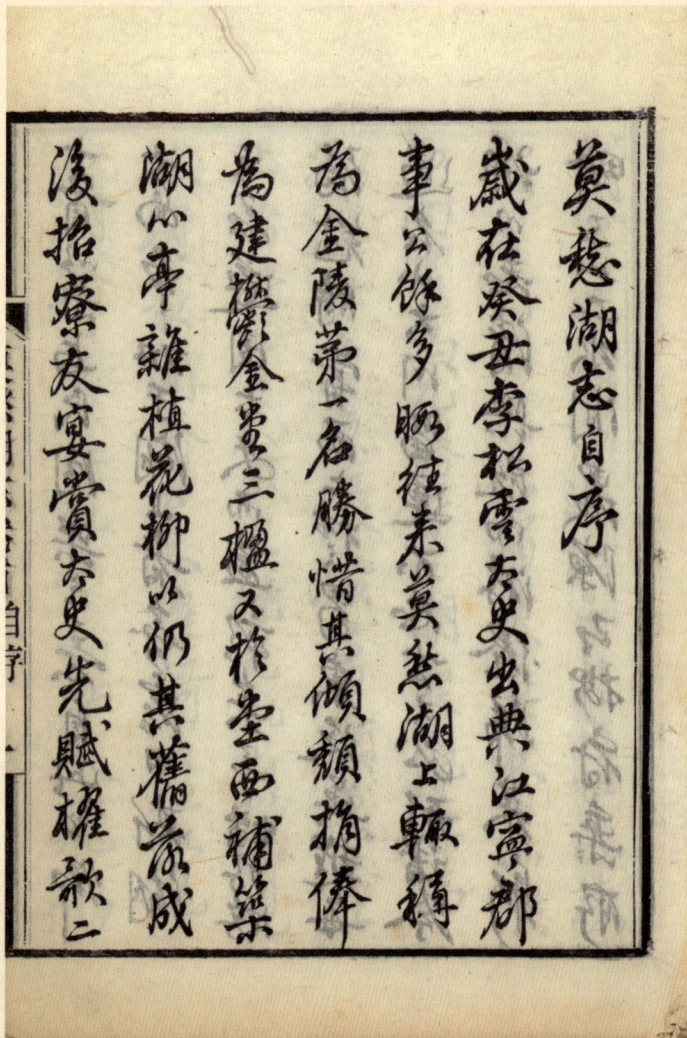

《莫愁湖志》自序

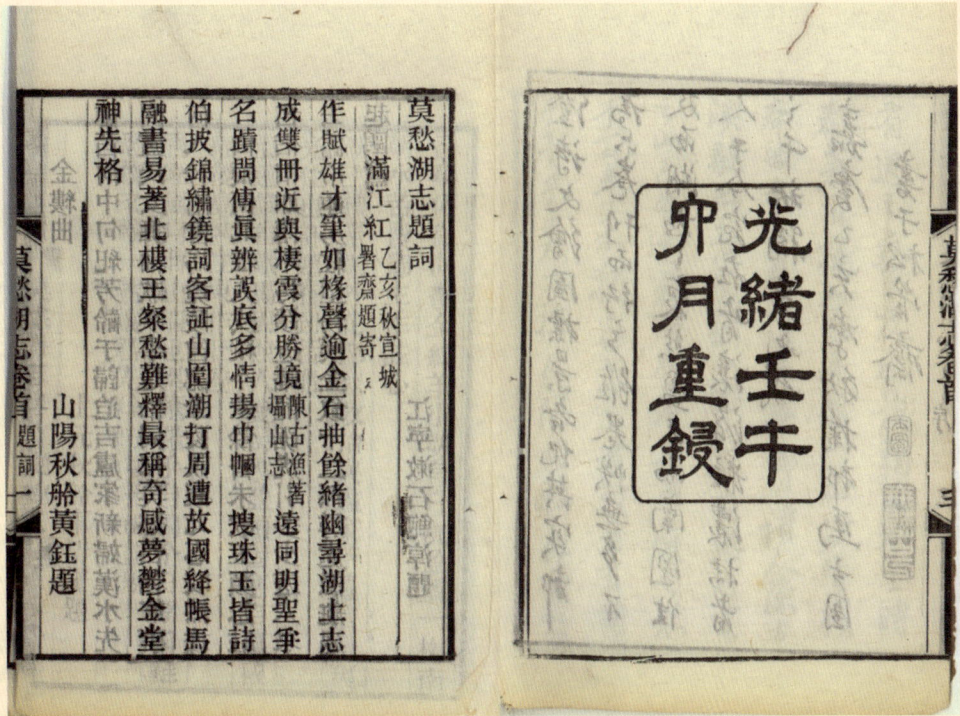

《莫愁湖志》题词

马士图撰《莫愁湖赋》

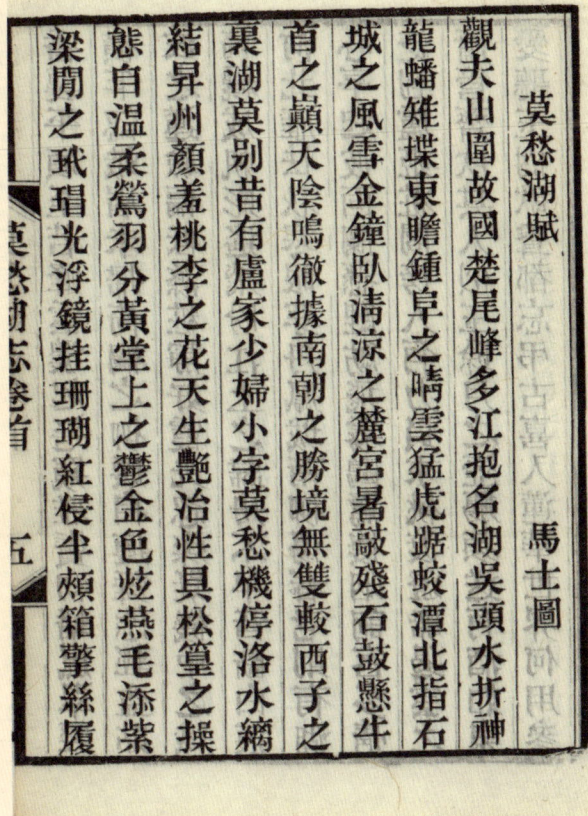

全文：

莫愁湖赋

　　观夫山围故国，楚尾峰多，江抱名湖，吴头水折。神龙蟠雉堞，东瞻钟阜之晴云；猛虎踞蛟潭，北指石城之风雪。金钟卧清凉之麓，宫暑敲残；石鼓悬牛首之巅，天阴鸣彻。据南朝之胜境无双，较西子之里湖莫别。昔有卢家少妇，小字莫愁，机停洛水，缡结升州。颜羞桃李之花，天生艳冶；性具松篁之操，态自温柔。莺羽分黄，堂上之郁金色炫；燕毛添紫，梁间之玟瑰光浮。镜挂珊瑚，红侵半颊；箱擎丝履，香袭平头。至若峰云浓起，遥窥鸦鬓初蟠；岚翠轻横，乍认蛾眉未扫。倚栏之柳腰自瘦，舞态轻盈；贴波之莲脸偏低，涤妆静好。霞光忽灿，疑机中之织绮才成；帆影遥飞，江上之归舟不早。音断白狼河北，雁怯秋寒；眼穿丹凤城南，柳伤春老。则有湖心亭起，波面栏悬；鲤鲂飞雾，鸥鹭栖烟。词客多情，泛到卢姬妆阁；榜人有力，负来桃渡灯船。过云之箫管齐吹，其人似玉；赊月之壶觞频送，有酒如泉。爱听玉树歌声，都忘吊古；喜入莲花世界，何用参禅。无如青春未遇，盐骥鸣悲，白发无私，隙驹过快。望乌衣之旧巷，燕垒难寻；问孙楚之高楼，酒垆不卖。酹金杯而剪纸，痴为美人之招；系锦缆而登楼，甘下将军之拜。维是湖赐知章，万乘之棋枰未朽；官逢太白，千年之兰室增辉（乾隆癸丑，李松云太守重建郁金堂）。想盖世之勋猷，何殊一局；怜倾城之色笑，不下重帏。燕颔虎头，自古庙廊岂乏；兰心蕙质，由来闺阁偏稀。地以人传，幸借千秋之名字；人同景丽，群钦六代之芳徽。

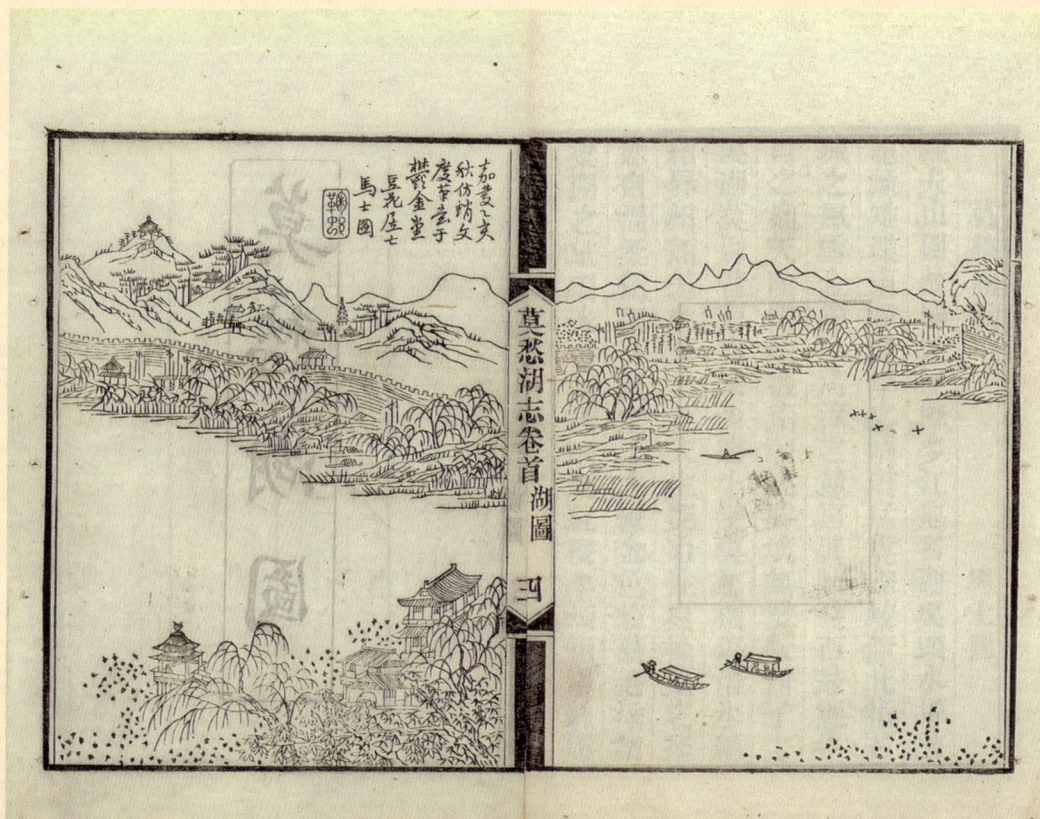

莫愁湖图

莫愁小像

曾文正公遗像

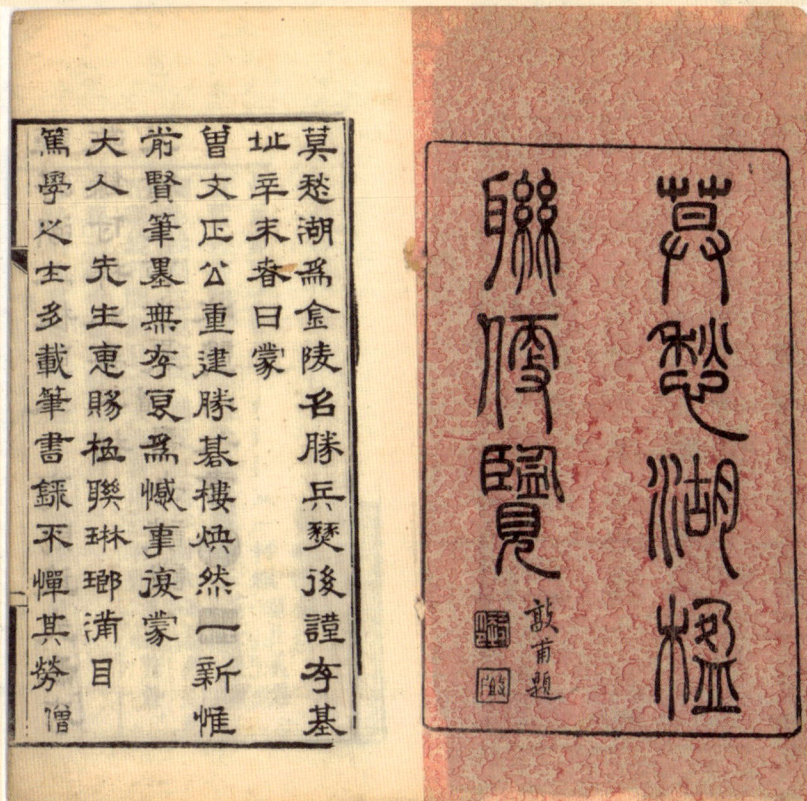

莫愁湖楹联便览

民国溧阳《朱氏宗谱》

保管单位： 江苏省档案馆

内容及评价：

馆藏《朱氏宗谱》计14册21卷，1913年紫芝堂木活字本。主要内容包括谱序、源流旧序、先祖图像、家训、世系图表、传记、赞文、墓文等。谱载始祖为朱襄，南宋著名思想家、哲学家、教育家朱熹为其第九世孙。该宗谱主要反映了朱熹四世孙溧阳朱仪家系的延续情况。据谱载，此宗谱于1913年续修后，共印五部，分别为天、地、人、忠、孝字号，这部宗谱为忠字号。该宗谱地方特色鲜明，编写体例完整，内容丰富，具有较高的收藏价值。

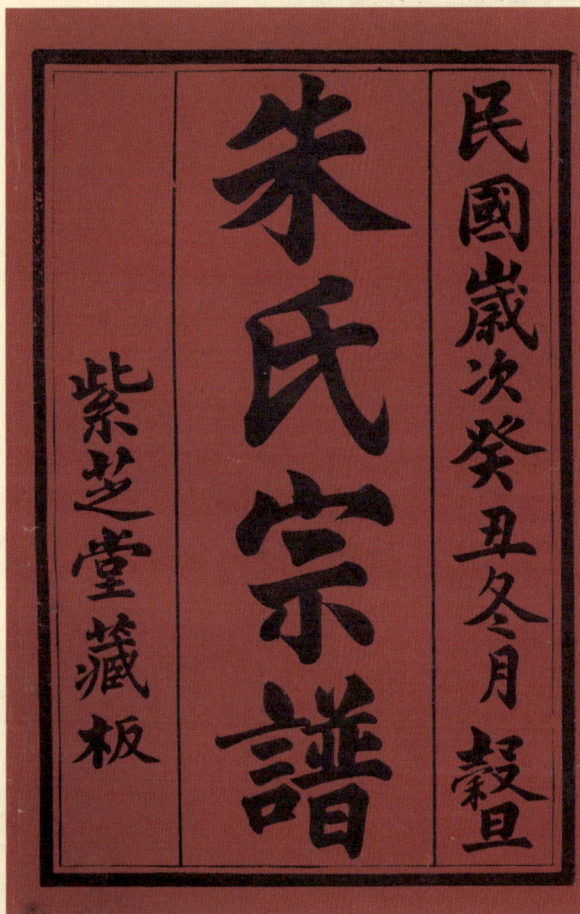

《朱氏宗谱》首卷扉页

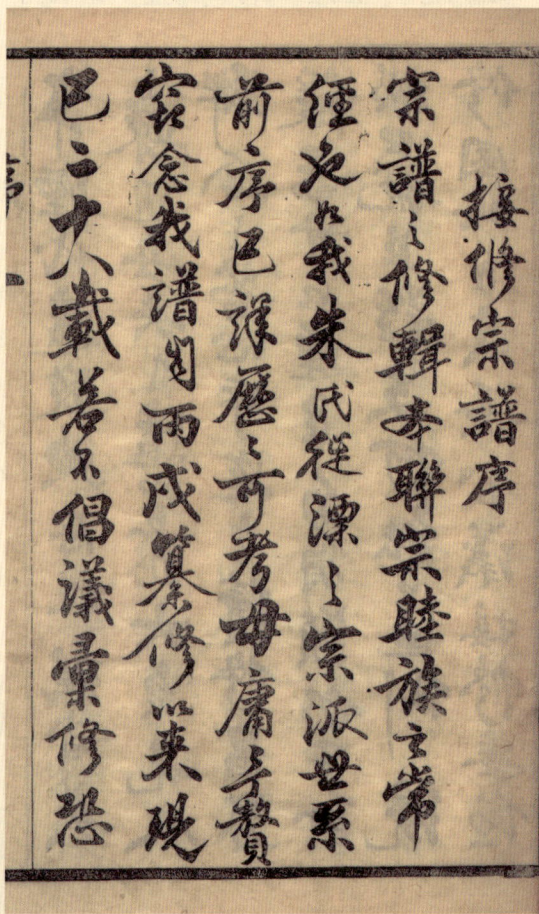

《朱氏宗谱》接修宗谱序

朱氏宗譜　卷之首　目錄

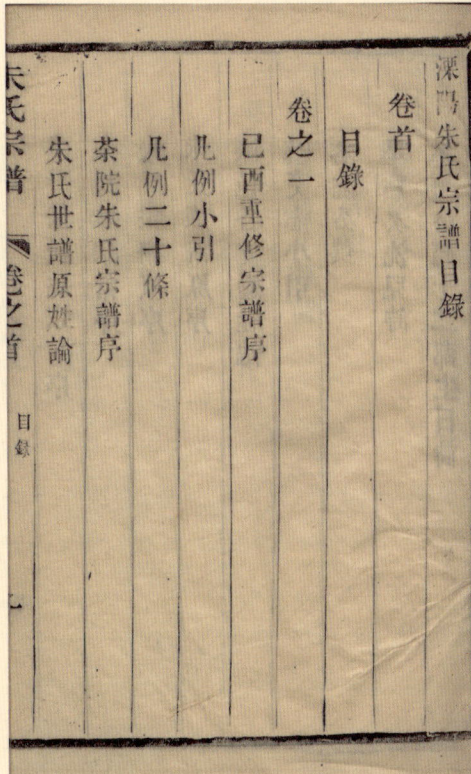

溧陽朱氏宗譜目錄

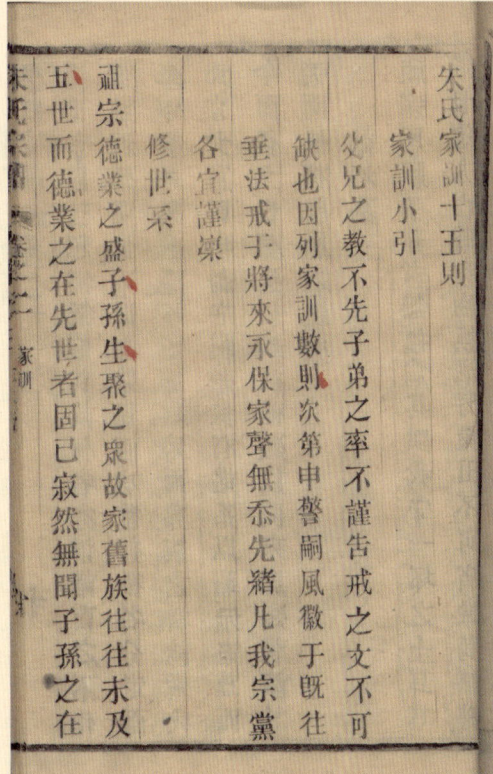

卷首
目錄
卷之一
已酉重修宗譜序
凡例小引
凡例二十條
茶院朱氏宗譜序
朱氏世譜原姓論

《朱氏宗谱》目录

朱氏宗譜　卷之二　家訓

朱氏家訓十五則

家訓小引
父兄之教不先子弟之率不謹告戒之文不可
缺也因列家訓警則次第申警嗣風徽于既往
垂法戒于將來永保家聲無忝先緒凡我宗黨
各宜謹凜

修世系
祖宗德業之盛子孫生聚之眾故家舊族往往未及
五世而德業之在先世者固已寂然無聞子孫之在

卷二之"朱氏家训"十五则

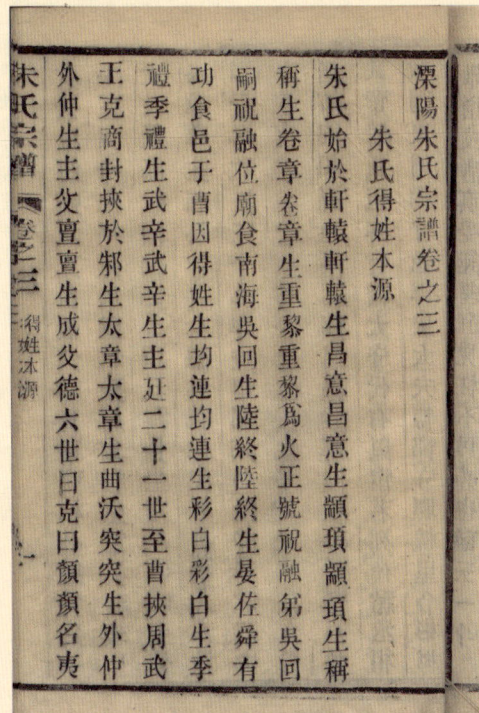

朱氏宗譜　卷之三　得姓本源

溧陽朱氏宗譜卷之三

朱氏得姓本源

朱氏始於軒轅軒轅生昌意昌意生顓頊顓頊生稱
稱生卷章卷章生重黎為火正號祝融弟吳回
嗣祝融位廟食南海吳回生陸終陸終生晏佐舜有
功食邑于曹因得姓太均連生彩白生季
禮季禮生武辛生圭延二十一世至曹挾周武
王克商封挾於邾生太章太章生曲沃突生外仲
外仲生主父置生成父德六世曰克曰顏顏名夷

卷三之"朱氏得姓本源"

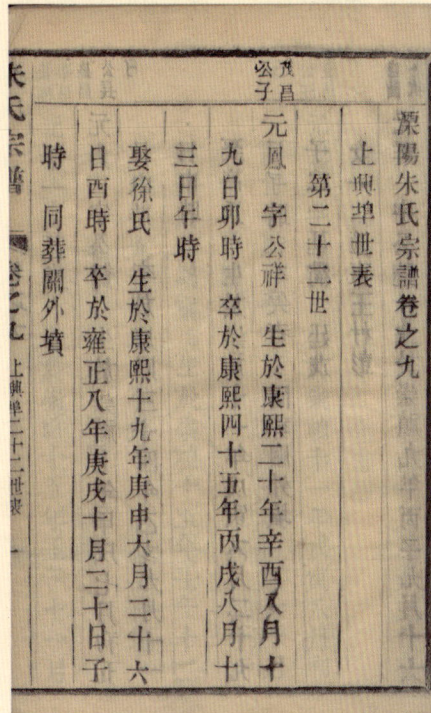

溧陽朱氏宗譜卷之九

上興埠世表

第二十二世

元鳳　字公祥　生於康熙二十年辛酉八月十
九日卯時　卒於康熙四十五年丙戌八月十
三日午時

娶徐氏　生於康熙十九年庚申六月二十六
日酉時　卒於雍正八年庚戌十月二十日子
時　同葬關外墳

卷九之"上兴埠世表"

民国《南通测绘之成绩》

保管单位：江苏省档案馆

内容及评价：

清末，为创办南通地方自治事业，张謇在通州师范学校附设测绘科，特请日本教员讲授相关课程，培养了一批测绘人才。1907年，张謇组织这些测绘学生对全州县进行大规模的测查绘图，花400天时间实测，又用240天绘图，制成1：5000的全境详图，从而摸清了南通县全境的水土资源，为全面规划建设提供了客观依据，也为南通成为"近代中国第一城"奠定了基础。馆藏《南通测绘之成绩》，为1915年11月南通翰墨林书局代印本，序中详细写明了测绘缘由、过程、州境具体情况，书内则包含了测绘局基址图、规章制度、报告、表格，及当时南通县水陆道里、各区、港、坍岸等的测绘表格，为研究南通城市发展史提供了可靠依据，具有重要的史料价值。

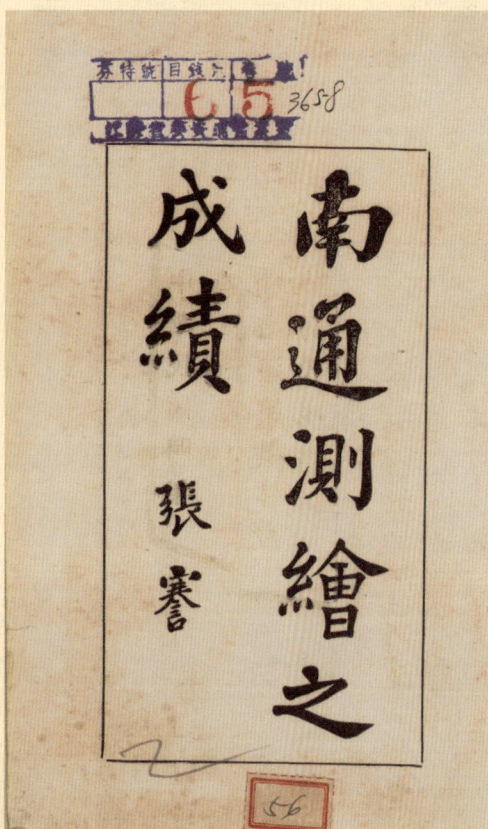

《南通测绘之成绩》扉页

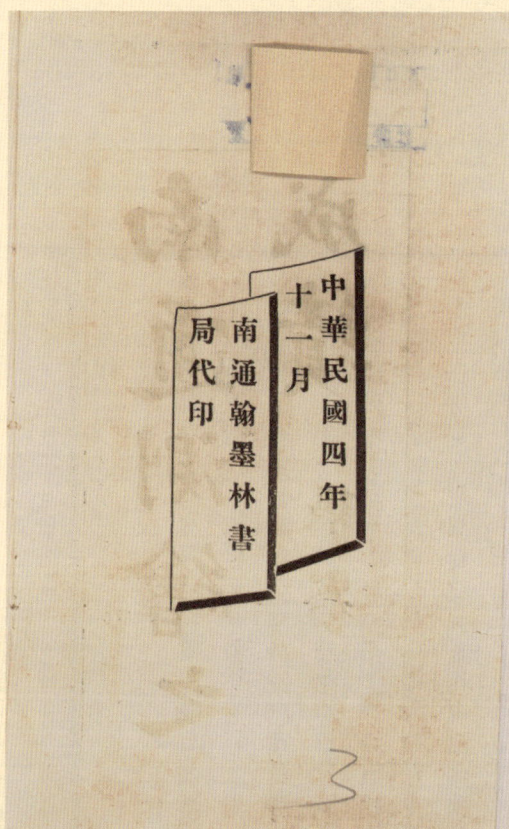

《南通测绘之成绩》印刷单位及时间

全文：

序

　　方舆之图不自今始也。周礼大司徒以天下土地之图周知九州之地域，广轮之数，然后邦国。土会土宜土均土圭之法，有所于施，因而求人民之数，而有司地守地职地贡之令有所于布，奚必新政而始重言图。然古制图之法略，而测量之器不精，方里山川轱不足恃。近者国家大治，陆军军用有图矣，然其幅员大而比例小，固不适于地方自治之用。地方自治则山林川泽邱［丘］陵坟衍原隰宜辨也，都鄙封洫宜辨也，墟落市镇道路庐舍宜辨也，旧时方舆之图不足据，军用之图又不能容，然则欲求自治，必自有舆图始，欲有舆图必自测绘始。而九年宪政筹备之目未计及此也，岂非草野言自治者所当自为计者欤？通州之言地方自治，继天津而发生，其时厅州县城镇乡自治章程犹未及颁，鄙人虑无测绘之人材也，附师范校延日本工程师教授以养成焉，虑无统一之机关也，谋诸荐绅，就旧时贡院设局以总持焉，比例用五千分之一以求其详，人由三班至于七班以求其速，开局于戊申三月一日，实行于五月十日至庚戌六月，而竣其事。凡实测之日，除阴雨例假及特别事故请假外，总四百日。凡实绘之日，自庚戌七月至辛亥二月，总二百四十日，凡州境面积为七千四百三十五方里有奇凡，原田沙田灶田沙地面积为六千四百七十八方里有奇凡，灶荡民荡面积八百三十四方里有奇凡，荒地面积一方里有奇凡，墓地面积十一方里有奇凡，河渠沟洫面积五百四方里有奇凡，山面积二方里有奇，夫然后自治区学区警区可得而分，田赋可得而厘，户口可得而数，农田水利可得而修，工商业可得而计矣。其用则仪器凡二千八九百圆俸，工器用之消耗三万余圆。夫图以五千分一为比例，分于二十一自治所，则资其绘之详合于一州自治所，则又苦其幅之伙，乃又缩为二万分一，而一切地形地物仍焉，幅凡五十有五，每幅纵英尺一尺七寸零，横二十一寸零，既便观亦易检。州之自治，庶有本乎！虽然通一州耳，其在苏省乃七十余分之一，苏省之在中国乃三十分之一。一州如是，乌足以概他地方之自治？即以州言，测绘仅成，又乌足以概地方之自治？然往者州尝奉督抚部檄，举与上江江甘铜五县为各地方自治模范，窃愿州之自治以测绘为起点，他地方自治以州为起点，有开必先请以此章程为介，可乎？

　　前清宣统三年正月八日张謇

《南通测绘之成绩》序

《南通测绘之成绩》目次

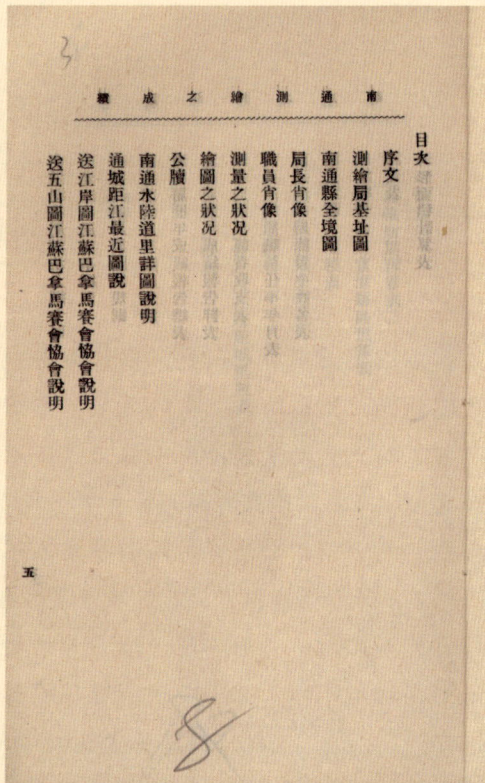

全文：

目　次

序文	测绘局历年经费收支表
测绘局基址图	南通测绘局职员任事年月表
南通县全境图	南通测绘局练习生姓名表
局长肖像	测量记载表
职员肖像	成绩报告表
测量之状况	调查表
绘图之状况	河形面积计算表
公牒	水准测量表
南通水陆道里详图说明	南通县测量局预算表二
通城距江最近图说	南通县测绘局实测县路预算表
送江岸图江苏巴拿马赛会协会说明	南通县各区面积表
送五山图江苏巴拿马赛会协会说明	南通县全境面积分类表
南通测绘局办法大纲十则	各港相距里数表
南通测绘局办事细则	二十区自治会之所在地距城里数表
南通测绘局制图股规则	坍岸面积比较表
南通测绘局制图股规约	预约券
测绘局历年成绩报告总表	测绘证书
测绘局历年布线报告详表	南通五山、江岸图之奖凭

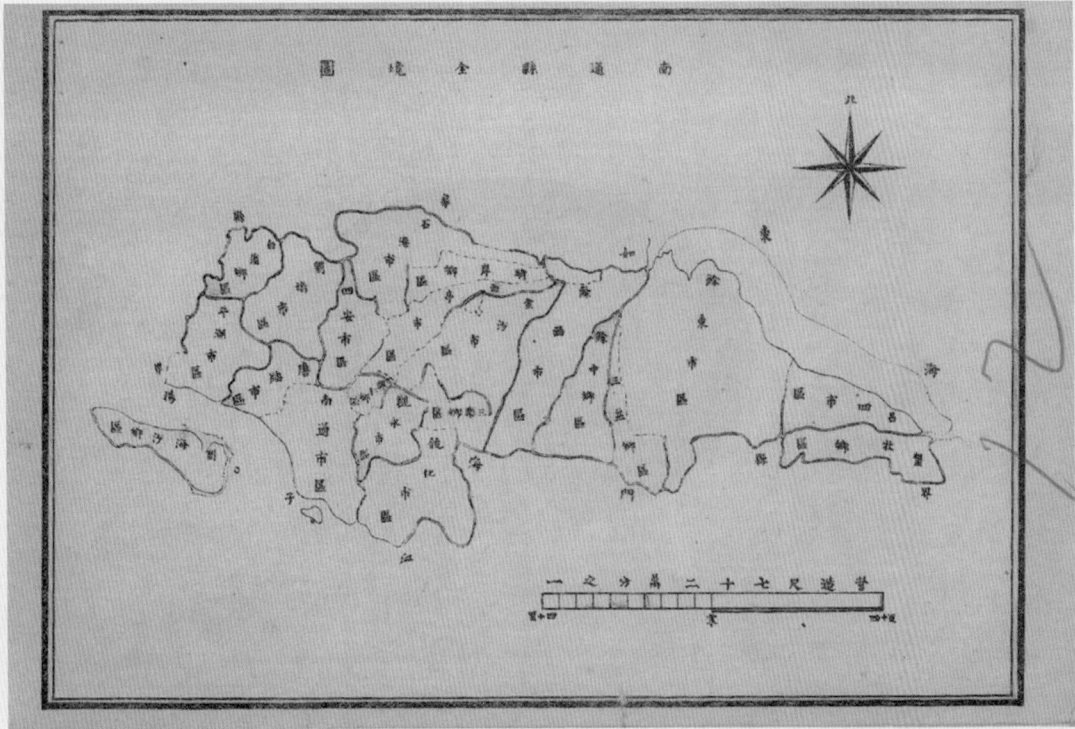

南通县全境图

张謇肖像

张謇肖像

现任职员

《南通测绘之成绩》测量之状况

《南通测绘之成绩》制图之状况

民国《江苏实业视察报告书》

保管单位： 江苏省档案馆

内容及评价：

民国初年，新兴的中国资产阶级进一步成长壮大，资产阶级革命派形成了以"振兴实业"为主题的近代经济观，认为"振兴实业"为民初"最重要之政策"，必须"发展近代交通事业"，"引进外来资金和外来技术"，"重视实业人才的培养"。为顺应先进的资本主义生产方式的要求，政府采取了一系列有利于经济发展的政策法规，先后成立了主管工商业发展的工商部、农商部、实业部等部门。重视实业，发展实业，对民国初期实业发展的进程起了很大的推动作用。

得益于自古以来对工商等实业的重视，江苏经济长期位于全国领先水平。但近代江苏由于政权更迭、战事频仍、自然灾害多发，经济受到了较大影响。特别是民国初年，天下初定，江苏各项事业百废待兴，急需恢复发展，《江苏实业视察报告书》正是在这样的历史和社会背景下，由江苏省长公署第四科在对全省六十县进行多年视察基础之上于1919年12月撰成，上海商务印书馆印刷。为确保规范，省长公署专门制定视察员暂行条例、视察细则。报告书先按金陵、沪海、苏常、淮扬、徐海五个道，分别叙述了其所属各县实业发展状况，又按农业、工业、商业、荒地荒山四个类分述各县概况，最后是各种统计数据一览表。全书体例科学，内容丰富，数据可靠，是研究民国江苏早期经济社会状况必不可少的一部重要文献。

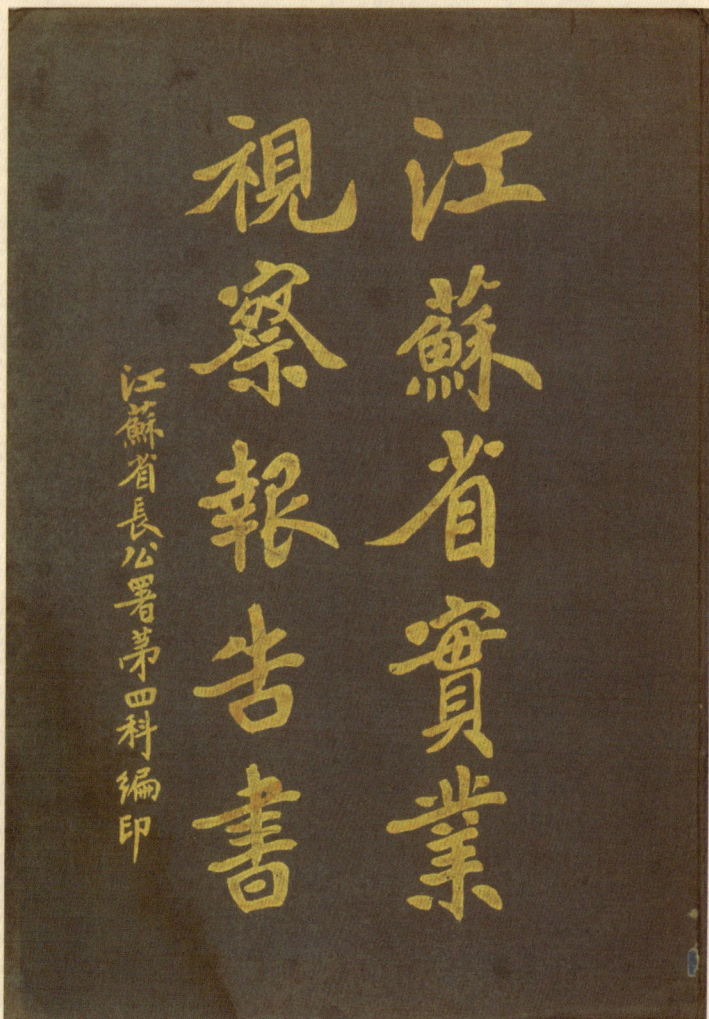

江蘇省實業視察報告書總目次

叙 ……………………………………………… 一至二

例言 …………………………………………… 一至二

(甲)總說及實業視察暫行條例視察細則

一 總說 …………………………………… 一至三

二 實業視察員暫行條例 ………………… 一至三

三 實業視察員視察細則 ………………… 一至三

(乙)正編

一 金陵道區各縣實業報告 ……………… 一至五四

二 滬海道區各縣實業報告 ……………… 五五至一一八

三 蘇常道區各縣實業報告 ……………… 一一九至一六四

四 淮揚道區各縣實業報告 ……………… 一六五至二一六

五 徐海道區各縣實業報告 ……………… 二一七至二五四

(丙)附編

一 江蘇省各縣農業概況 ………………… 二五五至二六六

二 江蘇省各縣工業概況 ………………… 二六七至二七八

江蘇省實業視察報告書 總目次

目次

全文：

《江苏省实业视察报告书》总目次

叙 一至二

例言 一至二

(甲)总说及实业视察暂行条例视察细则

一 总说 一至三

二 实业视察员暂行条例 一至三

三 实业视察员视察细则 一至三

(乙)正编

一 金陵道区各县实业报告 一至五四

二 沪海道区各县实业报告 五五至一一八

三 苏常道区各县实业报告 一一九至一六四

四 淮扬道区各县实业报告 一六五至二一六

五 徐海道区各县实业报告 二一七至二五四

(丙)附编

一 江苏省各县农业概况 ⋯⋯⋯⋯⋯⋯⋯⋯⋯ 二五五至二六六

二 江苏省各县工业概况 ⋯⋯⋯⋯⋯⋯⋯⋯⋯ 二六七至二七八

三 江苏省各县商业概况 ⋯⋯⋯⋯⋯⋯⋯⋯⋯ 二七九至二九〇

四 江苏省各县荒地荒山概况 ⋯⋯⋯⋯⋯⋯⋯ 二九一至三〇二

(丁)各种一览表

一 江苏省各县实业行政佐治员一览表 ⋯⋯⋯ 三〇三至三〇四

二 江苏省各县实业行政经费一览表 ⋯⋯⋯⋯ 三〇五至三〇八

三 江苏省各县办理实业行政公文书计数表 ⋯ 三〇九至三一二

四 江苏省各县苗圃一览表 ⋯⋯⋯⋯⋯⋯⋯⋯ 三一三至三一五

五 江苏各县农会一览表 ⋯⋯⋯⋯⋯⋯⋯⋯⋯ 三一六至三一九

六 江苏省各县大宗农产一览表 ⋯⋯⋯⋯⋯⋯ 三二〇至三二六

七 江苏省各县模范农事试验场一览表 ⋯⋯⋯ 三二七至三二八

八 江苏省各县特种工业一览表 ⋯⋯⋯⋯⋯⋯ 三二九至三三〇

九 江苏省各县商会一览表 ⋯⋯⋯⋯⋯⋯⋯⋯ 三三一至三三五

十 江苏省各县大宗商品一览表 ⋯⋯⋯⋯⋯⋯ 三三六至三四六

十一 江苏省全省典业一览表 ⋯⋯⋯⋯⋯⋯⋯ 三四七至三六〇

十二 江苏省各县金融状况一览表 ⋯⋯⋯⋯⋯ 三六一至三六四

十三 江苏省实业视察成绩一览表 ⋯⋯⋯⋯⋯ 三六五至三六八

江苏督军齐耀琳所作的序

例言

一　本書報告江蘇省各縣實業行政狀況農工商之現狀及應行興革之大概定名曰江蘇省實業視察報告書

二　本書據各視察員之視察報告編輯之其散見於他項公文書及報告者槪不竄入

三　本書分總說正編附編三部總說略逑全書大槪實業視察員暫行條例及細則列各縣實業視察報告於正編列各縣農工商及荒山荒地之槪况於附編各種一覽表附之

四　各種一覽表均根據視察報告匆促調查不免挂漏

五　本屆視察本省實業以調查各縣實業及社會實業狀況爲主徐謀設施之方針其省辦各實業俟視察完竣另編報告

六　視察以區域之遠近爲先後故所報告年度不免參差又本書於八年三月開始編輯閱五月而書成付印匆促出版校閱多疏閱者諒之

江蘇省長公署第四科科長金其照謹識

江蘇省實業視察報告書　例言　一

江蘇省實業視察報告總說

爲政不在多言顧力行何如耳實業爲生存之本原富强之要業凡諸施設尤無取乎空言慨自改革以來迭遭多故創痍未復生聚猶艱凡有地方之責者所當日夜競競以厚民生足國用爲務江蘇本富厚之邦天産豐饒甲於列省而滬瀆開埠交通最先商務盛衰影響全國富菱經濟變爭之世發展實業斯爲當務之急六七年來一乘斯旨就視察以謀提倡臚現狀况以念斯者此所以有江蘇六十縣實業視察報告之輯也

金陵道屬山嶺綿旦原野芬曠十之七八宜於造林比自第一造林場瓶始以來視感所興草紛凑闢而江寧利民廠所出之種網行銷海外尤爲歐美人士所歡迎餘若江浦之棉丹徒之茶揚中之絲雖屬偏隅副産或以佳良著名惟農産之豐歉尤視水利赤山石臼陽固城諸湖舊貴瀦灌今皆淤墊所宜興佳農田庶幾天産之饒不下蘇滬此農業之狀况也工廠之建設尚紗民間工業大率家自爲織檢驗出品淘屬佳良正待通行之綏丹徒之染織漂陽之絲綢而金壇河頭鎭所緝之紡富桑模場檢驗出品淘屬佳良正待通行伤造籍貸提倡此工况也商業舊以江浦六合丹徒爲較盛南北貨物以此爲轉輸之區自津浦通車交通形勢變遷驟形衰減然輸出之多寡果使地無害利原料充物品精良衡以供來諸物無不給之處則商業之盛自不特言即交通形勢之變遷亦適足爲振興商務之助而無足深虞此商業之狀况也

滬海道屬崇江帶海厥土上上農産以棉稻爲大宗工業以紡織爲最盛商則上海一埠握全國之樞機稱世界之名埠論其現狀詎不欣欣向榮顧交通繁則生活之率增運輸易則競爭之度烈世界潮流日激盪乎其前急起直追倘虞不給知植種之宜改良也則有各縣模範農場之設爲製造之宜競進也則有省立工場之設爲歐

江蘇省實業視察報告書　總說　一

全文：

江苏省实业视察报告总说

为政不在多言，愿力行何如耳。实业为生存之本原，富强之要素，凡诸施设，尤无取乎空言。慨自改革以来，迭遭多故，创痍未复，生聚犹艰。凡有地方之责者，所当日夜竞竞以厚民生足国用为务。江苏本富庶之邦，天产丰饶，甲于列省，而沪渎开埠，交通最先，商务盛衰，影响全国，当兹经济竞争之世，发展实业，斯为当务之急。六七年来，一秉斯旨，就视察以谋提倡，胪现状以审方来，此所以有江苏六十县实业视察报告之辑也。

金陵道属山岭绵亘，原野莽旷，十之七八，宜于造林，比自第一造林场创始以来，观感所兴，荜路渐辟，而江宁利民厂所出之柞绸，行销海外，尤为欧美人士所欢迎，余若江浦之棉，丹徒之茶，扬中之靛，虽属偏隅副产，咸以佳良著名。惟农产之丰歉，尤视水利，赤山、石臼、丹阳、固城诸湖，旧资溉灌，今皆淤垫，所宜兴修疏浚，以沃农田，庶几天产之饶，不下苏沪，此农业之状况也。工厂之建设尚尠，民间工业，大率家自为造，发展较难，其著称者，若江宁之缎，丹徒之染织，溧阳之丝绸，而金坛河头镇所缫之反车丝，已饬蚕桑模范场检验出品，洵属佳良，正待通行仿造，藉资提倡，此工业之状况也。商业旧以江浦、六合、丹徒为较盛，南北货物，以此为转输之区，自津浦通车，交通形势变迁，骤形衰减，然输出之盛衰，恒视乎特产之多寡，果使地无弃利，原料充牣，出品精良，衡以供求通例，无不给之虞，则商业之盛，自不待言，即交通形势之变迁，亦适足为振兴商务之助，而无足深虑，此商业之状况也。

沪海道属，襟江带海，厥土上上。农产以棉稻为大宗，工业以纺织为最盛，商则上海一埠，握全国之枢机，称世界之名埠，论其现状，讵不欣欣向荣，顾交通繁则生活之率增，运输易则竞争之度烈，世界潮流，日激荡乎其前，急起直追，尚虞不给，知植种之宜改良也，则有各县模范农场之设焉，制造之宜竞进也，则有省立工场之设焉，欧战以来，运输阻滞，顾外货鲜至，亦实为国内自为整顿之良机，今则环球洗甲，宣告和平，非振兴农工，以应商战，诚不知所以善其后矣。至于水利失修，影响于农田者尤钜，今已带征亩捐，从事修浚，如青浦之泖湖松江，奉贤之通浦各河，金山之张泾河，或已择要兴修，或已着手疏浚，他日水患一除，农业自不难于发达，他若崇、海之棉，著称佳种，金、青、南、奉，所产亦多，近数年来，上下锐意植棉，于种植改良推广诸端，讲求渐备，锲而不舍，亦实业前途之乐观也。

苏常道属，农业状况，略同沪海。南通、如皋、江阴之棉，吴县、吴江、无锡之蚕桑，宜兴之茶，昆山之垦牧，皆其特著者。顾以繁盛而论，尤推工业，就其类别，大略为三。一曰丝织，吴县、吴江为最，昆山、武进次焉。二曰纺纱，无锡、南通为最优。三曰陶器，宜兴为特著。丝织之精，向推杭货，比年以来，加意提倡，设丝织模范场及织工传习所于吴县，两阅寒暑，而该邑机坊，咸置铁机，织工能娴新艺，出品之优，销场之广，不亚武林。至若盛泽之丝织，震泽之丝经，久已盛行，蔚为专业。纺纱则南通一厂，开全省之先河。陶业则省立陶业工厂，极制作之能事。其他则江都漆器，素著盛称。苏常刺绣，允推美术，论苏省工业，以该道属为冠，非过言也。商市以产品之饶，亦复称盛，继此以往，所宜因势利导，督促弗衰，固有者加以扩充，未至者重在仿造，一日千里，有当然者矣。

淮扬道属，自盐务中落，漕运改章，繁盛已非昔时。改革以来，水旱偏灾，时时见告，荒歉既屡，生聚难言。频年于课农振工，惟日孜孜，不遗余力，于农业则注意疏浚河道开垦荒地二端，如淮阴之民便等河，阜宁之射阳湖，东台之王家港，皆拟浚其淤垫，资以灌溉，盖诚见淮境水患，为病民之主因。刊莫之政，所不可缓也。黄河改道，浊流变为桑田，官民各荒，所在多有，察其地质，初皆足耕，则以造林植棉栽桑诸端，勤于讲求，事归实在，既有省立第一农事试验场及蚕桑模范总分各场之创置，而县立模范农场，亦次弟告成，官绅提倡于前，人民知生利之可图，惰农之非策，亦必日异月新，舍其故步，十年而后，富足可期也。培本而后及末，工商之发展，亦有待乎是矣。

徐海道属，坏地虽旷，民力益贫，水灾之外，益以兵匪，元气既凋，流亡未集，地质稍瘠，既不擅棉稻蚕桑之利，人民安于简陋，亦几无复工商之可言。惟丰沛之间，土质本沃，频年灾歉，由于水道之失修，能束水试办稻田，未尝不足致丰稔，而匪灾既久，民多流亡，熟田变荒，委诸不治，是于徐海谋实业，仍日安集为急，而教养继之也。比年既于徐州筹办省立第二农事试验场，而各县亦有模范农场之设，余若萧县、赣榆宜造林；砀山、沭阳宜植棉；宿迁、灌云宜蚕桑，而邳县之各支河，睢宁之龙河，东海之蔷薇河，则均以开浚为急。纲举目张，锲而弗舍，安见其不能岁丰月穰，等量江南乎哉？津浦铁路，经过沛县之韩庄临城，开徐铁路，横贯砀山，灌河一口，复为天然良港，轮轨交通，繁盛巳兆，他日农工出品，既形发达，商务起色，自地意中也。

综上所述，凡近日之措施，现在之状况，考察所及，略见一班[斑]。以数年来，国是纷更，民力凋耗，而江苏市廛陇亩，尚幸独完，农产工作，且孜孜于进步之讲求。固曰地方之天幸，而官厅一部分之提倡与保全，亦不无成效之足睹焉。继今以往，假以数年，休养生息培其本，急起直追图其终，民生既厚，国力自饶。此则所愿全省人士共勉之者也。

实业视察员视察细则

戊视察各县商会农会邀请会长或其他职员将商会法第十六条第一至第九项第十七条一二两项及农会暂行规程第二十至二十四条所定职务详询最近三年之过去事实及现办情形暨将来规画列表记载式由第四科定之

己调查各县商会农会五年份经费预算决算书
庚商会有附设商事公断处者调查其历年处断案件列表填记表式由第四科长定之
辛视察各县农民办实业时如有应行改良事须记入视察报告
壬视察各项民办实业有合於法令规定应得奖励者视察员应指示法定请奖手续俾得请奖应得请奖事项如下
一扩充或改良植棉制糖牧羊者
二购置公海渔船以捕鱼或运鱼为业曾受检查合格者
三自已发明或改良制造工艺品者
四丝茶糖铁及棉织毛织公司合於保息条例
癸除前条各项奖励外如个人或法人办理实业著有成效合於农商部奖章规则第三条第一至第八各款者视察员应详叙事实报请省长核准咨部请奖

江苏省实业视察报告书　视察细则

二

四视察各县大宗商品调查列表式由第四科定之
甲就重要商品调查列表式由第四科定之
乙如有输出品应查其制造场所产额价值及输出方法详细记载之
前两项调查应会同农商会办理

江苏省实业视察报告书　视察细则

一

实业视察员视察细则

一视察省立实业各机关之办事成绩及营业状况
甲办事成绩及营业状况以最近一年度与前一年度之过去事实比较而评判之
乙应行视察事项由第四科分编列目另表定之
丙视察员有事实上之必要得询第四科调阅案卷
丁视察员至各机关视察时应先期函询第四科有无特别注意检查事项
二视察省立各实业机关职员之执务状况
甲调查全部员司职名月薪到职时期及简明履历列表记载之
乙调查各职员之勤惰及其执务成绩
丙调查员对於各机关职员就其执务当讨论并择要记载以备考核
丁视察员对於各机关职员工役之生活程度与薪工所入能否相应宜详细记载之
三视察各县办理实业行政状况
甲详视考各县公署佐治实业职员之学识经验及办事成绩
乙调查最近一年度经费之预算决算与前一年度之比较
丙各县平时报政有无虚伪由第四科择要钞交视察员实地调查
丁视察员应蒐集佐治实业职员及主管地方公款员绅筹议撤张实业政治及增加经费之计书报省查核

实业视察员视察细则

江蘇省實業視察報告書

金陵道區

江寧縣實業視察報告

江寧縣境錯隸遭本省各區域而兵燹迭遭民生凋敝資本家既極缺乏縱有企業者亦將無所措手故實業各項仍在萌芽時代該縣知事吳其昌練達老成精嫻更治惟缺屬衝煩日不暇給其在治員徐家修係第二科兼任二科管理征收稅項一切事宜辦員紛綸亦有不遑兼顧之勢而實業行政之附稅劃定省款補助地方捐項統計三年度止僅苗圃一項在附稅內撥用銀二百元以視小學教育費之附稅不下二十餘萬元比較不過千分之一未免偏枯人款兩乏卻云提倡亦等空諛此由該區視察員蔣汝正會同該縣知事籌款經呈准在自治經費公益捐項下撥十成之三作爲實業行政之大概情形也該縣境內屬於能支配妥春款不虞靡則於第二屆視察時或稍有成績之可言此縣實業行政經費每年約三千餘千之譜果農事之機關有縣農會有義農會有省立第一造林場於農會以會長未能得人遠同虛設現已更聚會長力求刷新所有彰策倚屬周詳可期後效義農會爲外國人裝義理所創辦其地點在紫金山南北專事造林用款全經募集而來嗣以主權關係由省撥款補助歸中國收回並經農商部派員常駐會同辦理該山周廣約三十餘里面積七萬餘畝現在已植樹者約五分之三其成績頗爲優著省立第一造林場在舊駐防城內之四方城苗圃發育甚旺檢閱其各項辦事簿冊內部之整理亦頗井井有條惟地屬高燥元旱可憂今年春夏之交天久不雨以致清明節令在該場內所植之綠是其明證是不可不籌防救之法縣苗圃係一造林場知事委託農會代辦在丁家橋之綠筱花圃佔地三畝餘樹苗以洋槐烏桕爲大宗其他扁柏馬尾松白楊椿樹魯桑等合計已成活者不過兩萬餘株現已由該會若手

江蘇省實業視察報告書　金陵道區江寧縣

一

《江苏省实业视察报告书》之金陵道区

江蘇省各縣工業概況

金陵道區

江寧縣

該縣工廠甚少除織布與製襪外僅利民廠之梓綢及加寬花緞流銷外洋頗稱特色民間工業以玄緞及紙扇爲最著扇業自外貨盛行後銷路日減惟綬業以需要甚廣極爲發達

句容縣

該縣工業尚在萌芽惟天王寺之茶雄剪刀等曾經賽會得獎出品頗精西鄉之麥稈草帽辮以編製未能得法逐漸失敗已飭縣延聘良技師招工實習以期改良

溧水縣

該縣尚無工廠民間工業向以大布爲最著名堅緻厚實行銷頗廣近則民俗習於嬾惰繼有繼舊業者亦爭用洋紗棉產幾於絕跡

高淳縣

該縣現無工廠民間工業之著名者爲製羽扇洗刷裝置業所擅長流銷頗遠大布以安興鄉一帶爲佳魏與南通齊名又有王姓者善製鐵花精巧無倫堪稱習藝惟倚待推廣耳

江浦縣

該縣現無工廠民間工業以米袋板帶兩項爲最精曾於賽會得獎據舊志云縣人善造竹絲各器京省盛行近則久失傳矣

江蘇省實業視察報告書　金陵道區工業概況

二百六十七

《江苏省实业视察报告书》之江苏省各县工业概况

《江苏省实业视察报告书》之江苏省各县金融状况一览表

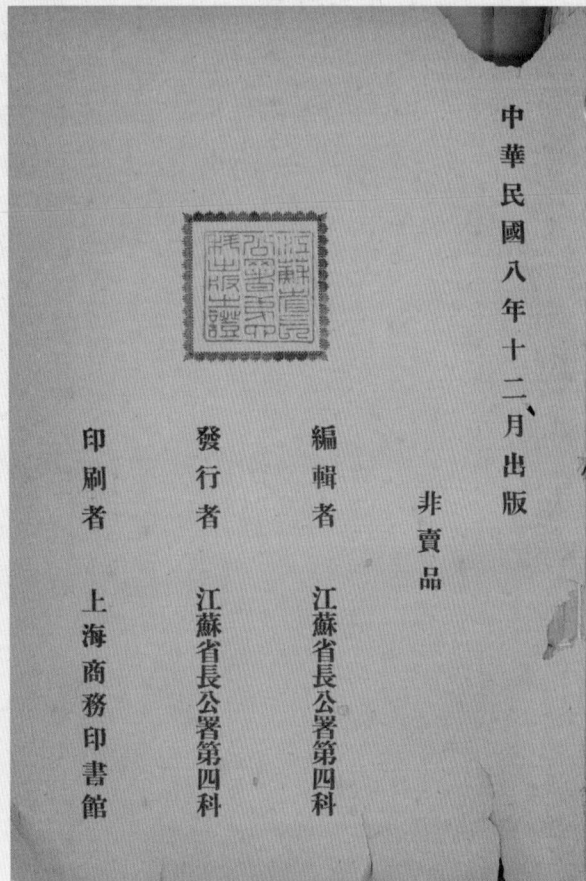

《江苏省实业视察报告书》封底

民国江苏省政府公报

保管单位： 江苏省档案馆

内容及评价：

政府公报是一种官报。地方政府公报，由各省政府编印，反映了各地政府的施政情况。旧中国政府公报的编辑和发行，始于清末光绪二十八年（1902），终于1949年。清末时期统称之为"政府官报"，民国时期则统称"政府公报"。从北洋政府到国民政府时期，不仅出版了中央政府一级的公报，各院、委、部、局及地方省、市各级政府均出版了公报。旧中国政府公报从性质上看，它是旧政府的各级各类机关下达公文政令、宣示官方意旨、传递政事要闻和交流行政业务的一种有力工具。从形式上看，它是近现代期刊（杂志）的一个特殊类别，同政府机关报（报纸）和官书（政府法令政策文书汇编集）合为政府三大出版物。所以，它和期刊一样均具有固定的名称、统一的刊期刊型、连续的卷期号和特定的发行范围。

1927年4月，国民党江苏省政府委员会在南京成立，5月2日，国民党江苏省政府正式成立，9月15日，《江苏省政府公报》刊行。《江苏省政府公报》内容分为会议录、特载、法规、公布令、民政、财政、工商、农业、教育、建设、军事、诉愿、批示、杂述等门类。馆藏江苏省政府公报共2790期，详细记载了1927年9月到1949年初共23年间国民党江苏省政府以及所属各厅局的工作概况，集系统性、完整性、权威性于一体，是研究民国江苏不可或缺的重要文献。

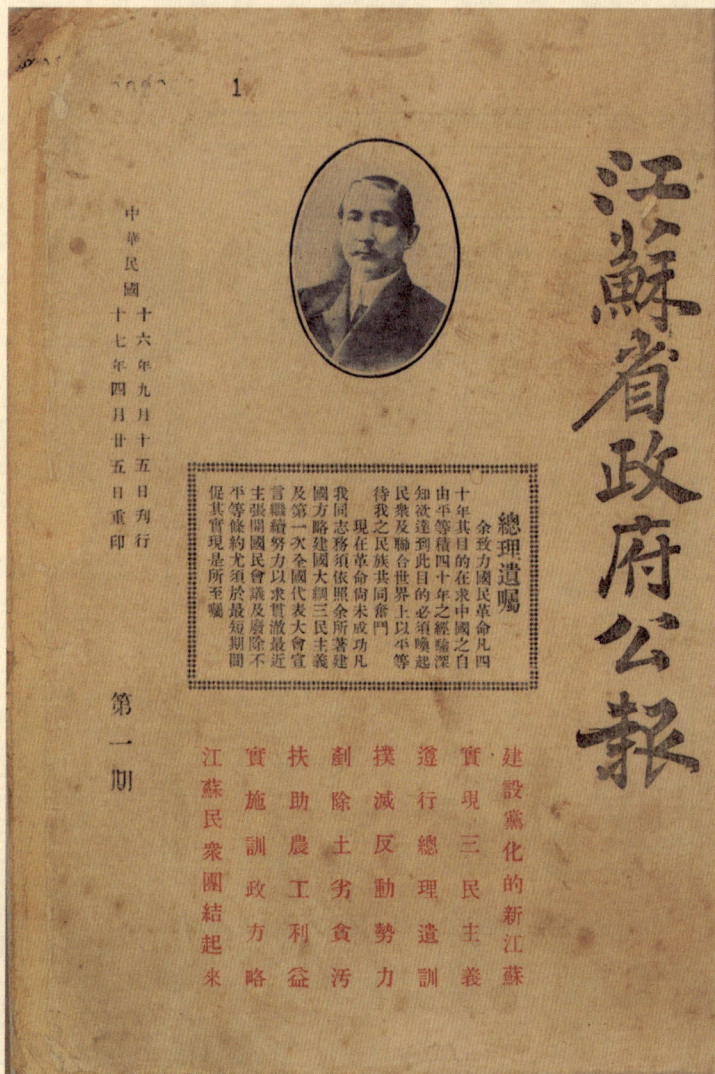

1927年9月15日刊行之《江苏省政府公报》第一期

《江苏省政府公报》第一期目次

江蘇省政府公報第一期目次

　　　　　　　　　　　　　頁數

創刊辭 …… 一

江蘇省政府宣言 …… 三

會議錄
　江蘇省政府第一次政務會議紀錄
　江蘇省政府第二次政務會議紀錄
　江蘇省政府第三次政務會議紀錄
　江蘇省政府第四次政務會議紀錄
　江蘇省政府第五次政務會議紀錄
　江蘇省政府第六次政務會議紀錄 …… 一二

特載
　省政府組織法
　江蘇省政務委員會議事規則
　江蘇省政務委員會辦事細則
　嘉集農民銀行基金案 …… 二三四

民政
　江蘇省民政廳組織條例
　江蘇省民政廳辦事細則
　暫訂江蘇省各縣公安局組織條例 …… 一二四

目次

《江苏省政府公报》第一期目次

創刊辭

及其他含有法律性質之文字，為人民所未及周知，而又須使人民周知者，一一取而載之，以公諸人民，俾人民知所遵從之出版物也。其事雖簡，其利甚宏，吾國固已行之久矣。今蘇省政府應事實上之之必要，遴選專員，董理其事，且今日省之組織與昔異，區分行政之事務，若民政財政軍事建設農工教育司法諸項，各設機關，互相飽處，而以省政府總其樞紐。蘇省人民向上進展之心，較他省為熱烈，各項行政，所須於上級機關之督責與指導者，為力較多，故法令章制之發布亦較繁，得公報隨時刊行之，徹特行政人員，知所從達，抑使窮戶編氓，吾知其

省政府公報，誗割發行，為時已久，今日始得創刊，和慨弱逢其盛，何幸如之！

江蘇跨長江中部，以言已往，有重要之歷史。以言現在：東濱東海，提中外水陸變通之樞紐，北領淮徐，為捷伐軍閩之重館，西接皖南北，扼長江上游之咽喉，以環境之關係，逢形成位置之重要：且文物彪炳，風軍地省名：文化足以贊助主義之宣揚；財力足以促進軍事之發展；人事之多，故法令有所含之質與繁，廣東四川以外，始無其匹。自國民革命軍盡清江表，奠都南京，贊成為國民政府下儆補之區，而立處於軍事政治上之重要地位焉！

國民革命軍旗幟下之諸省，遵依國民黨之政策，例設省政府，以處理省之政務與事務。江蘇省政府亦依次成立，迄於今日，閱時三月，已由軍政時期而入於訓政時期，組織粗具，條理漸備，某於行政機關與民衆合作之精神，及民衆對行政機關協助之意志，移使情感流通，設施愜洽，凡有興作，期為民衆之所瞭然，俾不至有所隔閡，是以有省政府公報之設。

公報者，自狹義言：乃行政機關下之命令法律文告以

《江苏省政府公报》创刊辞

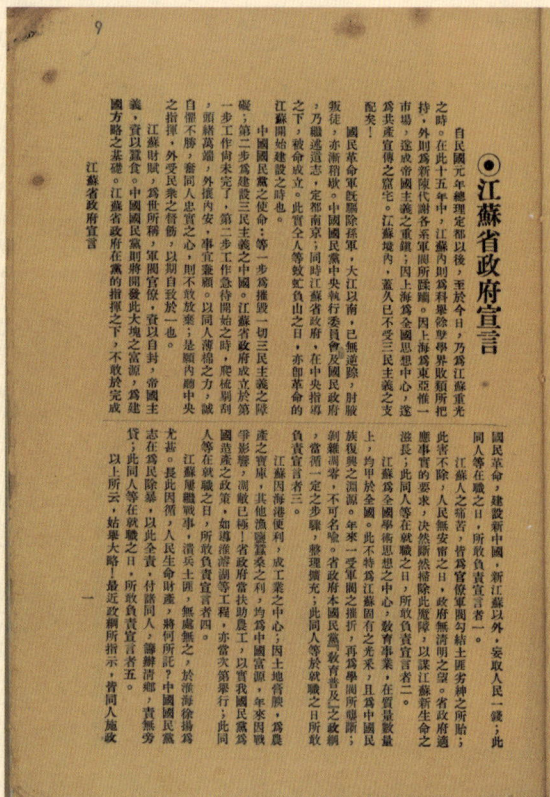

江苏省政府宣言

全文：

江苏省政府宣言

自民国元年总理定都以后，至于今日，乃为江苏重光之时。在此十五年中，江苏内则为科举余孽学界败类所把持，外则为新陈代谢各系军阀所蹂躏。因上海为东亚唯一市场，遂成帝国主义之重镇；因上海为全国思想中心，遂为共产宣传之窟宅。江苏境内，盖久已不受三民主义之支配矣！

国民革命军既驱除孙军，大江以南，已无逆踪，肘腋叛徒，亦渐稍歇。中国国民党中央执行委员会及国民政府，乃继述遗志，定都南京；同时江苏省政府，在中央指导之下，被命成立。此实同人等蚊虻负山之日，亦即革命的江苏开始建设之时也。

中国国民党之使命：第一步为摧毁一切三民主义之障碍；第二步为建设三民主义之中国。江苏省政府成立于第一步工作尚未完了，第二步工作急待开始之时，爬梳剔刮，头绪万端，外攘内安，事宜兼顾。以同人薄棉之力，诚自惧不胜，奋同人忠实之心，则不敢放弃；是愿内听中央之指挥，外受民众之督饬，以期自致于一也。

江苏财赋，为世所称，军阀官僚，资以自封，帝国主义，资以蚕食。中国国民党则将开发此大块之富源，为建国方略之基础。江苏省政府在党的指挥之下，不敢于完成国民革命，建设新中国，新江苏以外，妄取人民一钱；此同人等在职之日，所敢负责宣言者一。

江苏人之痛苦，皆为官僚军阀勾结土匪劣绅之所贻；此害不除，人民无安宁之日，政府无清明之望。省政府适应事实的要求，决然断然扫除此魔障，以谋江苏新生命之滋长；此同人等在就职之日，所敢负责宣言者二。

江苏为全国学术思想之中心，教育事业，在质量数量上，均甲于全国。此不特为江苏固有之光采，且为中国民族复兴之渊源。年来一受军阀之摧折，再为学阀所垄断；剥杂凋零，不可名喻。省政府本国民党“教育普及”之政纲，当循一定之步骤，整理扩充；此同人等于就职之日所敢负责宣言者三。

江苏因海港便利，成工业之中心；因土地膏腴，为农产之宝库，其它渔盐蚕桑之利，均为中国富源，年来因战争影响，凋敝已极！省政府当扶助农工，以实我国民党为国造产之政策，如导淮浚湖等工程，亦当次第举行；此同人等在就职之日，所敢负责宣言者四。

江苏屡继战事，溃兵土匪，无处无之，于淮海徐扬为尤甚。长此因循，人民生命财产，将何所托？中国国民党志在为民除暴，以此全责，付诸同人，筹办清乡，责无旁贷；此同人等在就职之日，所敢负责宣言者五。

以上所云，姑举大略！最近政纲所指示，皆同人施政之规范，策此驽骀，敢辞负责，假以时日，或有小成，甚望江苏三千万同胞之详予指导督以后效焉。

会议录

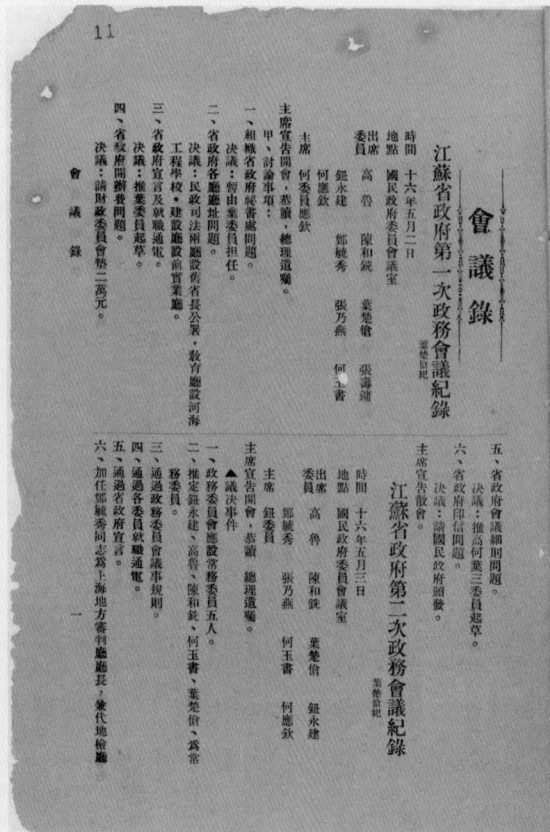

全文：

江苏省政府第一次政务会议纪 ［记］ 录

叶楚伧纪

时间　十六年五月二日
地点　国民政府委员会议室
出席　高鲁　陈和铣　叶楚伧　张寿镛　钮永建　郑毓秀　张乃燕　何玉书　何应钦
主席　何委员应钦
主席宣告开会，恭读总理遗嘱。

甲、讨论事项：

一、组织省政府秘书处问题。

决议：暂由叶委员担任。

二、省政府各厅厅址问题。

决议：民政司法两厅设旧省长公署，教育厅设河海工程学校。建设厅设前实业厅。

三、省政府宣言及就职通电。

决议：推叶委员起草。

四、省政府开办费问题。

决议：请财政委员会垫二万元。

五、省政府会议细则问题。

决议：推高何叶三委员起草。

六、省政府印信问题。

决议：请国民政府颁发。

主席宣告散会。

江苏省政府第二次政务会议纪［记］录

叶楚伧纪

时间　十六年五月三日

地点　国民政府委员会议室

出席　高鲁　陈和铣　叶楚伧　钮永建　郑毓秀　张乃燕　何玉书　何应钦

主席　钮委员

主席宣告开会，恭读 总理遗嘱。

▲ 议决事件

一、政务委员会应设常务委员五人。

二、推定钮永建、高鲁、陈和铣、何玉书、叶楚伧为常务委员。

三、通过政务委员会议事规则。

四、通过各委员就职通电。

五、通过省政府宣言。

六、加任郑毓秀同志为上海地方审判厅厅长，兼代地检厅长。上海地检厅长孙绍康免职。

主席宣告散会。

江苏省政府第三次政务会议纪［记］录

叶楚伧纪

时间　十六年五月六日

地点　国民政府委员会议室

出席　叶楚伧　何玉书　钮永建　高鲁　陈和铣

主席　钮委员

主席宣告开会，恭读总理遗嘱。

甲、评论事项：

一、陈委员和铣提议：请将高等审检两厅，所有司法行政权，及所属文件，交由司法厅接收行使案。

决议：通令省内各级法院，在中央司法部未成立以前，所有省境内一切司法行政权，统由江苏司法厅执行，同时应由司法厅，将高等审检两厅，现行之司法行政权，全部接收。

二、起草省政府办事细则案。

决议：推何玉书、高鲁、叶楚伧三委员起草。

三、整理各县民政案。

决议：1.咨总司令：请通电各军，将驻地内所委行政官吏，于电到三日内，造具简单名册，逐送省政府政务委员会备查。2、通电各县长，于电到三日内，将姓名，履历，到差日期，委任机关，呈报来会。

四、审查全省新旧机关案。

决议：1.制定表格，委托军士，财政，地方行政，地方党部四项机关，分送调查填送到会。2.由各厅将应属各机关派员接收，其无所属及不专属一机关者，由本会接收。

五、清理各县财政案。

决议：俟财政厅长到会后再议。

六、调查各县杂色军队案。

决议：制定表格，委托地方行政官，地方党部，按表调查填送。

七、审定秘书处临时组织表案。

决议：职员分配照办，薪给暂缓规定。

八、何委员临时动议：明日下午一时开临时会议案。

决议：通过。

主席宣告散会。

《江苏省政府公报》第二期

中華民國十八年一月十四日刊行

總理遺囑

余致力國民革命凡四
十年其目的在求中國之自
由平等積四十年之經驗深
知欲達到此目的必須喚起
民眾及聯合世界上以平等
待我之民族共同奮鬥
現在革命尚未成功凡
我同志務須依照余所著
建國方略建國大綱三民主
義及第一次全國代表大會宣
言繼續努力以求貫徹最近
主張開國民會議及廢除不
平等條約尤須於最短期間
促其實現是所至囑

建設黨化的新江蘇

實現三民主義

遵行總理遺訓

撲滅反動勢力

剷除土劣貪污

扶助農工利益

實施訓政方略

江蘇民眾團結起來

江蘇省政府公報

第六十八期

《江苏省政府公报》第六十八期

中華郵務局掛號立為之新聞紙類

報公府政省蘇江

中華民國十八年七月十五日（星期一）刊行（一八四）

特別要件

令知發給德卿金幌銷辦法

錄　目

民　政

裁角舊印准存革命博物館

令知戛家興京縣改名新賓縣

令飭併案派查轄榆金山王

一山苦捐選事摺傷民衆案

財　政

附部青復酴酒局仍應微收家願公賣費

青諭飭籌帶任附招民壯田一律辦法

司　法

飭廳核俱金培諭裁官契机管理員案

上海臨時法院新建法庭俱須補修

令知處理商標訴訟之手續

軍　事

宿遷駐軍一師騎兵歲詐菁良

雜　述

批示一束

（刊節日期暑　朋一一日録）　　（184）

第一八四期

《江苏省政府公报》第一八四期

《江苏省政府公报》第六七九期

《令辑青浦石塘等处各匪犯》载于《江苏省政府公报》第六七九期，并特别注明：只登本报、不另行文。

江蘇省政府公報

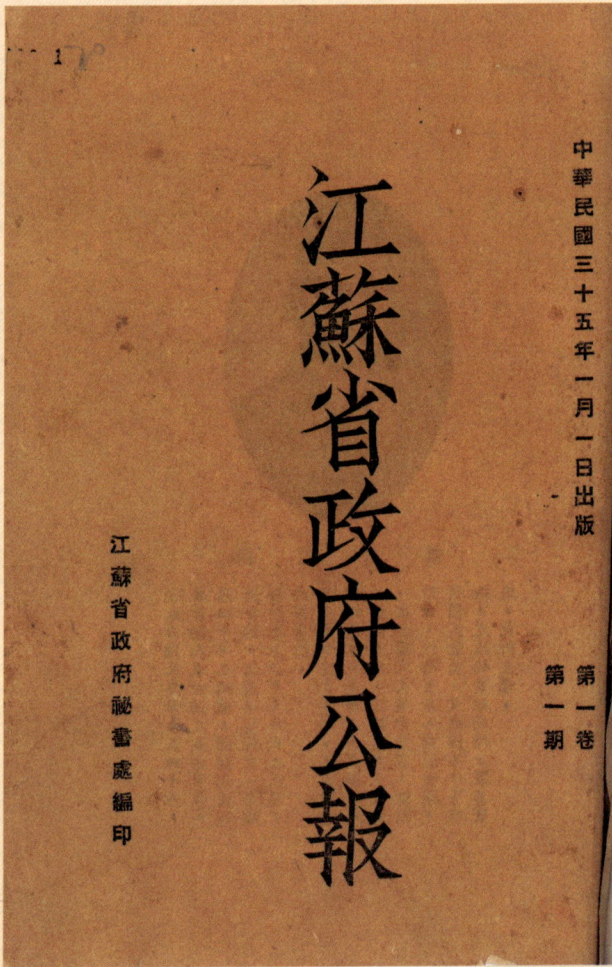

中華民國三十五年一月一日出版

第一卷 第一期

江蘇省政府祕書處編印

1946年1月1日重新刊行的《江苏省政府公报》第一卷第一期及目录

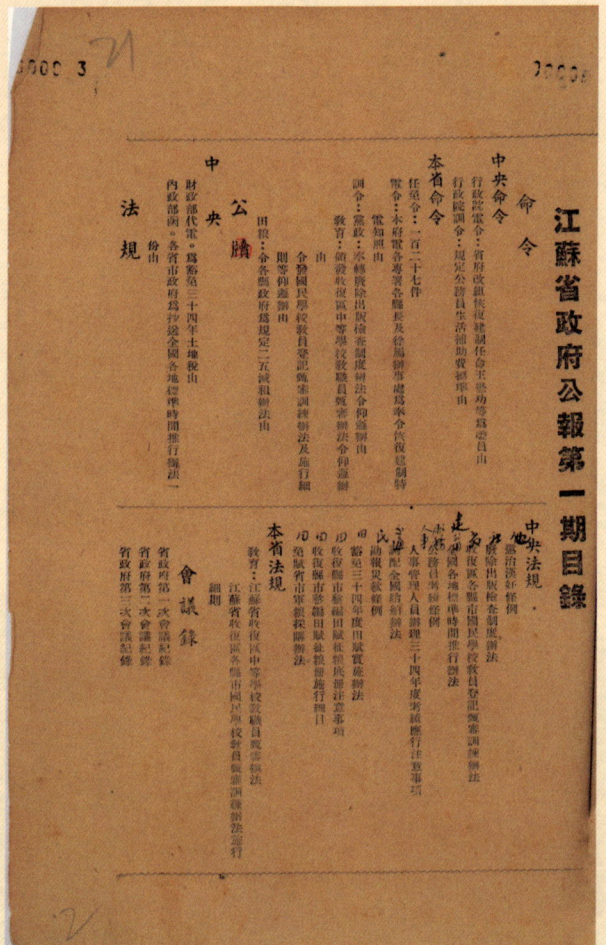

江蘇省政府公報第一期目錄

全文：

惩治汉奸条例

（国民政府三十四年十二月六日公布）

第一条　惩治汉奸，依本条例之规定，本条例无规定者，仍适用危害民国紧急治罪法，中华民国战时军律，刑法及其他法律之规定。

第二条　通谋敌国，而有左列行为之一者为汉奸处死刑或无期徒刑。

一、图谋反抗本国者。

二、图谋扰乱治安者。

三、招募军队或其他军用人工，役夫者。

四、供给，贩卖或为购办，运输军用品或制造军械弹药之原料者。

五、供给，贩卖或为购办，运输谷米、麦面、杂粮或其他可充食粮之物品者。

六、供给金钱资产者。

七、泄漏、传递、侦察或盗窃有关军事、政治、经济之消息、文书、图书或物品者。

八、充任向导或其他有关军事之职役者。

九、阻碍公务员执行职务者。

十、扰乱金融者。

十一、破坏交通、通讯或军事上之工事或封锁者。

十二、于饮水，食品中投放毒物者。

十三、煽惑军人，公务员或人民逃叛通敌者。

十四、为前款之人犯所煽惑，而从其煽惑者。

犯前项各款之罪，情节轻微者，处五年以上有期徒刑。

第三条　曾在伪组织或其所属之机关团体服务，凭藉〔借〕敌伪势力，为有利于敌伪或不利于本国或人民之行为，而为前条第二款以下各款所未列举者，概依前条第一款处断。

第四条　前二条之未遂犯罚之。

第五条　预备或阴谋犯第二条之罪者，处一年以上，七年以下有期徒刑。

第六条　明知为汉奸，而藏匿不报，或有包庇或纵容之行为者，处一年以上，七年以下有期徒刑。

第七条　故意陷害，诬告他人，犯本条之罪者，依刑法规定，从重处断。

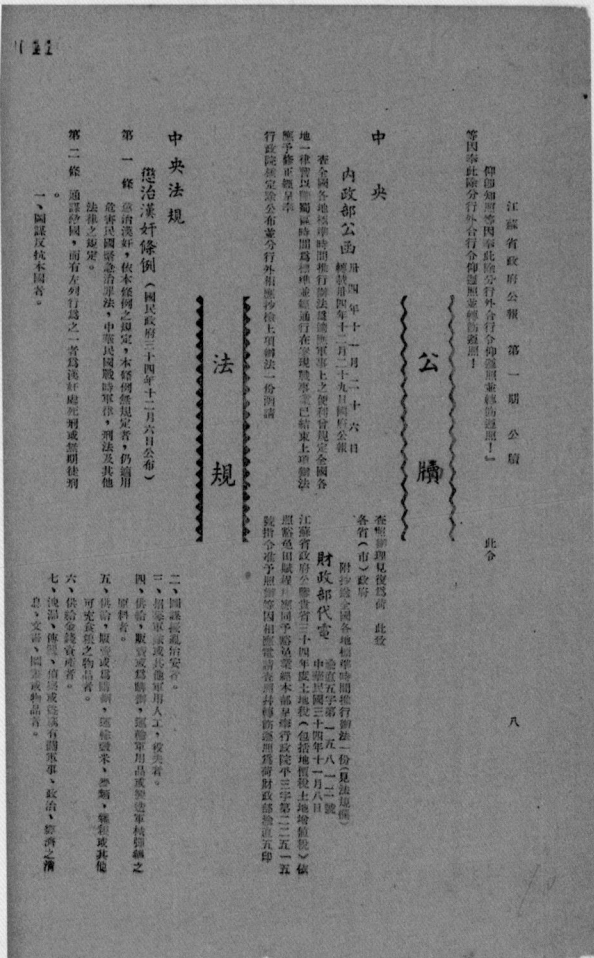

《惩治汉奸条例》（载于《江苏省政府公报》第一卷第一期）

第八条　犯第二条第一项之罪者，没收其财产之全部。

前项罪犯未获案前，经国民政府通缉，而罪证确实者，得单独宣告没收其财产之全部。

第一项未获案之罪犯，虽未经国民政府通缉，而罪证确实者，得由有权侦讯之机关，报请行政院核准，先查封其财产全部或一部，如系军人，报由中央最高军事机关核准之。

前项财产查封后，应即报请国民政府通缉。

第九条　依前条没收或查封财产之全部时，应酌留家属必须之生活费。

第十条　依第八条第三项查封财产，得委托该管地方行政机关执行之。

执行查封之机关，应即造具财产目录，分别呈报行政院或中央最高军事机关。

第十一条　依本条例没收或查封之财产，应由执行机关公告之。

第十二条　明知为汉奸，将受没收或查封之财产，而隐匿收买寄藏或冒名代管者，处五年以下有期徒刑，拘役或并科三千元以下罚金。

第十三条　依本条例判决之案件，被告如系军人，应于宣判后三日内，缮具判决正本，并令被告提出声辩书，连同卷证，呈送中央最高军事机关核定。但有紧急处置必要者，得叙明犯罪事实，适用法条及必须紧急处置理由，电请核示。

中央最高军事机关对于前项呈核之案件，得行提审，派员莅审或移转管辖。

第十四条　汉奸案件应迅速审判，并公开之。

第十五条　曾在伪组织或其所属机关团体担任职务，未依本条例判罪者，仍应于一定年限内，不得为公职候选人或任用为公务员，其详细办法，由考试院会同行政院定之。

第十六条　本条例自公布日施行。

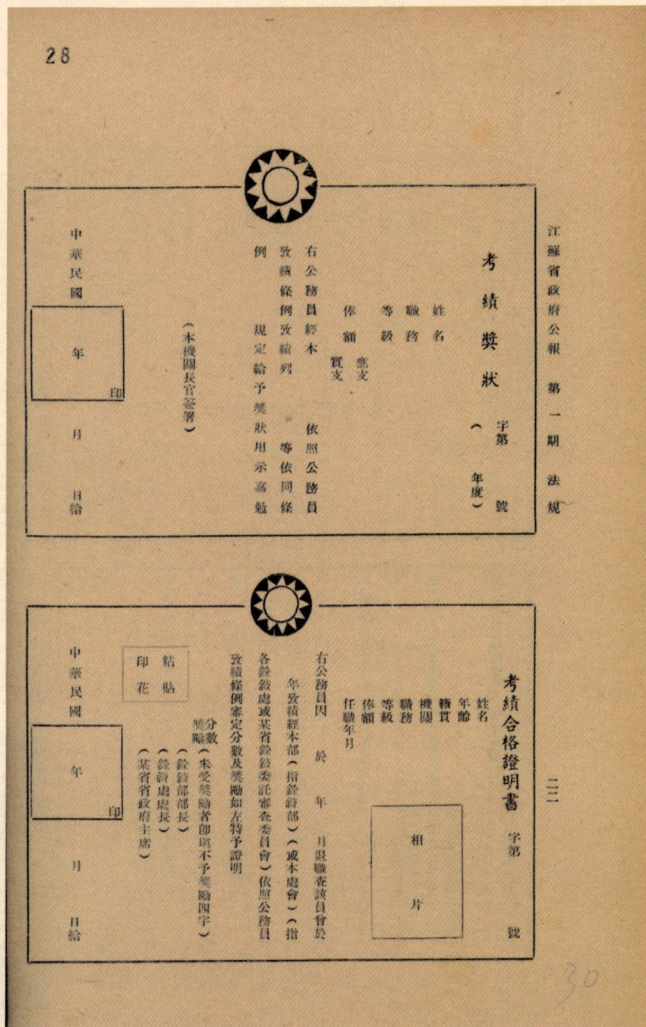

考绩奖状和考绩合格证明书（载于《江苏省政府公报》第一卷第一期）

《江苏省政府公报》第四卷第三期（1949年1月）

华中局理论刊物《真理》

保管单位： 江苏省档案馆

内容及评价：

中共华中局宣传部主办的理论刊物《真理》1941年7月10日创刊于江苏阜宁，32开本，月刊，刘少奇题写刊名。在其第一期刊首语中指出："凡是党员均应细心阅读《真理》，各级党委须组织研究会指导党员研究《真理》。"1942年底该刊出至第十期后，因华中局与新四军军部迁往盱眙县黄花塘，在黄花塘继续出版，到1945年1月出至第二十期。《真理》主要刊登中共中央及华中局文件，中央领导人及华中局和军部领导同志的文章，以及新四军各师、各战区的工作情况和经验介绍等。其中有刘少奇《作一个好的党员　建设一个好的党》、《答宋亮同志》，陈毅《论建军工作》等。该刊对加强华中抗日根据地党的建设，宣传党的政策和对党员进行党性教育起了很重要的理论和舆论引导作用。不仅如此，它还为《盐阜党刊》、《淮海斗争》、《苏北党刊》、《江南党刊》、《党内通讯》等刊的创办，提供了经验。

馆藏中共华中局《真理》自创刊号起共二十期，齐全完整，是研究中共华中局以及抗战时期党和军队建设的重要文献，具有珍贵的收藏和研究价值。

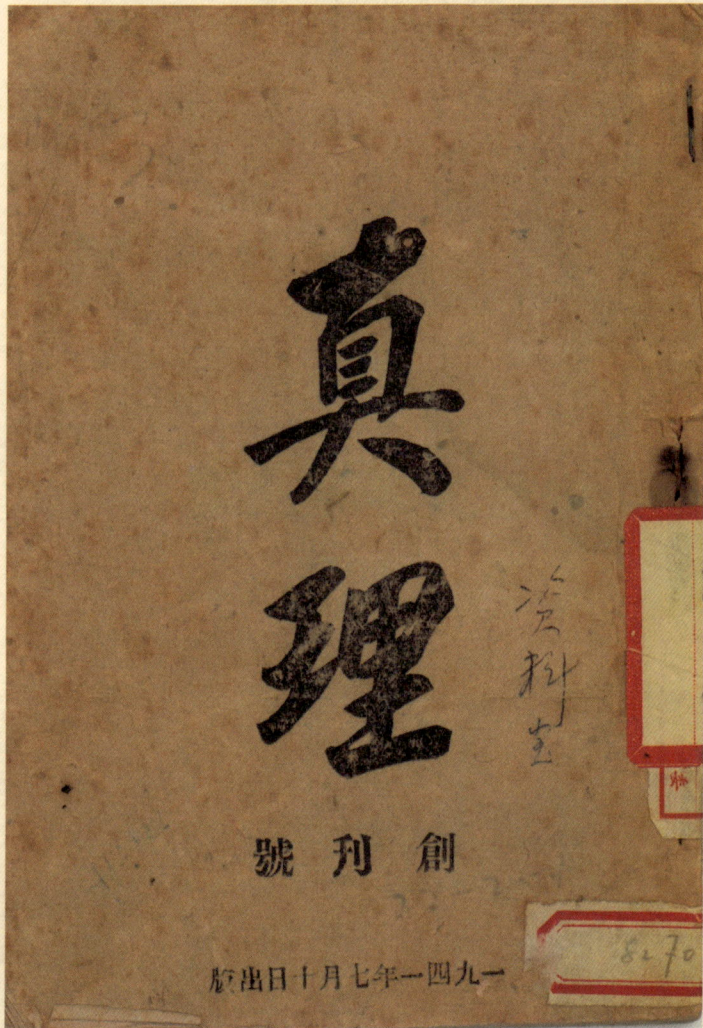

1941年7月10日出版的《真理》创刊号

全文（节选）：

作一个好的党员　建设一个好的党

刘少奇

第三，要做一个终身的好党员。

做一个共产党员是最光荣的。我们每个同志要做一个终身的好党员，不应该做一个半途的党员。共产党员，是我们自己要做的，没有任何人来强迫我们做党员。也不是我要做一个党员，就是一个党员，还要党的组织接受我做一个党员，承认我的党籍，我才能是一个党员，否则，只有我自己愿意，还不能是党员。

我们共产党员相信唯物辩证法，认为世界一切都是变动的，没有不变的东西。所以我们的战略策略、工作方法等也讲究根据客观情况的变化而变化。我们一切战略策略的变动的标准和尺度，就是要看这种变动是否适合于无产阶级全体的战斗利益。适合于这种利益就应变动，不适合于这种利益就不应变动。所以，是否适合于无产阶级全体的战斗利益，是测量党的一切战略策略与工作方式之变动是否正确的标准和尺度。但是对于我们共产党员来说，有一件事是终身不变的。这一件事就是我们要为党的利益、无产阶级战斗的利益亦即是人类最后解放的利益而奋斗到底。就是我们要做一个终身的党员。这对于我们是终身不变的，变不得的，变了，就叫动摇，变节或叛变，那是党员最大的耻辱。有了这一点不变，然后其他一切才可以根据情况的不同而千变万化，不变是变动的标准和尺度。即静止是运动的标准和尺度。自然，这种不变，一般来说，也是相对的，仅仅对于我们共产党员来说，是绝对的。因为在几百年前或几百年后，世界还没有无产阶级或无产阶级已不存在时，人们自然不会有为无产阶级战斗利益而奋斗的事。所以在人类社会历史上来说，这也还是变动的，可是对于我们党员来说，这是绝对不能变

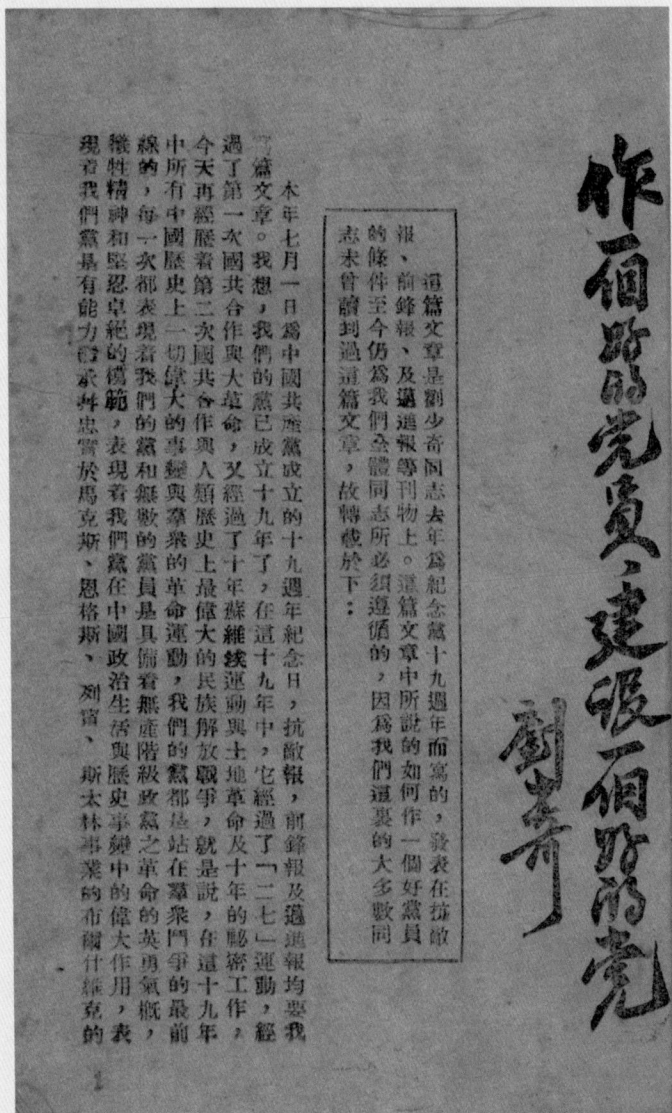

刘少奇《作一个好的党员　建设一个好的党》（发表于《真理》创刊号）

的。只有我们在主观上终身忠实于党与阶级的战斗的利益，在客观上，在我们一切思想言论行动的实践中，总是适合于党与阶级的战斗的利益，我们才是好党员。

我们既要做终身的党员，我们对党就不要有什么秘密，不要把某些不利于党的思想言论行动对党隐瞒起来，或者明知某些思想、言论、行动对党是不利的，而暗中秘密地去做，以为这样党是不会知道的。其实，我们的党员如果要做一个终身的党员，那末他的思想、言论、行动，他是一个什么人，他有什么不正确的思想意识，他做过什么不适合党的利益的事，一年二年以至十年二十年直至他死，那〔哪〕里不会被人知道的呢？最后总是会被人知道，被人了解的。结果，是隐瞒不了的。所以，我们党员，不要有对党隐瞒的不光明的事。过去做过的，自己讲出来好了，我们的党是注意将来，较少追究同志的既往过错的。讲出不要紧，不讲就不好。我们党员应该有"生平所作，无事不可对人言"的坦白。

自然，我们并不是要党员逢人便说自己的历史与过去的一切，不向任何人保守自己的秘密，更不是要党员不为党保守秘密，而是要我们党员不要秘密地去做那些违反党的利益的事，不要口是心非，不要做两面派。

既要做一个终身的党员，也就不要怕有什么事被人误会，被人怀疑。因为误会怀疑总是暂时的，真象总是在最后要暴露出来。一年二年被人误会，被人怀疑，十年二十年直至终身，你如果是一个好党员，总是会被人明了的。暂时的误会怀疑，对于个人常常不一定是有损失的。因为误会怀疑一旦被人明了之后，不独能挽救你在误会中的损失，而且增加对于你的新的安慰和鼓励。

最后，我要说到，我们党的前途是光明的伟大的，我们党员的前途也是光明的伟大的。党的胜利，即是我们一切党员的胜利。党员只有在党的胜利中才会有自己的胜利。所以我们一定要建设一个好的党，一定要使我们的党不断前进。只有我们大多数党员努力工作，努力学习，努力提高与增进自己的品质，努力前进，才能建设一个好的党。我们的党整个说来已经很好，但还有缺点，还在某些环节中有错误，还有不中用的渣滓，还要继续改进，继续提高，继续布尔什维克化。这是战胜日本帝国主义，建设新的民主共和国的决定因素。在中国没有一个好的大的共产党，没有共产党中央的正确的领导与全体党员的正确的努力，要战胜日本帝国主义是不可能的，要建设新的民主共和国是不可能的。我们每个同志一定要做一个好的党员！我们一定要建设一个好的党！我们一定要战胜日本帝国主义！一定要建设一个新的中华民主共和国！一定要最后实现共产主义！

这就是我在党的十九周年纪念日所要讲的话。就以此来回答《抗敌报》、《前锋报》、《迈进报》的征文要求。

全文：

答宋亮① 同志

刘少奇

宋亮同志：

来信收到。你的意见是对的。

中国党内在最初的一个时期——陈独秀时代及其以后——有些党员是有一种意见，反对党员对理论作比较深入的专门的研究。甚至在学校中，当许多党员专门学习理论的时候，亦强调反对"学院式"的研究，指那些比较埋头读书的党员为"学院派"，而强调在实际斗争中的锻炼。似乎认为只要有实际斗争的经验，而不要高深的理论研究，就能满足，就能领导革命达到胜利。似乎认为马列主义的理论，无须经过相当长期的埋头深刻的研究，就能把握得到的。这种意见，与当时某些党员的另一种意见，即轻视实践，脱离实践的理论研究，真正的学院式研究对抗着。这两种意见都是错误的。一种是过分强调实践，轻视理论的重要性，轻视理论对实践的指导作用；另一种是过分强调理论，轻视实践的重要性，轻视实践对理论的基源性与优越性。他们都没有把理论与实践的关系正确解决与正确联系。

党员在党校中学习，从事理论研究的时候，主要的任务是理论上的深造与把握，而不是学校生活的锻炼（虽然这种锻炼联系到所学的理论，而从理论研究中来逐渐改造我们党员的思想意识，亦是很重要的）。这时候，学生应当埋头读书，埋头从事理论的研究。这不独不能因此就叫他作"学院派"，而且是学生的主要工作。党员埋头读书研究，这一事实并不表现为"学院派"，而是每一个党员在从事马列主义研究时所必需如此做的。任何比较有马列主义修养的人，都必须经过这样埋头读书与研究的阶段。马克思、列宁本人更是如此。过去有人指埋头读书为"学院派"，是完全错误的。特别在学校中来强调，就更为有害。

学院派是欧洲学术界及马克思主义者中一个派别，是一个专门名词。这派人只有离开实践的理论研究，轻视实践，而不将理论与实践联系，结果，将马克思主义的理论变成死板的教条，而不能成为实践的指导。这当然是错误的，应该反对的。在中国的马克思主义者中及我们党员中，今天仍然是有这种人的。比如，有些党员，他们对切近的组织问

刘少奇《答宋亮同志》（载于《真理》第二期）提出了理论学习与研究的极端重要性

---

① 宋亮即孙冶方，当时在中共中央华中局党校工作。

题、实际问题等，常常采取一种非常不严肃的态度，不去注意与研究，而轻视它们，认为在这些问题中是不包含马列主义原理的，他们也不会从这些问题的研究中去学习到一点什么东西。因此，他们并不以研究《资本论》的严肃态度来研究与解决这些问题。他们不知道（或忘记了）马列主义学说要成为解决这些问题（行动）的指南。实际的有生命的马列主义，恰恰就包含在这些问题中，包含在一切人们的社会的具体实践中，而不在书本的公式上及一切抽象的神秘的地方。

在中国党内上述两种意见的对抗，当时是前一种获得胜利的，在党内相当造成了反对专门理论研究的风气，结果，阻止了党内理论水平的提高。这是必须纠正与反对的。这与我党直至今天在理论上的准备与修养仍然一般不够的现象，是有密切关系的。它给了党内以极坏的影响。在当时，党内关于理论与实践同时并重的正确的意见，是没有得到发展的。

中国党艰苦奋斗英勇牺牲的精神，并不比苏联的布尔什维克差，所以中国党历来的组织工作就是很好的，不论做什么事，如组织工人，组织农民，组织政府，组织军队，进行各种方式的战斗，只要在党内一动员，为党员所了解，历来就能做得很好，就能完成任务，就能组织几十万、几百万、几千万的工人农民和军队到革命的战场上去。中国党的组织能力并不弱。中国党的英勇牺牲精神亦是很好的。数十万党员被人割去头颅的白色恐怖，亦不能威胁我们的党员放弃自己马列主义的旗帜。这些表现，是除联共党外，为世界上任何国家的党所不及的。然而，中国党有一极大的弱点，这个弱点，就是党在思想上的准备、理论上的修养是不够的，是比较幼稚的。因此，中国党过去的屡次失败，都是指导上的失败，是在指导上的幼稚与错误而引起全党或重要部分的失败，而并不是工作上的失败。直至现在，缺乏理论这个弱点，仍未完全克服（虽然党内少数同志特别中央的同志是有了对马列主义理论与中国社会历史发展的统一理解）。因此，现在提倡党内的理论学习，就成为十分必要。中国党只要克服了这个弱点，就能有把握地引导中国革命到完全的胜利。

中国党的理论准备不够，上述错误的意见与之有关而成为其原因之一，但这也不是唯一的原因，还有其他的原因，这些原因就是：

（一）马克思主义的著作传入中国的历史并不久（在五四运动时才有很少的输入），不象欧洲各国，马克思主义的传布已有近百年的历史。

（二）马克思主义传入中国时，又由于中国当时是客观革命形势很成熟的国家，要求中国革命者立即从事、而且以全部力量去从事实际的革命活动，无暇来长期从事理论研究与斗争经验的总结（这种情形直到今天还是有的，如我们今天到处都感觉到实际工作中的干部缺乏，一切干部几乎都很难从工作中抽出作一种比较长期的理论学习等）。所以中国党一开始成立，就卷入伟大的实际革命斗争中，各方面都应付不暇。这与中国党的理论准备不够亦是有关系的，这亦是原因之一（在中国党秘密活动的十年中，情形就有不同。这时是有时间来从事理论研究的，但中国党也没有抓住这样的时机来克服理论准备不够的弱点。这当然亦是一个错误。这也是由于对理论重要性认识不足及对当时革命形势过分估计而来的，虽然在这时候马克思主义的新文化运动是有伟大成绩的，党亦曾给以某种重视。然而党没有自觉地来提高全党的理论水准，并把这当作当时党的主要任务之一。因此，使当时的新文化运动及从事文化运动的干部，都包含着很多弱点，没有使当时的新文化运动及其干部与全党的全部实践密切联系起来；因此，就使当时的作品十分杂乱，不深刻与不实际；因此，亦不能大大提高全党的理论水平）。

（三）因为马克思、恩格斯、列宁、斯大林诸领袖，都是欧洲人，而不是中国人。他们的著作都是用欧洲文字发表的。在他们的著作上说到中国的事情并不多。而中国社会历史发展的具体道路和欧洲各国社会历史发展的道路比，有其更大的特殊性。因此，要使马克思主义中国化，要用马列主义的原理来解释中国社会历史实践，并指导这种实践，就觉得特别困难些。直到现在，马恩列斯的著作，大部分还未译成中国文字，而中国党员能读马列原著的并不多，即使能读的人也很少去读完。因此，影响到中国党员对马列主义理论的学习和修养。这也是中国党理论准备不够的原因之一。

由于这些原因，特别是我们党的主观努力不够，二十年来，我党虽有极丰富的实际斗争经验，但缺乏理论的弱点仍旧未能克服。这是我们今天还要以极大的努力来加以克服的。

所谓中国党的理论准备，包括对于马列主义的原理与方法及对于中国社会历史发展规律的统一把握。这在中国党的大多数同志不论对哪一方面都还有极大的不够，还是中国党一个极大的工作。

这就是我的答复。

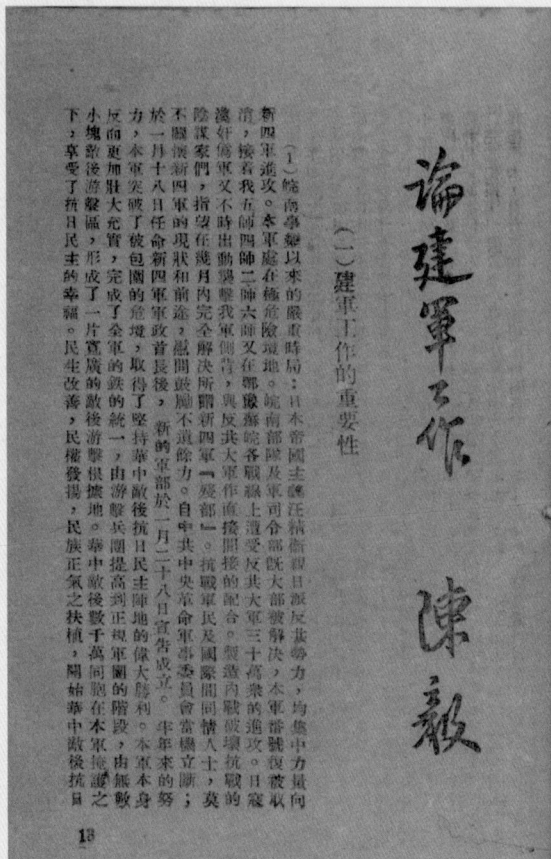

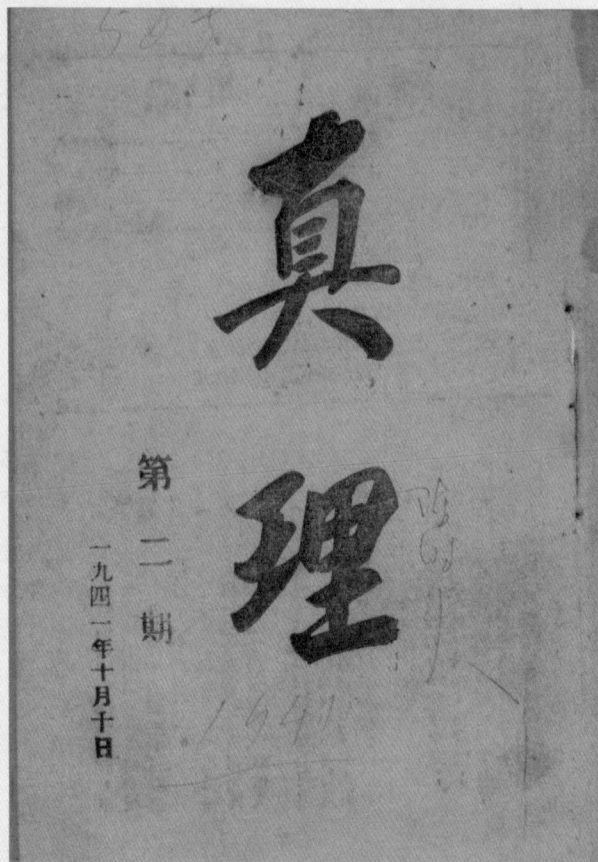

陈毅《论建军工作》一文（载于《真理》创刊号），旗帜鲜明地指出党军就是党领导的武装力量，党依靠这个军队去完成政治任务。

1941年10月10日出版的《真理》第二期

論軍事建設

（華中局擴大會軍事建設報告的一部份）

陳 毅

胡服同志在擴大會的政治報告中，提出了我黨我軍今後在華中工作的總的政治任務是：「一種緊持敵後抗戰，完全鞏固各根據地，加強與聚集力量，以便在適當時機反攻敵人，爭取中國抗戰最後勝利與中國人民的澈底解放。」同時為了執行這一總的政治任務，又提出九大工作任務，軍事建設工作是九大工作任務之一，其具體內容是：「一要切實依照中央軍委關於軍事建設的指示，來糧據提高主力軍，加強與擴大地方軍，廣大的建立與訓練人民武裝，建設與提高兵工生產，及正確指揮各種職鬥，只有建設強大而精悍的軍事力量並培養很好的指揮人材，才是我們緊持抗戰與爭取最後勝利最可靠的力量基礎。」我在報告了華中諸我友三方具體情況及幾年來實戰經驗之後，現在進一步根據這一總的任務決定，來具體提出軍事建設的各項工作。

一、一年來建軍工作的一般檢討

幾年來軍事工作的成績和弱點，在胡服同志總的報告中已正確而扼要的一一指出，無須在此重復，但應略作下列補充：去年軍部重建後，華中局及軍分委建軍工作討論會已指出新四軍建設的新階段改，即皖南事變後予本軍以嚴重鍛鍊和試驗，「本軍突破了被包圍的」指

陈毅《论军事建设》（载于1942年5月25日出版的《真理》第七期）

卷頭語

一、華北敵後抗日根據地的建立比華中要早兩年多，華中尚在發展時期，華北即已進入鞏固的階段，華北黨在這一方面的經驗都是值得華中借鏡與學習的，故特出此「華北根據地工作的經驗專號」。

二、雖同是敵後抗日根據地，但華北情況與華中不同，故華北的經驗只供我們研究與參考，不能機械的照搬應用。

三、華中根據地是幾年的工作中亦積累了許多經驗，省各地黨將總結各種工作經驗的文章寄來以便與「華中根據地工作的經驗專號」。

華中局宣傳部

眞理　第十四期目錄

（華北根據地工作的經驗專號）

卷頭語……華中局宣傳部（1）
關於華北根據地工作的報告
（一九四二年十二月十八日在太行臨參級及縣級以上幹部會議上的報告）……彭德懷（2）
關於羣衆工作及青年工作中幾個問題的意見……劉錫五（60）
關於華北青年運動基本經驗教訓的初步研究……周惠（64）
華北抗日民主根據地婦女工作中的幾個問題……浦安修（80）
關於華北敵後抗日根據地一九四三年工作方針的指示……北方局（90）
關於一九四三年華北青年工作的指示……北方區青委（93）
關於一九四三年羣衆運動指示……北局、野戰政治部（97）

（一）「眞理」是黨內刊物，非賣品，只發給寫內同志閱讀。各級黨委都應負責轉發給各地同志，應該負責保存，不得遺失。

（二）凡讀員為應細心閱讀「眞理」，各級黨委組織研究會，指導黨員研究「眞理」，尤其負責同志都應該負責研究，提綱以教育政治文化水平低的黨員。

（三）「眞理」內容充實並使黨內同志以交換工作經驗和學習心得起見，希望各地同志，尤其負責同志多多為「眞理」寫稿，投稿內容約分以下幾種：
（1）關於黨的建設的；
（2）關於黨的實際工作的綜結性的；
（3）學習中的心得，討論，和實踐的行為的；

希望同志們踴躍投稿。

華中局宣傳部

1943年8月20日出版的《真理》第十四期华北根据地工作经验介绍专号

新四军第一师《抗敌》杂志

保管单位：江苏省档案馆

内容及评价：

《抗敌》杂志原是新四军主办的一种综合性不定期刊物，于1939年2月15日在皖南泾县章家渡创刊。新四军司令部秘书长李一氓任主编，冯达飞、薛暮桥、夏征农、林植夫、聂钳弩、朱镜我为编委成员。《抗敌》杂志的宗旨是，总结交流建军、作战经验教训。经常刊载军政主要领导人的报告、讲话和评论、时论，也有通讯、小说、诗歌剧本，还有政论文章、经济调查、翻译文章以及国际友人的作品。毛泽东、朱德、周恩来等都曾为此刊撰文。新四军军歌首次发表即是在该刊第一卷第三期上。实际出刊2卷19期（其中第二卷的一、二期和六、七期为合刊）。1941年12月，因新四军即将战略北移而暂停出刊。

"皖南事变"后，中国共产党重建新四军军部，由新四军第一师（兼苏中军区）续办《抗敌》杂志。一师非常重视政治建设，积极传播中央、军委战略方针和上级指示，注意交流战斗经验，经常介绍国际形势和反法西斯战争的胜利，以及社会主义在世界的传播和发展。馆藏《抗敌》杂志均为新四军第一师兼苏中军区政治部所编，共有14期。主要内容有全师宣教工作特辑、连队工作特刊、整风反省专号、车桥战役专号、各种工作经验介绍，所载重要文章有朱德《八路军新四军的英雄主义》、黄克诚《三件工作三个问题》、粟裕《加紧准备反扫荡的五大政治号召》、钟期光《论部队中政治工作建设》、叶飞《1945年的政治任务》、彭冲《论个人与组织关系》等。目前党史对新四军第一师《抗敌》杂志的研究，由于资料的匮乏，基本上还是空白。馆藏《抗敌》杂志可以弥补这段空白，是研究新四军军史非常宝贵的原始资料。

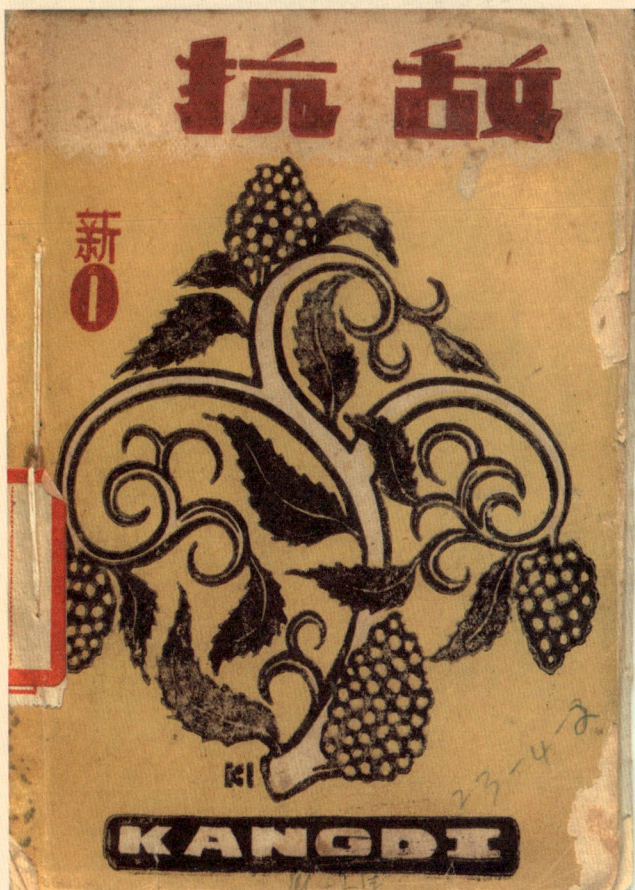

1943年1月1日出版的《抗敌》杂志新1期

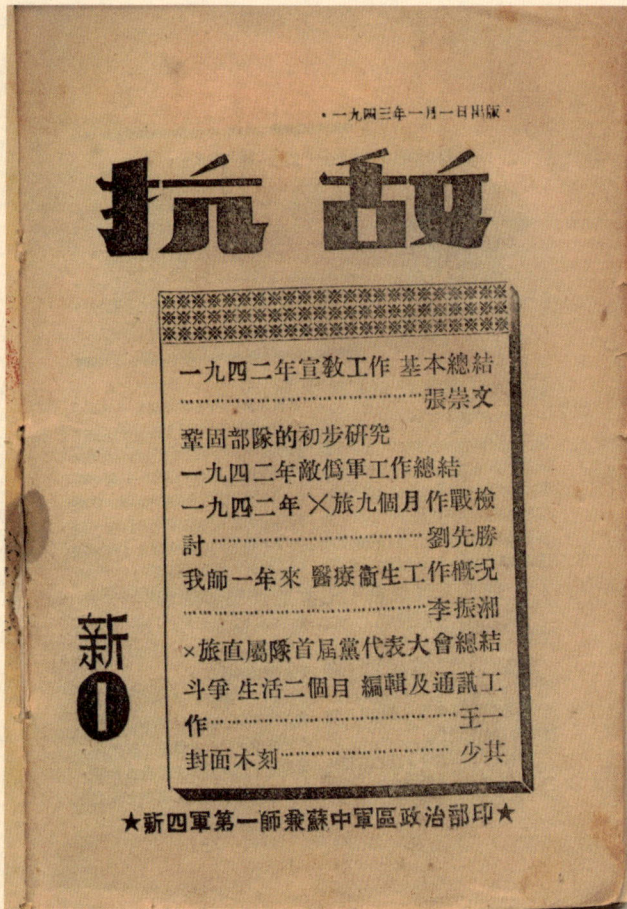

《抗敌》杂志新1期目录

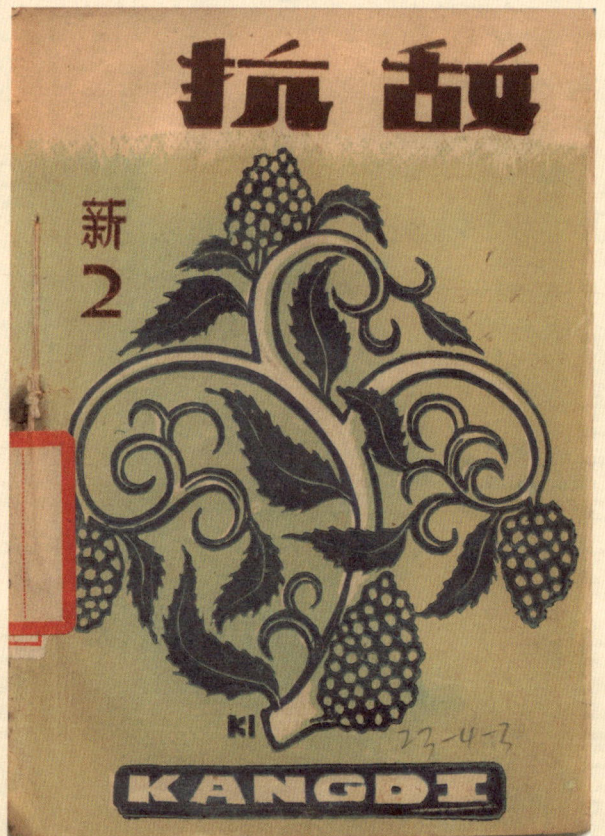

1943年3月1日出版的《抗敌》杂志新2期

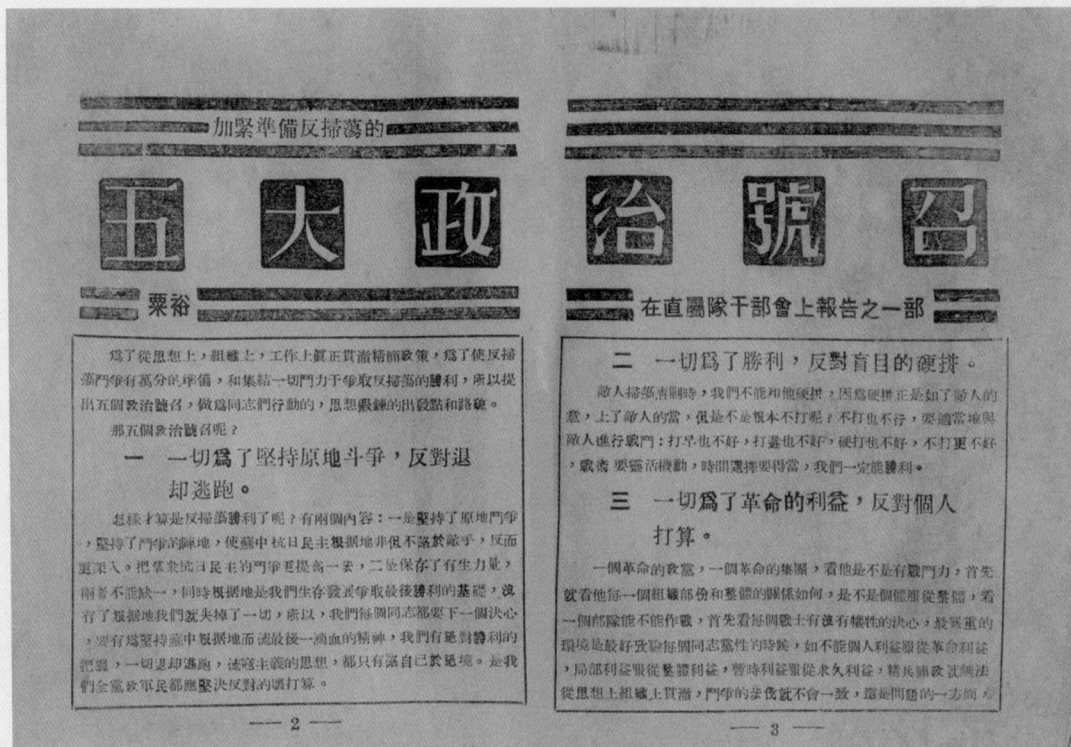

粟裕《加紧准备反扫荡的五大政治号召》（载于《抗敌》杂志新2期）

全文：

加紧准备反扫荡的五大政治号召

粟　裕

为了从思想上，组织上，工作上真正贯彻精简政策，为了使反扫荡斗争有万分的准备，和集结一切<战>斗力于争取反扫荡的胜利，所以提出五个政治号召，作为同志们行动的，思想锻炼的出发点和路碑。

哪五个政治号召呢？

一、一切为了坚持原地斗争，反对退却逃跑。

怎样才算是反扫荡胜利了呢？有两个内容：一是坚持了原地斗争，坚持了斗争的阵地，使苏中抗日民主根据地非但不陷于敌手，反而更深入，把群众抗日民主的斗争更提高一步。二是保存了有生力量。

两者不能缺一，同时根据地是我们生存发展争取最高胜利的基础，没有了根据地我们就失掉了一切，所以，我们每个同志都要下一个决心，要有为坚持苏中根据地而流最后一滴血的精神，我们有绝对胜利的把握，一切退却逃跑，流寇主义的思想，都只有陷自己于绝境，是我们全党政军民都应坚决反对的坏打算。

二、一切为了胜利，反对盲目的硬拼。

敌人扫荡清剿时，我们不能和他硬拼，因为硬拼正是如了敌人的意，上了敌人的当，但是不是根本不打呢？不打也不行，要适当的［地］与敌人进行战斗：打早也不好，打迟也不好，硬打也不好，不打更不好，战术要灵活机动，时间选择要得当，我们一定能胜利。

三、一切为了革命的利益，反对个人打算。

一个革命的政党，一个革命的集团，看他是不是有战斗力，首先就看他每一个组织部门和整体的关系如何，是不是个体服从整体，看一个部队能不能作战，首先看每一个战士有没有牺牲的决心，最严重的环境是最好考验每个同志党性的时候，如不能个人利益服从革命利益，局部利益服从整体利益，暂时利益服从长久利益，精兵简政就无法从思想上组织上贯彻，斗争的步伐就会不一致，这是问题的一方面，另一方面，个人不能脱离社会集团而单独生存，没有全中华民族的胜利，每一个中国人都不能单独得到自由解放，没有全无产阶级的胜利；就没有一个工农能单独打倒阶级敌人，个人的利益和革命的利益是一致的，没有个人的理想就不会来革命，单个人的理想是溶合在整个的斗争中。

四、一切为了战争的胜利，要做困难时的英雄。

革命天生是件难事，革命同志的意义也就在于善于克服困难。每个共产党员都要能做困难时的英雄，太平时候的英雄往往是假的，在困难面前就会摇头叹气。只有在困难的时候，生死搏斗的时候，挺［铤］身走险，不畏缩后退，这才是真的英雄。这种英雄才是真正可贵。

五、巩固党内外的团结，拥护党的绝对领导。

敌人并不可怕，可怕的是自己内部的不团结，当然我们的党内党外，政治目的都是一个，基本上是团结的，但由于大家是来自各个阶层，参加各有早迟，锻炼各有多少，所以不同程度的非阶级意识还是存在，你是英雄，我是好汉，闹独立，闹分散，所以我们要反对个人主义的英雄，要全意志在党的绝对领导下，党政军一元化是把党的领导加强的具体实施。党员们非党员们，大家团结一致在党的领导下拥护党的领袖，全党全国毛泽东同志是领袖，全华中陈军长饶政委是领袖，反对群龙无首，谁都不服谁的现象。

一月中旬

黄克诚《三件工作三个问题》（载于1943年8月15日出版的《抗敌》杂志第三年第五期）

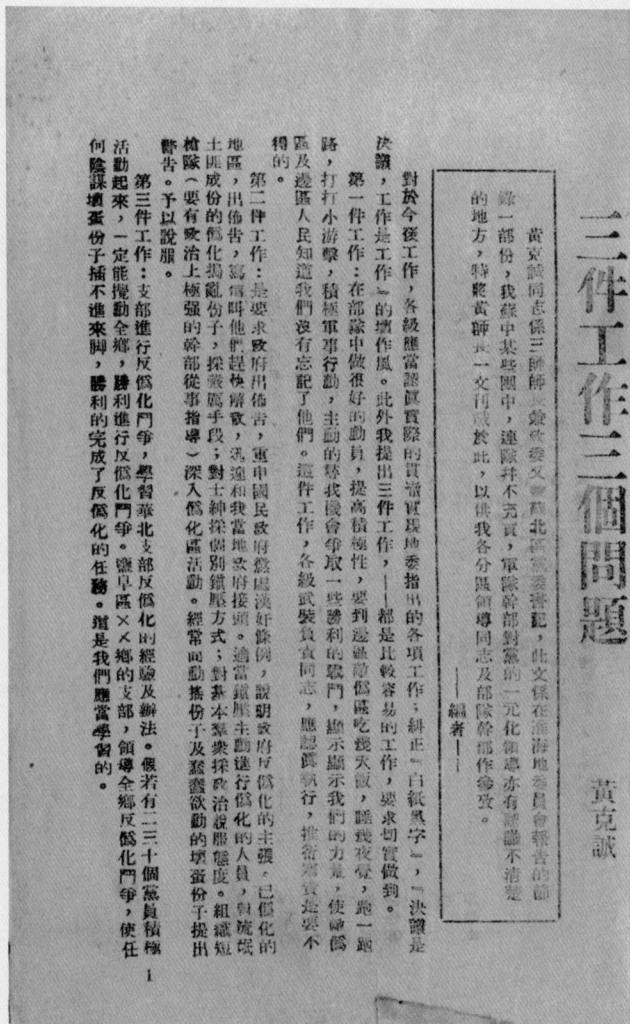

全文（节选）：

三件工作三个问题

黄克诚

······

最后，我再说明以下三个问题。

第一是关于主力部队的问题。提出这个问题，我并不是从主力部队本位出发的。不可否认，中国的革命问题基本上是武装斗争问题，而主力部队更是武装斗争的核心的决定的力量。×××鼓着多大多大的眼珠子在注视着苏北，虽然他们已付出了很大的代价，还在继续不断的"东进"。试想着是×××的指挥部设在了青阳镇，将造成什么形势呢？特别是我们中共是全国范围的大政党，负有解决全国问题的伟大职责，更面对即将来临的反攻阶段，我们还须要相当大的强有力的主力部队，这难道还用得怀疑吗？我们党的领袖毛泽东同志，对于主力部队的原则，是创造主力，发展主力，保存主力，不削弱主力。一一五师是毛、朱亲手扶植的有历史意义的党的主力军，它不知道吃了多少军多少师多少旅团，宁肯拆散一支次要的军队，绝不肯让一一五师受到削弱。或者有人问：既然为此，为什么还要把主力地方化呢？这一方面是为了坚持当地斗争，同时也是为了撒下种子，培植提升新的主力补充旧的主力。创造主力，补充主力，爱护主力，是我们全党的经常任务。我们的党员，我们的干部，更重要的是我们各地区党的领导同志，应当时刻关心注视我们的主力部队。

今天我们的主力是逐渐缩减的，除了作战伤亡、调动以外，我们的主力团，已被盐阜区吃了半个多，淮海区吃了两个半。我们给主力补充了多少兵员呢？我们创造了多少新的主力兵团呢？

每当提出抽调部队补充主力时，总会有人拿"一编就要垮"的"垮"论来挡塞，来拖延。我们不是进行政治工作鼓励地方部队的进步性，使它们主力化"到主力部队去"，相反，总爱迁就（有时做尾巴）其封建性、保守性、落后性。的确过去编地方部队垮了不少，但那时所编的多是地方小英雄或个别别具野心的投机分子，利用封建关系搞起来的，我们的工作又很差，改编巩固工作又没做得好，所以垮了一些。今天呢？我们的地方武装皆是我们的党"敲木鱼"敲起来的。中间有我们的巩固的党的工作，再把改编工作做好些，为什么会垮呢？事实上我们抽调了部分地方武装补充主力后，并没有垮啊！

或者有些同志以为"主力往往放在自己地区里，只有义务，而无权利，太吃亏了！"——这是什么呢？这是狭隘眼光、本位主义在作祟。实际上一双神虎蹲在身边，对你会有什么害处吗？顺此申明，××部队，是军部华中局的机动部队，是用来解决大问题的，虽然蹲在淮海，可能给你们很大的帮助，但你们只有爱护它，帮助它，供给它，补充它的义务，却很少有动用它的权利。想大家了解了上述问题后，不会再有什么不快之感了。

第二是作战方针问题。现阶段敌后作战方针，基本上是"分散游击"，既不是死守，也不是攻坚，既不是不打，又不是硬拼。中央曾经老早的一再的［地］指出"在武器未改变前，运动战将日益减少，乃至不可能。"目前我们干部中运动战、攻坚战、乃至阵地战的观点，很多仍是毫未改变，甚至民兵自卫队也常常布置几道"防线"，与敌伪进行阵地战，虽然在一定的条件下，可以来一来，但是应当认为这是偶然的特殊的事件，否则，便会推翻我们的基本方针，助长轻敌，盲动硬拼的左倾情绪或行动，遭受不应有的重大损失。

根据我们的经验，在现有武器装备、军事技术的对比情况下，要消灭一百个敌人（日军），必须准备二百名左右的伤亡。所以，一般原则应是不强打歼灭战，不强打坚固据点，执行中央分散作战、保存自己、坚持斗争、积蓄力量的原则。自然这不是绝对的原则，譬如盐阜区坚守佃湖，强攻陈集、八滩，是由于例外情况和政治上的需要。对立足未稳，敌力不强的据点，在必要时可以强袭猛攻。对伪军可以坚决打，因为打伪军容易歼灭，可以捉俘补充自己。

第三是党的作风问题。

工作报告制度，我们很不经常，很不正规，很不切实。无论书面报告或口头报告，总爱虚夸，把优点及得意工作，描写得神龙活现，对缺点及失败的工作，则默而不言，这是自欺行为。这种工作作风，对我们的工作是有很大妨害的。去年在某次会议上，一个同志报告说，根据地里人民一月吃多少肉，多少鱼，生活如何如何好。我听了非常高兴，敌后的根据地，竟可和苏联人民生活相媲美了，这为什么不值得高兴呢？可是后来在报纸上看到了那个地区的借粮斗争如何如何的通讯，我又感到十分的诧异，有那么好的生活为什么还要借粮呢？去年我听到淮海各县某些的报告，我非常高兴，可是今天与实际情况一对照，却又是一种感觉。是不是我们的报告扯谎呢？不是的。实际上是我们把片面事实全面化了，是我们把光明的一面掩盖了黑暗的一面。这是小资产阶级的虚夸，怕丑，不敢大胆脱裤子的坏作风。这种作风是应该警惕的，要在整顿三风中予以改造。布尔什维克化的报告制度，对于工作是非常重要的。

组织精神，对于我们党员干部是一个基本条件。我们党内，服从组织的精神在传统上是好的。军队是首长制，对部队党的组织精神是有影响的。今天我们的地方党，部分的受了传染，致使非组织意识的现象层出不穷。认识个人不认识组织，组织上的决议指示可以不执行。这种非组织意识对党的危害性极大。虽然我们这里只是有些个别现象，仍然是不容许我们忽视的。比如说，组织上派某某同志到某区工作，当地工作干部或下层，可以不买他的账。×××地区比较负责的同志竟说："除了×××以外，派什么人来领导，我们都服从，可以搞得好。"桑墟区区长（党员）牺牲后，当地工作几乎垮台，群众及武装情绪十分低落。这些都是非组织意识在作怪，是党内的坏作风。对上级党派来的工作同志，应当以相信党的精神，相信他，团结他，帮助他，听从他，只应问他的领导正确与否？执行上级和党的决定指示否？至于他的个人问题，思想意识工作方式问题，都是次要的，有意见只能按级反映，而不能对立反对。某区长是党派来的，虽然在工作上有时避免不了一些社会封建关系，但是当地党应当以正确的组织观点认识他，对待他，不然只相信他个人，把个人代替党，则当他调走或有意外变动时，必然一切垮台！这些说明了我们应该教育与培养全体干部和党员，确立正确稳固的组织意识，纠正一切非组织的不良作风。

领导一元化不是一人化或三人化，而是统一思想，统一意志，统一工作，统一行动，以党来做核心领导。若据此检讨工作时，则可以发现不少相当严重的闹独立闹分散的坏作风。最严重的是军队和党之间，如×××大队，以没有支队部命令为词，可以置中心县委的指示和领导于不顾，上级的指示可以漠然视之，而在工作上另搞一套；地委决定的中心工作任务、参军运动，则可以藉词推掉；比较重要问题不报告、不请示。这些都是独立分散倾向。在这一问题上，一方面上级的中心领导机关或领导人，在计划工作，做决定，给下级指示，特别是决定军事行动时，要特别慎重；而在决定指示之后，要时常检查督促，万勿如石沉大海，不管有无波澜，要防止领导上的自流现象；提出工作要求，小的能实现的，比大的永久拖欠的为好。中心县委是一个领导中心，在这个范围下的军队，一定要听其领导和指挥；县委书记兼团政委，应站稳立场，切实负责，不应当因为干部间关系不好，则放弃责任，不管工作，形成对立。另方面，要教育全党，尤其是教育部队干部，正确认识领导一元化的意义，拥护、服从、执行中心领导的决定和命令，养成尊重组织的观念，正确执行党的领导一元化的原则，确立一元化领导的工作态度及作风。任弼时同志关于领导一元化的报告，是我们一个很好的学习文件。

主力部队问题，作战方针问题，和党的作风问题，我简单的［地］提出了这些意见，希望同志们在行动中，在工作中，得到彻底的解决与实现。（转自先锋杂志复刊第二期）

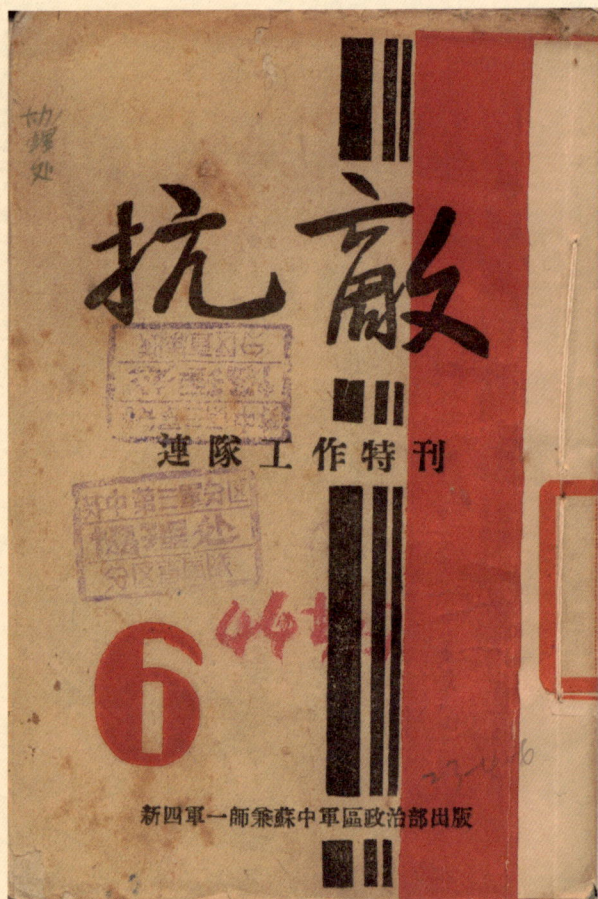

1943年9月1日出版的《抗敌》杂志连队工作特刊
（第四十四期）

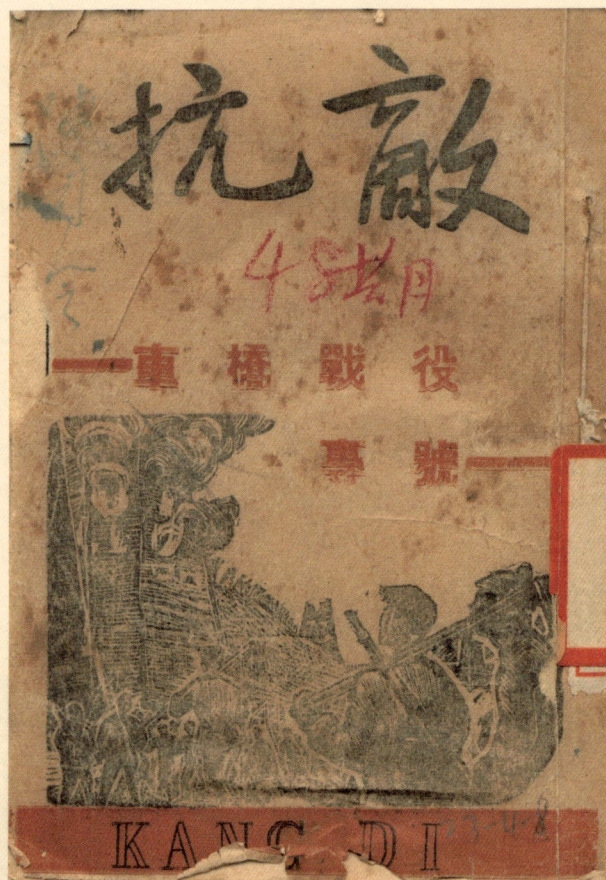

1944年4月出版的《抗敌》杂志车桥战役专号
（第四十八期）

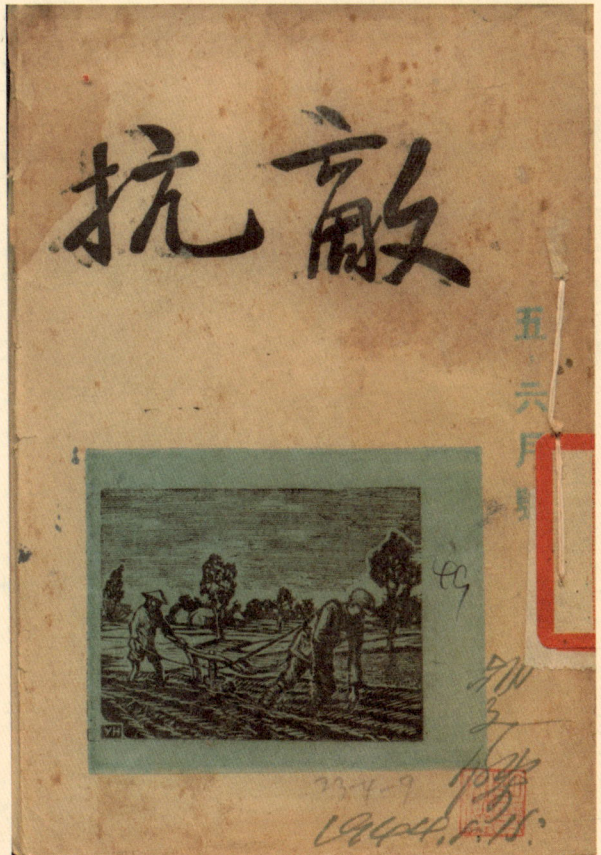

1944年5月出版的《抗敌》杂志整风反省专辑，从抗大9分校参加整风的几百名学员中选出18位同志的反省材料印发。

1945年3月出版的全师（军区）宣教工作特刊（《抗敌》杂志五卷三期）

新四军第三师《先锋杂志》

保管单位：江苏省档案馆

内容及评价：

《先锋杂志》（后改为《先锋》），是新四军第三师政治部兼苏北军区政治部主办的机关刊物，在苏北根据地中很有影响。

1941年9月上旬，《先锋杂志》在江苏盐城阜宁境内创刊，32开本，铅印，每月出一至2期不等，主编李恩求，刊名由陈毅题写。1942年9月1日改名《先锋》，同年11月份因战事紧张而停刊，1943年6月15日复刊，每期6万字左右，最多达10万字。《先锋杂志》"复刊词"中说：本刊在去年11月因严重的战争环境而停刊，已有7个月了，现决定复刊。复刊后的任务与过去有所不同，性质与范围更加广泛。它是党政军各项工作的综合刊物，读者对象除部队干部外还有地方干部。复刊后的《先锋杂志》不限于较严肃的军政论著，还刊登轻松活泼的文艺创作。除军事政治工作以外，还有党务与行政工作；除了反映主力部队地方兵团的内容外，还有民兵活动与群众斗争。杂志发行范围为：（1）苏北的淮海、盐阜两地区的主力部队及地方兵团发至连队止，每连1份；（2）军事政治机关除各级首长外，每单位1份，每部科、股各1份；（3）地方行政机关发至区级，每区1份。1944年11月15日，中共苏北区党委及新四军三师军政委员会决定改进《先锋杂志》的编辑发行工作，《先锋杂志》改名为《先锋》；除刊载中央电发各种有关党政军工作的指导文章外，着重于较为成熟的带有指导性的经验介绍、重要问题的研讨等，性质较过去大为严肃，作为军队中营以上、地方区委以上干部的读物。抗战胜利后，师长黄克诚率新四军第三师主力3.5万人进军东北，《先锋》杂志停刊，前后共出版了40期。

目前，《先锋杂志》（《先锋》）存世很少。馆藏《先锋杂志》（《先锋》）共37册、43期（其中部分为二期合一册），为国内收藏最齐全、最完整，是研究新四军和江苏抗战的珍贵参考资料。

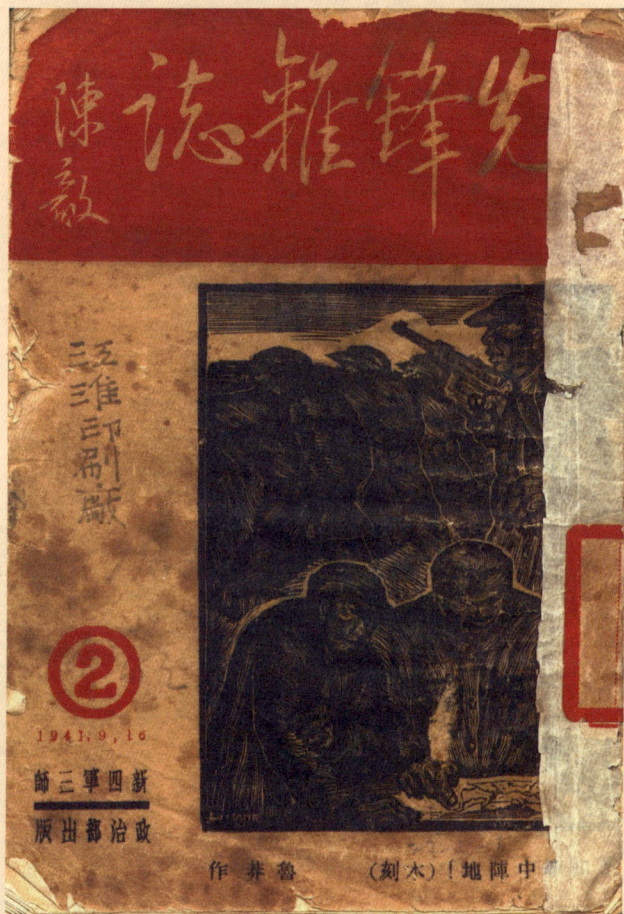

1941年9月出版的《先锋杂志》第二期封面

1941年9月出版的《先锋杂志》第二期目录

《先锋杂志》第二期插页木刻——高粱熟的时候

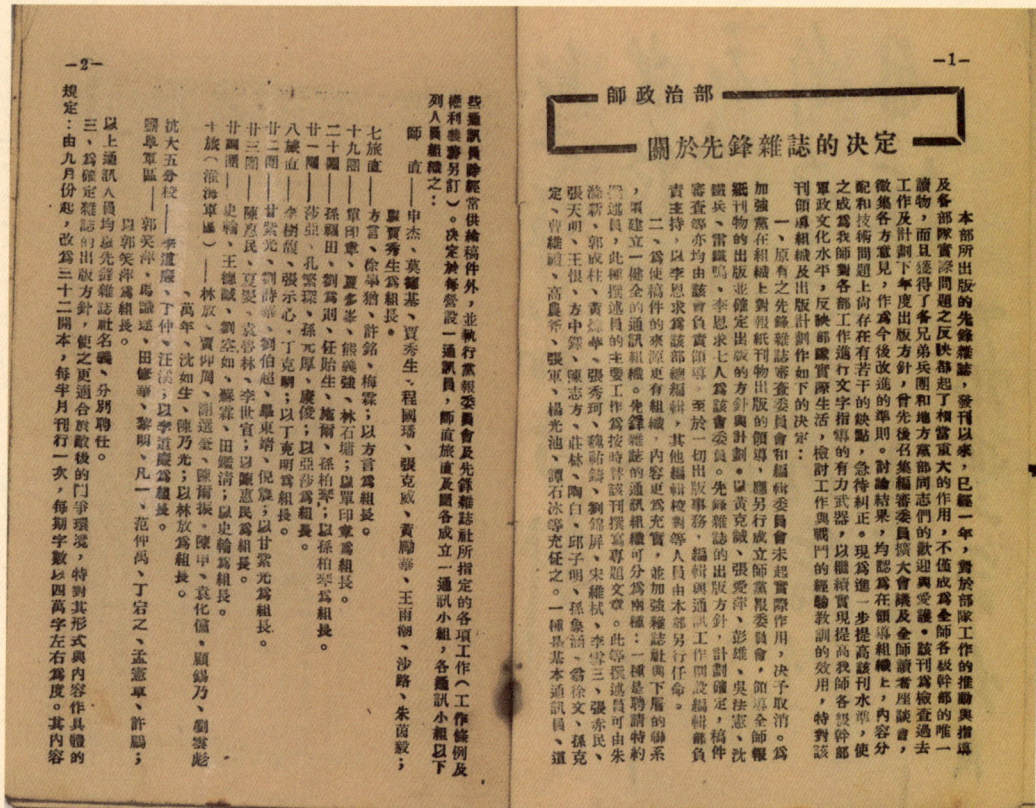

师政治部《关于先锋杂志的决定》（1942年9月《先锋》杂志）

全文：

关于先锋杂志的决定

本部所出版的先锋杂志，发刊以来，已经一年，对于部队工作的推动与指导及各部队实际问题之反映都起了相当重大的作用，不仅成为全师各级干部的唯一读物，而且获得了各兄弟兵团和地方党部同志们欢迎与爱护。该刊为检查过去工作及计划下年度出版方针，曾先后召集编审委员扩大会议及全师读者座谈会，征集各方意见，作为今后改进的准则。讨论结果，均认为在领导组织上，内容分配和技术问题上尚存在有若干的缺点，急待纠正。现为进一步提高该刊水准，使之成为我师对各部工作进行文字指导的有力武器，以继续实现提高我师各级干部军政文化水平，反映部队实际生活，检讨工作与战斗的经验教训的效用，特对该刊领导组织及出版计划作如下的决定：

一、原有之先锋杂志审查委员会和编辑委员会未起实际作用，决予取消。为加深党在组织上对报纸刊物出版的领导，应另行成立师党报委员会，领导全师报纸刊物的出版并确定出版的方针与计划。以黄克诚、张爱萍、彭雄、吴法宪、沈铁兵、雷铁鸣、李恩求七人为该会委员。先锋杂志的出版方针，计划确定，稿件审查等亦均由该会负责领导。至于一切出版事务，编辑与通讯工作则设编辑部负责主持，以李恩求为该部总编辑，其他编辑校对等人员由本部另行任命。

二、为使稿件的来源更有组织，内容更为充实，并加强杂志社与下层的联系，须建立一健全的通讯组织。先锋杂志的通讯组织可分为两种：一种是聘请特约撰述员，此种撰述员的主要工作为按时替该刊撰写专题文章。此等撰述员可由朱涤新、郭成柱、黄炜华、张秀珂、魏祜铸、刘锦屏、宋维栻、李雪三、张赤民、张天明、王恨、方中锋、陈志方、庄林、陶白、邱子明、孙象涵、翁徐文、孙克定、曹维礼、高农斧、张军、杨光池、谭石冰等充任之。一种是基本通讯员，这些通讯员除经常供给稿件外，并执行党报委员会及先锋杂志社所指定的各项工作（工作条例及权利义务另订）。决定于每营设一名通讯员，师直旅直及团各成立一通讯小组，各通讯小组以下列人员组织之：

师直——申杰、莫德基、贾秀生、程国璠、张克威、黄励华、王雨潮、沙路、朱茵毅；以贾秀生为组长。

七旅直——方言、徐学犹、许铭、梅霖；以方言为组长。

十九团——单印章、夏多峰、熊义强、林石墉；以单印章为组长。

二十团——孙福田、刘为则、任贻生、施尔、孙柏琴；以孙柏琴为组长。

廿一团——莎亚、孔繁琛、孙元厚、康俊；以莎亚为组长。

廿二团——甘紫光、刘诗华、刘伯超、毕东靖、倪震；以甘紫光为组长。

廿三团——陈惠民、夏雯、袁鲁林、李世宣；以陈惠民为组长。

廿四团——史轮、王德诚、刘空如、苏霖、田鉴清；以史轮为组长。

十旅（淮海军区）——林放、贾仰舟、谢选奎、陈尔振、陈甲、袁化侥、顾锡乃、刘云彪、万年、沈如生、陈乃光；以林放为组长。

抗大五分校——李道廉、丁仲、汪溪；以李道廉为组长。

盐阜军区——郭笑萍、马识途、田修华、黎明、凡一、范仲禹、丁宕之、孟宪章、许鹏；以郭笑萍为组长。

以上通讯人员均以先锋杂志社名义，分别聘任。

三、为确定杂志的出版方针，使这更适合于敌后的斗争环境，特对其形式与内容作具体的规定：由九月份起，改为三十二开本，每半月刊行一次，每期字数以四万字左右为度。其内容仍为杂志性质，但以精悍为原则，形式与编排可以研究改进之。兹将今后每期内容份量分配如下：（一）时事问题占百份［分］之十，（二）有指导性的重要文章占百份［分］之三十。（三）各部队之战斗，工作及生活通讯，各部门的工作经验总结，研究检讨等占百份［分］之四十。（四）文艺习作，社论转载，以及各种通知，决定，指示，训令……等占百份［分］之二十。今后编辑及选稿，应按此标准进行，在整风学习期间，并辟出整风栏，作为推动与反映全师整风学习运动及解答问题的园地。

四、先锋杂志为本师唯一党刊，全师军政干部必须很好爱护与重视，责成各级党部与政治机关，依实际情形领导与组织阅读工作，发动全体干部阅读研究，鼓励写作的热情，并须进行爱护与关心党刊党报的教育，凡是党内刊物（如《真理》及先锋杂志等）都应保守秘密，不得随意外传或遗失，或到处送人，或给民众阅览，以免落于敌伪之手。过去有这种现象的，应严格检查与纠正。此项关于报纸杂志的出版阅读与领导情形，应列入今后工作报告中。

五、以上各项决定，作为先锋杂志第二年度的出版方针，责成党报委员会依此方针指导编辑部的工作，共同商讨具体办法执行之。各级政治机关，须将本决定进行切实的讨论与动员，以促上列计划与工作之实现。

黄克诚《怎样对付日伪军的夜间反袭》（1942年9月《先锋》杂志）

全文：

怎样对付日伪军的夜间反袭

黄克诚

由于敌人是强大的帝国主义，它的军队有着现代化的装备，就是很少的部队，都有各种武器的装备（炮、掷弹筒、机枪、毒器等）。由于长期斗争与受游击或运动战打击，它在整个敌后布满了坚固的据点，而且占领某一地点后，即迅速构筑堡垒、炮楼、铁丝网等防御设备，使我们作战的主要方式不能不由白昼的埋伏袭击转到夜间袭击。敌伪军在几年来受我军夜间袭击每天不下几十次到几百次，其消耗损失之惨重，是难以计算的。正因为此，敌人在惨痛的教训中，就研究出了对我军夜袭的动作，最近淮海区几次战斗都表现着。例如：

一、敌人于上月二十七日进占淮海北之大兴庄，我十九团于当晚派第二营前往袭击，没有奏效，于拂晓前撤出战斗。敌伪步骑二三百余即尾我军出发，另走弯路绕到我退却将通过之两侧埋伏。我二营于下午一时通过该地时，敌即以炽盛火力对我进行突然袭击。

二、敌伪三百余进占新安镇西北之小李集、大拐圩。我二十九团主力于第二天夜间进袭该敌，以主力攻击小李集敌人，以小部兵力截断大拐圩与小李集之交通，阻止大拐圩与小李集增援。战三小时将小李集敌人解决。大拐圩敌人不正面增援，而绕路进到我撤退道上埋伏，我二十九团一部经过该地，即遭突然袭击。

三、大伊山伪军三十六师三百余人，于某日占领盐河西岸之马蹄庄。我二十九团一个营进袭该敌冲入街村中心，不见敌人踪影，而敌人已先我埋伏于村周高苗地内。待我进入街心退出时，即突由四周向我袭击，但因战斗力不强，当即被我击溃。

四、敌伪军于某日占领盐河西之南岗，我二十九团于夜间前往袭击。敌伪以小部兵力固守街中堡垒，主力埋伏于村之四周，待我攻入街中与固守之敌激战时，四周埋伏之敌即突然向我袭击。

这些战例在最近战斗中是很多的。这是敌伪在饱受惨痛教训后，研究出来反对我军夜袭的办法。这个办法，虽尚未取得什么结果，但我军如不警惕加以注意，则还是可能收到相当效果，除破坏我们夜袭不能取得应有胜利外，还可能使我受到打击和损失。故我们应注意研究对策。对付敌伪夜间反袭，一般应采用如下的对策：

一、袭击某据点行动前必须秘密自己行动，勿使敌人察觉而预先设伏。

二、进行袭击某据点时，不仅部队行进的正面派出便衣搜索，在到达据点附近（五里）后，应派出便衣搜索据点附近高苗、森林、村落，如发现野外埋伏敌人，即先消灭预伏敌人，再袭据点。

三、进袭密集据点时，除主力攻袭选定据点和一部兵力佯攻邻近据点阻止增援外，并派便衣埋伏于敌可能绕袭我军道路上，发现敌人出动绕袭我军时，即沿途袭击，扰乱其部署并迅速报告攻击部队，以便打击其反袭部队。

四、袭击据点未奏效而转移地点时，应派多数便衣埋伏据点附近，监视敌人动作，发现敌人行动时即迅速派人报告，并以便衣尾敌人行进，查明敌人行进方向，并报告主力，我主力即设伏打击反袭敌人。

五、袭击部队无论奏效与否，转移时应改变道路，先向假方而再折回原方向，休息和行进时应有战斗准备，不可因疲劳而疏忽警备，当查明敌人来袭则以反袭而击之。

六、进袭某一据点时，应对敌周围派去便衣监视其行动，防敌人秘密将主力抽出绕袭我之侧背，或预伏于我撤退道路。

敌人的军事研究是认真的。我军游击战的发展与进步，敌人亦是随着发展进步的。我们必须于每一战斗中注意研究敌人的动作，研究自己的经验教训，求得不断进步与发展，粉碎敌人的企图，以求避免自己的损失，取得每一战斗的胜利。

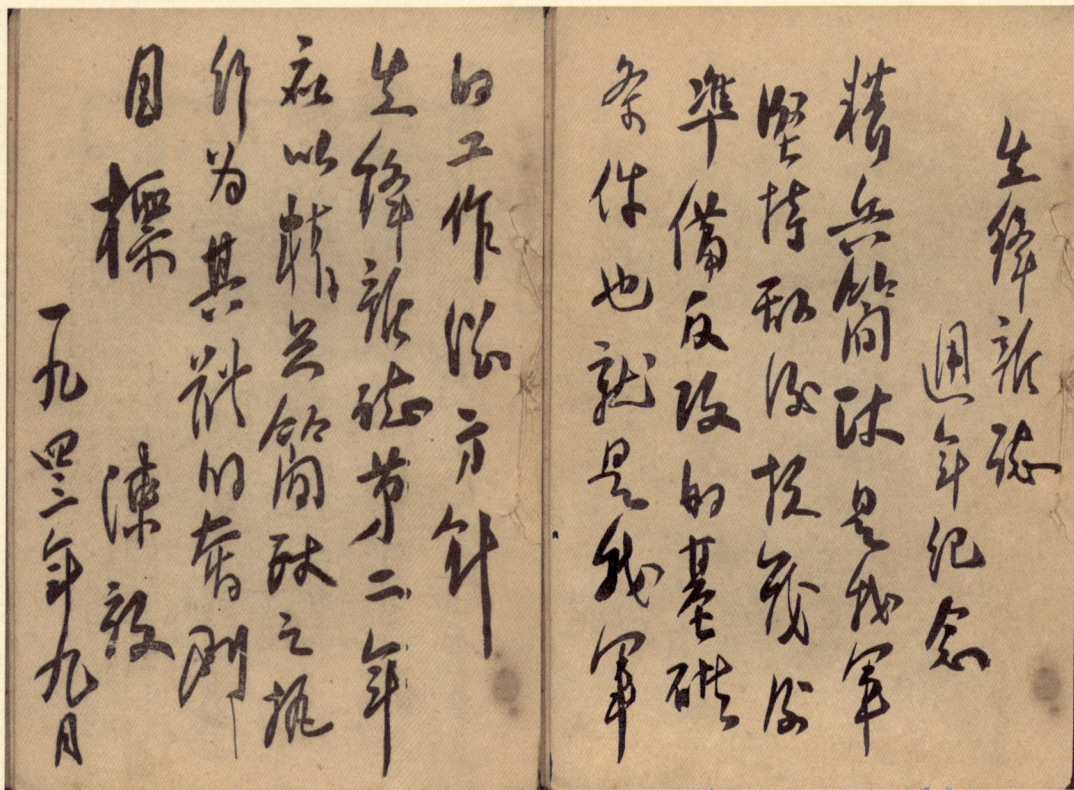

先锋报经一周年纪念

精兵简政是现军坚持和发展的基础，坚持和发展准备反攻的基础，军队也就是现军。

先锋报经征徐第二年的工作临方针，先锋报征徐第二年庄以精兵简政之规作为其努力川奋斗的目标

陈毅 一九四二年九月

陈毅为《先锋》杂志周年纪念题词（《先锋》杂志第二年第一期）

先锋杂志

陈毅

诞辰之喜悦

——为纪念中共诞辰廿一周年面作

鲁荪 作

（刻木）

《先锋杂志》第二十期封面木刻——诞辰之喜悦。
该杂志前期封面、封底经常刊登木刻作品。

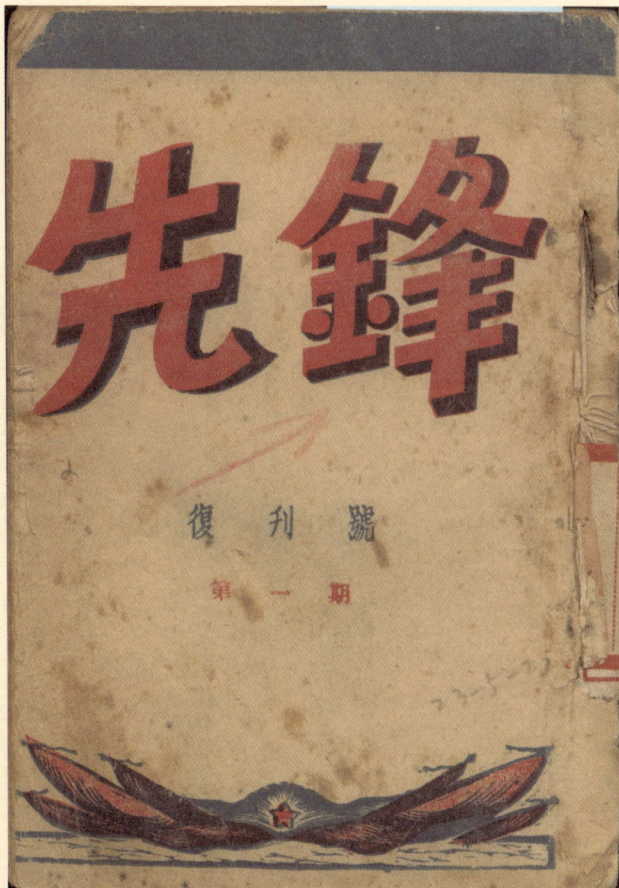

1943年6月15日出版的《先锋》复刊号第一期

1945年8月1日出版的《先锋》杂志复刊第十八期全师政治工作会议专号

全文（节选）：

黄师长兼政委在第三师政治工作会议开幕典礼的上的讲话

（一九四五年五月十一日）

对于我们三师几年来的工作，有些同志做这样的估计，他们说："三师几年来，工作没成绩，无进步；是站在原地没动。"同志们，这种说法是不大妥当的。为什么？因为，第一，我们是在党中央、华中局和军部领导之下工作的。我们相信，党中央的政策方针是完全正确的，华中局和军部的领导是完全正确的。我们执行了党的政策方针，执行军部的指示是认真的，因此没有产生大的毛病和偏向，所以我们的工作应该有成绩，应该有进步。第二，几年来，我们全体指战员同志，不惜一切牺牲，进行着英勇艰苦的奋斗，全体政工人员，都在努力、拼命、积极的[地]干着工作，没有偷懒，没有疲倦，没有怠工（当然个别现象还不是完全没有的）。在党和上级正确的领导之下，更加上这样的努力，那末，我们工作自然应该是有成绩、有进步的。第三，我们得到了地方党政与广大人民的爱护与帮助。在这种有力的援助之下，我们的工作自然也应该是有成绩和进步的。根据以上三点，我们可以认识清楚，虽然我们几年来的工作，还有毛病，有些跛脚，但是我们并非是站着不动。说我们"站着没动"的估计，是否认了党中央、华中局和军部、军政治部的正确领导，否认了全体同志的努力，否认了地方党政群众的帮助——这显然是很不妥当的。我们的部队工作有进步、有成绩，表现在什么地方呢？

第一，我们的部队扩大了。这是我们进步的明显事实。假若把华北来此时的数目算做百分之百的话，那末，现在就是百分之四百了，这即是说，我们的部队，这几年来，已扩大了三倍。

第二，战斗力提高了。有人说我们的战斗力没有提高，这是不对的。不管与内战时期相比，不管与抗战初期来比，事实可以证明，我们的战斗力已有了显著的提高。在内战时期，攻占民团据守的圩子，往往还有些困难。现在呢？显然不同了。在抗战初期，我们不过是在山地进行一些埋伏、袭击，游击战；现在我们则不仅可在平原地普通小据点进行作战，而且能在水网地，在较大的城市，在强固防御工事面前胜利的进行攻坚战斗，大量的[地]歼灭敌人。高杨、阜宁战役便是一个确凿的事实。

第三，干部思想的改造，在整风运动中，我们

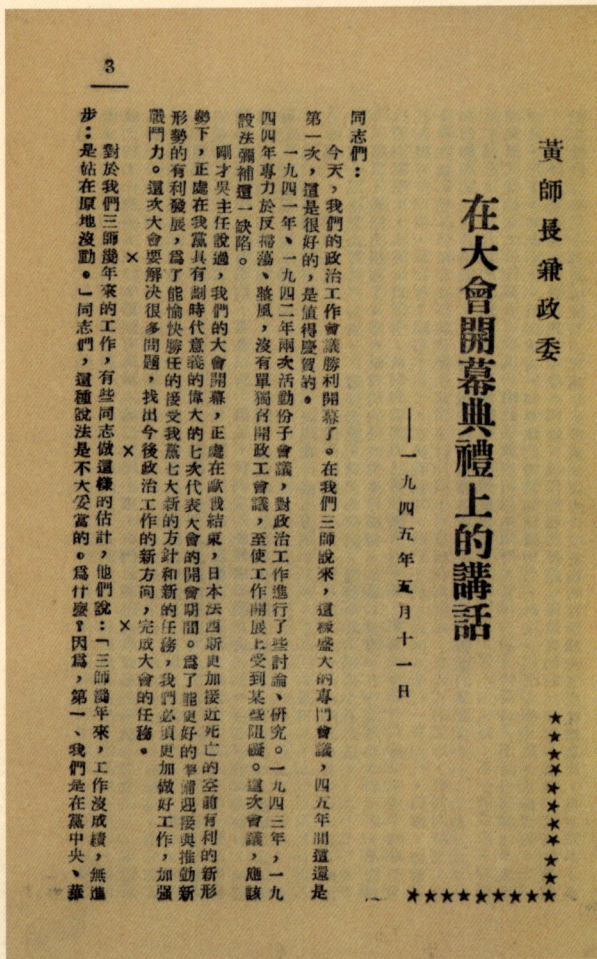

黄克诚《在新四军第三师政工会议上的讲话》（《先锋》杂志复刊第十八期——全师政治工作会议专号）

曾经尽了大的努力，因之也收到了不小的成绩。干部思想有了改造，工作作风有了改进，由此部队错误倾向已见减少，工作效率已见提高，部队内部关系（无论军政、上下、官兵关系）已显改善。如果我们能更加继续努力，部队的飞跃进步，是很易看到的。

此外，在生产上，虽然我们还没有开展大规模的生产运动，但是我们的成绩也不坏的。就今年我们的生产计划来说，若是大家努力完成，那末，与中央所表扬的晋察冀的生产计划来比，也并差不了多少。去年一年之中，由于我们生产的结果，部队生活大见改善，已经解决了很多问题。

在军民关系上，自从一九四一年一九四二年两次全师活动分子会议之后，军队中的纪律已有进步，军民关系已有改善。一九四二年军民密切配合反"扫荡"之后，特别是一九四四年拥政爱民运动之后，部队能认真执行拥政爱民政策，地方上也开展了拥军运动，更加上部队中继续不断的进行拥爱教育，因此部队拥爱观点已渐建立，军民关系也已有了初步的成绩和进步。

所有这些工作成绩，工作进步，是我们部队中各部门工作配合共同努力下所获得的，这是全体同志的努力，同时是政治工作努力的成果。

同志们，上面所说我们的工作成绩和进步，是就我们三师过去与现在的实况对比而显现出来的。我们共产党员，绝不能够盲目的自满自足，须知道，我们的工作还存在着不少的缺点和毛病；须知道，我们的进步并不大，成绩并不好。为什么这样说呢？根据以下三个标准来检查我们的工作，则可证明这个论断。

第一，我们三师，在新四军、八路军中是比较有基础的部队。七旅部队是在朱、毛亲自教导培养之下成长壮大，由井冈山的主力红军改编来的，八旅是徐海东同志在鄂豫皖打游击创造出来的部队，十旅是刘志丹同志在陕北创造起来的部队，都有较久的历史传统，与较为强固的基础。因此，我们无论在军事工作、政治工作等方面，都应当有比较显著的成绩与进步。而我们的进步是不大的，是缓慢的。

第二，就与其他兄弟兵团比较起来说，华中部队有些是抗战后新建立的部队，毫无基础（如四师等），有些稍有一点基础如一师二师，是经过三年游击战争，抗战后才正式建立起来的，纵观我们三师，比其他弟兄兵团，历史久得多，基础强固得多，自然在工作上应当比别的部队进步快些，成绩大些。但我们的进步与成绩却成了反比例。

第三，依据革命需要及党中央及总政对我们的要求来说，我们应当缔造部队真正达到有坚强的战斗力，内部团结一致，纪律严明，党政军民关系亲密无间，军事与政治工作协调，部队间步伐严整的地步。

根据以上标准来检讨我们的工作，毫无疑问，我们的工作还远远达不到党中央和总政的要求。我们的团结基础，优良传统还没有很好发扬，很多地方，还比不上其他弟兄兵团的飞速进步。的确，我们的进步是不快的，成绩是不大的，工作中缺点还是很多的。

关于我们工作中缺点的具体表现，同志们可以看到很多，反省检讨中还可发现很多，所以我不想多讲。这里只举几点例子来说明一下。当然，这些缺点有些是比较普遍的，有些是比较不普遍的，有些是某一些时期表现较为严重的，还不是整个部队都是这种情形。

在巩固方面，虽然较前有了进步，但逃跑数字仍是很惊人的，七旅整风队由淮北到淮南跑了二十多，老的医务员，差不多跑光了。两年来，整个部队破获案件、执行处决是不少的——这一方面表现我们的锄奸工作有权能，有本事，有成绩；但另一方面则又表现我们用真理争取改造落后份［分］子乃至奸细份子的工作，做得很差，思想教育成效不高。这是我们政治工作的第一个缺点。

其次，部队团结问题上，上下关系、官兵关系是不够好的。特别是官兵团结上某些部队表现还严重。比方逃亡现象严重，有很多原因，但由于同志间还没有建立起亲密无间的政治感情，遂致产生某些一时落后的同志扭头就走，对革命部队似乎毫无留恋的现象，这实是上下、官兵关系不好的恶果！八旅、十旅讽刺、打骂、污辱下级及战士的现象，仍然存在的。师直特务团与其他部队打架子闹不团结的事实也有的，总之我们部队间与部队内部的关系，还不是很友爱很团结的（一般说来，整风之后，上下关系、军政关系是有进步的）。

军民关系上，也存在着不少的缺点。比如这次阜城战役参战部队，除对二十二团没得什么反映外，其他各团都反映了些比较严重的问题（一支队还较少些）。×旅伤病员打骂老百姓，打医院工作人员。如果进一步严格的检查，则可发现更多的严重问题。比方我们个别部队，由于纪律差，竟有老百姓称我们为"三皇"！这还不应该引起我们的警惕吗？

若根据党中央及总政对我们的要求来检讨，严重问题还很不少，部队里存在这许多不良现象，就说明了我们的政治工作没有完全做好，我们应当以实事求是的科学态度进行深刻检讨。忽视进步，抹煞成绩是不对的，满足现状隐蔽缺点同样是错误的。

…………

新四军第四师《拂晓报》

保管单位： 江苏省档案馆

内容及评价：

《拂晓报》是新四军第四师主办的报纸。1938年9月29日，在彭雪枫的倡导和组织下，《拂晓报》在河南确山县竹沟镇创刊，彭雪枫题写报头，并撰写发刊词《"拂晓报"——我们的良友》。翌年11月，《拂晓报》交由中共豫皖边区党委主办。1942年元旦，《拂晓报》和中共淮北区党委机关报《人民报》合并，成为中共淮北区党委的机关报。1942年冬，因日军大扫荡，被迫停刊。1943年元旦后复刊。1945年10月改为华中七地委机关报。1948年6月起改为江淮六地委机关报。《拂晓报》共存在8年时间，出版1159期。

《拂晓报》的特色非常明显：一是办报早，报史长。与华中抗日根据地其他报纸相比，办报较早，而且延续的时间最长。二是发行范围最广。在其发展黄金时期，曾在国统区公开发行。从第300期起，发行到重庆、西安及华北，甚至英、法、美、苏等国和东南亚、南亚等地区。三是印刷非常精美，索阅者众多，虽增印有时仍应接不暇，不得不对索阅者收取纸张和邮寄费。该报以行文浅白，内容丰富，印刷精美著称，曾得到毛泽东、刘少奇、张闻天等中央领导同志的表扬，是当时华中抗日根据地较有影响的报纸之一。该报随军转战于豫皖苏边区及淮北地区，在皖豫苏边区和淮北根据地久负盛名，深受广大军民喜爱，被誉为"人民的喉舌"、"战斗的武器"、"叫破五更的报晓鸡"。

馆藏《拂晓报》起止时间从1943年1月至1948年5月，共有326页，194期，保存完好，是研究新四军军事和文化建设重要的参考资料。

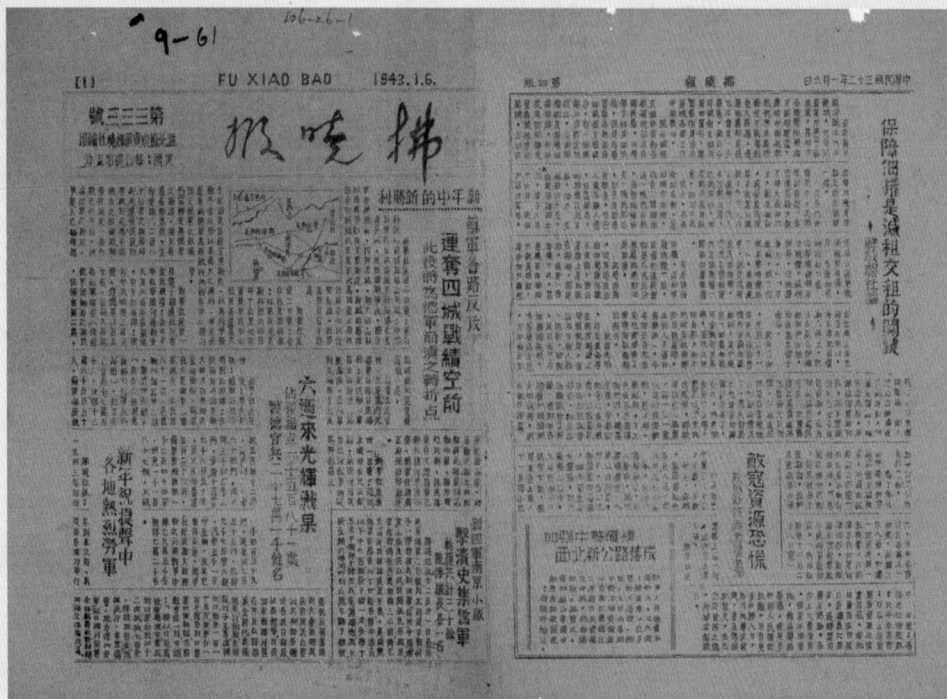

1943年1月6日出版的《拂晓报》第333号

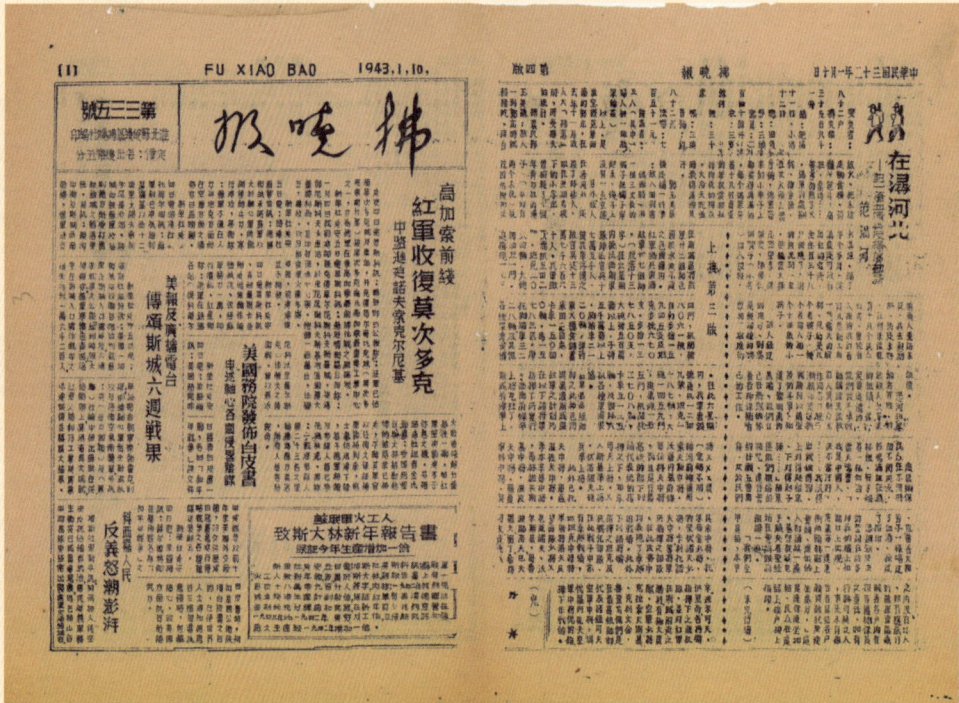

1943年1月10日出版的《拂晓报》第335号

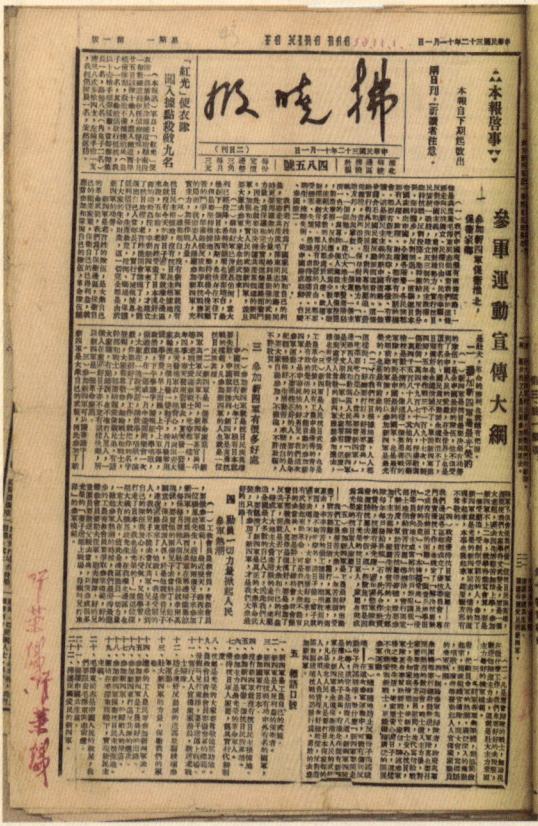

1943年11月1日出版的《拂晓报》第485号

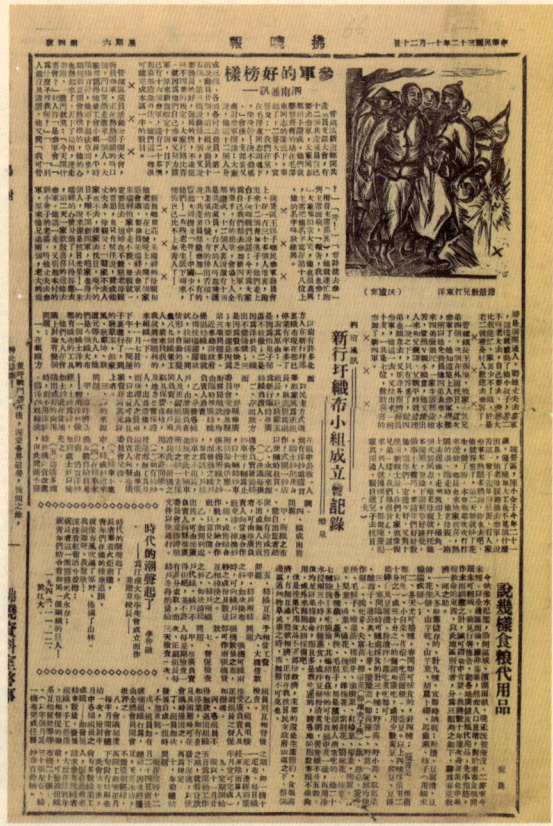

1943年11月20日出版的《拂晓报》第494号。
报上不时会刊登一些木刻作品。

1943年12月2日出版的《拂晓报》第500号

彭雪枫《拂晓报五百号——五年来拂晓报的检讨》一文
（载于《拂晓报》第500号）

全文:

贺拂晓报五百号

——五年来拂晓报的检讨

彭雪枫

拂晓报五百号到了，计算起来，它已有六十二个月的历史（它是和本师同岁的）。从一九三八年九月二十九日在河南确山竹沟镇出版，次日即随军进行敌后，经过无数的艰难困苦，终于坚持了五年零两个月的长期过程而不懈，这的确是我们"在希望之中而又很出意料之外"的奇迹。

今天把合订本翻了一翻，从"拂晓报——我们的良友"的创刊词，直到最近一期止，真是万感交集，欣慰莫名！在为拂晓报的祝寿声中，有对拂晓报加以检讨的必要。

在拂晓报的形式上看，它经历了这样的四个阶段：第一阶段是草创摸索时期，创刊号是草纸三版，直到第八号（时在西华），都是油渍斑斑，模糊不清。到第九号（已进入鹿邑）改用毛边纸两版，印刷上有点进步了。到第十八号（时已由睢杞太回师鹿邑）改用油光纸，自一九三九年新年特大号的八张十六版，直到二十八号（时在永城书案店）改用新闻纸，开始了第二阶段。新闻纸两面印共二版，在排版印刷方面已等于今天各县的"扩军快报"。从第卅四号（一九三九年二月二十八日）特大四开两张八版，接着保持了四开一张四版的经常制，算是粗具"报纸"的规模，有按期的社论，新闻以及第四版之"我们的生活"。油墨颜色按期红、蓝、绿、黑不等，在这个期间已经常收新华社中央社的电稿了。到第六十三号（时在怀远）纪念七一七七特刊之四张十六版起，排版印刷方面已较精彩，而且日新月异，更引起了部队的爱好和社会上的注目，此时已从对内性的渐转向对外性的了。第八十六号（时在新兴集）支队出征一周年及拂晓出版一周年纪念特大号十张二十版，蓝地并用红色套版更为新颖夺目，于是拂晓报在社会上已经一传十十传百的［地］不胫而走，大家纷纷索阅。所以才有第四十六号之报头上注明"本报每份暂收纸张费二分"及第六十四号起之"本报原系非卖品，如承索阅，每期暂收纸张邮费四份"的规定。嗣后部队扩大，社会索阅者日众，由第一阶段之每期印刷三百份五百份到第二阶段之每期印刷一千五百份到两千份，然而仍应付不暇，又有一九三九年十月十九日第八十九号起之"拂晓增刊"第一期两版附报发行，内容多半为延安论文。此时并用邮寄重庆、延安、西安、立煌、华北、阜阳等地，引起了社会人士的不断赞扬。三九年十二月五日拂晓报一百号纪念，蒙毛泽东、刘少奇、陈绍禹、王稼祥、滕代远、张闻天、谭政、徐海东等同志提字奖励。加上第十、十一、十二三版之拂晓报工作人王少庸、李朴人、庄方、陈阵、钱申夫、单斐、刘秉衡、姜心启、杜百根等的画像和自传，更为生色。这期间又附带出版了拂晓汇刊、拂晓画报、拂晓电讯、拂晓丛刊、拂晓副刊、拂晓专刊、拂晓文化等。又经过了一九四零年十月六日之第一八五号的支队及拂晓两周年特刊三张半共十四版，以及同年十二月六日之第二百号纪念（时在淮上）的三张十二版上的"我与拂晓报"的读者十余人的读报感，颇为新鲜。从一九四一年五月四日本师进入路东，五月十七日出版之第二三九号到四二年四月五日之第三百号纪念的三张十二版，到同年十一月初之第三百三十号，结束了第二阶段。第二阶段从三九年二月十一到四二年十一月初，计四十五个月半，时间为最长。一般的保持着新闻纸四开一张四版的形式。四一年九月十六日又增出了同型的"拂晓报部队版"，专为对部队而设，加上拂晓电讯，遂同时为对外对内的普遍读物了。

去年经过了三十三天反扫荡停版，以不定期的"反扫荡快报"代之，今年元旦，由于精兵简政准备战斗之故改为新闻纸八开一张两版的小型两日刊，算是进入了第三阶段，这是最不能满足读者愿望的时期，好像拂晓报的家道中落，穷相毕露似的。以致四月二日之第四百号亦悄然而去，未能纪念，本年四月二九日结束了这一不快意的阶段。五一劳动节开始了崭新的第四阶段，即第四二五号起之铅印四开一张四版的三日刊阶段，十一月一日第四八五号起复改为今日老五号字两日刊，这是五年以来拂晓报所梦寐以求之的，今一旦如愿众人称快！吾人不禁为拂晓报及其部队版的光明前途祝福！

纵观拂晓报发展形式的全过程，它是存在最大的进步性的，从纸张、刻写、油墨、印刷、排版、发行诸方面看，都是由简单到复杂，由浅陋到精美，由低级到高级，其中包含着无限的心血，可以说是一个紧张的斗争过程。先要与环境作斗争，敌人的不断扫荡，顽军的多次进攻，常常给报纸以不可想象的困难！再要与物质条件作斗争，没有纸，没有油墨没有机子，没有各种的必需品，往往采用了军事力量来保证这些必需品的获得。还有与人材缺乏作斗争，开头三两个人，逐渐扩大到八九个人，开办报人训练班，终于发展了路西时代之群众导报、永光报、宿凤报、淮上导报、夏声报，抗大生活等十来种刊物。这都是拂晓报的先锋模范作用所推动起来的，从发展形式的过程中，又可以看到事物是逐渐发展前进的，人对事物的认识也是逐渐发展前进的，一种事业的创造发展壮大，虽具备了客观具体条件，但必须加上主观上的努力，这种努力就是埋头苦干实事求是，终有最后成功的一天。拂晓报的历史，就是我们的榜样。

在拂晓报的内容上看，它更经过了极端复杂的过程。在开头报纸的读者对象，是我们那一百五十三枝［支］枪的部队，如"功劳簿"、"行军生活"、"小谜语"、"一个战士自动发起的军民联欢大会"等。但此时即已含有对外的性质了。如"鸣谢启事"、"西华楚材县长会见记"等，正因报纸篇幅有限，主要"对兵"的方针未确定，所以有了第五六合期之"这一期的本报和对同志们的希望"，就自我检讨出来了"对于部队生活反映的不够"，所以才有"我们的生活"一栏之开辟，然而文章脱不了"文艺性"，如"某中队巡礼"之类，然尔后之报纸内容，差不多百分之九十是部队本身的读者了。一九三九年元旦特刊之后，对内对外各半。所谓对外还不是以"工农"为重心，而是以地方上的青年学生一般绅士、友军将士及友区政府工作人员而言。以上算是第一阶段。从粗具报纸规模的第三十四号起直至一九四一年九月十六日部队版出版止，应为第二阶段，因为这一阶段，是一面对内一面对外，所谓"油印版"之传播最远，读者最众的黄金时代。这一阶段的内容，除去经常的登载延安新华社的消息和论文之外，即是部队生活，地方工农群众的生活报导是不多的。老实说还不能真正成为广大工农兵群众自己的读物。即如副刊之"我们的生活"，八股气十分浓厚，一个通讯报导往往带着"文艺性"，字体虽已蒙众人夸奖不止（居然有人分不出它究竟是油印或是铅印来），但仍简字连篇，非新四军的人们是不认得的。在淮上时曾定了一个"宣传规约"，即"不写草字，不写简字，不写怪字，不写错字…"已经深感党的报纸及各种宣传品"大众化"之必要了。然而如何以工农兵的口气、写法、水平去办报纸，以工农兵为读者对象的观点还是在认识上不够明确的。艰深、不通俗是一般的老毛病。部队版的创立，在主观上一方面自然是为了使普通版专门对外及对连排区乡干部，一方面使部队版专门对战士大众，企图解决这一个矛盾。然而文风不正的习气，终归不能洗除净尽。此外，不可否认，拂晓报确实起了党报的绝大推动领导作用，但如何具体的［地］传播经验教训，如何"及时的"对各种运动起其组织推动的作用，依然不能使人满意。在拂晓报一周年纪念特刊上一篇"拂晓报的产生和壮大及其今后的方针"论文中，曾提到了以下几段话：

"拂晓报还有没有弱点和缺点呢？有的。首先就是报纸本身及其内容和军中指战员及广大群众的实际生活联系不够，不能够'及时的'报导，不能够'具体的'反映，不能够'诱导的'使大众的政治斗争文化生活更高度的进展。

"其次，在有计划的有组织的发扬群众的创造性，推动群众的积极性，'鼓动'而主要是'组织'他们的'热情'，'适时的'提出'号召'，发起'竞赛'，完成某一时期某一工作的'运动'，还作得极端不够。

"对于与读者们的联系、贯通、讨论、实际上的帮助，提高他们的文化水平与政治水平，用种种方式解决他们的问题，还是做得不够，更不能引起读者以及作者们的写文章的积极性，虽然我们的稿件老是拥挤不堪。

"至于在技术方面说，除去必要的一些政治论文之外，一般说来是大文章多，小文章少。另外是编写方面的工整精细一丝不苟的长处之中伏下了一个大缺点是慢。"

四年以前对拂晓报的批评，自然不一定完全适用于四年之长过程中及四年以后的今天，但不能不以这样的尺度去量拂晓报的生平。自部队版创立之后，拂晓报的内容跨入了第三阶段，即努力于大众化，接近工农兵群众，以求彻底转化为工农兵自己的武器，然而非工农兵出身而又与工农兵生活不够深深联系的文风太根深蒂固了，终于残余的尾巴还是拖的相当之长。铅印版开始，亦即第四阶段开始又截去了一段这个尾巴，反映工农兵斗争、生活和要求的通讯，比较系统化具体化些了，所谓"文艺性"的通讯少得多了（这并不是说不要"文艺"）。特别是最近一个时期，通讯、标题都在努力向着大众化的方向迈进。拂晓报对扩军运动的领导，虽不能十全十美的成为列宁之"报纸不仅是集体的宣传者和集体的鼓动者，而且还是集体的组织者"的教导，但的确是在这样努力着的。此次扩军运动之获得成功，拂晓报的宣传鼓动和组织推动的力量，同样是决定的因素之一。

五年来的拂晓，在其形式与内容上，虽然时期不一，但大体上各都划分了上述之四个阶段，而且是循着一个上升线前进的。以今日与昔日相比，真是"不可同日而语了"。

五年来的拂晓，在党的直接领导下，创造了一连串辉煌的功绩，传播了党中央各种抗战建国民主根据地建设的指示，报导了抗日军民的抗日斗争的史诗，尤其是在反对投降反对倒退反对分裂的斗争中尽了最大的努力，从反对竹沟平江皖南事变，到反对进攻陕甘宁边区的内战危机中，团结了并组织了广大的工农兵群众以及广大的先进人士，它已经像一颗明星，高高的［地］挂在天空，做了千百万群众的指路灯。

我们祝贺拂晓报，五百号纪念，为它今后的生命史，划一个新的阶段，新的时代。向着"全党办报"、"全军办报"、"全根据地人民办报"的路走下去！向着以工农兵的语言、以工农兵为主要读者对象的路走下去！

我们的党，我们的新四军，我们的拂晓报万岁！

淮北苏皖边区行政公署《关于冬季工作的指示》（载于1943年12月4日出版的
《拂晓报》第501号）

《拂晓报》第503号社论《积极开展冬学运动》（1943年12月8日出版）

1945年4月27日出版的《拂晓报》第764号报导了"苏军打进柏林"这一"震惊全人类的喜讯"

1945年6月18日出版的《拂晓报》第812号报导了中国共产党第七次大会闭幕的消息

《新华日报》（华中版）创刊号

保管单位： 江苏省档案馆

内容及评价：

1945年12月9日，《新华日报》(华中版)在苏皖边区政府首府淮阴城创刊，是中共华中分局的机关报。为创办这张华中解放区的大型日报，华中分局调集了原新华社华中总分社、《苏中报》、新华社苏中分社、《淮南日报》的大部分人员与物资设备，并从苏北、淮北、浙东、皖中等地抽调了一批专业干部。还由邓子恢、张鼎丞、曾山、刘瑞龙、李一氓、冯定、范长江组成党报委员会，书记邓子恢，副书记李一氓，社长范长江，副社长包之静；由范长江、恽逸群、黄源、娄适夷、包之静、史乃展、谢冰岩组成编辑委员会，范长江为总编辑。1946年5月，范长江调往南京参加中共代表团工作后，由恽逸群接任社长及总编辑职务。《新华日报》（华中版）曾于宿北战役和涟水战役后，合并到山东《大众日报》社。1946年12月16日停刊，共出版367期。中共华中工委成立后，于1948年1月1日复刊。渡江战役后，党中央决定将《新华日报》报名用在原国民党政治中心的南京市，《新华日报》（华中版）至此完成历史使命。《新华日报》（华中版）立足两淮，面向华中，为中国抗战和民族解放斗争作出了不可磨灭的贡献。

馆藏《新华日报》（华中版）创刊号，一大张四版，刊有《华中分局（军区）关于出版新华日报华中版及加强新华通讯社华中分社的决定》、《发刊词》、邓子恢、谭震林、粟裕等的题词等重要历史文献，具有重大的历史纪念价值。

1945年12月9日出版的《新华日报》（华中版）创刊号

全文：

<h1 style="text-align:center">发刊词</h1>

新华日报华中版自今日起与华中读者相见了。

华中各级干部与各界人士，久已渴望有一个统一的华中报纸，过去由于战争频繁，地区分割，沟通梗阻，物质困难，使这个统一的报纸未能早日出现。日寇宣布投降后，国民党反动派实行与敌伪合流，禁阻我军受降，但由于新四军英勇善战，迭克名城，卒使华中主要解放军联成一片，建立了统一的华中军区，与统一的苏皖边区政府，因而出版统一的华中新华日报，便成为可能了。

华中新华日报是华中党的党报，同时也是华中人民自己的报纸。它将反映华中人民在军事、政治、经济、文化各方面的实际生活与要求，它将宣传我党中央的政策路线，传达华中分局在执行党中央路线政策中对各方面工作之方针与指示。它要把这个方针贯彻到人民的军事政治经济文化各方面实际生活中去；再把人民在各方面实际生活的生动事迹与经验教训，反映到报纸上来，作为大家借镜［鉴］及我党决定新方针新政策的依据。因此华中党报，就是华中人民自己的喉舌与旗帜，同时也是华中人民实际生活领导者——华中军区、边区政府以及边区各群众团体自己的机关报。

本报诞生于抗日战争结束转到和平民主建设的过渡时期，诞生于伟大的"一二九"十周年纪念日。由于国民党倒行逆施，不顾人民公意，不顾共产党相忍为国之伟大精神，妄动干戈发动内战。大后方正发展着新的"一二九"运动，反对内战，争取和平；反对独裁，争取民主；反对分裂，争取团结。我们解放区正在被迫进行严正的自卫战争，保护解放区人民已取得的和平生活与民主权利。因此，中国正展开着民主与反民主两条战线的剧烈斗争，争取和平民主团结局面在全国范围内实现，成立民主的联合政府，完成中国人民解放事业，乃是我党中央号召全国人民所共同奋斗的基本要求，亦即本报尽全力以赴之政治任务。

为完成此任务，不仅要通过报纸把党的主张向人民宣传，使党的主张变成人民自己的主张；而且要通过报纸去发动与组织广大人民起来，把党的主张变成人民的实际行动；再通过报纸把人民这些实际行动以及人民在实际行动中所发生新的情况、新的要求与经验教训，有系统的［地］反映出来，加以总结，加以批判，再拿去指导人民的实际行动，以贯彻党的主张，争取人民的胜利。这就是在实现党的和平民主团结这个总方针中，党报所应担负的责任，因此我们的党报，不仅起一个集体宣传的作用，而且应该负起集体组织与集体指导的作用。仅仅把党报视为单纯表扬成绩扩大影响的工具，而忽略其反映人民情况，组织与指导人民行动的伟大作用，就一定会使党报降低其威信，也一定会使党与人民的事业，受到莫大的损失。

我们的党报与资产阶级的报纸及其他报纸，不仅立场不同，而在办报方法与使用报纸方法上也不同。资产阶级的报纸，是老板雇用若干报纸工作人员办报，广大的读者对于这种报纸是没有深切关系的。而我们的党报则必须所有读者与党报工作人员，在党与人民意志之下，大家共同来办报。因为我们的报纸是党报工作人员与读者的共同事业，不是少数资本家或反动政治集团的工具。我们大家都为着党与人民解放的事业而来办这样的报纸，作为完成革命任务的一种有力的手段。党报工作人员固然应当全心全意来办报，而我们党、政、军、民、学各级干部与群众也应大家动手，共同办报。凡党报工作人员参加办报的方法，主要是为党报写通讯，各人把自己工作中的好意见、好经验、好办法、好人物以及失败的经验教训，都应当写到党报上发表，藉以提高和改善党的工作。

办党报的目的<是>为了用报，我们要党报读者（包括领导机关的负责人员在内）一面能分别在自己范围内，真实的［地］反映群众情况、斗争经验，并通过党报来介绍与指导工作，一面能从党报上吸取经验，改进工作，提高认识，克服偏向。这样才能达到大家办报的目标，发挥集体宣传与集体组织的作用。因此资产阶级报纸的读者，对其报纸所持的不负责任与消遣的态度，对于我们是不适用的。我们每一个党报读者，必须认真去利用党报，仔细阅读党报，这是我们最经常的学习工作，也是最好的学习方法之一，对于文化程度不高的工农干部与工农群众，还要有组织的［地］进行读报。并且还要把读报工作与通讯工作联系起来。

全国和平民主的前途，以及保卫华中解放区的任务，虽已具备充分有利条件，但在达到和平民主的道路上，还有严重的困难。望华中党、政、军、民、学各级干部与社会人士大家动手，共同支持本报，充分利用本报，督促本报，使本报能在党的领导与大家共同努力之下，有效的［地］为和平民主事业服务，为中国人民解放服务，则本报幸甚，人民幸甚。

《新华日报》（华中版）创刊号第二版

《新华日报》（华中版）创刊号第三版

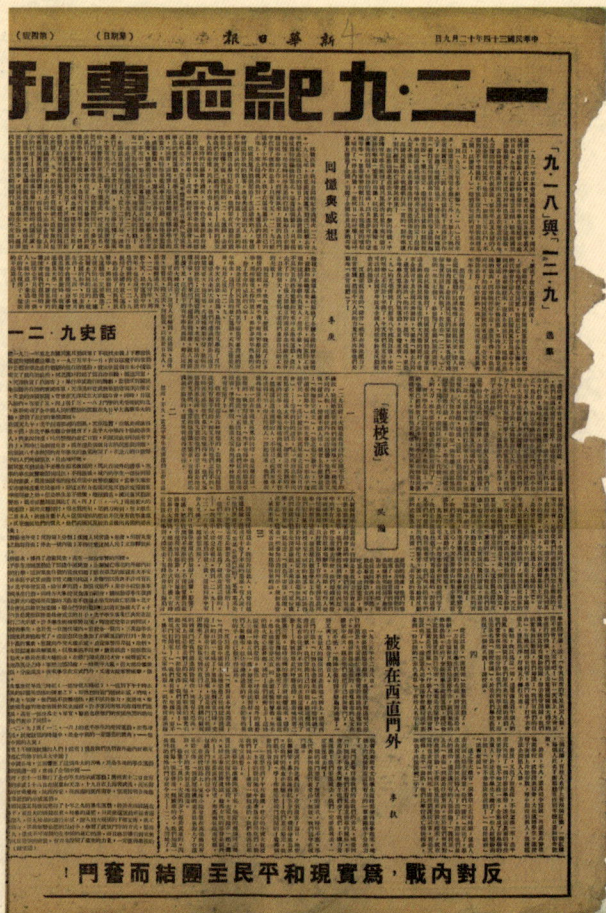

《新华日报》（华中版）创刊号第四版

华中二分区《人民画报》

保管单位：江苏省档案馆

内容及评价：

华中二分区《人民画报》系华中二分区《人民画报》社出版，华中二分区《人民报》社印刷厂印刷。第一期《人民画报》于1947年3月25日在建阳马沿庄诞生。画报全部为正反面四版，正面基本是彩色套印，背面均为黑白印刷，并注明"五天一期"（偶尔也有六天一期或十天一期）。广泛采用连环画、民谣、快板、墙头诗、童谣、顺口溜、春联等人民群众喜闻乐见的艺术形式，宣传根据地、解放区军民的生产、斗争和各项建设。其中民谣的种类十分丰富，据不完全统计，有秧歌调、哭青菜调、虞美人调、杨柳青调、关东调、梨膏糖调、骂韩德勤调、高邮西北乡调、四季游春调等二三十余种。画报前期编辑情况不详，后期由李亚如[①]任主编。

馆藏华中二分区《人民画报》共有52期，时间从1947年8月至1949年8月。目前国内除南京博物院及本馆外，基本上其他单位没有收藏，因而有较高的收藏和史料研究价值。

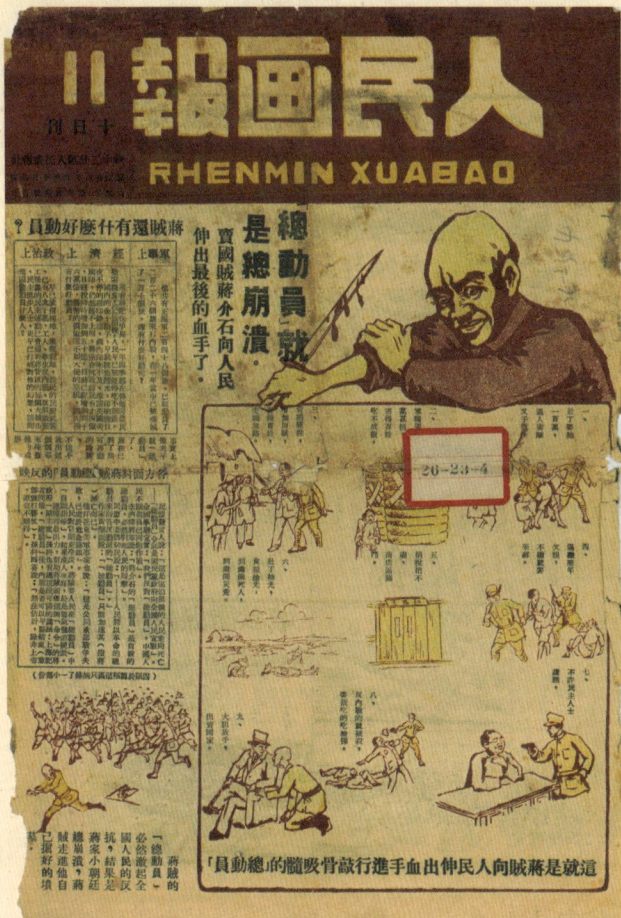

1947年8月10日出版的《人民画报》第11期

---

① 李亚如，江苏扬州人，曾任华中二分区《人民画报》编辑、主编、扬州地区文化局长，扬州市副市长，江苏扬州国画院名誉院长。1978年，李亚如将避过战火和运动得以保存完整的战争年代的196期《人民画报》，全部捐赠给南京博物院，被定为现代一级文物。

1947年11月25日出版的《人民画报》第21期正面

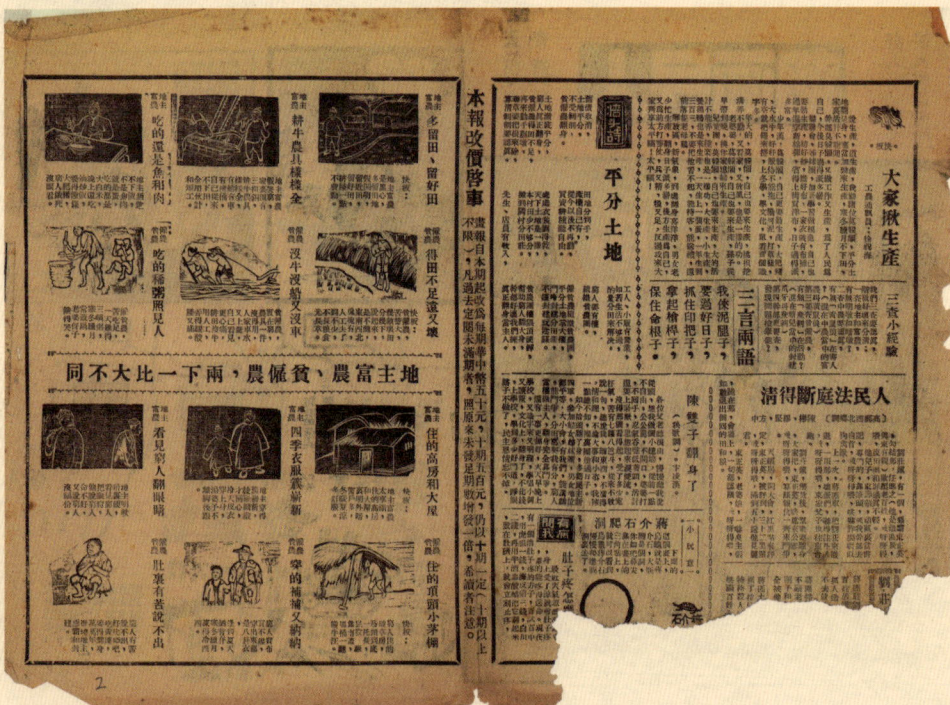

《人民画报》第21期背面

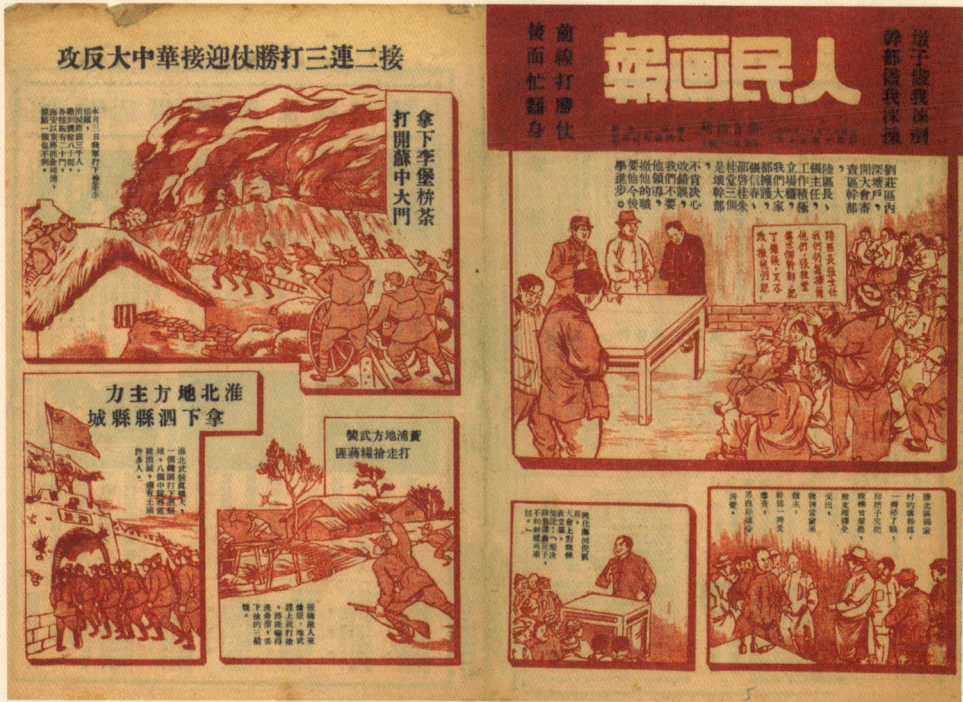

1947年12月10日出版的《人民画报》第24期正面

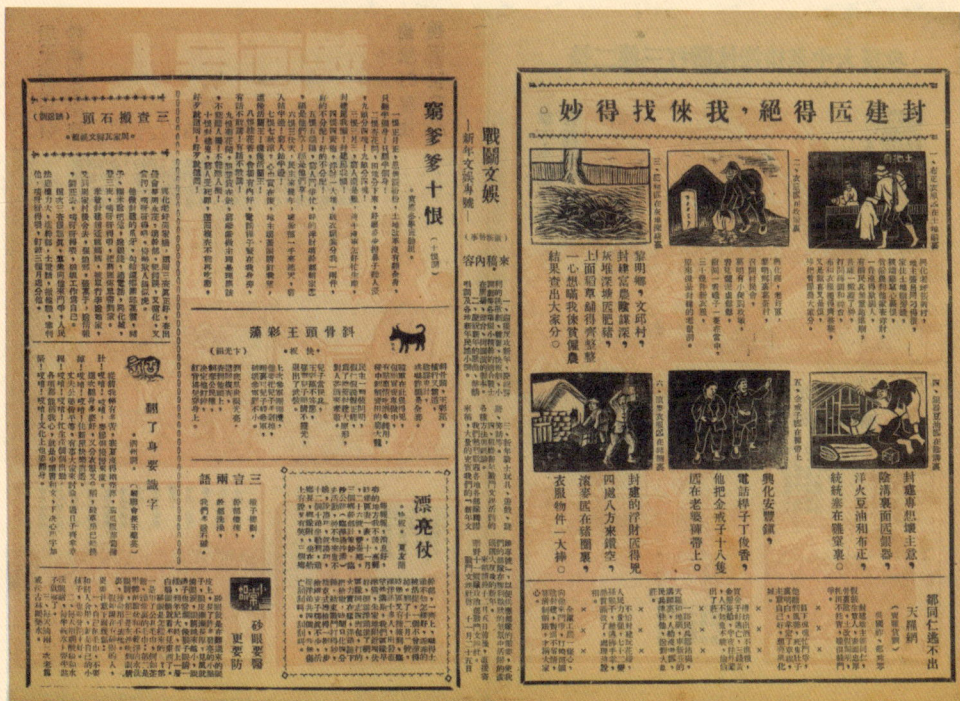

《人民画报》第24期背面

1948年1月25日出版的《人民画报》第33期正面

1948年2月5日出版的《人民画报》第35期正面

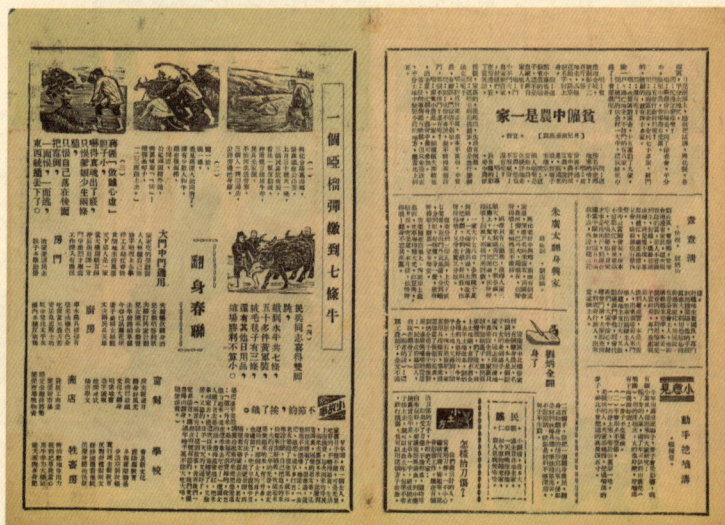

《人民画报》第35期背面

1948年6月30日出版的《人民画报》第61期——七一特刊

1948年11月5日出版的《人民画报》第85期

后记

《省馆卷》在省档案局馆的高度重视和各方的共同努力下付梓出版了。

2012、2013年度，《江苏省明清以来档案精品选》丛书的编纂工作两度列入全省档案工作要点。省档案局局务会数次听取丛书编纂情况的汇报，并就高质量地完成编纂任务提出要求。2012年10月，《省馆卷》条目初定，在局馆范围广泛征求意见，一些部门和有关同志提出了中肯的意见和建议。

本书在编纂过程中特别得到了省档案局管理部、技术部的大力支持和无私协助。张少敏、马跃福、刘建、王平、李军等同志给予了密切配合，使大量的查档、扫描工作得以高效完成。郝向青、曹淇铭、蔡红、谢新民、蒋守国、蒋晓武、秦平、夏雪、刘广宁、向日葵、刘世琴、杨静、陈华等同志，帮助完成了大量的查档、调档任务；钱永泉同志承担了大部分图片的扫描任务。

本书的前期工作由邹华牵头，后期工作由薛春刚负责。方毓宁参与了本书条目的拟定以及内容的完善工作。刘鸿浩承担了主要编纂任务。苏海霞参与了本书以及整套丛书英文目录的翻译；朱芳芳参与了部分明清及民国档案条目"内容及评价"的撰写；卢珊承担了部分查档、扫描和档案全文录入工作。

本书特邀宗来纲审阅。

在此，我们还要感谢宗来纲、奚博凯、高光林、朱子文等同志，他们应邀分头对《江苏省明清以来档案精品选》整套丛书的内容进行了审阅。感谢江苏省外事翻译中心对整套丛书英文目录翻译工作的大力支持。

由于编者能力水平有限，书中不当之处，欢迎广大读者批评指正。

编　者
2013年7月

图书在版编目（CIP）数据

江苏省明清以来档案精品选·省馆卷 / 江苏档案精
品选编纂委员会编.--南京：江苏人民出版社，2013.10
ISBN 978-7-214-10840-1

Ⅰ.①江… Ⅱ.①江… Ⅲ.①档案资料—汇编—江苏
省 Ⅳ.①K295.3

中国版本图书馆CIP数据核字（2013）第240123号

书　　　名	江苏省明清以来档案精品选·省馆卷	

编　　　者	江苏档案精品选编纂委员会
责 任 编 辑	韩鑫　朱超　石路
责 任 监 制	王列丹
出 版 发 行	凤凰出版传媒股份有限公司
	江苏人民出版社
出版社地址	南京市湖南路1号A楼，邮编：210009
出版社网址	http://www.jspph.com
	http://jspph.taobao.com
经　　　销	凤凰出版传媒股份有限公司
照　　　排	江苏凤凰制版有限公司
印　　　刷	江苏凤凰新华印务有限公司
开　　　本	880毫米 × 1230毫米　1/16
总 印 张	227.5　插页56
总 字 数	1800千字
版　　　次	2013年10月第1版　2013年10月第1次印刷
标 准 书 号	ISBN 978-7-214-10840-1
总 定 价	1500.00元（全14卷）

（江苏人民出版社图书凡印装错误可向承印厂调换）

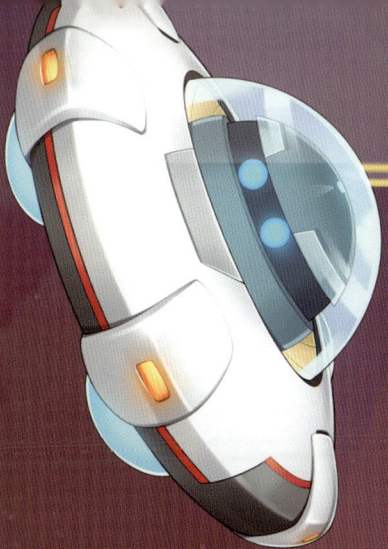

我和我的小伙伴们

友谊，学生时代最宝贵的东西！

你还记得那个跟你一起上学一起放学的伙伴嘛？

你还记得那个跟你一起努力，最后一起获得荣耀的伙伴嘛？

你还记得那个经常惹你生气，但是在危险时刻总会挡在你前面的伙伴嘛？

我上嗨呱网，我爱嗨呱Pad！

让孩子发现真善美的专属绿色网站——嗨呱网（学会分享，找到伙伴）

凤凰出版传媒股份有限公司
PHOENIX PUBLISHING & MEDIA, INC.

江苏文艺出版社
JIANGSU LITERATURE AND ART
PUBLISHING HOUSE

新媒体事业部

凤凰动漫

版有限公司
城印刷有限公司

194毫米　1/16

17XF.QQ.COM

机甲旋风

机甲战士 勇往直前

内容简介

2049年，黑洞帝国处于战争的上风。但是，随着AI战士的成长，战争的天平正在向着银河联盟一方倾斜。黑洞帝国不甘失败，随后主导了一系列所不为人知的惊天阴谋。AI战士严阵以待全力出击，立誓守卫住这2049光年之长空中的明光！黑洞来袭，烽火狼烟四起……

凤凰出版传媒股份有限公司
PHOENIX PUBLISHING & MEDIA, INC.

我和我的小伙伴们

友谊，学生时代最宝贵的东西！

你还记得那个跟你一起上学的伙伴嘛？
你还记得那个跟你一起努力，最后一起获得荣耀的伙伴嘛？
你还记得那个经常惹你生气，但是在危险时刻总会挡在你前面的伙伴嘛？

我上嘻呱网，我爱嘻呱Pad！

让孩子发现真善美的专属绿色网站——嘻呱网（学会分享，找到伙伴）

江苏文艺出版社
新媒体事业部
JIANGSU LITERATURE AND ART
PUBLISHING HOUSE

凤凰出版传媒股份有限公司
PHOENIX PUBLISHING & MEDIA, INC.

凤凰动漫

版有限公司
城印刷有限公司
194毫米   1/16

SERVER 500.

凤凰出版传媒股份有限公司
PHOENIX PUBLISHING & MEDIA, INC.

机甲战士 勇往直前

凶甲萌将
17XF.QQ.COM

内容简介

2049年，黑洞帝国处于战争的上风。但是，随着AI战士的成长，战争的天平正在向着银河联盟一方倾斜。黑洞帝国不甘失败，随后主导了一系列不为人知的阴谋。AI战士严阵以待全力出击，立誓……